KB202670

21세기 보편 영성으로서의 誠과 孝

海天 윤성범 선생 탄생 100주년 기념
21세기 보편 영성으로서의 誠과 孝

2016년 11월 21일 인쇄
2016년 11월 28일 발행

엮은이 | 현장(顯藏)아카데미
지은이 | 이은선 황상희 이선경 이한영 임종수 선병삼 이난수 이종찬 이정배
펴낸이 | 김영호
펴낸곳 | 도서출판 동연
등   록 | 제1-1383호(1992. 6. 12.)
주   소 | 서울시 마포구 월드컵로 163-3(우 03962)
전   화 | (02) 335-2630
팩   스 | (02) 335-2640
이메일 | yh4321@gmail.com

Copyright ⓒ 顯藏아카데미, 2016

이 책은 저작권법에 따라 보호받는 저작물이므로, 무단 전재와 복제를 금합니다.
잘못된 책은 바꾸어 드립니다.
책값은 뒤표지에 있습니다.

ISBN 978-89-6447-333-7 93200

海天 윤성범 선생 탄생 100주년 기념

21세기 보편 영성으로서의
誠과 孝

현장(顯藏)아카데미 편

이은선 황상희 이선경 이한영 임종수 선병삼 이난수 이종찬 이정배 함께 씀

동연

海天 윤성범 박사 연보

1916. 1. 13.   경북 울진 출생

1934.   평양 광성고등보통학교(光城高等普通學校) 졸업

1938.   일본 도시샤(同志社) 대학 입학

1941.   도시샤 대학 신학부 졸업

1945.   목사 안수

1946.   감리교신학대학교 교수 임용

1953.   스위스 쥬네브 대학 부설 에큐메니컬 연구소

1954.   스위스 바젤 대학 신학부 입학

        유학 중 칼 바르트, 칼 야스퍼스, 오스카 쿨만 등에게 배움

1960.   졸업 및 신학박사 학위 취득. 제 10회 국제종교사학회 실행위원

1961.   "한국신학방법서설" 첫 발표.

1963.   〈단군신화 논쟁〉

1964.   『기독교와 한국사상』 출판

1965.   제11회 국제 종교사학회 실행위원

1972.   『성의 신학: 한국적 신학』 출판.

1973.   〈성의 신학 논쟁〉. 제13회 국제 종교사학회 실행위원. 『효』 출판.

1977.   감리교신학대학교 학장 취임

1980.   소천(召天)

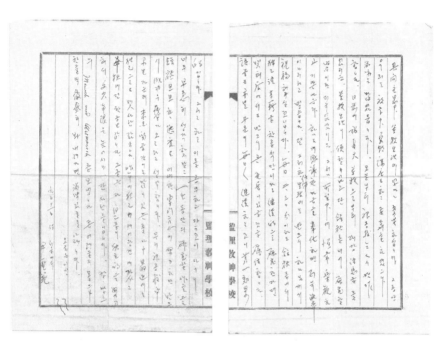

윤성범 친필 서신

홍현설 학장님과 함께

책을 펴내며

정확하게 연도와 때는 말할 수 없지만, 본인이 중학생이었던 1970년대 초반의 어느 날에 윤성범 선생님이 그때 우리가 살고 있던 명륜동 산꼭대기의 집을 방문하셨던 기억을 가지고 있다. 당시 나의 선친은 미국 유학을 막 마치고 그가 떠나기 전에 자리 잡았던 명륜동 산동네로 다시 들어와서 새로운 일자리를 찾고 계셨던 것으로 기억한다. 말끔하고 깔끔한 신사분이 아버지를 찾아오셔서 반갑게 만나고 담소하는 것을 보면서 참 귀한 분이 누추한 곳까지 오셨구나 생각했었다. 또 하나의 선명한 기억은 1980년 겨울에 윤 박사님이 돌아가셨을 때 그 장례식에 다녀오신 아버지가 윤 박사님이 그렇게 빨리 가신 것에 대해서 매우 섭섭해하셨던 모습이다. 그랬던 아버지도 그다음 해에 갑자기 돌아가셨다. 두 분은 일산 기독교 묘지에서 30여 년 넘게 아주 가까운 곳에 함께 계셨고, 그래서 우리는 아버지 묘소에 갈 때마다 윤 박사님 묘소에도 들르곤 했다.

결국 두 분의 인연과 이후 두 분과 함께했던 변선환 선생님 덕분으로 우리 부부는 스위스 바젤로 유학을 가서 그곳에서 이미 1950년대에 수학하여 박사학위를 받으셨던 윤성범 선생님을 이어서 유교와 기독교의 대화를 공부하게 되었다. 2016년 오늘 윤성범 선생님 탄생 100주년을 기념하여 이러한 책을 내게 된 것은 길다면 길고 짧다면 짧은 이러한 시간과 공간의 연결선상에서 뜻깊게 이루어진 일이라고 생각한다.

I.

20세기 진화론과의 대화를 통해서 기독교 신앙을 새로이 변증하고자 했던 떼이아르 드 샤르댕(Teilhard de Chardin, 1881-1956) 신부에 따르면 이제 20세기 인류의 상황은 지구상 곳곳에 인간의 발자국이 닿지 않는 곳이 없게 되었다. 이 상황에서 인류가 취해야 하는 다음 단계의 발걸음은 어떻게 하든지 이때까지 퍼져나가기만 했던 발걸음들을 다시 모으고, 연결시키고, 각종 공동체로 구성해내어서 지금까지 따로 떨어져서 전개되어왔던 의식들을 하나로 모으는 일이다. 즉 그의 언어로 하면 이제 인류는 의식의 '복잡화'와 '집중화', '수렴기'로 들어선 것이나. 외로움이 오늘 우리 시대의 전염병(epidemic)이 되었다는 말이 시사하듯이 그래서 오늘날 인류는 그 어느 때보다도 더 다양한 방식으로, 그리고 절실하게, 또한 지금까지의 사고에서는 도저히 서로 연결될 수 있다고 생각해보지 않던 방식과 차원에서도 서로 연결하려고 노력하고 관계를 맺으려고 씨름하는 것 같다. 오늘 우리 시대에 동물의 권리를 말하고, 동성 간의 사랑을 받아들이고, 다시 마을을 살리고, 배움의 장과 일터를 가족과 같은 긴밀한 관계와 화합의 장으로 재구성하려는 시도들이 그 표현들이다. 또한 민족과 근대 국가의 경계를 크게 의문시하면서 여행과 이주가 일상이 된 것 등이 모두 바로 인류 의식의 수렴기와 집중화의 모습들이 아닌가 생각한다. 이러한 새로운 전개에 맞서는 대항과 저지도 비례하여 치열하다는 것은 굳이 언급하지 않아도 잘 가늠할 수 있다. 오늘 우리 시대에 더욱 첨예해지는 각종 차원의 갈등과 싸움들이 그 반증이라고 하겠다.

이런 상황에 대면해서 유교와 기독교의 대화, 특히 이번의 경우에 윤성범 신학의 선구적인 의미와 거기에 담겨진 혜안들을 생각해 볼 수 있겠다. 윤성범 선생님은 기독교가 원래 서양의 종교가 아닌 "동양종교"라는 것을 매우 강조하셨다. 예수의 복음이 철저히 초월자 하느님에 대한 단독자 예수의 관계였다고만 본다면 그것은 큰 한계를 지닌다는 것이다. 그래서 여기에 대한 한국 토착화 신학자로서의 그의 대안이 '효자 기독론'인데, 이것은 동아시아 전통 윤리의 토대와 출발점인 '부자유친'(父子有親)의 친밀성과 공동체성을 바탕으로 해서 하늘 하느님에 대한 신앙과 사랑을 구체적인 윤리성의 공동체적 실천력으로 확보하려는 것이었다. 예수는 참으로 효자 중의 효자였고, 그의 하느님 사랑과 신앙은 바로 하늘 부모님에 대한 극진한 효의 실천이었던 바, 서구에서 해석된 기독교가 이러한 동양적 차원을 잃어버림으로 인해서 차가운 개인주의적 이론과 관념으로 전락했다고 그는 비판한다. 주지하다시피 그는 또한 『중용』의 오랜 개념인 성(誠)을 가져와서 그것을 한국 사상의 핵심 개념으로 파악하며 孝의 존재근거임을 밝히면서 유교적 종교성을 드러내고자 했다. 한국인들의 지극한 효의 실천과 성실, 일을 이루어내는 지속력과 인내력 등은 결코 단순히 이세상적인 현실주의 윤리인 것만이 아니라 그 안에 깊은 종교성과 초월의 차원을 지니고 있다는 것이다. 이것으로써 그의 한국적 '誠의 신학'은 매우 선구적으로 유교의 내재적 종교성에 주목하면서 오늘날 탈종교화 시대에 어떤 특정한 개별적 종교그룹에 속함이 없이도 참으로 보편적이고 이세상적으로, 그리고 범인륜적으로 다시 영적이고 종교적일 수 있는 가능성을 지시한 것이라 할 수 있다. 얼마 전 한국을 다시 찾은 뚜웨이밍(Tu Weiming) 교수가 유교를 "영적 휴매니즘"(spiritual Humanism)으로 지칭하면서 오늘날 물질만능의 심각한 폐해 앞에서 인류의 미래를 위해서 그 유교가 다양한 종교인들의 종교적 소속 여부와 상관없이 그들을 공통으로 묶을 수 있는 새로운 인간학적 토대로서 역할할 수 있지 않을까를 물었는데, 이 책을 묶은 우리의 문제의식도 이와 크게 다르지 않다는 것을 말할 수 있겠다.

II.

이러한 뜻을 가지고 모두 9명의 학자가 모여서 윤성범 신학을 중심으로 각자의 학문 배경과 관심에서 출발하여 오늘날의 상황에서 유교와 기독교의 대화를 어떻게 의미 지우며, 또한 앞으로 어떻게 전개해 나갈 수 있을까를 나누었다. 이들 중 반은 자신을 먼저 유교학사로 인식하고, 다른 반 정도는 기독교 신학자로 여기지만, 이들 모두에게 유교와 기독교(또는 오늘의 서구적 현대 문명)의 대화는 긴요한 물음이었다. 특히 이번 기회에 윤성범 신학을 새롭게 만난 저자들에게는 이 책의 저술 자체가 또 하나의 유교와 기독교의 만남이었음을 말하지 않을 수 없을 것이다. 또한 이번에 우리는 윤성범 신학을 기리면서 단순히 기독교 신학자들만의 시각이 아닌 유교학자들의 판단을 듣고 싶었기 때문에 글의 저자들을 두 그룹에서 모았다. 이 두 그룹의 중간에 서서, 소속 또한 이 두 그룹 모두에게 속한다고 생각하는 필자가 그래서 먼저 서론 격으로 글 문을 열게 된 것이다. 「21세기 인류 보편 영성(common religion)을 위한 유교와 기독교의 대화」라는 제목으로, 이 글의 주된 관심은 21세기 인류 삶의 정황에서 이 두 핵심 문명 간의 대화를 통해서 앞으로 인류 삶을 공통적이고 보편적으로 이끌 수 있는 새로운 '보편 영성'이 가능한가를 묻는 일이다. 이 두 문명이 동아시아의 한국 땅에서 지구상의 어느 곳에서보다도 더 농도 짙게 실천되었다는 것을 상기하면서 두 종교 문명권의 핵심 인물

(공자와 예수)과 개념들(誠과 성육신, 격물과 신앙, 효와 사랑 등)을 가져와서 나란히 세우며 그 통합과 통섭의 가능성을 탐색했다.

구체적으로 본론 부분에 들어가서 먼저 황상희의「고대의 상제에서부터 해천의 하나님까지-유교의 종교성을 중심으로」는 퇴계의 천관을 연구한 유교 학자로서 지금까지 주목받지 못했던 유교의 종교성을 드러내는 데 역점을 두었다. 저자는 고대 갑골문으로부터 이어지는 유교 전통 속에서 어떻게 유교적 인격적 천에 대한 신앙인 '상제'(上帝)에 대한 의식이 생생하게 전해져 왔는지를 보여주고, 특히 한국적 유교 전통 속에서 변치 않고 이어지는 종교적 선험성이 바로 '상제'와 '효'라는 것을 지적한다. 저자에 따르면 이 유교적 종교성은 비록 근대에 와서 서양의 기독교를 받아들였다 하더라도 결코 퇴색되지 않아서 유영모나 함석헌을 "유교적 기독교인"으로 지칭할 수 있고, 윤성범의 토착화 신학 방법론은 여기서 더 나아간 것으로 이해하여 윤성범을 "기독교적 유교인"으로 해석해낸다. 저자는 우리 민족의 상제와 기독교의 신관을 서로 비교하는 일이 중요한 것이 아니라 오히려 해천(海天)의 호가 지시하는 대로 종교들의 경계를 넘어서 어떻게 우리가 상제와 효라고 하는 우리 민족적 원형을 잘 가꾸어내는가 하는 일이 더 중요하다고 강조한다.

유학자 이선경은 해천의 신학을 좁은 의미의 기독교 사상사에서의 의미가 아니라 그것을 넘어서 한국 사상사 전체 속에서 의미 지우고자 한다.「조선시대『천주실의』수용 양상을 통해 본 유교와 기독교의 만남」이라는 제목 속에서 저자는 한국 사상사 속에서 조선 후기부터 시작된 유교와 기독교의 만남의 역사를 특히『천주실의』라는 책을 통해서 촉발된 것으로 보면서 성호 이익(1681-17630)과 그 문하의 신후담과 안정복의 서학 비판뿐 아니라 이후 계속 이어지는 유학자들의 세찬 비판을 일목 요연하게 보여준다. 이에 더해서 이벽이나 정약종과 정하상 등, 『천주실의』와 더불어 기독교 신앙에 입문한 유교 지식인들의 화해 노력도 탐색하는데, 이런 과정 중에서 저자는 특히 '진산사건'에 주목한다. 진산사건(1791년)은 전라도 진산의 양반 윤지충이 자신의 기독교 신앙을 위해서 모친의 제사를 폐하고 신주를 불태운 사건을 말한다. 저자에 따르면 유학자들의 기독교 비판이 이 사건을 계기로 질이 달라졌는바, 그전의 비판이 주로 학문적 대화의 모습이었다면 이 이후는 기독교를 반인륜적 이단 사상으로 강하게 배척하는 인식이었다고 한다. 즉 한국의 비판적 유학자들뿐 아니라 기독교 신앙을 받아들인 경우에 있어서도 효충(孝忠)과 같은 인륜이 그들을 더 공통적으로 묶는 근거라는 것을 보여주는 의미로 파악하는데, 그래서 처음처럼 『천주실의』의 적응주의적 노선을 따라서 진산사건과 같은 극단의 일이 일어나지 않았다면 둘의 만남은 한국 사상사의 전개에서 훨씬 더 풍성한 열매를 가져왔을 것이라고 예측한다. 윤성범 신학도 포함해서 한국 토착화 기독교 신학을 한국 사상사의 외연을 확장하는 일로 해석해내는 저자의 시각이 의미 깊다.

III.

본격적으로 개신교 신학자 윤성범 신학 자체에 집중하는 평가와 의미화로 들어가서 보면 이한영의 글 「비유, 모델, 방법론으로 본 탁사와 해천의 신학」은 탁사 최병헌과 해천의 신학을 함께 초대하여 특히 그 둘을 복음이 문화와 만났을 때의 적응 형식을 나타내는 선교학적 모델에 맞추어서 살펴본다. 이 가운데서 저자는 한국 개신교 초창기의 최병헌 신학이 오히려 서구화 신학을 추구했다면 윤성범은 이 땅의 주체성에 대한 새로운 자각으로 "밭에 감춰진 씨앗 모델"이라는 그만의 독창적인 비서구화 신학을 발전시켰다고 평가한다. 하지만 윤성범 신학도 "포괄적인 누룩 모델의 한계"를 벗어나지 못했다고 평가하는데, 이 둘이 모두 계시신학과 그리스도 중심주의의 한계를 극복하지 못했지만 저자에 따르면 윤성범 誠의 신학은 誠을 동양적 계시 자체로 보는 일을 통해서 "동양에도 말씀의 계시가 있다"라는 것을 밝혀내고자 했고, 이것을 통해 기독교 전래의 '숨어계신 하느님' 개념을 극복하려는 것이었다고 한다. 저자는 이러한 한국적 신학 구축을 위한 윤성범의 노력이 당시 얼마나 많은 비판과 비난을 불러일으켰는지를 상기시키면서 그를 또 다른 의미의 '저항'의 신학자로 자리매김한다. 좁은 정치사회학적인 의미에서는 아니었지만 당시 한국사회 전체가 서구화와 산업화의 기치에 한껏 몰두해 있을 때 정신과 문화에서의 비서구화와 토착화를 주창한 일은 "또 다른 형태의 저항과 변혁의 정신"이었다는 의미 깊은 평가이다.

　이어지는 임종수의 글「유교에서 바라본 성誠의 신학」은 저자가 분명히 밝히는 대로 "유교의 입장"에서 과연 윤성범 誠의 신학이 유교를 적실하게 이해하고 있는 것인지를 검토한다. 특히 거기서의 誠 이해가 어느 정도로 적합하고, 그가 어떤 근거로 유교의 다른 개념들은 놔두고 이 誠에 주목했는지, 그것이 타당한 근거를 가지는지 등을 비판적으로 점검했다. 이러한 검토는 앞으로 윤성범 신학의 깊이 있는 전개를 위해서 꼭 필요로 한 것이었다. 기독교 신학과 유교에 동시에 친숙한 저자가 진지하고 세밀하게 살펴주었다. 저자에 의하면 윤성범 誠의 신학은 결코 오늘날의 의미로 유교와 기독교의 "대화", "종교 간의 대화"나 "비교"를 위한 일이 아니었다. 오히려 처음부터 그의 의도는 기독교 복음을 어떻게 하면 한국인들에게 빠르게 전달할 수 있을까 하는 선교신학적 목적이었다. 그 일에서 해천은 기독교 복음이 서양의 세계관이나 심지어 중국의 유교도 아닌 한국적 유교의 세계관을 통해서 제일 잘 파악될 수 있다고 보아서 끊임없이 "한국적" 신학을 찾은 것이라고 한다. 그 일을 위해서 이미 율곡도 잘 지시한 대로 '誠'이라는 단어에 깊이 천착한 것이고, 그런 맥락에서 윤성범 誠의 이해는 유교의 입장에서 보면 왜곡과 무리가 있고, 誠을 너무나 인격적이고, 배타적인 기독교 그리스도 중심적으로 이해했다고 저자는 평가한다. 그래서 유교적 인간론에서의 책임성과 자발성을 탈각시키면서 오히려 "대화의 길을 막아놓는 것이 아닌가 하는 의구심"도 든다고 한다. 주지하다시피 윤성범 선생이 誠의 신학을 구성할 때 당시 성균관대학의 유학자 류승국 선생으로부터 많은 도움을 받았다는 것은 잘 알려진 사실이다. 류승국 선생의 한국 유학은 유교의 발생과 한자의 기원까지도 '한국적(동이족)' 연원으로부터 이해하고자 하는데, 윤성범 誠의 이해도 유사한 경향을 가지는 것을 부인할 수 없을 것이다. 해천 誠의 신학은 誠을 하나의 일반적인 유교 개념으로 보기보다는 특히 한국인들의 삶과 초월의식을 집약하는 매우 한국적인 보편 언어로 본다. 저자는 誠의 신학이 드러내는 한계와 편협성에도 불구하고 왜 그가 誠을 한국적 신학을 구성하기 위한 정초로 삼았는가를 잘 생각해보면 이때까지 유교와 기독교가 서로 보지 못한 자신들의 또 다른 내면을 들여다볼 수 있게 해준다고 마지막으로 언술한다.

뒤따르는 선병삼의 논문 「유학의 입장에서 본 해천 윤성범의 효자예수론」은 바로 윤성범 신학이 어떻게 우리가 지금까지 보지 못했던 유교와 기독교의 새로운 내면을 보게 하는지를 증거한다. 같은 유학자의 입장에서 저자는 앞의 임종수가 해천의 誠에 집중한 것에 비해서 '孝' 이해에 주목한다. 그러면서 해천이 예수의 하느님에 대한 온전한 순종과 믿음을 부자유친의 효로 풀어낸 것은 유교의 입장에서도 대단히 의미 있고, "유학에도 새로운 기운을 불어넣어 주고 있다"라고 평가한다. 즉 저자에 따르면 유교에서 강조한 부자유친의 효가 봉건적 가부장주의와 권위주의, 수직적 위계질서 등으로 매우 부정적으로 평가되고 있는 상황에서 만약 겸비론(謙卑論)으로서의 해천의 효 이해에 주목한다면, 유교의 부자유친도 단순한 위계적 가부장주의나 권위주의가 아니라 스스로를 한없이 낮추고 섬기는 자세로 살아갈 것을 가르치는 겸비에 근거한 표현이라는 것을 새롭게 이해할 수 있다는 것이다. 그런 의미에서 저자는 해천이 "효가 仁의 존재 근거"라는 말로 통상적 유교 이해에서와는 달리 仁보다 효를 더 앞세운 해석도 용납될 수 있다고 본다. 그만큼 해천의 효 이해를 오늘 우리 시대를 위해서 중요한 발견으로 보는 것이다. 저자는 해천이 "仁이 단순한 휴머니즘으로 전락하지 않기 위해서는 효를 전제하고 仁을 생각해야 한다"라고 한 말을 직접 인용하면서 맹자가 갓난아이라도 어버이를 사랑할 줄 알고, 조금 자라서는 형을 공경할 줄 안다는 것을 들어서 인간 본성의 선함을 지적한 양지(良知)와 양능(良能)의 이야기가 윤성범 효 이해와 잘 합치된다고 밝힌다. 해천의 겸비론으로서의 효 이해가 그로서는 "놀라운 탁견"이요, 해천 효 사상의 "정화"라고 하는데, 이는 자아절대주의의 폐해가 심각한 오늘에서 나올 수 있는 유학 쪽으로부터의 상찬이 아닐까 생각한다.

윤성범 신학이 한국인에게 가장 친숙한 효에 주목했듯이 해천은 한국적 미에 관심하면서 그 종교적 근거를 밝혀내고자 했다. 이난수의 「한국적 멋의 관점에서 본 기독교 신학의 멋론」은 바로 그러한 해천의 '멋론'(성령론, 문화론, 예술론)에 대한 것이다. 저자는 먼저 조지훈의 멋론을 통해서 한국적 미에 대한 여러 이해를 살펴보고, 이어서 해천과 유동식의 이해를 신학적이고 종교적인 멋론으로 소개한다. 우리가 주지하듯이 해천은 한국인의 멋이란 바로 誠의 덕이 체화된 것으로 보았다. 그것은 지극한 '조화의 미'로서 겉으로는 소박하지만 진실한 소박성과 겸비와 겸양의 미이고, 예술과 도덕 그리고 종교가 일체가 된 종합미라는 것이다. 서구 신학적 사고틀에 익숙하지 않은 저자가 윤성범의 멋론을 특히 그의 誠의 신학이 실천론적으로 취할 수 있는 '성령론'의 모습으로 의미화하지는 않지만 해천이 한국의 미를 '종교미'로 파악한 것을 뚜렷이 지적했고, 그의 멋론이 한국적 미에 드러난 "한국인의 영성을 규명하고자 한 것"이라고 분명히 밝혔다. 저자는 "한국의 예술은 '솜씨' 곧 형식과 내용의 공간성을 무한히 좁혀서 이 공간성이 시간화된 데 있다"라고 한 해천의 말을 인용하면서 그가 어떻게 한국의 민화라든가 경주 남산의 수많은 석불, 한국의 피리 소리 등에서 한국적 미의 바탕으로 誠(초월)을 감지하면서 그러한 미와 멋을 단순히 심미적 차원에서만 풀지 않고 "종교적인 색채"를 더했는가를 잘 지적했다. 저자에 따르면, 해천 멋론의 의미는 "멋이라는 한국인의 미감을 통해 궁극적으로 현실을 초월하여 하나님과의 만남으로의 길을 열어놓은 것이다."

IV.

본 책의 마지막 두 편은 다시 기독교 신학자의 글이다. 먼저 이종찬의 「해천의 효 그리스도론에 대한 일고」는 누가복음 15장에 나오는 돌아온 탕자의 이야기가 고대 근동의 부자유친의 세계를 잘 보여주고 있고, 그것이 『맹자』 등문공 상편에 나타나 있는 부자유친의 이야기들과 잘 상통함을 주장한다. 저자는 성서도 원래 이렇게 부자유친의 의식구조를 밑바탕으로 가지고 있었지만 지금까지 이와는 다른 서구 문명에 기대어왔기 때문에 매우 낯설게 되었다고 밝힌다. 그런 맥락에서 해천의 효 기독론을 크게 의미 지우는데, 저자에 따르면 요한공동체의 종말론적 신앙공동체도 바로 하느님 사랑과 육신 부모의 사랑을 나누지 않는 부자유친을 기반으로 한 하나님 신앙이었다. 그런 의미에서 해천의 효 그리스도론이야말로 "21세기 동서문명을 아우르기에 부족함이 없는 넉넉한 틀"이 된다고 주장한다. 앞의 선병삼이 해천의 효 기독론을 유교를 위해서 큰 의미가 되는 것으로 보았다면, 저자는 21세기의 새로운 기독교를 위해서 해천의 효 기독론의 역할을 크게 전망하는 것이다. 저자는 그것은 마치 마틴 루터의 '이신득의(以信得義, 오직 믿음으로)'의 개혁적 메시지처럼 기독교를 다시 한 번 새롭게 태어나게 하는 일일 것이라고 기대한다. 그래서 "이러한 동아시아의 기독론의 지평이 기독교에 있어 어떠한 계기를 이루게 될지 자못 그 미래가 기대된다"라고 마무리한다.

이러한 이종찬의 글이 윤성범 신학의 틀 안에 있으면서 유교와 기독교 대화의 의미를 밝힌 것이라면 마지막 저자 이정배의 「성리학의 관점에서 본 유물론적 진화론 비판」은 해천 신학의 틀을 넘어서 해천이 독창적으로 전개시킨 유교와 기독교의 대화를 더 넓은 지평으로 확장하는 의미로 쓰인 글이다. 저자는 이미 90년대 초반에 윤성범의 誠의 신학에 대한 정치한 논문을 쓴 바 있다. 유교 성리학과 근대 개신교 신학의 내적 상관성과 그 전개의 맥락을 잘 추적하였던 저자가 이번에 관심한 주제는 오늘날 유행처럼 퍼지고 있는 과학적 무신론(유물론적 진화론)에 대한 대응이다. 저자는 "해천이 좋아했던 성리학"으로 오늘의 유물론적 진화론에 대해서 뿐 아니라 그에 대한 유신론적 대응으로서 그러나 그것이 또 하나의

'지적설계론'으로 빠지는 경향을 보이는 보수 기독교적 대응에 대해서도 대응하고자 한다. 저자에게 이 일이 촉발된 구체적인 계기는 길희성 교수의 최근의 저서 『신앙과 이성 사이, 2015』였는데, 저자는 길 교수가 이 책에서 유사한 목적을 가지고 무신론적 진화론에 대응해서 "초월적 자연주의"의 유신론을 세우고자 하지만 그가 서구 가톨릭의 존재유비를 선호하고, 서구 중세철학의 객관주의의 입장에 편향적으로 경도되어 있다고 보면서 그보다는 한국 유교 성리학에 주목한다면 그 일을 훨씬 더 적실하게 이루어낼 수 있음을 논의해 나간다. 해천이 깊게 대화했던 율곡의 이기묘합(理氣妙合)이나 태극(太極)과 무극(無極)을 같이 말한 퇴계 이기(理氣)우주론 등을 그 예로 밝힌다. 이러한 모든 논의들을 통해서 저자는 유교와 기독교의 대화가 해천이 시도했던 인간론적 차원을 넘어서 훨씬 더 생태론적이고, 우주론적이며, 오늘날의 서구 과학적 진화론에 대한 아시아적 유신론의 응답으로서 크게 전개될 수 있다고 보는 것이다. 그런 의미에서 저자는 마지막으로 켄 윌버의 홀아키론과의 유교적 대화도 언급한다. 1998년에 변선환 아키브의 책임자로서, 『윤성범 전집』을 직접 편한 저자로서 유교와 기독교의 대화가 앞으로 어떻게 확장되어 갈 수 있는가를 잘 지시해준 것이라고 생각한다.

V.

해천 선생님은 1974년의 글 「해방 후 기독교와 유교의 수용형태」에서 "한국의 근대화를 기독교가 가져왔다는 이야기는 문제이다"라고 지적하면서 그것은 오히려 "한민족이 지닌 유교적인 전통, 즉 성실성의 소산"이라고 확언하셨다. 참으로 놀라운 통찰이고 선각자적인 선언이다. 해천 선생님이 이러한 이야기를 하신 후 반세기가 되어가지만 한국 사회와 교회는 오히려 더욱더 서구에 종속되어가는 모습이고, 자신이 고생하면서 이룬 것도 부정하면서 심지어는 '광복절'을 '건국절'로 바꾸려고까지 한다. 해천은 한국의 유교를 중국의 그것과도 구별하면서 한국 유교가 천지인 삼의 사상에서 홍익인간의 이상을 낳을 수 있었던 반면 중국적인 음양사상에서는 자연발생적으로 약육강식의 개인주의가 나올 수밖에 없다고 지적한다. 또한 그는 효를 "목적 없는 합목적성"이라고도 할 수 있다고 하면서 한국의 효 문화가 진선미를 종합한 초월적인 거룩미이면서도 동시에 그것이 어떻게 일상의 보편적 덕으로서 겸비와 겸양의 내면적 인격미로 나타나는지를 지적하였다. 그는 한민족은 하늘을 자신의 부모님으로 보기 때문에 결코 타민족을 침략할 수가 없고, 그래서 한국 민족역사가 "고난사"라고 한 것을 조금도 부끄러워할 필요가 없다고 했다. 이러한 겸양과 겸비의 효 정신을 한국 기독교가 더 고양해야 했는데 오히려 그렇게 하지 못했고, 그 원인을 그는 기독교가 원래 가지고 있던 동양적 요소를 탈각한데 있다고 보면서 한국 유교와의 대화를 더욱 요청한 것이다.

이러한 해천 신학에 대한 새로운 성찰들을 모은 책을 〈현장(顯藏)아카데미〉의 첫 출판물로 내게 되어서 한없이 기쁘고 감사한 마음이다. '현장(顯藏)'이라는 이름은 사실 우리 부부가 강원도 횡성에 유교와 기독교의 대화를 통한 한국적 수도원(서원) 영성을 꿈꾸면서 마련한 곳을 조금씩 일구어나가던 중, 그곳을 방문하셨던 도원(道原) 류승국 선생님이 지어주신 이름이다. 당시 스승 이동준 선생님과 함께 그곳을 방문하셨는데 그곳의 지형이 횡성 갑천면의 웅골에 폭 파묻혀서 겉으로는 잘 드러나지 않지만 막상 그곳에 도착하면 넓고 편안한 땅이 나타나는 것을 보면서 『주역』 '계사상전'(繫辭上傳)의 '현저인 장저용'(顯諸仁 藏諸用)의 구절로부터 그곳의 이름을 따오신 것이다. 그 이름을 받고 매우 감탄했고 감사했던 기억이 새롭다. 해천 선생님이 그렇게 강조하신 誠과 孝와 같은 보편적인 인간 덕목(仁)에서 하늘의 도가 드러나고, 또한 우주와 만물, 인간적 삶의 모든 일(用)에 그 하늘의 도가 감추어져 있다는 동아시아의 오래된 혜안을 '현장'이라는 이름으로 주신 것이다. 이번에 책을 엮어내며 이 안에 담겨 있는 뜻을 다시 생각하면서 류승국 선생님과 윤성범 선생님의 대화에서 잉태된 한국 기독교의 誠의 신학과 孝 그리스도론에 대한 후세대의 성찰이 여기서 계속된다는 것이 큰 의미로 다가왔다.

VI.

이러한 의미와 뜻(道)이 현실로 나타나기 위해서는 다시 더 구체적인 인간의 수고와 덕목과 성실하고 진실한 노력이 필요했다. 그 일을 담당해 준 仁의 실현자가 동연 출판사의 김영호 사장님과 박연숙 과장님이다. 온갖 어려운 상황에도 불구하고 일을 이루어주신 수고와 마음 씀에 감사할 따름이다. 남편 이정배 교수가 지난 2월을 기해서 감신대로부터 조기퇴직을 하는 바람에 지난 5월에 감신대가 주관한 윤성범 탄생 100주년의 행사에 함께 하지 못했다. 그러한 일에도 숨은 뜻이 있을 것이라고 생각하고, 대신 지금까지 지내오면서 여러 기회를 통해서 만나게 된 유교와 기독교의 도반들과 더불어 같이 이 책을 내게 된 것이다. 성심과 열성을 다해서 참여해주신 저자 모든 분께 감사의 마음을 전한다. 앞으로 우리는 이번의 만남을 유교와 기독교의 대화를 더욱 이어나가는 좋은 공부 모임으로 만들어가자고 이야기했다. 주지하다시피 지금 나라의 상황과 교회의 상황이 매우 좋지 않다. 대통령이 한 부패한 무속인과 다름없는 사이비 여성 종교인에게 휘둘려서 나라를 온통 내준 것이 드러났고, 그러한 일이 가능하게 된 데에 한국 교회와 기독교가 많은 책임이 있다는 것을 부인할 수 없게 되었다. 그럼에도 불구하고 여전히 권력과 사이비 성령과 구복에 함몰되어서 헤어 나올 줄을 모르는 한국 교회의 지도자들, 정치인 신도들, 권력자들, 이들이 집안에서 점 보고 요행을 바라는 일을 무엇보다도 부끄러운 일로 경계했던 유학을 다시 공부하고, 참된 성령의 열매란 겸비와 겸양, 사회적 약자에 대한 배려와 책임으로 나타난다는 것을 배운다면 큰 변화가 있을 것이다. 윤성범 誠의 신학과 孝 그리스도론은 다시 우리에게 21세기의 보편 영성으로서 말과 행위에 있어서 진실하고 성실함을 지속적으로 실천하는 일, 우리의 부모를 섬기는 일이 하느님을 예배하는 일과 다르지 않다는 것, 또한 우리 모두는 하늘 하느님의 한 자녀이므로 그 하늘 부모에 대한 겸손한 사랑과 존중으로 이웃과 특히 우리의 형제 북한과의 하나 됨을 위해서 힘을 쏟는 일이라는 것을 가르친다. 우리는 이 한 권의 책이 그런 가르침을 더욱 널리 퍼지게 하는데 작은 기여가 되기를 바란다. 그것으로써 한국 교회가 세계 교회에게 한 은총이 되기를 소망한다.

2016.10.30.

〈현장아카데미〉 이은선 모심

차례

21세기 인류 보편 영성(common religion)을 위한 유교와 기독교의 대화

이은선

(세종대학교)

I. 유교와 기독교 대화의 변화된 상황

올해는 한국 신학사에서 유교와 기독교의 대화를 본격적으로 전개시킨 故 해천 윤성범(海天 尹聖範, 1916-1981) 선생님의 탄생 100주년이 되는 해이다. 그가 이러한 신학적 작업을 펼쳤던 1950-60년대는 우리나라가 일제에서 해방되고 6.25의 동족상잔을 겪고 나서 아직 산업화의 물결을 본격적으로 타기 이전이었다. 그때는 주로 나라를 살리고 한민족의 삶을 변화시키기 위해서는 서구 문명이 답이고, 특히 기독교가 정답이고 기준이라고 생각해서 거기에 견주어서 우리 고유의 역사와 문화, 전통 등을 자리매김하던 때였다. 여전히 어떻게 하면 과거 중국으로부터의 영향력이나 유교 문명으로부터의 나쁜 구습을 극복할 수 있을까가 주된 관심사였고, 그 일을 위해서 서구에서 온 기독교 복음과 교회의 역할이 크게 강조되었다. 그런 상황에서 시도된 유교와 기독교 간의 대화였으므로 윤성범 '誠의 신학'의 유교 해석의 한계는 21세기 오늘날 변화된 상황에서 보면 분명하다. 하지만 당시 정황에서 그러한 가운데서도 한국 전래 문화의 가치와 유교 문명의 긍정성을 보려는 그의 시도는 매우 선구자적이었음을 부인할 수 없다. 또한 그는 70년대 들어와서 근대화의 열매가 본격적으로 드러나기 시작하는 시점에 와서는 한국의 근대화가 단지 서구 기독교 문명으로 인한 것이었다고 말하는 것은 "문제"라고 지적하면서 오히려 그것은 한민족이 지닌 오랜 "유교적인 전통", "즉 성실성의 소산"이라고 주장했다.[1] 이러한 이해와 지적은 오늘날까지도 대부분의 역사학자나 일반인들이 한국의 근대화에서 오직 서구의 역할만을 보거나, 또는 그 서구화를 먼저 추진한 일본의 영향으로 보려는 것을 생각해 볼 때 매우 주체적이고 혜안적인 평가라고 하지 않을 수 없다. 그는 일찍이 서구 기독교 사상이 그 안에 내포하고 있는 개인주의가 약육강식의 원리로 흐를 수 있는 경향이 있다고 간파하였고, 또한 그것이 '천지인'(天地人) 삼재를 말하는 한국 고유의 신관과는 다르게 합리주의적 중국 성리학도 음양이론의 강조로 유사한 경향이 있다고 논했다. 그래서 그는 한국적 삼일신론(桓因, 桓雄, 桓儉)의 고신도신관(古神道神觀)을 높게 평가하고자 했다.[2]

본인이 이러한 60-70년대의 윤성범 誠의 신학을 이어받아서, 그러나 단지 하나의 성(誠)만이 아니라 세 가지의 성, 즉 '성·성·성(聖·性·誠)'의 여성신학을 한국적 여성신학으로 말하고자 하는 것은 유교와 기독교의

---

1 윤성범 전집 2, 『한국유교와 한국적 신학』(도서출판 감신, 1998), 431.
2 앞의 책, 465-466.

대화의 정황이 크게 변한 것을 지시한다. 즉 그것은 먼저 예전 윤성범 선생님의 때보다 한국신학이 그 신학함에 있어서 훨씬 더 적극적으로 신학함의 주체에 대한 의식을 뚜렷이 했다는 것을 말한다. 그것은 중국 문명에 대해서는 말할 것도 없고 특히 서구 신학에 대해서 보다 세밀한 한국적 독자성을 요청하는 것이라고 할 수 있다. 그래서 '聖·性·誠의 여성신학'은 먼저 전통적 기독교의 인격신의 한계를 보면서 그 한계를 넘어설 수 있는 대안으로 보다 보편적인 초월의 이름으로 유교적 '聖'으로서의 하느님을 말하고자 한다.[3] 윤성범 선생님은 인격적 신의 강조야말로 한국적 신의 고유성을 찾는 것이라고 하셨지만 본인은 오히려 그 반대가 더 타당하다고 생각한다.

다음으로 '性'을 내세우는 것은 윤성범 신학을 포함하여 지금까지의 신학이 가지는 가부장성을 넘어서기 위한 틀이다. 물론 윤성범 신학의 유교와의 대화가 신학함에서의 인간성과 세속성에 더 관여하려는 것이기는 했지만 그것은 철저히 남성 가치 중심적이어서 그의 삼위일체 이해라든가 단군설화 이해에서 그는 세 위격이 모두 "남성"으로 표현된 것이 오히려 큰 의미와 가치가 된다고 보았다. 그런 한계를 聖·性·誠의 여성신학은 넘어서고자 하였고, 그래서 性이라는 유교 전통의 또 다른 핵심 초월 언어를 가져와서 신학에서의 인간성과 몸성, 여성성에 주목하고자 했다. 또는 여기서 더 나아가서 궁극적으로는 앞에서의 聖의 언어에서와 마찬가지로, 여성성을 강조하는 일반적인 서구적 페미니스트 의식까지도 포함하여 신성과 인성, 남성과 여성, 정신과 몸 등을 나누는 이분법적 분리를 더 온전히 통합시키고자 하는 것이다.

---

3 이은선,『한국 여성조직신학 탐구 - 聖·性·誠의 여성신학』(대한기독교서회, 2004), 6 이하.

마지막의 '誠'에서는 윤성범 신학에서처럼 특히 문화(멋/효)와 교육의 측면을 강조하고, 세상 안에서의 교회와 종교문화의 역할에 역점을 두고자 한 것이다. 하지만 그의 誠의 신학보다 훨씬 더 넓은 세상을 지향하여서 지구 생명권 전체와 우주론에 관심하고, 또는 내세나 윤회 등의 시간적 스펙트럼도 확장하여서 더 크게 포괄하고자 하였다. 이렇게 "한국 여성조직신학"으로서의 聖·性·誠의 여성신학은 하나의 통합학문으로서 초기 유교와 기독교 대화 시기의 윤성범의 신학에서보다 훨씬 더 적극적으로 동아시아 유교 문명을 끌어들이고자 한다. 지난 90년대 본인의 논문 「유교적 기독론-기독론의 교육적 지평 확대를 위한 한 시도」는 그런 배경에서 예수의 몸성과 역사성에 대한 질문을 급진적으로 밀고 나갔고, 그의 유일회적 그리스도성에 대한 물음을 첨예화시킨 것이다.

오늘 21세기 우리의 정황은 또 바뀌었다. 그동안 세계 삶의 정황은 서구와 미국 위주의 근대화와 세계화가 파국으로 치닫는 모습을 보여주고 있고, 이제 누구도 부인할 수 없을 정도로 세계 헤게모니로 등극한 중국은 얼마 전까지만 해도 돌아보지 않던 유교를 다시 자신들의 국가 이데올로기로 포장해서 선전하는 모습이다. 이런 정황 속에서 한국 사회와 교회의 상황도 많이 변하여서 오늘날 한국 사회가 빠른 근대화와 세계화의 폐해로 몸살을 앓고 있지만 한국은 이제 세계 무역 11위의 경제대국으로 자라났고, 거기서의 교회는 보수적 기득권 세력이 되어서 점점 더 폐쇄적이고 물질주의적으로 타락해 가고 있다. 이런 상황에서의 유교와 기독교의 대화는 두 종교 전통이 동시에 보여주는 보수성과 체제 이데올로기적 성격을 비판하고, 그러나 여전히 한국교회가 경도되어있는 서구 중심주의와 근본주의적 배타성을 유교적 다름과 그 세간적(世間的) 내재영성으로 치유할 수 있는 가능성을 찾는 방향으로 나아가야 한다고 본다. 본 논문은 이러한 성찰 속에서 위에서 언급한 논문「유교적 기독론 -기독론의 교육적 지평 확대를 위한 한 시도」4를 다시 가져와서 유교와 기독교의 대화에서 어떠한 새로운 모습의 기독교, 특히 거기서의 핵심 쟁점인 예수 그리스도의 이해가 어떻게 달라질 수 있는가를 살펴보고, 이어서 21세기의 달라진 인류 삶에서 그러한 성찰이 마침내는 보다 더 포괄적인 인류 '보편 영성'(common religion)을 추구하는 길로 나아갈 수 있는지를 탐색하려고 한다. 본인이 얼마 전에 다녀왔던 기독교 삼대 성지 중 하나로 여겨지는 스페인 산티아고 순례길 위에서의 성찰이 그 마지막 이야기가 될 것이다.

II. 공자와 예수

예수가 그리스도로 고백되면서 시작된 기독교 이천여 년의 역사 가운데서 지금 그 전통적 그리스도의 이해는 도전받고 있다. 근대과학의 전개로 인한 도전에 가중되어 '기독교이후'(postchristian) 시대에 세계 제반 종교에 대한 정보가 가능해지고 다양해지면서 그 예수에 대한 이해는 다시 한 번 근본적인 도전을 받게 되었다. 특히 그의 신성, 즉 '육화'(肉化, Incarnation)에 관한 질문이 가장 핵심적인 것인데, 왜냐하면 지금까지 대부분의 예수 이해는 여전히 고대 그리스적 존재론의 틀 안에서 매우 형이상학적이고 실체론적으로 그의 신성과 유일회성을 배타적으로 강조해 왔기 때문이다. 21세기의 오늘에도 교회 예배에서 여전히 사도신경이 외워지고 있지만, 예수에 대한 솔직한(honest) 질문들은 점점 더 크게

---

4 이은선, 「유교적 기독론-기독론의 교육적 지평 확대를 위한 한 시도」, 『포스트모던 시대의 한국 여성신학』, (분도출판사, 1997), 49-81.

들린다: 예수는 과연 누구였을까? 그 자신도 당시 대부분의 이스라엘 사람들처럼 오랜 기다림과 피폐 속에서 살다가 예언자 세례요한의 외침을 듣고 깨어나게 된 한 젊은이가 아니었을까? 교회가 일찍이 정통교리로서 수립한 그의 '선재'(先在, pre-existence) 이야기는 과연 어디에 근거하는가? 그가 동정녀에게서 탄생한 이유 때문일까, 또는 그의 기적행위 때문일까? 예수는 진정으로 자기 스스로를 메시아와 하느님의 아들로서 이야기했을까? 그의 부활의 비밀은 무엇일까? 특히 그의 몸의 부활은 사실적으로 일어난 것이기 때문에 그의 절대적 유일회성의 마지막 보루가 되는가, 아니면 또 다른 의미를 지니는가? 이러한 모든 질문들은 20세기에 늘어와서 활발히 진행되고 있는 다른 모습의 기독론을 찾기 위한 시도들이다.

1. 20세기로 들어오면서 서구 신학계에서는 1906년 알버트 슈바이쩌(A. Schweizer)의 『예수전 연구』와 50년대 루돌프 볼트만(R. Bultmann)의 공관복음 연구 그리고 그의 제자인 보른캄(Günther Born- kamm)의 『나사렛 예수』 연구 등이 있으면서 '역사적 예수'(the historical Jesus)에 대해 많이 관심해 왔다. 그러나 한편 그것의 한계가 지적되면서 다시 신앙과 복음의 主에로의 전회가 요구되어왔지만, 그럼에도 불구하고 역사적 예수에 대한 관심은 점점 더 고조되어 왔다. 특히 지난 1980년대 이후로 다원화와 과학화의 시대에 미국 성서신학계를 중심으로 역사적 예수에 대한 연구가 큰 활기를 얻어 이러한 질문들과 거기서의 대안적 답들은 이제 오늘날 보편적이기까지 하다.

이러한 입장에서 기초적으로 밝히는 기독교 역사에서의 기독론의 전개과정에 따르면 원래 예수와 그의 추종자들—바울도 포함해서—의 신앙은 종말론적 '하느님 신앙'이었다. 그러나 그것이 초기교회 형성 후에 뒤바뀌어서 현재/미래의 하느님 나라이외에는 최종적인 것이 없다고 가르쳤던 바로 그 예수가 하느님의 최종적인 형식이라고 선포되었고, 그는 단지 '하느님의 말씀'이 되는 데 그치지 않고 '하느님의 마지막 말씀'이 되었다. 그것은 초대교회가 그리스-로마 문화권으로 넘어가면서 유대교의 하느님의 아들의 이미지가 성육신과 유일회적 신성화의 개념으로 굳어진 것을 말한다. 이러한 역사적 예수에 대한 아래로부터의 기독론적 탐색에서부터 이제는 관계적 유일회성의 그리스도, 신중심적 그리스도, 은유(metaphor)와 다수의 그리스도가 말하여지는데, 그것은 다른 제종교 전통들에서의 또 다른 신성들과 대화할 수 있는 계기가 마련된 셈이다. 특히 유교 전통의 공자에 대한 평가에 있어서 그의 위대성과 독특성이 "역사에서 그토록 중대한 역할을 떠맡으면서도 단지 한 인간으로 남았다는 것"과 "그를 신성화하려는 후대의 모든 가당치 않은 시도들을 저지한 것"에서 보았다면,5 이 유교 전통과의 대화와 거기서의 공자와의 관계 맺음은 큰 의미와 열매를 기대할 수 있을 것이다. 왜냐하면 앞에서 지적했듯이 오늘날 기독론에서의 핵심 질문이 바로 그의 신성에 관한 것이기 때문이다.

2. 유교 전통에서 역사상 공자의 모습을 찾는 것도 기독교에서 역사적인 예수의 탐색만큼이나 용이한 것이 아니다. 그의 구체적인 인간됨과 가르침을 가장 잘 전해 주는 『논어』가 이루어진 것도 그의 사후 최소한 백 년이 지나서였고, 그의 전기 가운데서 가장 오래된 사마천(司馬遷, B.C. 158-B.C. 77)의 『孔子世家』도 거의 4백 년이 지나서야 씌어졌기 때문이다.6 지금까지 2,500여 년의 중국의 역사 가운데서 공자에 대한 평가

---

5 후레드릭. W. 모오트/권미숙 옮김, 『중국문명의 철학적 기초』(인간사랑, 1991), 78.
6 한스 큉 · 줄리아 칭/이낙선 옮김, 『중국종교와 그리스도교』(분도출판사, 1994), 129.

는 많은 우여곡절을 겪어왔다. 한때는 수많은 스승 가운데 하나에 불과한 모습으로, 또는 한때 신격화되기도 했고 신의 반열에 끼우기 위한 조칙이 반포되기도 했으며, 반대로 비공(批孔)운동으로 존폐의 위기에 처해지기도 했다. 그럼에도 불구하고 더욱 중요한 사실은 유교 전통에서 그는 결코 신화적으로가 아니라 '역사적인' 존재로서 자리 잡고 있으며, 이것을 여전히 유교의 근본적인 전통으로 담지하고 있다는 사실이다.

기독교에서의 급진적인 신적인 변형과는 달리 유교 전통에서 이것이 가능했던 까닭은 먼저는 바로 공자 자신의 자기에 대한 언명과 인식에 근거한다고 하겠다. 물론 공자시대에 있어서도 그는 제자들에 의해서 '성인'(聖人)이라고 고백되면서 기독교적인 의미로 볼 때, 신성시되기도 했다. 하지만 그는 거기에 반박하며 자신은 나면서부터 도를 아는 사람이 아니라 단지 배우기를 싫어하지 않고, 가르치기를 게을리하지 않는 노력하는 사람이라고 대답했다.[7] 한 번은 그의 제자 중 하나가 어떤 계기에 그가 어떻게 묘사되기를 바라느냐고 묻자, 그는 자신의 상을 다음과 같이 뚜렷하게 밝혔다;

그는 이런 종류의 사람이다. 참된 앎을 구하고자 하는 사람들을 일깨우기에 너무도 열중하여 밥먹는 것도 잊으며, 그렇게 하는 것이 너무도 행복하여 근심을 잊으며, 노년이 그에게 닥쳐오는 것도 알지 못한다.[8]

여기서 공자는 자신이 스스로도 道를 찾아가며 참된 삶을 위해 노력하는 한 겸허한 스승으로 그려지기를 원했다. 그는 다른 곳에서 "자신만큼 학문을 좋아하는 이가 없을 것이고", 자신은 "나면서부터 아는 자가 아니

---

7 『論語』「述而」 2: 子曰 默而識之, 學而不厭, 誨人不倦, 何有於我哉?
8 『論語』「述而」 18: 子曰 女爲不曰, 其爲人也. 發憤忘食, 樂以忘憂, 不知老之將至云爾.

라 단지 옛 것을 좋아하여 급급히 그것을 구한 자"라고 밝혔다. 이러한 그의 허세 없는 인간적 자기평가는 일생의 배움에 대한 그의 유명한 구절, "열다섯에 배움에 뜻을 두고, 서른에 서고, 마흔에 사리에 의혹되지 아니하고, 쉰에 천명을 알고, 예순에 귀가 절로 천명을 따르며, 일흔에 마음을 좇아하되 도리에 어긋나지 않는다"라는 고백에서 다시 한 번 뚜렷이 나타났다.[9]

이것은 그러나 줄리아 칭(Julia Ching)이나 거기에 응답하는 한스 큉 (Hans Küng)도 지적했듯이 단순한 세속적 인본주의나 현학주의가 아니다. 여기에 대해서는 모오트도 지적하기를 공자의 윤리체계가 전적으로 비종교적이었다거나, 또는 더 나아가서 유교 문명이 종교와 관련 없다고 말하는 것은 오늘날 현대적 사유에서 오는 불합리한 추론이라고 반박한다.[10] 큉은 그것은 오히려 셈계의 예언적 종교와 인도계의 신비종교와 함께 제 삼의 또 다른 종교적 그룹을 형성하는 "중국의 성인적(聖人的) 전통", "중국지혜의 종교"의 표현으로 구분될 수 있다고 보았다.[11] 유대-기독교 전통과 같은 예언적 전통은 초월의 인격적 표현을 선호하고 그의 인격적 절대성과 배타성을 나타내는 신중심주의이다. 그리하여 예수도 그 전통에 충실하여 자신의 모든 소망과 가르침을 '하느님 나라'라고 표현했지만, 결국 그 속에서 예수도 이제는 '하느님의 아들', '아들이신 하느님', '삼위일체의 제2위격'으로 고백되고 표현되었다. 이러한 신중심주의는 그리하여 과도한 신화화를 낳았고―동정녀 탄생, 부활등과 관련하여

---

9 『論語』「爲政」4: 子曰 吾十有五而志于學,三十而立,四十而不惑,五十而知天命,六十而耳順, 七十而從心所欲,不踰矩.; 이은선,「유교적 자아실현과 서구 현대발달심리학의 교육철학」, 『한국교육철학의 새지평 - 聖·性·誠의 통합학문적 탐구』(내일을여는책, 2000), 304 이하.

10 후레드릭 W. 모오트, 위의 책, 70.

11 한스 큉·줄리아 칭, 위의 책, 134.

― 마침내는 '그리스도 독재주의', '그리스도 우상주의'에 빠지게 되는 결과를 초래했다.

3. 그러나 그 기독교와 다른 전통에 놓여 있는 공자의 종교성은 오히려 다른 곳에서 찾아져야 한다. 즉 그것은 어떤 한 초월적인 인격적 신에 대한 고백이 아니라 인간에 대한 신뢰, 배움의 도상에 있는 인간의 완성과 학(學)과 예(禮), 도(道)를 통한 그의 가능성 등에 대한 믿음이다.[12] 후에 어떤 은자는 공자를 "되지 않을 줄 알면서도 하는" 사람이라고 평가했다고 지적되는데, 공자는 당시 붕괴되어 가는 정치와 예악문화를 예전의 주공시대처럼 회복한다는 것이 불가능하다는 것을 알고 있었으면서도 그러한 이상을 위해 노력하지 않으면 안 된다고 생각했고, 스스로 그렇게 노력했으며, 또한 남도 그렇게 가르치는 데 모든 것을 쏟았다. 공자는 자신을 해하려는 한 시도에 대해 "하늘이 나에게 德을 주었는데, 환퇴가 나를 어찌 하겠는가?"라고 응수하였다.[13] 또한 그는 자신의 이러한 가르침에 가장 합당하게 여겨지는 제자 안회(顔回)가 죽자 "아! 하늘이 나를 망하게 하였구나! 하늘이 나를 망하게 하였구나!"하고 통곡하였고, 그 제자 안회는 "다른 사람들은 하루나 한 달에 한 번 仁에 이를 뿐인데, 그의 마음은 삼 개월 동안 仁을 떠나지 않았고", "전진하는 것만을 보여주었고 중지하는 것을 보이지 않았으며", "끼니를 굶으면서도 道에 대한 기쁨으로 가득 찬 사람"이었다고 소개한다.[14] "하늘에 죄를 지으면 빌 곳이 없다"라고 하며 "독실하게 믿고 배우기를 좋아하며, 죽기를 한하고

---

12 이은선, 『잃어버린 초월을 찾아서-한국 유교의 종교적 성찰과 여성주의』(도서출판 모시는 사람들, 2009).

13 『論語』「述而」22: 子曰 天生德於予, 桓魋其如予何.

14 『論語』「先進」8, 「雍也」5, 「子罕」20.

지키고 道를 잘 해야 한다"[15]라고 가르친 공자에 대해『논어』「향당(鄕黨)」은 어떻게 그가 일상의 모든 삶에서 조상을 섬기는 일과 공직의 일터에서, 먹는 것과 입는 것, 자는 것, 그리고 사람들을 대하는 일등에서 '극기복례'(克己復禮)하려고 노력했는지를 생생하게 그려 주고 있다.

이렇게 공자 자신의 자기 이해와 더불어 그 가르침의 내용이 갖는 도상적(道上的) 성격과 인본주의적 성격은 기독교 전통에서와는 달리 그 창시자의 신격화를 필요로 하지 않는다. 이미 11세기 송나라의 성리학에서는 그 경향이 더욱 두드러졌고, 명나라 양명학의 이해에서는 마치 오늘날 기독교 신학에서 신중심적 기독론을 시도하고, 아래로부터의 기독론을 시도하여 그리스도 우상주의를 타파하려고 하는 것과 마찬가지로 공자에 대한 비신화화, 그것과 더불어 '경전'(經)의 비신화화가 시도되었다. 사실 유교 전통에서의 경(經,고전)의 의미는 오히려 공자 자신의 위상보다 기독교의 그리스도의 절대성에 더 가까운 것인데, 16세기 명나라 시대에 심하게 경직된 주희 성리학과 그의 객관주의, 문자주의에 대항해서 주관의 '心'의 발견을 경험한 양명은 당시『대학』의 판본과 관련된 논변에서 자신이 주희와는 달리 원본(『大學古本』)을 선호하는 이유를 다음과 같이 밝혔다. 그것은 당시 신격화 되다시피 한 주희의 논을 넘어서 원래의 공자에게로 다시 돌아가자는 것이고, 그러나 그 공자도 또 넘어서서 그에게 있어서 가장 고유한 내면의 心의 권위에로 돌아가자는 것이었다:

배움에 있어서 가장 중요한 것은 그것을 마음의 실행을 통해서 얻는 것이다. 가르침의 말씀들을 마음에 점검해 보아 그것이 잘못되었다고 판명되면 나는 그것이 비록 공자의 입에서 나왔다 하더라도 옳은 것으로 받아들

15『論語』「述而」22: 論語 泰伯 第八.

이지 않는다. 하물며 공자보다 훨씬 더 못한 사람들의 입에서 나온 것들이 야. 또한 만약 그 가르침이 마음에 비추어 봐서 옳다고 여겨지면 나는 그것 이 비록 한 평범한 범부의 입에서 나왔다 하더라도 그것을 그르다고 하지 못한다. 하물며 공자의 말인데, 더욱 더 그렇지 않겠는가.16

고전의 육경이 모두 자신의 마음의 "각주"이며, 공자가 육경을 편한 이유란 단지 사람들로 하여금 성인의 가르침을 좀 더 쉽게 찾을 수 있도록 하기 위해서였다고 말하는 양명은 그러므로 道란 결코 주희나 공자까지 라도 그들에게만 소유된 것이 아니고 모두에게 열려 있고, 누구에게나 그 마음을 구체적으로 닦는 일을 통해서 밝혀질 수 있는 것이라고 설득했 다. 이러한 16세기 명나라 양명의 가르침은 오늘날 변화된 상황에서 예 수에 대한 한 새로운 이해를 추구하는 기독교 신학자들에게 좋은 시사가 된다.17

III. 유교적 誠과 기독교의 육화(肉化, Incarnation)

1. 기독교의 육화

'예수는 누구였는가?'(Who was Jesus?), 이것을 탐색하는 최근의 성서 신학적 연구는 기독교 전개의 역사 속에서 볼 때는 그 예수 삶의 구체적인

---

16 『傳習錄』 中173조: 夫學貴得之心, 求之於心而非也, 雖其言之出於孔子, 不敢以爲是也, 而況其未及孔子者乎. 求之於心而是也, 雖其言之出於庸常, 不敢以爲非也, 而況其出於 孔子乎. *Instructions for Practical Living and other New-Confucian Uritings by Wang Yang-ming*, trans by Wing-tsit Chan (Columbia University Press New York), 159.

17 이은선, 「유교와 그리스도교」, 『포스트모던 시대의 한국 여성신학』 (분도출판사, 1997), 26이하.

사실들과 그 말의 진위 여부 등을 묻는 물음들은 대답하기 어렵고 또한 적절한 것이 아니라고 다시 지적한다. 대신에 그 기독교의 전개를 위해서 예수에게 중요한 것은 그가 그 추종자들에게 영향을 끼쳤다는 것이며, 그의 삶과 그의 가르침의 전통 안에서, 그리고 그의 탄생과 어린 시절에 관한 설화의 이야기들 속에서 그의 영향력이 충격으로 표현된 사실이라고 한다. 메시아를 기다리는 유대 전통 안에서 세례요한을 따랐던 한 추종자로서 예수가 죽자 그럼에도 불구하고 그 무리들이 흩어져 버리지 않았고 교회가 세워졌으며, 그 후 전 세계로 퍼지는 한 종교적 그룹으로 전개되었다는 것, 그가 어떠한 인상을 무리들에게 남겼으며, 그 기독교 신앙 탄생의 동기는 무엇인가 하는 것이 더 큰 의미가 된다는 것이다. 이것은 결국 우리가 아무리 철저하게 역사적 예수를 말하고 그를 비신화해도 그가 '하느님의 아들'로서 고백되었다는 사실은 간과할 수 없다는 것을 말하며, 그리하여 그의 그 '육화'(incarnation)에 대해서 말해야 하고, 또한 여기에서 그 기독교 신앙의 핵심적 신비를 보는 것을 말한다. 또 다르게 얘기하면 그의 '부활'에 관한 이야기를 하는 것이다.

사도행전 2장에서 베드로가 시편 16:8-11의 다윗의 시를 인용하면서 행한 예수의 부활에 관한 설교는 그들의 예수에 대한 신앙, 그의 주됨과 그리스도됨의 신앙이 어떻게 시작되었고 전개되었는지를 밝혀준다. 그것은 그의 부활이었고, 그것을 통한 약속된 성령의 부음으로 고백되고 있다(행 2:24, 2:33). 이 사건을 통해서 예수가 하느님의 아들로 고백되었고, 제자들이 다시 모이게 되었으며, 공동체가 시작되었으므로 기독교 교회는 이후로 점점 더 이 그리스도에 대한 고백을 강화하였고, 부활과 더불은 이 고백은 그 후 기독교의 가장 기본적인 기준이 되었다.[18] 그것은

---

18 Hendrikus Boers, *Who was Jesus?*, Harper & Row, 1989, 110.

먼저는 유대교에 대하여 자신들을 구분하는 기준으로, 그리고 세계의 다양한 종교적 전통들과의 만남에서는 기독교의 고유한 기준이 되었다. 19세기 중반 영국의 개신교 선교사로서 중국 전통에 대한 깊은 이해를 가졌고 그 고전의 방대한 영역(英譯)으로 유명한 제임스 레게(James Legge)도 예수의 부활사건에서 기독교 우월성의 마지막 근거를 보았다. 그에 따르면 이 부활의 주제에 도달했을 때에는 그것은 기독교에 대한 "신의 보증"(the Divine Stamp)을 보는 것이다.[19]

이 부활 사건과 관련된 기독교의 절대성 내지 우월성의 요구는 현대과학적 성과를 자신의 신학적 성찰에 적극적으로 끌어들이는 독일 신학자 판넨버그(W. Pannenberg)에게서도 나타난다. 그는 보편사로서의 역사의 전 영역을 하느님의 계시 영역으로 보는 것을 통하여 전통 신학의 기독론적 폐쇄성을 극복하려 했다. 하지만 부활사건 자체를 철저하게 역사적 사실로서 고집하면서 그것을 전체 역사 속에서의 하느님의 선취로 풀이하며 여전히 종래 신학의 기독론적 우월성의 요구를 표현하고 있다. 물론 그가 예수 부활의 사실성이 기독교의 모태가 되는 유대 묵시문학적 부활 사상과의 연관 속에서만 밝혀질 수 있다고 말하고, 빈무덤으로서의 예수 부활에 대한 초대교회의 확신은 여전히 부활한 이에 대한 경험으로부터 생겨난 사실성이라고 얘기하기도 하지만,[20] 예수 부활의 역사성에 대한 배타적 집중은 그도 역시 서구 기독교 중심주의의 한계 속에 여전히 갇혀 있는 것을 보여 준다.

똑같이 역사적 예수에 대한 관심에서부터 시작하지만, 부활에 대한 또 다른 이해 속에서 다원적인 대화의 가능성을 더 크게 열어 놓은 사람들

---

19 James Legge, "The Chinese Religions as Compared with Christianity."
20 W. Pannenberg, *Grundfagen systematischer Theologie*, Bd II., Vandenhock, 1979.

이 바로 '복수(複數)의 그리스도', '은유의 그리스도'에 대해서 말하는 일련의 '신중심적' 기독론자들이다. 이들에 따르면 자신들의 신중심적 사고야말로 죽은 자의 하느님을 믿는 것이 아니라 산자의 하느님, 부활하신 그리스도를 믿는 일이라고 한다. 이들은 부활의 사건 속에서 그것이 바로 주관들에 의해서, 예수 주변의 사람들에 의해서 경험되고 고백되었기 때문에 부활이 되었다는 것을 강조한다. 이와 마찬가지로 그 사건이 오늘 우리의 현재-미래에서 조성해 내는 일이 없을 때에는 그 역사적 사실의 입증도 아무런 의미가 없다고 지적한다. 복수(다수)의 그리스도에 대해서 말하는 톰 드라이버(T. F. Drivers)에 따르면 부활보다도 더 명백하고 결정적으로 "주관성과 객관성의 일치"가 되는 일이 없다. 따라서 교회의 그리스도가 과거의 그리스도에 지나지 않는다면, 그리고 그 그리스도가 새롭게 첨가될 수도 없고 변할 수도 없으며 성서의 유산을 뛰어 넘을 수도 없다면, 그런 그리스도는 죽은 그리스도가 된다고 주장한다. 그리스도는 하느님(객관)과 세상(주관)과의 만남의 인간적인 형식이기 때문에 세상의 삶이 변하듯 이 만남도 변하므로 다수의 그리스도, 복수의 그리스도가 존재한다는 것이다.[21]

같은 맥락에서 전통의 형이상학적 성육신론을 은유기독론으로 대치할 것을 권유하는 '은유'로서의 예수의 성육신 이야기는 다음의 세 가지 방식으로 언표될 수 있다고 제시한다. 그것은 첫째, 예수가 하느님의 뜻을 실행한 한에 있어서 하느님은 그를 통해서 세상에서 활동했고, 그런 의미에서 그는 예수 안에 육화되셨다. 둘째, 예수가 하느님의 뜻을 행한 한에서 그는 하느님에 대한 응답과 개방 속에서 살았던 인간적 삶의 이상

---

21 T. F. 드라이버/김쾌상 옮김, 『변화하는 세계와 그리스도』 (대한기독교출판사, 1984), 207.

을 육화했다. 셋째, 예수가 자신을 내어 주는 사랑, 아가페의 삶을 살았던
한에서 그는 무한한 신적 사랑의 유한한 반영인 한 사랑을 수육했다는
것이다.22 이것은 결국 "예수의 삶에 있어서의 하느님의 성육신의 이념은
예수가 두 자연을 지녔다고 하는데 대한 형이상학적 주장이 아니라, 하느
님이 그것을 통해서 세상에 활동하신 그런 삶의 의미에 대한 은유적 언표
이다. 예수 안에서 우리는 하느님의 현존에 대한 응답과 그에 대한 인식
에 있어서 놀랄 만한 정도로 살았던 한 인간을 보게 된다"고 한다.23

2. 유교적 誠

이상과 같이 서구 기독론자들이 인간 삶의 다양한 방식에서 나올 수
있는 복수의 그리스도에 대해서 이야기하고, 또한 진정으로 한 인간이었
던 역사적 예수의 삶에 대한 은유로서 육화와 성육신에 대해 얘기했다면
우리는 그러한 이해의 좀 더 풍부하고 창조적인 동아시아적 파악을 위해
서 유교 전통에서의 인간실현의 의미체계들을 살펴보고 싶어진다. 왜냐
하면 앞에서 공자의 이해에서도 살펴보았듯이 유교 전통의 핵이란 바로
인간의 성인화(聖人化, 聖人之道)이고, 그것은 기독교적인 용어로 얘기
하면 또 하나의 인간의 그리스도화(육화)에 관한 가르침이기 때문이다.
유교 전통에서 그것에 대한 개념으로서의 정리가 바로『중용』의 '誠'이라
고 할 수 있다. 그래서 그 誠 안에 나타난 유교적 초월의 육화에 대한
이야기를 살펴보고자 한다.

유교형이상학의 한 축을 이루는『중용』에서 中에 이어 또 다른 핵심사
상을 구성하는 誠에 대한 이야기는 귀신, 또는 神에 대한 이야기에 뒤이어

---

22 John Hick, *The Metaphor of God Incarnate-Christology in a Pluralistic Age*, 105.
23 앞의 책, 106.

서 전개된다. "그 덕이 지극하고", "사물의 본체가 되며", "이르름을 예측할 수 없는" 은밀한 귀신, 또는 神이 드러나듯이 誠의 기리울 수 없는 것이 바로 이와 같다는 것이다. 여기에 이어서 『중용』은 바로 그 誠을 '하늘의 도'(天之道)로 이름하는 다음과 같은 유명한 구절을 이야기 한다;

> 성실한 것(誠者)은 하늘의 도요 성실히 하려는 것(誠之者)은 사람의 도이니, 성실한 사람은 힘쓰지 않아도 맞으며, 생각하지 않아도 터득하며, 종용히 도에 맞는 것이니 이것은 성인이다. 성실히 하려는 사람은 선을 택하여 굳게 잡는 자이다.[24]

이미 해천 윤성범 선생이 誠의 어원적인 뜻에 주목하여 '말(言)'과 '이루어짐(成)'이 합성된 문자로서 그것은 요한복음 1:14의 '말씀이 육신이 되어'라는 것과 유비될 수 있다고 지적하였다. 그것은 '말한 바(言)가 반드시 이루어지도록(成) 정성을 다하는 것'이라고 할 수 있다. 이와 아울러 참, 또는 진실, 꾸준함, 한결같음 등의 뜻을 포함하여 행위를 통해서 이루어지는 자신의 진실성과 남들에 대한 신뢰성을 의미하는 것이다. 이렇게 유교 전통은 인간 삶에서 가장 실제적이고 기초적인 덕목으로부터 '하늘의 도'(天之道)를 끄집어냈고, 그것을 기독교적인 용어로 하면 초월적인 하느님이 인간 속에서 육화된 모습을 그린 것이다. 그리하여 한국 기독교회 최초의 신자들인 이벽(1754-1786)과 정약용(1762-1836)은 바로 이 誠의 의미 안에서 예수 그리스도를 이해하였고, 후자는 더 나아가서 이미 초월이 육화된 유교적 가르침인 誠이 있음으로 해서 더 이상 서구 기독론의 가르침을 필요로 하지 않게 되었다고 했다.

---

24 『中庸』20: 誠者 天之道也, 誠之者 人之道也. 誠者不勉而中, 不思而得, 從容中道 聖人也. 誠之者擇善而固執之者也.

『중용』에서의 誠에 대한 이야기는 그 誠이 만물의 초월적인 존재원리가 됨과 동시에 구체적 인간 삶의 실천윤리가 되고, 그 둘이 하나이고 결코 둘이 아님을 여러 가지 측면에서 가르친다. 먼저 초월적이고 우주적으로 만물의 존재와 생성의 원리로서 파악된 면을 살펴보면, "誠은 만물의 마침과 시작이니 그것이 없이는 아무것도 존재할 수 없다(誠者物之終始 不誠無物)". "천하를 다스리는 데 아홉 가지 經이 있지만, 그것을 행하게 하는 것은 하나(誠)이다(凡爲天下國家有九經 所以行之者一也)", "誠은 스스로 이루어지는 것이요, 도는 스스로 인도되는 것이다(誠者自成也 而道自道也)", 이 도는 "지성"(至誠)으로서 "쉼이 없고", "땅의 도로서 넓고 두터우며", "하늘의 도로서 높고 밝으며", "오래하고 다함이 없다". 즉, 만물을 이루는 "천지지도"(天地之道)이고, "천하지도"(天下之道)가 됨을 밝히고 있다.

이 誠을 따르는 것(誠之者)을 인간의 도리라고 했듯이 바로 이러한 하늘과 땅의 도는 곧바로 인간의 도리가 되고, 군자가 나아갈 길이 되며, 성인 속에서 체현되는 '성인지도(聖人之道)'가 됨이 지적된다. 『중용』 21장의 가르침에 따르면 그 앞에서 "천명"(天命)으로 파악된 인간의 '性(天命之謂性)'은 바로 이러한 "誠에 의해서 밝아지고, 밝아짐으로 말미암아 다시 성실해지는 일이 곧 교육이다(自誠明 謂之性, 自明誠 謂之敎)"라고 하였다. 그 배움에서의 모습은 "널리 배우며, 자세히 물으며, 신중히 생각하며, 밝게 분별하고, 독실히 행하여야 하는데", 그 성실함의 지경을 다음과 같이 제시하고 있다;

배우지 않음이 있을지언정 배운다면 능하지 않고서는 그만두지 않으며, 묻지 않음이 있을지언정 묻는다면 알지 못하거든 놓지 말며, 생각하지 않음이 있을지언정 생각한다면 얻지 않고서는 놓지 말며, 분별하지 않음이 있을지언정 분별한다면 분명해지지 않으면 그만두지 않고, 행하지 않을지언정 행한다면 독실치 않고서는 그만두지 말아, 남이 한 번에 능하거든 나는 백 번을 하며, 남이 열 번에 능하거든 나는 천 번을 하여야 한다.[25]

이렇게 성실하고 진실되게 살아가는 것이야말로『중용』에 따르면 자신의 천성(天性)을 다하는 것이고, 그렇게 하면 다른 사람의 性을 이룰 수 있고, 세상 만물의 性을 다하게 하여 마침내는 천지의 원리로서의 誠이 만물을 존재케 하고 생성케 하듯이 "천지의 화육을 돕게 되고(則可以贊天地之化育)", "그 천지와 더불어 같이 참여하게 된다(則可以與 天地參矣)"고 한다. 마치 기독교 전통에서 창조주 하느님을 조력하는 인간, 만물을 새롭게 하는 그리스도의 모습을 그려 주는 듯한데, 그 그리스도의 다시 오심을 기다리듯이『중용』의 마지막 장들은 바로 그러한 誠의 체현자로서 군자(君子), 성인(聖人)에 대한 기다림과 고대를 적고 있다. 그러한 성인의 모습이 어떠할 수 있을지를『시경』의 글들을 인용하여 그려내고 있다: "그의 움직임은 대대로 천하의 道가 되고, 그의 행함은 대대로 천하의 법이 되며, 말함은 대대로 천하의 준칙(準則)이 되는 사람이다"(『중용』 29). "저기에 있어도 미워하는 사람이 없으며, 여기에 있어도 싫어하는 사람이 없다". "사시(四時)가 교대하여 운행함과 같고 해와 달이 교대하여 밝음과 같고", "그의 덕이 넓은 것은 하늘과 같고, 깊고 근원적인 것은 연못과 같으니 나타남에 백성들이 공경하지 않는 이가 없고, 말함에 백성들이 믿지 않는 이가 없고, 기뻐하지 않는 이가 없다"(『중용』 31). "그는 '비단옷을 입고 홑옷을 덧입는 것'과 같이 너무 드러남을 싫어하고 "은은

25『中庸』 20: 有弗學 學之 弗能 弗措也. 有弗問 間之 弗知 弗措也, 有弗思 思之 弗得 弗措也. 有弗辨 辨之 弗明 弗措也. 有弗行 行之 弗篤 弗措也. 人一能之 己百之 人十能之 己千之.

하되 날로 드러나고", "상주지 않아도 백성들이 권면하며, 노하지 않아도 백성들이 작도나 도끼보다도 더 두려워하는" 그런 모습이다(『중용』 33). 가장 지극한 표현으로서 "소리도 없고 냄새도 없는 상천(上天)의 일"과 같은 신비의 모습이다(『중용』 33).

3. 두 전통의 만남

개신교의 윤성범도 그렇고 이벽의 유교적 그리스도 이해인 『성교요지 (聖教要旨)』를 해석해낸 가톨릭의 이성배도 마찬가지로 이러한 성인(聖人)의 모습을 오직 역사의 예수 한 점에게만 고정시켰고, 그럼으로써 그들의 기독론은 여전히 전통의 배타적 테두리 안에 놓여 있는 것이 된다. 하지만 앞에서 살펴보았듯이 예수의 성육과 부활의 의미를 다원적으로 해석해낸 일련의 기독론자들이 복수의 그리스도에 대해서 말했다면, 그것은 유교 전통의 성인이해와 구체적인 인간덕목의 모습에서 파악된 誠의 의미와 훨씬 긍정적인 관계를 맺을 수 있는 것으로 보인다. 『중용』의 誠은 송대 성리학에서 우주 만물에 내재하는 근본 원리인 '理'와 결합되었고, 명대의 왕양명(王陽明, 1472-1529)에게서는 다시 그 理의 지극히 인간적이고 실천적인 표현인 각자 마음속의 '양지'(良知)와 연결되었는데, 그것으로써 그는 다시 한 번 누구나가 평등하게 그 '양지의 실현'(致良知)을 통해서 성인의 경지에 도달할 수 있음을 분명히 했다.26 그는 『대학』에서 성인의 경지에 이르는 길로 가르치는 '여덟 가지 조목'(格物, 致知, 誠意, 正心, 修身, 齊家, 治國, 平天下) 가운데서 특히 성의와 정심의 뜻에 주목했

---

26 이은선, "한나 아렌트의 탄생성의 교육학과 왕양명의 치량지의 교육사상," 『생물권 정치학 시대에서의 정치와 교육 - 한나 아렌트와 유교와의 대화 속에서』(도서출판 모시는사람들, 2015), 135.

는데, 성인의 모든 가르침이 여기에 집약될 수 있고 주희의 주지주의에서 강조하는 사물에 대한 지적 탐구인 격물이라는 것도 바로 다른 것이 아닌 그 사물에 임했을 때의 나의 마음의 뜻을 바르게 하는 것이라고 했다. 우리 마음속에 삶의 나침반으로서 존재하는 양지의 가르침에 따라 그때그때 상황의 변화 속에서 어떻게 살아가야 하는가를 묻는 일이 바로 그 양지를 키워가는 치량지(致良知)의 과정이고, 그것은 우리 마음속의 誠을 밝혀가는 과정이라고 했을 때, 그것은 바로 그리스도의 부활로 인해서 받게 된 '성령'의 인도하심을 생각나게 한다. 또한 더 적극적으로는 유교적 내재 영성에서 보면 공자나 양명뿐만 아니라 우리 모두가 양지를 가지고 있다는 점에서 우리 모두는 오늘날의 복수의 그리스도에 속하게 되는 것을 말할 수 있다.

역으로 예수의 성육신이란 바로 그 마음속의 誠과 양지에 대해 뚜렷한 자각이 되고, 그 양지를 지극히 키워낸 것이며, 誠의 지극한 실행을 통한 한 성인의 모습이 된 것을 말한다. 20세기에 들어와서 이 땅에서 유·불·선의 사상이 기독교를 만나면서 창조적으로 어우러져서 표현되는 다석(多夕) 유영모의 예수 이해는 바로 이러한 이해에 가장 가까운 것이 아닌가 생각되는데, 그의 誠 이해에 대한 풀이를 보면 다음과 같다.

誠인 얼나(誠)는 그 자체가 길이요 참이요 빛이라. 힘쓰지 않아도 맞고 생각하지 않아도 얻는다. 이는 있어서 있는 저절로의 생명(中道)이니 곧 성인이다. 예수의 몸이 그리스도가 아니고 석가의 몸이 부처가 아니듯 공자의 몸이 성인이 아니다. 예수·석가·공자의 마음속에 온 얼이 그리스도요 부처요 성인이다. 하느님과 얼로 영통하고 내통하는 이가 그리스도요 부처요 성인이다. 誠인 얼을 맞는 제나(自我, ego)는 誠인 얼나를 꼭 잡고 놓치지 말아야 한다. 이것을 중용에서는 택선고집(擇善固執)이라고 했다.[27]

이 誠의 뜻을 자신 사상의 핵심으로 삼아 창조적으로 전개시킨 율곡에 이어서 정다산도 이 誠의 의미 안에 天을 마주한 인격의 모든 비밀이 내재해 있음을 보았다. 그리하여 그 시대의 여러 소용돌이 속에서 수십 년간을 귀양살이 하면서도 그는 항상 誠이란 글자를 반복하면서 그 誠에 대한 굳센 믿음의 자세로 온갖 어려움을 이겨내었다고 한다.[28] 誠이란 유교적으로 이해된 참 하느님·참인간, 곧 참된 그리스도의 모습이 되는 것이다. 그런 의미에서 신학자 이신(李信, 1927-1981)은 예수를 "신뢰(성실성)의 그루터기"로 표현하였고, 그를 토대로 "한국 그리스도의 교회"를 강조하였다. 그는 오늘 우리의 시대를 언어와 상상력의 부패의 시대로 그려주었는데, 이 언어의 부패의 시기에 예수(誠, 말한 것이 이루어짐, 말한 것/생각한 것을 온전히 실현시킴)는 참으로 우리가 믿을 만한 삶의 기반이 된다는 것이다.[29]

IV. 구원에 이르는 길: 유교적 격물(格物)과 기독교적 신앙(信)

초대 기독교회의 형성에 있어서 그 존재론적 근거는 점점 더 예수가 그 주변 사람들에게 행했던 삶과 행위, 그것을 따르는 제자 됨의 실행으로부터 '그에 대한 믿음'(faith in him), '그리스도에 대한 신앙'(faith in Christ)으로 옮겨갔다. 이 전이에는 그러나 앞에서 살펴보았듯이 한 "위험스러운 요소"가 내포되어 있는데, 이미 신약성서 안에 그 위험 요소가 지적되어서 마태복음 7:21의 "나더러 주여, 주여 하는 자마다 천국에 다

---

27 류영모 옮김, 박영호 풀이, 『中庸 에세이』(도서출판 성천문화재단, 1994), 241.

28 금장태, 「다산 정약용의 인격이해」, 『인간관의 토착화』, 사목연구총서8, 한국천주교 중앙협의회, 167 이하.

29 李信/이은선·이경 엮음, 『슐리어리즘과 영靈의 신학』(동연, 2011), 300 이하.

들어갈 것이 아니요, 다만 하늘에 계신 내 아버지의 뜻대로 행하는 자라야 들어가리라"고 경고되었다.[30]

오늘날의 변화된 상황 속에서 이 위험성을 더욱 더 감지하고 다시 본래 예수의 삶과 행위, 그의 사랑의 실천에 주목하는 기독론자들은 그리하여 자신들의 그것을 "윤리적 기독론", "실천 기독론"으로 명명하고, 여기 이곳과 실천, 윤리, 그리고 인격의 구체적인 변화를 강조한다. 이들에 따르면 윤리가 기독론의 시작이요 마지막이므로 기독론의 과제는 그 그리스도의 역할을 개인과 사회의 양심을 성취하는 면에서 규정하는 것이어야 한다. 또한 그 방법에 있어서도 그 그리스도를 윤리의 배타적 규준이나 완성으로서가 아니라 우리의 "윤리 발전의 동반자"로 보는 것이라고 강조한다. 이들은 예수를 따름이 없이는 그 예수가 도무지 누구인지를 알 수 없다고 하면서 그 예수를 따르는 구체적 실천을 모든 기독론적 진술을 평가하는 시금석으로 삼는다. 그리하여 이러한 입장에서 부활을 생각해 보면, 부활의 확신이란 그것에 관한 낱개 낱개의 객관적인 증거들을 축적해 감으로써 얻어지는 것이 아니고, 또한 거기에 관한 많은 신조들을 되뇌이며 갖게 되는 것이 아니라 그 진리를 자신의 구체적인 삶에서 실천적으로 실행해 나감으로써 가능해지는 것을 알 수 있다. 더 넓게 생각해 보면, 여기서 이해되는 구원의 성취란 예수가 그것을 '모든 사람을 위하여 단번에' 이룬 것이라고 하면서 '온 세계의 죄를 사하기 위해 유일회적인 완전한 희생제물이 되었다'고 되뇌이는 데 있는 것이 아니라, 부활의 영에 의해서 양심이 일깨워져서, 자신의 양심을 예수 뒤에 숨기지 않고 그 양심을 철저화시키는 데 있다는 것이다.[31]

---

30 Hendrikus Boers, op.cit., 11.
31 T.F. 드라이버, 위의 책, 36.

성서신학자 보어스(H. Boers)는 마태복음 기자가 11장 5절에서 예수에 대한 신앙의 고백을 궁굽한 자들에 대한 배려의 의미로서 해석해낸 것은 기독교의 근원적인 입장에로 다시 돌아간 것을 의미하며, 그렇게 함으로써 인간적인 고통의 배려를 "기독교의 중심원리"로 인정한 것이라고 한다. 다시 얘기하면 "그리스도인이 되었다는 것의 긍극적인 의미는 결코 예수에 대한 공적인 고백(public confession)이 아니고, 그 예수가 그랬던 것처럼 종교적으로나 사회적으로, 그리고 도덕적인 의미에서 멸시받는 사람들의 인간적인 존엄을 인정함으로써 그 예수에 대한 긍정과 확언(the affirmation of him)"을 표현하는 것임을 밝힌다.[32] 이렇게 오늘의 실천 기독론자들이 전통적인 의미의 예수에 대한 '신앙' 대신에 그의 삶을 따르는 '실천'을 강조하고, 또한 그것과 함께 이제 '구원'이라고 하는 것을 어떤 단일회적이고 개인적인 차원에서만의 성취가 아닌, 지속적인 "인간적인 변형"(Human Transformation)으로 그리고 "범세계적인 과정"(Salvation/ Liberation as a World-wide Process)으로 고백한다.[33] 그것은 바로 지금 대화의 파트너가 되는 유교 전통에서의 세계 의미 실현 방법과 매우 유사한 것이 되어서 우리 대화에서 풍성한 열매를 기대할 수 있게 한다. 왜냐하면 유교 가르침의 핵심으로 그 실천적이고 윤리적인 의미와 교육적 가치, 그리고 공동체적 의미를 들 수 있기 때문이다.

1. 유교적 '仁'과 기독교적 '사랑'

"애초에 예수는 사랑만 말씀하셨다"고 한다면 애초에 공자는 仁에 대해서만 말씀하셨다고 하겠다. 예수는 산상수훈(마 5-7장, 눅 6:20-49)에서

---

32 Hendrikus Boers, op.cit., 131.
33 John Hick, op.cit., 127ff., 134ff.

그의 제자됨의 의미를 포괄적으로 제시하였다. 요한복음 15장의 가르침에서는 "사람이 친구를 위해서 자기 목숨을 버리면 이보다 더 큰 사랑이 없다"고 얘기하고 "서로 사랑하라"(요한복음 15:17)는 것을 자신의 궁극적인 계명으로 가르쳤다. 이것으로써 예수의 제자가 된다고 하는 것은 희생이 요구되며, 자기 부정과 십자가를 지면서(마10:38, 16:24) '다른 사람을 위한' 존재가 되어야 함이 명시되었다. 반면 공자의 가르침은 그렇게 급진적이지 않다. 물론 그도 도에 이르려 하는 광적인 열정을 가진 사람을 인정해 주었지만, 그의 이상은 '중용'(中庸)을 따르는 사람이었고, 맹자도 당시 묵가(墨家)의 겸애(兼愛) 사상을 비판하면서 부모나 가정과 같은 인간의 가장 기초적인 관계에 대한 사랑에서부터 출발되는 仁을 가르쳤다.

『논어』에는 공자 스스로, 또는 제자들의 입을 빌려서 거의 항상 '군자행인'(君子行仁)의 도리에 대해 설명되어 있고 실제로 『논어』에는 그 仁에 대해서 직접 이야기한 곳이 58절이나 되고 仁 자만도 108회나 씌어 있는 것이 지적되었다.[34] 그런데 공자는 그 仁에 대해서 질문을 받거나 스스로 가르칠 때에 약간씩 다른 대답을 한다. 그의 한 제자가 물었을 때는 그는 분명하게 "사람을 사랑하는 것(愛人)"이라고도 했고(『논어』「안연(顏淵)」22), 그의 사랑하는 제자 안회에게는 "자기를 이기고 예로 돌아가는 것(克己復禮)"이라는 유명한 대답을 하였다(『논어』「안연」 2). 이어서 그는 또한 한 제자에게 "문을 나갔을 때에는 큰 손님을 뵈온 듯하며, 백성에게 일을 시킨 때에는 큰 제사를 받들 듯이 하고, 자기에게 원치 않는 일을 남에게 하지 말아야 하니, 이렇게 하면 나라에 있어서도 원망이 없고, 집안에 있어서도 원망이 없을 것이다"라고 말하였다.[35]

---

34 이을호, 『다산경학사상연구』(을유문화사, 1973), 175.
35 『論語』「顏淵」 2: 子曰 出門如見大賓 使民如承大祭 己所不欲 勿施於人 在邦無怨 在家無怨.

이렇게 仁은 공자의 해석에서도 그렇고 어원학적인 의미에서도 항상 사람과 사람 사이의 관계성을 다루고 있다. 그런 의미에서 그것은 '忠'과 '恕'에도 관련이 있고 특히 '禮'와 관련된다. 유교 전통은 인간사회를 개인적 관계성이나 거기서 비롯된 윤리적 책임들로 파악하는데, 잘 알려진 대로 오륜(五倫)은 군주와 신하, 아비와 자식, 남편과 아내, 어른과 젊은이, 친구와 친구 사이를 다룬다. 이 중에서도 세 가지는 가족 간의 관계이고 나머지 두 가지도 가족적 모델로 파악되고 있으면서 가정을 仁의 출발지로 삼고 있는데, 이러한 유교의 仁은 "단계적 사랑"이라고 해석되기도 하며, 예전에 묵가가 유가에 대해 행했던 비판과 비슷하게 서구 기독교 윤리는 그것을 타산적이고 가족 이기적인 사랑이라고 비판하기도 한다. 그러나 그 가르침의 핵심은 오히려 인간의 가장 자연스러운 정서와 책임성을 강조하는 것이고, 그 책임성이 가까운 삶의 반경에서 가족적인 관계로부터 전개됨을 강조하는 것이다. 그러므로 그것은 사물의 "뿌리"가 중시되는 "인간존재가 지닐 수 있는 가장 고상한 성품"으로 파악될 수 있다.[36]

"예가 아니면 보지도 말며, 예가 아니면 듣지도 말고, 예가 아니면 말하지 말며, 예가 아니면 동하지 말라"고 가르친 공자의 仁에 대한 이해는 그 후 유교 전통 속에서 계속 전개된다. 특히 송나라의 仁의 사상가 정호(程顥, 1032-1085)에게서는 그것은 우주적 원리인 理와 氣와 더불어 등가화되고 우리 마음(心)의 우주적 원리로서 세상의 만물과 일체를 이루게 하는 가장 실천적인 덕목으로 이해된다. 또한 주희는 그의『중용』이해에서 "천지생물지심/리"(天地生物之心/理)이라는 언어에 주목했는데, 한국의 퇴계는 그의『성학십도(聖學十圖)』'인설도(仁說圖)'에서 그 천지의

---

36 줄리아 청, 변선환 옮김,『유교와 기독교』(분도출판사, 1994), 138.

낳고 살리는 큰 마음을 仁과 더불어 나란히 놓았다.

이렇게 유교적 공동체는 궁극적으로 세계적 공동체이고 우주적 공동체이다. 특히, 송명대의 성리학자들은 '태극'(太極)과 理, 性 그리고 그것과 더불어 '氣, 心, 仁, 양지(良知) 등의 의미 체계 안에서 그들 탐구의 최종의 실현인 '천인합일'(天人合一)과 '만물일체'(萬物一體)를 추구했다. 유교 경전인 『대학』에 보면 자기완성과 가정의 질서, 국가와 세계 사이의 유기적 통일에 관한 적나라한 묘사가 나오는데, 특히 양명 같은 이는 후에 여기에 대한 순서의 강조가 이데올로기화하자 그 '8가지 조목(格物, 致知, 誠意, 正心, 修身, 齊家, 治國, 平天下)'의 하나 됨과 내적 통일성을 강하게 주장하였다. 그럼에도 불구하고 유교 전통은 현실적인 의미에서 "물건에는 本과 末이 있고 일에는 終과 始가 있으며, 먼저 하고 뒤에 하는 것을 알면 道에 가까울 것이다(物有本末 事有終始, 知所先後 則近道矣. 『대학』 1)"라는 가르침대로 그 윤리적 실천의 현실에 있어서 인간적 질서를 중시하였다. 그리하여 이것은 이제까지 실제 역사상에서 계층화된 인간관계, 남녀차별, 연장자나 부모의 경직된 권위 등으로 심하게 오도되기도 했지만, 그것의 본래적 의미는 그 유교 윤리가 갖는 더욱 더 구체적이고 실천적인 성격의 반영 속에 있다고 하겠다. 그것은 항상 긴박하게 다가올 하느님의 나라에 대한 종말론적 의식에서 생겨난 기독교 윤리와는 달리 지속적인 문화로서의 禮와 현실 삶에서의 다양한 개체들의 삶을 조화롭게 묶어 줄 수 있는 중용의 덕으로서의 구별의 예로서 이해될 수 있으며, 이런 의미에서 유교의 仁은 오늘의 우리에게도 여전한 가르침이 된다고 하겠다. 더욱이 오늘날의 다원화의 상황에서는 그 중용과 과정으로서의 도는 더욱 더 요청되기까지 한다.

2. 유교적 '孝'와 기독교적 '하느님 신앙'

이러한 구별의 예로서, 유교 전통은 仁의 실천덕목으로서 가장 기초적인 것을 '孝'로 가르친다. 앞장에서 우리가 유교적인 성육신의 모습으로 살펴본 誠이 가장 기본적으로 표현되는 장소가 바로 이 '어버이에 대한 사랑(孝)'에서라는 것이다. 그런 의미에서 孝는 하나의 덕일 뿐 아니라 모든 덕의 근본으로 여겨졌다. "孝란 덕의 근본이요, 모든 가르침이 그것으로 말미암아 생기는 것(夫孝, 德之本也, 敎之所以生也)"이라고 공자의 『효경』은 그 첫머리에 적고 있다. 공자에 의하면 이러한 孝에는 그 시작과 완성의 단계가 있는데, 그 마침이란 "자식된 자는 몸을 세워서 그 도를 행하여 제 이름을 드날릴 뿐 아니라 그 부모의 이름까지도 빛나게 하는 것"이라고 가르치고 있는바, 바로 이것은 孝가 단지 부모와 자식 간의 가족윤리로만 한정되는 것이 아닌 더 넓은 지평의 "정치와 교화의 근원(敎之所自生)"으로 확대되는 것을 의미한다. 『효경』의 가르침에 따르면 이러한 자기훈련, 백성의 통치, 세계질서의 근본 덕으로서의 효도는 "하늘의 가르침(天之經)"이며, "땅의 옳은 것(地之誼)"이다. 그 가르침에 의하면 "천지의 성품 중에서 사람이 제일 귀하고, 사람의 행실 중에는 효도보다 더 큰 것이 없고, 효도 중에는 아비를 공경하는 것이 제일 크고, 아비를 존중하는 것의 가장 큰 표현은 바로 그를 하늘과 같이 여기는 것(嚴父莫大於配天)"이라고 했다.[37] 이러한 말들로써 우리는 공자가 孝의 궁극적인 근거를 하늘(天)에 두고 있음을 알 수 있다. 또한 이와 같은 스승의 사상을 더욱 내면화시킨 맹자는 그 孝의 존재론적 근거를 그의 유명한 '성선설'(性善說)로서 설명하고 있다. "사람이 배우지 않아도 능

---

37 『孝經』, 聖治章, 子曰 天也之性 人爲貴 人之行 莫大於孝, 孝莫大於嚴夫, 嚴夫莫大於配天.

한 것은 본래 능한 것이요(良能), 생각하지 않고 아는 것은 본래 아는 것이다(良知). 어린아이라 할지라도 그 어버이를 사랑할 줄 모르는 경우가 없고 자라서는 그 형을 공경할 줄을 모르는 이가 없다. 부모를 섬기는 것은 仁이요, 윗사람을 공경하는 것은 義이니, 이것은 모든 사람에게 공통이다"라고 하였다.[38]

이렇게 공자가 孝의 근거를 '하늘(天)'에 두거나 또한 맹자에 의해서는 더 내재적으로 '인간 본성(性)'에 두어진 것을 생각해 볼 때, 윤성범이 유교적인 예수 이해의 그림으로서 "예수는 모름지기 효자다"라고 한 것은 설득력 있게 들린다. 하늘의 도인 誠에 대하여 인간의 도리인 '성지자'(誠之者, 誠을 행하는 것)로서, 또는 맹자의 표현대로 '사성자'(思誠者, 誠을 생각하는 것)로서 孝를 생각해보았을 때, 그 孝란 바로 기독교적으로 보면 하늘의 어버이에 대한 신앙(믿음)이 되는 것이다. 특히 그것은 그 은혜에 대한 반응이라고 할 수 있다는 점에서 오로지 하늘의 아버지에 대한 사랑과 믿음 속에서 살았던 예수는 "모름지기 효자"라는 것이다.[39] 윤성범 선생에 따르면 이제까지 서구 기독교 신학은 예수를 하늘 아버지와의 관계 속에서 보지 못하고 오직 그 한 인물에 대한 숭배로 일관했기 때문에 그가 효자라는 생각을 하지 못했다. 이러한 윤성범의 지적은 그 자신도 당시에는 뚜렷하게 인식하고 있지 못했지만 이후의 신중심적 그리스도론에로의 전개를 예시해 주는 것으로 보인다. 물론 그 자신도 예수만이 오로지 효도의 진리를 가르쳐 준 사람일 뿐 아니라 그 자신이 몸소 실천한 "진리자체"가 된다고 하면서 여전히 배타적인 기독론의 틀 안에 매여 있었지만, 그럼에도 불구하고 예수를 효자로 소개한 그의 孝기독론은 그

---

38 『孟子』「盡心上」15: 人之所不學而能者 其良能也. 所不慮而知者 其良知也.
39 윤성범, 『孝』(서울문화사, 1973), 117.

안에 전통적 기독론적 배타주의를 극복할 수 있는 단초들을 많이 담지하고 있다. 그의 신학이 참으로 선구자적임을 알 수 있는 대목이다.

그러나 나는 이렇게 큰 가능성을 보여줌에도 불구하고 그가 넘지 못하는 한계는 '아버지와 아들'만의 관계를 孝로 규정한 것 등의 전통적 가부장주의에 갇혀 있기 때문이라고 본다. 비슷한 입장에 서 있지만 유교와 기독교의 만남으로서 "孝의 신학"(la théologie de la piété filiale)을 추구한 변규용은 오늘의 상황에서 그것의 신학적 의미로서, 첫째 전통적인 기독교의 종교적 방법(창조주와 피조물)보다 더 친밀하고, 둘째 오늘의 상황에서 그 도덕적 무질서가 부모에 대한 공경보다 자식에 대한 관심만이 강조되는 서구윤리 때문이므로 이 인산석 본능에 거슬러서 위로 향하게 하는 孝의 윤리가 강조될 수 있기 때문이며, 셋째 이 孝의 도야말로 가장 자연스럽게 자연의 질서에 맞는 윤리 원리이기 때문이라고 지적한다.[40] 이렇듯 유교 전통의 孝의 가르침은 인류 세속화의 사회에서도 여전히 구체적이고 실천적인 활동(孝道의 실행)으로서 신앙적 삶을 살도록 해 주며, 그리하여 추상적인 '이웃사랑'이라는 구호 뒤에 자신의 양심을 속이는 일이 없게 하고, 또한 이것을 통하여 인간 삶의 지속적이고 기초적인 기반으로서의 '가정'의 의미를 일깨워 준다. 만약 이렇게 어린 시절부터의 구체적인 권위에 대한 존숭을 배우지 못한다면 어떻게 갑자기 인간의 의식 속에 초월과 궁극자에 대한 감각이 생겨날 수 있을 것인가를 생각해 보면 가족적 삶과 가정의 역할은 그 모습과 형태는 다양하게 변할 수밖에 없을지라도 오늘날 우리 시대에도 여전히 긴요함을 부인할 수 없다.

---

40 Kyu-tong Byun, *Père et Fils, Diss*. Institut catholique de Paris, 1973, 407ff.

3. 유교적 '격물'(格物)과 기독교적 '믿음'(信)

오늘 우리의 상황 속에서 기독교에서 말하는 신앙적인 '구원'(salva-
tion)이란 무엇인가? 2천여 년 전 초대기독교회가 생길 때 인간 삶의 정황
은 거대하고 비의적이며, 위협적인 신의 요구 앞에서 끊임없이 희생 제물
을 바치는 고대 신화 종교적인 의식이 여전히 팽배하던 시기였다.[41] 이러
한 배경에서 발생 성장한 '인간의 죄를 위하여 십자가에 돌아가신 예수그
리스도', 그의 부활에 대한 믿음, 속죄설과 대속설로 의미 지어지는 그의
죽음과 부활에 대해서 예라고 하는 것이 신앙이고, 그로 인하여 구원이
주워진다는 교회의 가르침은 오늘 우리의 시대에도 여전히 유효하고 또
한 기능하는가? 이러한 교회적인 언표들은 오늘의 변화된 상황에서 커다
란 오해를 불러일으키는데, 먼저는 '악(마)'이라고 하는 하느님에 반대하
는 합법적인 권리를 가지고 있는 실체를 상정하게 만들고, 다음으로는
그 하느님을 대단히 권위적인 영주나 도덕가로 생각하게 하며, 그것보다
오늘의 상황에서 더 위협적인 것으로서 그 기독교적인 십자가의 일회적
인 신화를 모든 인류를 위한 유일한 구원의 길로 생각하게 한다는 것이
다.[42]

이러한 전통교회의 실체론적 이원론의 경향은 20세기 칼 바르트 등의
변증법적 신학자들에게도 내재되어 있다. 여기서는 인간의 불신앙에서
의 신앙에로의 상승을 아무런 교량도 없는 단일회적인 신앙의 결단과
비약으로 보고 있다. 그러나 여기에 반해서 이들이 반박했던 19세기 슐
라이에르마허(F. Schleiermacher)에게서는 "신앙에로의 교육"(die Bildung
zur Religion)이 이야기되어지고, 당시 형식화되었고 건조해진 신앙의 침

---

41 H.G. Wells, *The Outline of History-The Whole Story of Man I*, Garden City Books, 166ff.
42 John Hick, op. cit., 132.

체와 그 멸시에 대하여 "우주에로의 감각"(der Sinn für das Universum)을 깨우는 교육에 의해서 참된 종교가 회복되어야 함이 역설된다.43 그에 따르면 참된 종교란 "우주에 대한 직관과 감각"이며, "모든 개별적인 것들을 전체의 일부분으로, 모든 한정된 것을 무한의 한 표현으로 보는 것"인데, 이러한 직관과 감각에로의 "종교적인 본성"(die religiöse Anlage)이 인간 누구에게나 다 놓여 있다는 것이다. 그리하여 그것이 심하게 짓밟혀지지 않는 한 그 감각은 특히 종교와 예술의 교육을 통하여 일깨워질 수 있다고 한다.44 이러한 종교와 신앙의 이해와 더불어 또한 그 감각에로의 교육이 이야기되어질 때 여기서 바로 유교 전통과의 대화가 더욱 활기를 얻는 것을 보며, 또한 그로부터 오늘 기독교회가 낭년해 있는 신앙의 위기에 대한 좋은 가르침을 얻는 것을 희망하게 된다. 왜냐하면 유교의 가르침이란 바로 끊임없는 배움과 학문(學)을 통하여 도덕적 위대함은 물론 그 성인(聖人)의 경지에까지 이를 수 있다고 가르치기 때문이다.

칼 바르트의 신학과 율곡의 성학(聖學)을 비교 연구한 윤성범도 율곡은 인간이 하느님의 말씀을 받아들일 수 있는, 말하자면 前이해의 가능성을 "교육적인 가치의 재인식"에서 찾으려 했다고 지적했다. 그는 특히 오늘날 "교육은 깨우침"(Erziehung ist Erweckung)이라고 파악한 독일 현대 교육학자 오토 볼노프(O. Bollnow)에게서 그 비교에의 타당한 상대자를 본다.45 후자는 파시즘 정권 붕괴 후의 독일사회의 정신적, 도덕적 위기를 극복하기 위하여 그 자연적이며 기본적인 성격으로 인해 "소박한 도덕"(einfache Sittlichkeit)으로 명명되는 기본적인 덕목들, 예를 들어 '신뢰, 성실, 책임, 동정심, 인간의 존엄, 예절' 등의 교육을 강조했는데,46

---

43 F. Schleiermacher, *Uebes die Religion*, Vandenboeck & Rupercht, 19676, 100ff.
44 앞의 책, 105.
45 윤성범, 『誠의 신학』, 20.

볼로프가 여기서 이야기하는 이러한 덕목들은 바로 유교 전통의 여러 실천덕목들과 매우 유사한 것을 알 수 있다. 그도 한 사회의 도덕적인 재건을 먼저 이러한 기본적인 질서들의 회복에서 본 것이다.

유교 전통이 만물일체를 직관하는 성인의 경지에까지 이를 수 있도록 가르치는 교육 방법론이 바로 '격물'(格物)이다. 이것은 이미 지적한 대로 유교경전『대학』의 가르침으로서 특히 송나라 성리학에 와서 주목을 받았다. 기독교 교회의 전개 속에서 하느님의 나라를 선포하는 예수의 가르침과 그것을 따르는 실천의 삶 대신에 점점 더 그 예수에 대한 도그마적 고백과 신앙이 기독교 구원의 길로서 강조되어졌던 것과 유사하게 유교 전통에서는 송나라의 신유교에 와서 단순한 공자의 仁이나 孝, 禮의 실행보다도 훨씬 더 세밀하게 그 성인이 되는 방법론에 대한 탐색이 이루어졌고, 그때 특히 주목을 받은 개념이 바로 이 수신(修身)의 기초개념으로서의 인식론적 격물이었다. 보통 송나라 신유교의 집대성자로 여겨지는 주희(朱熹, 1130-1200)는 여기에 대해 이러한 인간 구원의 가능성과 세계 의미실현의 문제를 理와 氣의 형이상학적 원리로 설명하면서 그것을 특히 인간적인 氣의 콘트롤을 위한 끊임없는 공부와 탐구의 방법으로 제시하였다. 거기에는 모든 경전과 역사에 대한 공부와 자연적 사물에 대한 탐구, 또한 정좌 등의 신체적 훈련도 포함되어 있다. 이 공부 방법과 과정은 또 다른 표현에 의하면 '존천리알인욕'(存天理遏人欲, 마음 속의 천리를 보존하고 인간적인 욕망을 제거하는 것)의 방법인데, 주희는 그것을 위해서 세상 만물(특히, 經과 문자들)에 대한 지식을 쌓아서 知에 이르고(致知), 그 길을 통해서 마침내는 자신의 참된 본성(性)이 무엇인지를 자각하게

---

46 참조: 추이상루,「기본도덕교육의 관점에서 본 공자학설의 현대적·보편적 의미」, 제8회 한국학 국제학술회의 논문집, 『유교문화의 보편성과 특수성』(한국정신문화연구원, 1994), 461.

되면서 가능해지는 것으로 그려주고 있다.

주희의 이러한 방법론은 대단히 주지주의적이고 오랜 기간의 정신의 각고를 통한 길이다. 여기에 대해서 그러나 주희 300여 년 후의 양명은 그러한 주지주의적 경향과 이론적인 탐구의 치우침을 지양하고 대신에 '지행합일'(知行合一)과 '치량지'(致良知)의 방법론을 제시하였다. 그것은 인간 안에 이미 좋은 씨앗(良知)으로서 내재하는 신적 가능성(무엇이 옳고 그른지를 능동적으로 알 수 있는 선한 지식)에 주목하면서 그 인간 구원의 가능성을 보다 더 보편화시키고 평등하게 확장시킨 것이다. 즉 인간을 단지 지적인 정신의 존재(理)로서만이 아니라 감정(心)과 의지(意)의 존재로 이해하는 것이며, 또한 밖으로부터의 지식의 축적이 아닌 내면의 변화(誠意, 正心)를 통해서, 이와 더불어서 이론적인 지식의 추구가 아닌 구체적인 덕의 실천을 통해서 도에 이르는 길을 밝힌 것이다. 그런 의미에서 이 양명의 방법론은 오늘의 실천 기독론자들의 구원 이해와 매우 유사하고, 또한 더 근원적으로 예수가 산상수훈에서 하느님의 나라를 유업으로 받을 사람들을 그려줌에 있어서 각 사람들의 현실의 정황을 그대로 인정하면서 구원의 가능성을 보편화시킨 것과 또한 거기서 지적된 구원의 가능성으로서의 내적 성품의 중요성과도 일치한다. 앞에서 지적한 슐라이에르마허에게서도 드러났듯이 이미 내적으로 존재하는 신적 가능성에 더욱 주목하게 되면 이제 남은 일은 그것을 구체적으로 키우는 일이고 실천하는 일이다. 그래서 예수도 이제 죄짓지 말고 살라고 하는 것만을 요구했고, 양명도 양지를 키우는 일(致良知)만이 남은 일이라고 역설했다.[47]

---

47 이은선, 「왕양명의 '良知'와 함석헌의 '씨올', 생물권정치학 시대를 위한 존재사건」, 『陽明學』제35호, 2013, 18 이하; 『다른 유교, 다른 기독교』(도서출판 모시는사람들, 2016), 251 이하.

유교 전통에서 공자가 스스로를 겸허하게 도를 찾아 나가는 學의 인물로 그린 것이나 또한 여기에서 '스승과 제자' 사이의 관계가 인간관계의 한 핵심적인 모습으로 파악된 것 등은 모두 유교 전통의 강한 교육적 성격을 나타내는 것이다. 이것은 기독교가 인간의 오류성을 더 많이 지적하면서 그 종교적인 구원의 필요성을 강조한 데 반해, 유교는 그 완전성과 가능성에 더 주목하면서 긴 기간의 교육 과정을 통한 변화의 가능성에 더 큰 신뢰를 보내는 것이다. 따라서 오늘 기독교회가 그 인간 오류성의 강조에 근거하여 제시한 구원의 방법론이 뚜렷한 한계를 보이고 있고, 특히 그의 대속신앙이 또 하나의 이데올로기로 굳어져서 많은 문제를 야기하고 있다면 그 방법론에 대한 재고가 요청되고, 이 일을 위해서 우리는 동아시아의 유교 전통과의 대화를 시도했는데, 거기서 특히 그의 교육적 특성에 주목하면서 많은 시사를 얻게 됨을 본다. 이것은 이제 다른 이야기로 하면 기독교회가 단지 하나의 공허한 교리나 사이비신비주의(전통보수교회나 신비보수주의)로 전락하거나, 또는 차가운 구제이론(민중교회)으로 메말라 버린 것을 지양하고 이제 그 구성원 각자의 구체적이고 지속적인 '수신'(修身)에 관심하면서 나아가야 한다는 것을 지시한다. 그러기 위해서는 그 교회와 신학이 더욱 더 실천적 수양과 교육적 삶에 주력하여야 하며, 또한 그 공동체가 더 나아가서는 그가 살고 있는 세상의 문화 자체를 변화시키는 '문화적 공동체'가 되도록 노력하여 한다는 것을 의미한다. 유교 공동체는 본질적으로 문화 공동체였다. 거기에는 따로 구별되는 성직자 그룹이 없었다. 물론 이러한 모습은 그 나름대로 자신 안에 그만의 한계와 문제점을 내포하지만, 오늘의 세속화 사회에서 그 전통은 우리들에게 다시 종교와 문화의 하나 됨, 종교와 교육의 일치, 수신(修身)과 평천하(平天下)의 하나 됨을 가르치고 있다. 오래된 유교적인 개념으로 말하면 그것은 '내성'(內聖)과 '외왕'(外王)의 일치이고, '위기지학'(爲己之學)이 곧 세상을 위한 길임을 말하는 것이다. 이러한 유교적 특성들이 오늘 세상 속에서 하나의 구별된 섬으로 자신들만을 거룩으로 실체화하고 영구화하면서 점점 더 타락해가는 기독교 교회를 갱신하고 변화시킬 수 있는 좋은 계기가 될 수 있다고 본다.

V. 21세기 인류를 위한 보편 영성: 산티아고 순례길로부터의 성찰

이상처럼 60-70년대 윤성범의 誠의 신학에서 더 나아가서 신학하는 주체의 국가/문화적 주체성(聖)과 여성(性)으로서, 그리고 지금까지 인류 문화의 인간중심적 한계와 그늘에 더욱 예민하게 주목하는 한국 생태여성신학(誠)으로서 유교와 기독교의 대화를 더욱 진척시켜 '聖·性·誠의 여성신학', '한국 생물(生物)여성영성의 신학'을 전개시켜왔다. 그런 가운데 지난 2016년 4월 18일, 세월호 2주기를 막 보내고 프랑스 파리로 가서 약 한 달여의 시간동안 스페인 산티아고 순례길(Santiago Camino)을 걸을 수 있었다. 갈리시아어로 '까미노 데 산티아고'(Camino de Santiago)는 '성 야고보의 길'(the way of St. James)을 말하는데, 즉 예수의 열두 제자 중 하나인 세베데의 아들 야고보의 길을 말하는 것이다. 시몬 베드로와 더불어 동향 출신인 야고보는 그의 동생 요한과 더불어 어부로 살다가 예수의 부름을 받았고, 예수 사후 열두 제자 중 가장 먼저 순교를 당했다고 한다. 신약성서에는 모두 세 명의 야고보가 나오는데, 이 산티아고의 야고보는 예수가 가장 가까이 두었던 세 명의 제자(베드로, 야고보, 요한) 중 한 사람으로서 예수의 변화산에서의 경험도 함께했고, 잡히시기 전 겟세마네 동산의 기도 현장에도 함께 있었다.

이렇게 예수가 가장 사랑했던 제자 중의 하나인 야고보의 어머니는 자신의 아들들, 야고보와 그 동생 요한을 다가올 하나님 나라에서 한 명은 오른쪽에, 다른 한 명은 왼쪽에 앉혀달라는 부탁을 했다. 그러자 예수는 "내가 마시는 잔을 너희가 마실 수 있겠느냐?"라고 반문하셨고, "나는 섬김을 받으러 온 것이 아니라 섬기러 왔다"라고 했다. 그 예수가 돌아가시자 형인 야고보는 "땅 끝까지 이르러 복음을 전파하라"는 스승의 말씀대로 당시 사람들에게 땅 끝으로 여겨졌던 이베리아 반도 갈리시아 지방까지 복음 전도의 길을 떠났다. 하지만 그는 다시 예루살렘으로 돌아와서 A. D. 44년경에 순교를 당했고, 그러나 오묘하게도 그의 시신은 다시 고향 예루살렘으로부터 가장 멀리 떨어진 스페인 갈리시아 지방의 해안가로 옮겨져서 그곳에 묻히게 되었다고 한다.

18세기 독일의 괴테는 "유럽은 산티아고로 가는 순례길 위에서 만들어졌다"(Europe was made on a pilgrimage to santiago)라는 말을 했다. 그만큼 산티아고 순례길은 당시 유럽 문명에게는 세상에서 '가장 멀리 떨어진 곳'(Finisterre)으로 가는 고난의 길로서 그 먼 길을 걸으면서 사람들은 회개와 참회를 통해서 다시 새로운 기독교적 삶으로 거듭났고, 기독교의 정신을 되살리고자 했으며, 거기서 거듭난 삶이 유럽을 일구는데 밑거름이 되었다고 한다. 그래서 그곳으로 가는 길이 단지 하나만 있는 것이 아니라 유럽 전역으로부터 거기에 이르는 길이 개척되어져 왔다. 이러한 전승 속에서 지난 1982년 교황 요한바울 2세(John Paul II)는 20세기에 들어서 점점 더 쇠락해 가는 유럽 기독교 문명을 바라보면서 "나 로마교회의 주교와 '보편교회'(the Universal Church)의 목자로서 외치는 사랑의 외침을 들으시오. 지금 새 천년의 문턱 앞에 서있는 유럽이여! 그리스도를 향한 문을 여시오. 너 자신이 되시오. 너 본래의 기원들을 회복하고 그 뿌리들을 기억하시오!"라고 외쳤다. 그러면서 그는 유럽을 "문명과 진보(civilization and progress)의 표지 탑"과 "전 세계를 위한 자극"으로 지목하고, 다른 대륙이 유럽을 바라보고 있으며, 유럽이 예전에 야고보가 그리스도에게 했던 대답 "나는 할 수 있습니다"(I can)라는 대답을 하기를 기대하고 있다고 덧붙였다.[48]

사실 나는 그곳에 가기 전에는 그러한 사실들과 의미들에 대해서 잘 몰랐다. 산티아고가 기독교의 삼대 성지 중 하나인 것도 몰랐고, 여행길을 준비할 시간도 거의 갖지 못한 상태에서 다만 오래 걸으면서 그동안 실타래처럼 얽혀있던 생각을 정리하고 삶에서의 용기와 실천력을 다시 얻을 수 있겠다는 생각으로 간 것이었지만, 길을 걸으면서 내가 오랫동안 몸담아오는 기독교 문명과 교회에 대해서 많은 생각을 하게 되었다. 특히 앞으로 인류 문명에서 세계인들을 하나로 묶어줄 '보편성'이라는 물음과 관련해서 많이 생각해 볼 수 있었다. 그렇게 되면서 자연스럽게 한국의 의미와 그 현재, 교회와 미래에 대한 생각들도 많이 했다.

이러한 첫 생각과 더불어 들어선 산티아고 길 위에서 나는 팜플로나(Pamplona)나 부르고스(Burgos), 레온(Leon) 등과 같은 찬란한 중세도시들을 굳이 들지 않더라도, 이번 길을 통해서 서구 문명이 어느 정도로 뼛속까지 기독교적인가를 잘 경험했다. 켈틱 문화의 영향이 컸다는 갈리시아 지역으로 들어서기 전까지 가는 마을 곳곳마다 성당이 그 중심에 크게 자리하고 있었고, 이번 여행에서 제일 많이 본 그림과 상이 예수의 십자가상이었다. 그렇게 지금까지 서구 문명을 이루어온 핵심에 예수의 십자가상이 있고, 그래서 앞에서 교황 요한바울2세도 외친대로 인류가

---

48 Jose Fernandez Lago, *The Apostle Saint James: Life, Death and Burial*, Santiago de Compostela., 21.

새로운 밀레니엄을 맞이하여 유럽을 바라보며 그 유럽이 다시 기독교 정신으로 거듭나는 것이 인류 문명의 치유책이라고 했다면, 그 십자가상의 핵심이 무엇일까? 그것이 무엇이기에 그러한 일을 가능하게 했고, 앞으로도 거기에 길이 있다고 하는 것일까를 물었다. 그것은 다른 문명에서는 부족했던 개별성과 개체성의 뛰어난 발견인가, 또는 스스로가 자신의 어깨에 책임을 질줄 아는 자발적 인격성의 발달을 말하는 것인가? 그렇다면 기독교 덕분으로 그러한 것들을 심화시킨 서구 문명이 답이고, 오늘날 중국 등이 세계의 큰 헤게모니로 부상하고 있어도 한국도 포함해서 비서구국가들은 여전히 유럽을 지향하는 것이 맞는다는 것인데, 과연 그러한가? 오늘 세계의 현실은 그렇게 간단하지 않은 것을 드러내준다. 특히 나처럼 유교와 기독교 간의 문명적 대화를 전문적인 신학적, 철학적 업으로 수행해온 사람들에게는 이러한 질문들은 우문이 된다. 하지만 유럽 한복판 산티아고 길의 실제에서는 그것이 결코 단순히 옆으로 제쳐 놓을 수 없는 실천적인 질문인 것을 보았다.

이러한 가운데 이번 여행에서 지금까지 개신교 기독교 신자로 살아온 내가 마주한 기독교는 대부분 가톨릭이었다. 앞에서 든 스페인 유명 도시들에서의 가톨릭 성당의 위용은 대단한 것이었고, 중세 천 년여를 유지해온 가톨릭교회의 힘과 권위가 어떠했을 것이었나를 잘 가늠해 볼 수 있었다. 그런 가운데 산티아고로 가는 길 위에서 한국 가톨릭 신자들도 종종 만났다. 나는 가톨릭 신자는 아니지만 길 위에서 기회가 닿는 대로 가톨릭 미사에 함께 참여했고, 그 참여를 통해서 가톨릭교회가 그 이름대로 '가톨릭(catholic)', 즉 '보편성'을 한껏 강조하는 교회라는 것을 잘 볼 수 있었다. 산티아고 대성당에서 순례를 마치고 온 사람들을 위해서 마련한 미사에서 그 집전하는 신부들의 국적과 인종이 매우 다양한 것을 보았고, 그 모든 차이와 다름을 '가톨릭교회'라는 보편성 속에 녹여내는 것을 보면서 그것이 앞으로도 인류의 미래를 위해서도 여전히 역할을 할 수 있겠다고 생각했다. 그것은 지금까지 프로테스탄트 신자로서 가톨릭교회에 대해 일반적으로 가져왔던 부정적 평가와는 달리 지금까지 유지된 가톨릭교회의 전통과 그 실행의 의미가 무엇일까를 다시 생각하는 계기가 되었다. 그러나 그 한계들도 분명히 보이는데, 그렇다면 앞으로의 기독교 개신교는 어떻게 변해야 하고, 무엇을 다시 배우고 갖추어야하는가 등을 생각했다. 사실 그 가운데서 다시 반추해 보면 그렇게 엄청난 가톨릭교회의 힘과 권위 앞에서 5백 년 전의 루터와 같은 한 사람이 어떻게 그러한 프로테스트를 할 수 있었는가를 그려볼 수 있는데, 그렇게 본다면 한 창조적인 사람의 생각하는 힘의 위대성과 창발력이 어떠한 것인가를 생각하는 계기도 되었고, 특히 종교개혁 500주년을 앞두고 있는 시점이라서 많은 생각을 했다.

이렇게 전통의 서구 가톨릭교회가 제공해주는 보편성이 오늘 많은 갈등과 분쟁, 나뉨과 다툼 속에서 고통 받는 인류의 현재적 삶을 위해서 다시 좋은 가능성이 될 수도 있겠다고 생각했다. 하지만 다른 한 편 이번 산티아고 길 위에서 만난 한국 가톨릭 신자들의 모습에서는 짙은 역겨움을 느끼기도 했다. 미사를 드릴 때 이들의 모습은 서구 여느 가톨릭 신자들의 그것보다 서구 신부들 앞에서 더 복종적으로 보였고, 그래서 내 눈에는 굴종적으로 보이기까지 했다. '진정 이들에게 한국이라는 국적은 별 의미가 없고, 자신들이 공통으로 '가톨릭' 신자라는 것만이 제일의 의미가 되는가? 그러나 오늘의 지구촌 시대에도 여전히 뼛속까지 자기중심적이고, 기독교 중심적인 길 위의 대부분의 많은 서구 사람들이나 그곳의 가톨릭 신부, 신자들에게 한국 신자들의 국가 문화적 특수성은 정말 아무런 가치나 의미가 없는 것일까? 그들에게 한국의 신자들은 그저 단순히 자신들과 똑같은 가톨릭 신자일 뿐일까?'라는 생각들이 들었다.

이렇게 민족적, 국가 문화적 정체성의 물음을 끝까지 떨쳐낼 수 없던 나로서는 이번 산티아고의 길이 한편으로 고통스럽기도 했다. 비서구권에서 온 사람들 중에서, 그 서구인들의 눈에도 특이하게 보일 정도로 많은 수의 한국 사람들이 그 길을 걷고 있었고, 한국 개신교인들의 경우는 많은 경우 단체별로 와서 크게 눈에 띄는 선교적 열정을 보여주었다. 그 옆에서 조용히 눈에 띄지 않게 걸으면서 나는 생각을 했다; 왜 이 길 위에 한국 사람들이 이렇게 많아야 하는가? 나를 포함해서 우리는 왜 이 먼 곳까지 와서 이 길을 걷고 있는가? 인류에게 답이라고 전언되는 기독교 신앙을 우리가 더욱 가다듬기 위해서 일까? 그런 가운데서도 이 산티아고 길을 도보로 가거나 자전거로 달리고 있는 많은 건강한 서양 젊은이들을 보면서 우리나라에도 그렇게 저렴한 비용으로 숙박시설과 음식이 마련될 수 있는 나름의 '뜻의 길'이 생겨나면 얼마나 좋을까 생각했다. 그래서 예를 들어 '백범(白凡) 길'을 떠올려보았는데, 백범 김구(白凡 金九, 1876-1949)는 자신이 '호심'(好心, 좋은 마음)의 사람이 되겠다는 결심을 하고 난 후 유교, 동학, 불교, 기독교, 서구 진화론과 사회주의 사상 등도 두루 섭렵하면서 한국의 독립과 통일을 위해서 한반도를 주유했고, 중국의 내륙까지 발길을 옮기면서 세계 인류의 보편적 인간 문화를 위한 이상을 가졌었다. 그러한 백범의 발자취를 따라서 그 의미를 새기고, 그 이상을 통일 한국의 이상으로 삼을 뿐 아니라 지금 큰 한계를 보이고 있는 서구 문명을 위한 더 큰 보편성으로 제안할 수 있지 않을까를 생각했다.

이러한 생각들은 돌아와서 연일 한국 언론에서 단골로 등장하는 한국 교회들의 패행을 보면서 더욱 다져졌는데, 오늘날 기독교회의 패행의 근저에는 그들이 그렇게 십자가상을 내세우며 큰 보편성을 외쳐도 그 보편성이란 결국 과거의 한 남성 예수를 영원히 우상화 하려는 실체론적 배타주의와 그리스도 우상주의가 있는 것을 보았기 때문이다. 그 폐쇄적 그리스도 우상주의가 한국교회에서 특히 심하다. 하지만 서구 교회도 근본에서는 별반 다르지 않다고 여기는데, 그러면서 우리가 가야할 길이란 그 서구 기독교가 전해주고 산티아고가 가르쳐준 보편성을 넘어서 또 다른 보편성, 더 큰 보편성을 찾아나가는 일이 아니겠는가 생각했다. 마치 이번 산티아고 여행길에서 내 왼쪽 엄지발가락이 심하게 상해서 고통 받고 있을 때 처음 도움을 준 사람은 예수의 어머니 '마리아'와 같은 이름을 가진 메어리(Mary)라는 미국여성이었고, 그 다음은 서구 기독교회, 특히 가톨릭교회가 그 주춧돌로 삼는 '베드로'와 같은 이름의 '페터' (Peter, 베드로)라는 독일인 약사였으며, 그러나 마지막에는 그들이 모두 떠나고 한국에서 가져간 약과 마음 씀으로 치료를 마무리해서 그 발로 산티아고 길을 마칠 수 있었던 것과 같은 의미라고 생각했다.

VI. 우리 모두를 더 큰 보편으로 품어주고 하나 되게 하는 자연(性), 우리 안의 본성(本性)

이러한 가운데 산티아고 순례길로부터 돌아와서 서울에서 첫 번째로 맞닥친 것은 아주 때 이른, 낯선 폭염이었다. 그러면서 나는 산티아고 카미노의 시간 속에서 그 무엇보다도 그곳의 자연환경으로부터 받은 위로와 기쁨이 제일 큰 것이었음을 상기했다. 스페인의 맑디맑은 하늘과 평원들, 끝없이 이어졌던 유채꽃밭, 피레네 산맥을 넘으면서 맞았던 거센 바람과 비, 그 가운데서 신비한 구름 속의 풍경들, 그 안에 살고 있는 순하고 유한 동물들, 각종 나무숲과 이어지는 꼬불꼬불한 길들…. 이런 자연의 품속에서 나는 과거를 내려놓을 수 있었고, 현재를 감사함으로 받게 되었으며, 미래의 일들을 소망하고 기도하는 시간을 풍성히 가질 수 있었다. 그래서 결국 인간의 어떤 문화나 문명보다도 지금 우리 모두를 더 큰 보편으로 감싸고 이끌 수 있는 것은 바로 '자연'이고, '기후'이며, '지구공간'과 '우주'라는 것을 생각했다.

서구의 생태사상가 토마스 베리(Thomas Berry)도 이제 인간 문명은 지금까지처럼 지구 자연과 그 안의 존재들을 단지 이용하고 착취하는 것이 아니라 그들과 더불어 이 지구 공동체에서 공동 구성원으로 살아가는 "생태대"(ecozonic era)로 들어섰다고 선언하였다. 그러면서 인간이 지구 위에 살아가는 "최고의 목적"은 "이 다양한 생명공동체들과 함께 경이를 경험하고 친밀한 관계를 맺는 것"이라고 지적했다.[49] 나는 이 말에 깊이 공감하면서 내가 산티아고 길을 넘어서 더 큰 보편성으로 나아가고자 한 것도 이러한 의미와 다르지 않다고 여긴다. 그래서 매일의 삶에서 묻는다; 오늘 우리는 이러한 우리의 친밀성을 높이는 일에서 어떤 만남과 경험을 이루고 있는가? 지금 이곳에서 나는 이 만물 중 어느 누구와 어떤 물(物)과 하나 됨을 이루고 있나? 그러면서 이 일을 위해서는 단지 서구 기독교의 배움만으로도 안 되고, 아시아의 지혜만으로도 아닌, 그 둘로부터 함께 배워서 더 큰 보편으로 향하는 우리 내면의 성찰의 힘, 친밀성을 깊게 체현하는 우리의 내적 자아(本性/仁/生理)가 참으로 긴요하다고 생각했다.[50] 요즈음 나는 이렇게 우리 각자의 내면 속에 놓여있는

---

49 토마스 베리, 이영숙 옮김, 『위대한 과업』(대화문화아카데미, 2009), 124.
50 이은선,「내가 믿는 이것, 한국 생물(生物)여성정치와 교육의 근거」– 한나 아렌트의 탄생성(natality)와 정하곡의 생리(生理)를 중심으로」, 『다른 유교, 다른 기독교』, 138 이하.

깊은 '신비(性)'에 더욱 끌리고 있다. 그 신비한 신적 공간과 그에 대한 성찰의 길에 모두와 함께하고 싶다.

참고문헌

『論語』, 『中庸』, 『孟子』, 『孝經』, 『傳習錄』

류영모 옮김/박영호 풀이. 『中庸 에세이』. 서울: 도서출판 성천문화재단, 1994.

윤성범/편집위원회편. 『(윤성범 전집 1) 한국종교문화와 한국적 기독교』. 서울: 도서출판 감신, 1998.

_____. 『(윤성범 전집 2) 한국유교와 한국적 신학』. 서울: 도서출판 감신, 1998.

윤성범. 『誠의 신학』. 서울: 서울문화사, 1971.

_____. 『孝』. 서울: 서울문화사, 1973.

李信. 『슐리얼리즘과 靈靈의 신학』. 서울: 동연, 2011.

이은선. 『포스트모던 시대의 한국 여성신학』. 왜관: 분도출판사, 1997.

_____. 『한국 여성조직신학 탐구 - 聖·性·誠의 여성신학』. 서울: 대한기독교서회, 2004.

_____. 『잃어버린 초월을 찾아서-한국 유교의 종교적 성찰과 여성주의』. 서울: 도서출판 모시는 사람들, 2009.

_____. 『생물권 정치학시대에서의 정치와 교육 - 한나 아렌트와 유교와의 대화 속에서』. 서울: 도서출판 모시는사람들, 2014.

_____. 『다른 유교, 다른 기독교』. 서울: 도서출판 모시는사람들, 2016.

이을호, 『다산경학사상연구』. 서울: 을유문화사, 1973.

줄리아 칭/변선환 옮김, 『유교와 그리스도교』. 왜관: 분도출판사, 1994.

T. F. 드라이버/김쾌상 옮김, 『변화하는 세계와 그리스도』. 서울: 대한기독교출판사, 1984.

토마스 베리/이영숙 옮김, 『위대한 과업』. 서울: 대화문화아카데미, 2009.

한스 큉 · 줄리아 칭/이낙선 옮김, 『중국종교와 그리스도교』. 왜관: 분도출판사, 1994.

후레드릭. W. 모오트/권미숙 옮김, 『중국문명의 철학적 기초』. 서울: 인간사랑, 1991.

Hendrikus Boers, *Who was Jesus?*, Harper & Row, 1989.

Instructions for Practical Living and other New-Confucian Uritings by Wang Yang-ming, trans by Wing-tsit Chan, Columbia University Press New York.

John Hick, *The Metaphor of God Incarnate-Christology in a Pluralistic Age*, Westminster John Knox Press, 1993.

Kyu-tong Byun, *Père et Fils*, Diss. Institut catholique de Paris, 1973.

Jose Fernandez Lago, *The Apostle Saint James: Life, Death and Burial*, Santiago de Compostela.

고대의 상제에서부터 해천의 하나님까지
― 유교의 종교성을 중심으로

황상희
(성균관대학교)

Ⅰ. 머리말

　돌 속에 불꽃을 보는 사람이 있다. 해천 윤성범이 바로 그 사람이다. 해천이 강조한 전 이해를 통한 아프리오리를 밝혀보려는 노력이 바로 현상의 돌을 돌로만 보는 것이 아니라 현상과 함께 현상을 넘어 처음 돌이 만들어진 용암의 불꽃을 보려는 태도이다. 아프리오리란 선험적이라고 번역되며 경험에 선행하여 그것을 가능하게 하는 조건이라는 의미가 들어있다. 해천은 기독교란 현상에 만족하지 않고 이 민족에 기독교가 가능할 수 있었던 조건을 위한 선험성을 파악하기 위해 부단히 노력하셨다. 2016년은 해천 선생님 탄생 100주년이다. 이 글은 이러한 해천 선생 탄생 100주년을 기념하기 위해 그의 뜻을 받들어 우리 민족의 아프리오리를 밝혀보려는 시도이다. 우리 민족의 유구한 역사 속에서 변하지 않는 같음이 무엇인가를 밝혀보려는 것이다. 동방의 고대 사상에서 유교, 또 유교에서 기독교의 흐름은 다르지만 그럼에도 불구하고 같음이 무엇인지를 고민해 본 흔적이다.

다르지만 변하지 않는 이 민족의 선험성(DNA)을 요약하자면 상제와 효이다. 상제란 조상의 최고신이다. 내 부모를 섬기듯이 조상을 섬기는 풍속에서 효 관념이 형성되는 것은 너무도 당연하다. 우리 민족은 고대에서부터 지금까지 이러한 문화적 원형을 유지해 오고 있다. 이 글에서는 고대 동이족의 풍속에서부터 유교의 학자인 목은·삼봉·퇴계·백호·다산·수운에게 보여지는 상제와 효를 서처, 기독교의 나석·함식헌·해천의 하나님까지를 살펴봄으로 해서 시대의 다름에도 불구하고 고유하게 변함없이 가지고 있는 한민족의 DNA를 살펴보고자 한다.

II. 동방의 고대 상제

제(帝)자는 갑골문에서 확인되는데 자형이 매우 다양하다. 꽃씨방 모양, 천(天)에 제사지내는 제단 모양이라고 하는 등 많은 풀이가 있으나 중요한 구성은 윗부분 '一'과 중간 'ㅁ' 그리고 木이 합쳐진 자다.[1] 상제(上帝)는 원래 '제(帝)' 한 글자로만 사용되다가 상대(商代)[2] 말년에 지상신(至上神)을 가리키는 상제와 인왕(人王)을 가리키는 하제(下帝)로 나뉘게 되었다는 것이 학계의 통설이다.[3] 갑골문은 상인(商人)이 쓰던 문자로

---

1 양동숙, 『갑골문 자전을 겸한 갑골문해독』(월간서예문인화, 2007), 929.

2 商人의 마지막 도읍의 지명이 殷이었으므로 후대에 殷朝 혹은 殷代라 부르게 되었다. 여기서는 商人, 商代로 쓴다. 張光直 지음, 尹乃鉉 옮김, 『商文明』(民音社, 1989), 29 참조.

상(商)이란 상인이 자신들의 선조의 도읍을 말하는 데 사용했던 명칭[4]이다. 『맹자』에서는 은(상)대의 임금 '순을 동이 사람'[5]이라고 말하였다. 동이족은 동해 연해주 지대에 살았는데 유물을 통해 우리 민족과 동질의 문화권임이 고고학상으로 증명되었다.[6] 상대에 천을 숭배한 기록은 갑골문에서 찾아 볼 수 없다. 갑골문자에서 천(天)자가 확인되기는 하지만 지명 등에 사용되었을 뿐이고 숭배의 대상인 신(神)의 이름으로 사용되지는 않았다.[7] 즉, 상대까지의 숭배의 대상은 주재적 인격신의 면모가 강조된 상제였으며, 이 상제는 바로 천의 원형이라고 말할 수 있다.

갑골문의 내용에 의하면 제는 상족의 수호신이었으며 동시에 모든 신 가운데 최고신이었다. 상족은 제가 거주한 곳을 천상의 높은 곳으로 인식하였던 것 같다. 『악기(樂記)』에 "은인[8]은 신을 존숭하여 정부는 백성을 이끌고 신을 섬겼는데 예교보다는 귀신을 더욱 중시했다"[9]라고 한다. 갑골문의 내용 중 조상의 제사(祭祀)[10]에 관한 것이 대부분을 차지하고 있는 사실도 이 기록의 정확성을 잘 입증해 주고 있다. 신석기 시대의

---

3 張永伯, 「古代中國의 '天' 思想初探(一)」, 『중국어문학논집』 4권 (중국어문학연구회, 1992), 5-6.
4 張光直 지음, 尹乃鉉 옮김, 『商文明』 (民音社, 1989), 29.
5 『孟子』 「離婁 下」: 舜 東夷之人.
6 류승국, 『한국 유학사』 (성균관대학교출판부, 2008), 25-26.
7 平岡武天, 『經書의 成立』, 創文社, 昭和 58, 174쪽; H. G. Creel은 帝는 원래 商의 氏族神이고 天은 원래 周의 氏族神이었다고 한다.(「釋天」『연경학보』, 18期(1953)와 이를 수정하고 英譯한 「天神之基源」, 『中國政治策略之基源』, Chicary University, 1970.) 李世鉉, 「古代 中國에서의 天과 人間의 만남과 그 방법-『詩經』과 『書經』에 타나난 天命觀을 중심으로」 (『儒敎思想硏究』 第14輯, 한국유교학회, 2000.)에서 재인용.
8 중국인들은 상대를 은대라하고 상인은 은인이라 칭했다.
9 『樂記』 「表記」: 殷人尊神, 率民以事神, 先鬼而後禮.
10 柳承國, 「韓國人의 하느님觀」, 『신학전망』 38권 (광주가톨릭대학교 신학연구소, 1977), 41.

유물인 지석묘(支石墓, 고인돌)[11]가 그 예이다. 돌 밑에 조상의 시체를 안치하였다. 조상을 잊어버리지 않고, 조상을 숭배하기 위한 조상숭배의 관념이다. 이 지석묘는 지금으로부터 약 10,000년 전의 신석기 시대의 것이다. 중국 대륙에는 지석묘가 없다. 오직 한반도, 동이족들이 살던 동이문화권에만 있다. 이것은 동이문화가 일찍이 발달했고 조상숭배의 관념이 강하게 나타나 있었다는 것을 말해 준다.[12] 조상숭배의 문명이 발달한 민족이 부모를 모시는 효사상이 원천적으로 깔려 있음은 당연하다.

　이전과 근래의 문헌 자료를 통해 볼 때 정치적 권력 집단으로서 하(夏)와 상(商) 사이, 상(商)과 주(周) 사이에는 상당한 시간상의 중복이 있었나는 결론이 나온다. 그리고 이와 같은 승거는 방사성탄소측정연대에 의해서 입증되기 시작하고 있다. 바꾸어 말하면 상은 주시대의 문헌에 하가 지배권을 장악하고 있었던 기간 동안에 존재하였던 것으로서 기록되어 있는 나라들 가운데 하나였으며 주도 또한 상이 지배권을 장악하고 있었던 기간 동안에 존재하였던 나라들 가운데 하나였다는 것이다. 따라서 세 왕조의 상호관계는 연속적인 계승 관계만은 아니었으며 그것은

---

11 전 세계에서 지석묘는 우리나라에만 70%가 확인 된다.
12 하나라의 倫理文化를 정초했던 舜이 東夷人이요, 주나라가 상의 孝사상과 종교제사문화를 인습하여 심성을 뿌리로 한 도덕문화를 발전시켰고, 이를 다시 집대성하여 유교문화를 개창한 공자 역시 상의 후예이고 보면 우리는 중국문화를 남의 나라 것으로 이질시 할 필요가 없다. 오히려 그 속에서 나의 동일성을 찾아서 우리 민족문화의 범위를 넓히고 질을 높혀야 할 것이다. 협애한 민족관계 폐쇄적인 문화관을 지양하고 우리 민족의 뿌리는 더 먼 데까지 소급해 찾고 우리 문화의 精華를 더 넓고 높은 데 까지 올라가 찾아야 할 것이다. (金忠烈, 「殷族의 源流와 그 興亡得失에 대한 省察-Komerican문화 설계를 위한 하나의 참고-」, 『동양철학연구』 13권, 동양철학연구회, 1992), 6-7. 유물적인 추론으로는 진시황이 삼국을 통일하고 만리장성을 쌓은 이유는 동북의 외침을 막기 위해서 이다. 동북민족은 기마병을 가진 종족이었기에 진나라를 지키지 위한 성벽이 필요했다. 동북인들은 주로 몽고족이었는데 한국인도 몽고족 중 하나이다. 그 증거는 태어나면 삼신할머니가 빨리나가라고 엉덩이에 몽고반점을 만들어주기 때문에 알 수 있다.

또한 세 왕조가 같은 시기의 나라로서 평행적으로 존재하였다는 사실에 의해서도 특징지어지는 것이다. 따라서 중국 북부라는 전체적인 상황을 고려할 때 세 왕조의 평행적인 관계가 일차적인 관계로 간주되어야 하며 왕조들의 연속적인 계승관계는 세 나라 사이에서의 상대적인 세력 변화를 나타내는 것으로서 간주될 수 있을 것이다.[13] 상은 초기 중국문명의 형성에 중요한 역할을 담당했고 이제까지 우리가 그 자신의 세계질서에 관한 적절한 문헌 정보를 지니는 유일한 문명이었다.[14]

『시경(詩經)』과 『서경(書經)』에서 상제라는 단어를 확인할 수 있다. "나는 상제를 경외(敬畏)하여 감히 바르게 하지 않을 수 없다."[15] "위대하도다 상제여! 아래에 밝게 임하여 사방을 두루 둘러보며 사람들의 어려움을 덜어주는구나!"[16] "상제가 네게 임했다."[17] "상제를 잘 받들고 천지사방에 제사 지내며 산천을 받들고 뭇 신들을 받든다."[18] "상제의 뜻은 한곳에 고정되어 있지 않아서 선(善)을 행하면 갖가지 좋은 보상을 내리고 악(惡)을 행한다면 재앙을 내린다."[19] 이상에서 보는 바와 같이 상대의 상제는 초월성을 지니면서 대상화되어 인간을 보살피는 존재이다.

상대에서 우주만물의 주재자로서 숭배하던 대상을 제라고 하던 것에서 주대에 다시 천으로 대체되기 시작하였다. 서주시대에도 천은 여전히 인간사회에서 숭배의 대상이었다는 것에는 변함이 없었지만, 다른 한편으로는 기존에 천의 절대권위에 대하여 회의하던 시대로서 주는 천에

---

13 張光直 지음, 尹乃鉉 옮김, 『商文明』(民音社, 1989), 441-443.
14 張光直 지음, 尹乃鉉 옮김, 『商文明』(民音社, 1989), 450.
15 『書經』, 「湯誓」: 夏有多罪, 天命殛之 … 予畏上帝, 不敢不正.
16 『詩經』, 「大雅」: 皇矣上帝. 臨下有赫, 監觀四方, 求民之莫.
17 『詩經』, 「大雅」: 上帝臨女.
18 『書經』, 「堯典」: 肆類于上帝, 禋于六宗, 望于山川, 偏于羣神.
19 『書經』, 「伊訓」: 惟上帝不常, 作善降, 之百祥, 作不善, 降之百殃.

대한 이념정립을 통해서 주왕조의 정통성을 세우고자 하였다.[20]『시경』과 『서경』에서 천과 상제를 나란히 부르는 내용이 나온다. "호천상제(昊天上帝)께서 나를 남겨두지 않으신다."[21], "황천상제(皇天上帝)께서 그의 장자를 바꾸셨다."[22] 상대의 절대적인 인격신 제는 주대에 와서 천과 지위가 동등하게 되었다.

『시경』과 『서경』에 나타나는 천과 제는 속성이 같아진다. 즉 천이 덕 있는 사람을 왕으로 세우면 제도 그러하고, 천이 인간과 교류를 가지면 제도 인간에게 그러하다. 뿐만 아니라 후대에 나타나는 주석서들에게 상제는 천으로 천은 또 다른 이름으로 주석되고 있음을 볼 수 있다.[23] 이러한 점으로 보아 천과 제는 별개의 다른 존재가 아니라 같은 하나의 존재임을 알 수 있다.[24] 공자와 맹자 대에 이르면 천의 개념은 초월적인 성격에서 내재적인 성격으로 전회된다. 『시경』에는 '제(帝)'자가 120여 회, '상제(上帝)'가 32회 나오며, 『서경』에는 '제(帝)'자가 43회, '상제(上帝)'가 24회 나오지만 『논어』와 『맹자』에는 인용문 이외에는 '상제'라는 단어가 나오지 않는다. 춘추전국시대에서는 상제란 호칭이 쓰이지 않고 완벽하게 천으로 대체됨을 알 수 있다.

『삼국지(三國志)』「위지 동이전(魏志 東夷傳)」에 의하면 고대 한국인들의 제례풍속을 살펴보면 다음과 같다. '부여(扶餘)'는 "은력(殷曆, 상력) 정월에 천신에게 제사를 드리는데 국민들이 대회를 열어 며칠씩 음식과

---

20 문승용, 「先秦 儒家의 말하기와 글쓰기, 그리고 天 개념의 상관관계 고찰」, 『수사학』 10권 (한국수사학회, 2009), 196-197.

21 『詩經』, 「大雅·雲漢」: 昊天上帝 則不我遺.

22 『書經』, 「召誥」: 皇天上帝 改厥元子.

23 『史記』, 「封禪書」, 裴松之 注: 鄭玄曰 上帝者 天之別名也.

24 李世鉉, 「古代 中國에서의 天과 人間의 만남과 그 방법-『詩經』과 『書經』에 타나난 天命觀을 중심으로」, 『儒教思想研究』 第14輯 (한국유교학회, 2000), 496-497.

노래와 춤을 계속하며, 그 이름을 영고라 하였다. 이때에 미결된 옥사들을 판결하여 죄수들을 석방하였다. … 군사가 있을 때에도 또한 天에 제사를 지냈으며, 소를 잡고 그 발톱을 봄으로써 길흉을 점쳤다."[25] 예(濊)는 "언제나 시월절에는 천신에게 제사했는데 밤낮을 헤아리지 아니하고 술 마시며 노래하고 춤을 추니 그 이름을 무천이라 하였다. 또 호랑이를 신으로 제사하였다."[26] 진한(辰韓)은 "오월에 파종을 마치면 귀신에게 제사했는데 군중이 모여 노래하고 춤추며 밤낮을 헤아리지 아니했다. 춤출 때엔 수십 인이 함께 일어서서 서로 따르면서 땅을 디디며 손발을 낮추었다 높였다 하며 서로 장단을 맞추는 것이 탁무와 비슷했다. 시월에 농사가 끝나면 또 이렇게 하였으며, 귀신을 믿되 나라마다 각기 한 사람을 뽑아 천신에게 제사 지내는 것을 주관케 하고 그 이름을 천군이라 하였다 또 모든 나라에 각기 별읍을 두어 이름을 소도라 하며, 긴 장대에다 방울과 북을 달아 귀신을 받들었다. 모든 망명인이 이에 이르면 그들을 돌려보내지 아니했다."[27] 삼국시대의 중국인에게 보여진 우리 동이족의 풍습은 천(상제)에 제사를 지내는 민족이었고 그 제사의 형식이란 노래와 춤이었음을 알 수 있다.

『삼국사기(三國史記)』「잡지 제사조(雜志 祭祀條)」에 기록된 삼국의 제사풍속은 다양하다. 이제 그 제명들만 추려보아도 다음과 같다.

---

25 『三國志』,「魏志」: 以殷正月, 祭天, 國中大會, 連日飮食歌舞, 名曰迎鼓. 於是時斷刑獄解囚徒. … 有軍事亦祭天, 殺牛觀蹄, 以占吉凶.

26 『三國志』,「魏志」: 常用十月節祭天, 晝夜飮酒歌舞, 名之爲舞天, 又祭虎以爲神.

27 『三國志』,「魏志」: 常以五月下種訖, 祭鬼神, 羣聚歌舞飮酒, 晝夜無休. 其舞數十人, 俱起相隨, 踏地低昂, 手足相應節奏有似鐸舞. 十月農功畢, 亦復如之信鬼神, 國邑各立一人, 主祭天神, 名之天君. 又諸國各有別邑, 名之爲蘇塗. 立大木縣鈴鼓, 事鬼神. 諸亡逃至其中, 皆不還之.

신라: 始祖祭, 五廟祭, 社稷祭, 八楂祭, 農祭, 風伯祭, 雨師祭, 靈星祭, 山

川祭, 城門祭, 庭祭, 川上祭, 明祭, 五星祭, 祈雨祭, 厭岳祭, 辟氣祭.

고구려: 鬼神祭, 社稷祭, 靈星祭, 天祭, 禓神祭, 始祖祭, 王母神祭, 山川祭

백제: 天神祭, 始祖祭, 天地祭.

고대의 동이족에서부터 지금까지 우리나라는 하늘에 감사의 제사를
드려 온 종교적인 민족이었음을 알 수 있다.[28] 조상의 최고신인 상제는
후일 '유(儒)'로 발전했다고 볼 수 있다.[29] 정교일치의 체제하에서 왕은
최고의 제사장이었으며 신의 대리인이며, 상제사상에서 나타나는 효문
화가 그대로 이어져 내려오기 때문이다.

III. 유교의 상제

유교의 서적은 늘 선조들에게 읽혀져 왔었지만 우리나라에서 주자학
이 고시과목으로 편입된 것은 13C 후반 고려 충렬왕 때이다. 중국에서
주자학이 관학화된 것은 13C 중반 원 세조대로서 거의 비슷한 시기이다.
중국에서 원을 몰아내고 등장한 명왕조가 주자학을 관학으로 그대로 유
지하였다. 우리나라와 중국의 주자학 관학화를 가지고 단순 비교하자면
양국은 거의 나란히 진행되어 왔다고 할 수 있다.[30] 고려가 망하기 약100
년 전은 주자학이 정착되는 시기로서『소학』,『사서』,『오경』이 주도하

---

28 이은선,『잃어버린 초월을 찾아서』(도서출판 모시는 사람들, 2009), 30 참조.
29 이정배,「제사와 예배-조상 제례의 신학적 재구성」,『신학과 세계』61호 (감리교신학대학
    교, 2008), 166.
30 정재훈,『조선전기 유교 정치사상 연구』(태학사, 2005), 39 참조.

였다고 할 수 있다.

안향(安珦, 1234-1306)은 1288년 원나라에 들어가 처음으로 주자학을 알게 되었고 『주자전서(朱子全書)』를 베껴 가지고 돌아와 그 연구에 힘쓰게 된다. 『동방사문연원록』에서는 신라와 고려시대의 도학 연원과 도통 관계를 설총→ 최충→ 김양감→ 안향→ 우탁→ 신현→ 정몽주·이색 등으로 기술하고 있다. 목은 이색의 상제관을 먼저 살펴보자.

1. 목은 이색, 인간과 틈이 없는 상제

목은 이색(牧隱 李穡, 1328~1396)은 고려시대의 성리학 수용기의 학자로서 자연계의 운행, 변화 등이 모두 천 또는 천명으로 이루어진다고 생각하고 자연의 변화 속에서 천의 주재성을 인정하였다.

목은은 천에 대해 다음과 같이 말하였다.

천은 이(理)이다. 그런 후에 사람들은 비로소 인사가 천이 아님이 없음을 안다. 대체로 성(性)이란 사람과 만물에 존재하는 것으로 사람과 만물의 입장에서 이름붙인 것이다. 사람이다 만물이다 하는 것은 자취이다. 그 소이연(所以然, 이유)을 찾아 변별해보면 사람에게 존재하는 것은 성(性)이고, 만물에 존재하는 것 또한 성이다. 동일한 성이므로 동일한 천이다.[31]

천과 인간이 무매개적으로 결부된다는 목은의 사상에서는 성즉리(性卽理, 성은 곧 이다)의 전제로부터 시작된 인식론적 과제가 생략되어 성이

---

31 『牧隱文藁』 卷10, 「直說三篇」: 天則理也 然後人始知人事之無非天矣, 夫性也在人物, 指人物而名之, 曰人也物也, 是跡也, 求其所以然而辨之, 則在人者性也, 在物者亦性也, 同一性也, 則同一天也.

바로 천으로 설정된다. 사람과 만물에 모두 동일한 성이 존재하며 그 성이 천이라고 하여 온 세상이 천이 아님이 없다고 한다. 목은의 사상에서 천은 창조원리 뿐만 아니라 인식론적 대상에서 실천론적 대상으로 설명되고 있다.

목은은 인간과 사물, 심지어 자연으로서의 천과 지(地)까지 모두 동질로 이루어졌다고 생각한다. 이처럼 자연계의 질서와 인간 사회의 질서를 직접 결부시키고 나아가 주재자적 천에 대한 근본적 신뢰를 보인다.[32] 목은의 사상은 인간의 일이 천의 뜻에 따라야 한다는 천중심주의보다는 오히려 천의 뜻이 사람의 일을 따른다는 인사중심(人事中心)의 현실 긍정 사상을 도출한다. 즉 천도(天道)의 항상성에 따라서 인간의 일을 다스리는데 인간의 일이 잘 다스려진다면 천도가 거기에 따르게 된다는 것이다.[33]

목은은 상제를 대하는 경(敬)의 모습에 대해 다음과 같이 말한다.

상제가 강림하시고, 엄한 스승을 겁내고, 어디서나 오직 밝게 하라. 범의 꼬리를 밟듯 봄에 (살얼음 낀) 물을 건너듯 살피기를 정밀하게[精]하라. … 오직 경(敬)이 제일이니 이것을 기억하여 두려워한다.[34]

목은은 상제와 경을 함께 말하고 있다. 그리고 경의 자세를 잘 형용하고 있다. 상제나 엄한 스승은 나에게 성스러운 존재이다. 그리고 범의

---

32 『牧隱文藁』卷1,「西京風月樓記」: 天人無間, 感應不忒, 故彝倫叙而政教明, 則日月順軌, 風雨以時, 而景星慶雲醴泉朱草之端至焉, 彝倫斁而 政教廢, 日月告凶, 風雨爲災, 而慧孛飛流, 山崩水渴之變作焉, 然則理亂之機, 審之人事而可見, 理亂之象, 求之風月而足.

33 이기동, 『李穡』(성균관대학교 출판부, 2005), 85.

34 『牧隱文藁』卷12,「惕若齋銘爲金敬之作」: 上帝之臨, 嚴師之劫, 所在惟明. 虎尾之蹈, 春水之涉, 所察惟精. … 惟敬之甫, 念玆以惕.

꼬리를 밟듯, 살얼음을 밟는 듯 하는 것은 성스러운 존재에 대해서 행해지는 자연스러운 모습이다. 경의 모습이란 제사 때 첫 술잔을 올리는 그 순간의 긴장감과 유사하다.

목은은 시에서도 상제나 천을 여러 번 부르고 있다. "상제의 높은 거처엔 병위가 삼엄하다네",[35] "상제는 밝게 내려다보리라",[36] "항상 걱정은 게으른 모습 상제께서 혹 보실까",[37] "천이 밝게 굽어보고 있느니라",[38] "상제가 바야흐로 보고 들으시리"[39] 등등 상제에 관한 시를 여러 편 지었다.

목은은 상제와의 교감에 대해서 다음과 같이 이야기하고 있다.

내가 아파 밤새도록 끙끙 앓으니, 집사람마저 잠을 이루지 못하네. 등잔 아래 일어났다 누웠다 할 제, 번민이 일어 가슴이 답답하더니, 마침내 요사한 기운에 감염되어, 콧숨이 막혀 호흡마저 곤란타가, 한낮에야 비로소 몸이 좀 풀리니, 청풍이 먹구름을 쓸어버린 듯하네. 내가 아프고 아내 또한 아프니, 액운이 어찌 끝날 날이 있으랴만, 조화에 힘입어 병 절로 나으리라. 시 써서 스스로 마음 위로하노니, 어떻게 알리요 이러한 고통이, 장수의 지경으로 가기 위함일지도, 침착하게 지극히 고요함 지키면, 상제께서 환히 굽어 살피시리라.[40]

---

35 『牧隱詩藁』 卷7, 「病中吟」: 上帝高居兵衛森.
36 『牧隱詩藁』 卷7, 「夜詠」: 明明上帝臨.
37 『牧隱詩藁』 卷31, 「坐睡」: 怠惰常驚上帝臨.
38 『牧隱詩藁』 卷15, 「步屧」: 上帝赫有光.
39 『牧隱詩藁』 卷10, 「古意」: 上帝方視聽.
40 『牧隱詩藁』 卷12, 「錄病」: 我病終夜呻, 室人眠不得, 燈下起臥頻, 煩懣塡胸臆, 遂感邪沴氣, 呼吸壅鼻息, 日午始體舒, 風淸掃陰黑, 我病妻又病, 蹇運豈終極, 勿藥荷造化, 題詩慰心曲, 安知此艱辛, 所以趨壽域, 湛然守至靜, 上帝臨有赫.

아파서 밤을 새고 난 다음 고통이 좀 가시자 쓴 글이다. 호흡이 곤란하여 힘들다가 한낮에야 비로소 풀렸는데도 고요함을 지키면서 상제의 살핌을 믿고 있다. 여기서도 목은은 상제에 대한 믿음이 얼마나 큰지 알수 있다. 어머니가 아픈 자식을 돌보듯이 상제가 환히 나의 일상을 돌보고 있다는 목은의 사상은 어머니의 배속에 태아가 한 몸에 있듯이 천과 인간은 사이가 없다는 '천인무간설(天人無間說, 천과 인간은 틈이 없다)'을 말하게 된다. 목은에게 상제는 천을 겸해서 쓰인 것이며 온 일상을 의지하는 궁극적 실재이다.

2. 삼봉 정도전, 이(理)보다 먼저인 상제

삼봉 정도전(三峰 鄭道傳, 1337-1398)은 이색의 문인으로 고려의 조정에 벼슬하여 정당문학 겸 대사성이 되었다가, 그 후 이성계를 추대하여 조선의 공신이 되었다.[41] 삼봉은 "해동은 그 국호가 일정하지 않았다. 조선이라고 일컬은 이가 셋이 있었으니, 단군(檀君) · 기자(箕子) · 위만(衛滿)이 바로 그들이다. … 단 기자만은 주무왕의 명령을 받아 조선 후에 봉해졌다. … 기자는 무왕에게 홍범을 설명하고 홍범의 뜻을 부연하여 8조의 교를 지어서 국중에 실시하니, 정치와 교화가 성하게 행해지고 풍속이 지극히 아름다웠다. 그러므로 조선이란 이름이 천하 후세에 이처럼 알려지게 된 것이다"[42]라고 하였다. 삼봉이 조선이란 국명을 설명하면서 유교의 근원을 설명할 때 단군 · 기자에서 시작한 것은 공자에서 시작

---

41 현상윤 지음, 이형성 교주, 『현상윤의 조선유학사』 (심산출판사, 2010), 54.
42 『三峰集』, 「朝鮮經國典 上」: 海東之國, 不一其號. 爲朝鮮者三, 曰檀君曰箕子曰衛滿. …
    惟箕子受周武之命, 封朝鮮侯. … 箕子陳武王以洪範, 推衍其義, 作八條之敎, 施之國中,
    政化盛行, 風俗至美. 朝鮮之名, 聞於天下後世者如此.

된 유교를 표명한 것이 아니라 우리 고유의 사상으로부터 유교가 전승되어 왔음을 천명한 것이다.

삼봉이 구상했던 정치체제는 그가 지은 『조선경국전』과 『경제문감』에서 대표적으로 나타난다. 『조선경국전』에서는 『주례』의 육전체제를 전범으로 삼아 관제의 모든 제도를 해설하고 현실에 맞게 정리하였다. 삼봉이 지은 『심기리편』·『심문천답(心問天答)』은 도교·불교를 유교와 비교하고 각각의 장단점을 논술하여 성리학의 우위를 밝힌 글이다. 그중 『심문천답』은 심이 천에게 질문하고 답한 내용으로 천이 인격화하여 인간에게 말을 해주는 존재인 것이다. 삼봉은 "인심의 이(理)는 바로 상제의 명한 바이다"[43]라고 하여 이(理)보다 상제가 먼저임을 말하였다.[44]

삼봉은 상제의 소리를 전한다.

제(帝)가 다음과 같이 말하였다. 아아! 나(予)의 명령을 너는 들을지어다. 내가 너에게 덕을 주어 만물 중에서 가장 신령하며, 나와 더불어 함께 서서 삼재(三才, 天地人)의 명칭을 얻었도다. 제는 상제다.[45]

삼봉은 상제를 주재적, 창조적 존재임을 그대로 말하고 있다. 상제가 스스로를 나라고 하여 심에게 말해주고 있는 형식을 취한 것이다. 여기서 상제는 공자가 『논어』에서 '하늘이 나에게 덕을 주었다'[46]라고 한 말을 인용하여 인간 모두에게 덕을 주었다고 말하고 있다.

---

43 『三峯集』 卷10, 「心問」: 人心之理, 卽上帝之所命.
44 성리학의 명제 太極卽理(태극은 리이다)는 태극과 리를 같은 위상으로 정의하였다. 리보다 먼저인 상제라 함은 태극보다 위에 상제를 설정한 것이다.
45 『三峯集』 卷10, 「天答」: 帝曰噫嘻, 予命汝聽, 予賦汝德, 在物最靈, 與吾並立, 得三才名. 帝, 上帝也.
46 『論語』: 天生德於予

삼봉은 상제와 인간의 관계를 다음과 같이 설명했다.

한 가지 일, 한 물건의 작은 것이나 일동일정(一動一靜)에 이르기까지
모두 각기 마땅히 행할 도리가 있어 유동충만(流動充滿)하여 조금도 결함
됨이 없으니 이는 누가 그렇게 하였는가? 모두 상제가 이 만민을 개도하고
이끌어 선으로 나가고 악을 피하여 그 따라갈 바에 어둡지 않게 한 것이다.
그러므로 상제가 너에게 덕되게 한 바가 한둘로 헤아릴 수 없다.[47]

삼봉은 모두 각기 '당행지리(當行之理, 당연히 행해야할 이치)'가 있는데
그것도 상제가 이끌어준 결과물인 것이다. 마땅함을 행하여 선으로 나아
가게 한 모든 것이 상제가 덕을 내려주었기 때문이다.

이처럼 삼봉은 상제를 주재적 개념으로 이해하였고, 그러한 상제의
의지를 실현하는 종교적 실천을 강조하였음을 알 수 있다.

3. 퇴계 이황, 이도설(理到說)과 상제

퇴계 이황(退溪 李滉, 1501-1570)은 불이 꺼진 뒤에 화로 안에는 오히
려 훈기가 남아 있어 오랜 뒤에야 바야흐로 다 없어지듯이[48] 사람이 죽으
면 혼령이 남아 있기에 공자가 3년 상을 말한 것[49]은 이러한 맥락에서

---

47 『三峯集』卷10,「天答」: 以至一事一物之微, 一動一靜之際, 莫不各有當行之理, 流動充
滿, 無小欠缺, 是孰使之然哉, 皆上帝所以開道啓迪於斯民, 使之趨善而避惡, 以不昧於其
所適從也, 然則上帝之所以爲德于汝者, 非可以一二計也.

48 『退溪全書』,「答南時甫」: 火旣滅, 爐中猶有熏熱, 久而方盡, 夏月, 日旣落, 餘炎猶在, 至夜
陰盛而方歇, 皆一理也.

49 『論語』,「陽貨」: 子生三年然後, 免於父母之懷, 夫三年之喪, 天下之通喪也, 予也有三年
之愛於其父母乎.

의심할 것이 없다고 말한다.[50] 사람이 죽고 그 기의 흩어짐은 오랜 시간을 두고 서서히 진행되기에 3대의 신주를 지키는 것도 같은 맥락이다. 퇴계는 사람이 죽으면 혼령이 남아 있으므로 그 신의 모습을 어떻게 모셔야 하는지를 구체적 예론을 새롭게 제시하였다.[51] 그리고 그는 향약을 제정하는 데도 힘썼는데, 향약의 제일장 일조가 효이다.[52] 퇴계는 마을 구성원들이 지킬 수 있는 조목을 만들어 마을구성원 모두에게 동의를 구하여 향약을 만들었다. 당시 주자의 향약이 이미 널리 읽혀지고 있었지만 답습하지 않았다.

주자는 이(理)란 정의(情意)도 없고, 계탁(計度)도 없으며, 조작(造作)도 없다고 했지만[53] 퇴계는 이의 속성을 발(發)·동(動)·도(到) 등의 용어로 정의하였다. 퇴계는 이가 자기 원인적으로 작위할 수 있음을 언명하고 있는 것이다. 퇴계는 이를 체용(體用)으로 나누어보아 무정의, 무조작은 이의 체(體)이지만 상황에 따라 발현하는 것은 이의 용(用)이라고 하였다.[54] 퇴계는 "이 이(理)의 지신(至神)한 용의 작용을 알지 못했다면 이를 죽은 사물(死物)로 오해할 뻔했다"[55]라고 말한다. 퇴계는 이의 발현을 지신의 용이라고 말한다. 이를 원리적으로만 봤다면 이가 발현한다는 말을 할 수 없었을 것이다. 이가 현상에서 드러나 행한다는 퇴계의 믿음

---

50 『退溪全書』, 「答南時甫」: 孔子答宰我之問, 亦無可疑矣.
51 황상희, 「퇴계의 천관을 중심으로 한 성리설연구」, 성균관대학교 박사학위논문, 2014, 104-110 참조.
52 『退溪全書』, 「鄕立約條」: 1. 父母不順者.(不孝之罪, 邦有常刑, 故姑擧其次.)
53 『朱子語類』 卷1: 理卻無情意, 無計度, 無造作.
54 『退溪全書』, 「答奇明彦別紙」: 是知無情意造作者, 此理本然之體也. 其隨寓發見而無不到者, 此理至神之用也.
55 『退溪全書』, 「答奇明彦別紙」: 是知無情意造作者, 此理本然之體也. 其隨寓發見而無不到者, 此理至神之用也. 向也但有見於本體之無爲, 而不知妙用之能顯行, 殆若認理爲死物, 其去道不亦遠甚矣乎!

이며, 이가 활발히 살아있는 활물이란 말이다. 이는 주자와 퇴계의 다른 점을 구체적으로 알 수 있는 부분이다.

퇴계는 "나의 격물(格物)이 지극하지 못함을 두려워할 뿐이요, 이가 스스로 이르지 못할 것을 걱정할 것이 없다"[56]하여 사건에도 만물에도 이가 '스스로' 있기에 내가 지극히 하면 '스스로' 이가 나에게 이르러 알 수 있다고 말한다. 이를테면 타자와 나의 관계에는 각각 스스로 존재하는 이가 있기에 내가 지극히 하면 대상의 이가 나에게로 와서 인식될 수 있다는 말이다. 타자에게 주체가 다가갔으면 그 타자는 이미 나인 주체가 '되어 버린 것'이지 둘이 아니다. 퇴계에게 주빈의 관계에서 주체가 해야 하는 것은 '되기'이다. 요순을 흉내 내는 것도, 요순이란 이름을 부여 받는 것도 아니다. 그것은 내가 실제적으로 요순이 '되는' 것이다. 이는 천즉리(天卽理, 천은 이다)란 성리학적 명제로 해석해 보자면 천이 나에게로 이르러 내가 변하는 삶을 말한다. 여기서 퇴계의 신실한 종교성을 알 수 있다.

퇴계가 아버지처럼 존숭한다며 높이 평가했던 『심경부주(心經附註)』[57]의 두 번째 경문에는 다음과 같은 내용이 있다. "『시경』에 이르기를 '상제께서 그대에게 내려와 계시니 그대는 주저하지 말라'고 하였다. 또 이르기를 '주저하지 말고 근심하지 말라. 상제께서 그대에게 내려와 계시니라'라고 하였다."[58] 『심경부주』에서는 이 구절에 대해 다음과 같이 주석한다.

내 생각에는 『시경』의 뜻이 비록 주(紂)를 정벌할 것을 주장하며 하는 말이지만, 배우는 사람이 평소에 이 말씀을 읊조리면서 두려운 마음으로

---

56 『退溪全書』, 「答奇明彦別紙」: 但恐吾之格物有未至 不患理不能自到也.
57 중국 宋나라 때 학자 西山 眞德秀의 『心經』에 명나라의 程敏政이 註를 붙인 책이다.
58 『心經附註』: 詩曰 上帝臨女, 無貳爾心. 又曰 無貳無虞, 上帝臨女. 앞의 시는 『詩經』 가운데 「大雅·大明」의 일부이고, 뒤의 시는 「魯頌·閟宮」의 일부이다.

마치 상제께서 실제로 그 위에 내려와 계시는 것처럼 살아간다면, 사악함
을 막고 진실 됨을 보존하는 데 도움 됨이 아마도 크지 않겠는가? 또한
의를 보고도 반드시 실행할 용기가 없거나 혹은 이해득실 때문에 마음이
흔들리는 사람도 또한 이 말을 음미하여 스스로 결단을 내리도록 해야
할 것이다.[59]

이 구절에 대해 퇴계는 제자에게 보내는 편지에서 "이 구절은 내가
그 말씀을 매우 좋아하여 매번 암송하고 음미할 때마다, 가슴 깊이 감동
을 주고 나약한 마음을 격동시킴을 이기지 못하여, 주희 선생이 아니면
이런 말들을 할 수 없었을 것이라고 생각하였다"[60]라고 하였다.[61] 상제께
서 그 위에 내려와 계신다면 이해득실에 흔들리지 않고 의를 행할 수 있음
을 말하고 있다. 의를 실행함에 있어 주저하지 않고 근심하지 않을 수
있는 이유가 바로 상제[62]에게 있다.

퇴계는 왕에게도 대월상제(對越上帝, 상제를 마주 모심)의 자세를 권면
하고[63] 성학(聖學)을 이루기 위해서도 대월상제의 자세를 강조한다.[64]

---

59 『心經附註』: 愚謂, 詩意雖主伐紂而言, 然學者平居, 諷詠其辭, 凜然如上帝之實臨其上,
則所以爲閑邪存誠之助, 顧不大哉. 又見義而無必爲之勇, 或以利害得喪, 二其心者, 亦宜
味此言, 以自決也.

60 『退溪全書』, 「答趙士敬」: 愚謂一條, 滉深愛其言. 每誦味之, 不勝其感衷激懦, 以爲非朱
先生, 不能以發此.

61 『心經』의 주에 달린 말은 朱子가 아니라 程敏政이 단 주였다. 이 내용은 김형찬, 「內聖外王
을 향한 두 가지 길-退溪철학에서의 理와 上帝를 중심으로」(『哲學研究』 제34집, 고려대
학교 철학연구소, 2007, 14-15쪽.)에 자세하다.

62 『퇴계전서』에서 상제는 19번, 제는 51번 나온다. 천과 결합하여 생긴 복합어 '천도(天道),
천리(天理), 천지(天地), 천성(天性), 종천(終天)…' 등을 제외하고 단독으로 쓰인 '천'자
를 찾아보면 267회 나온다. 이 단어들을 분류해보면 주재천(god)이 199회, 임금의 호칭으
로 쓰인 천(king)이 44회, 자연천(sky)이 24회로 3가지 개념으로 정리할 수 있다.

63 『退溪全書』, 「景福宮重新記」: 踐其位行其禮, 凜凜乎慄慄乎, 常若上帝之對越.

64 『退溪全書』, 「聖學十圖, 敬齋箴圖」: 正其衣冠, 尊其瞻視, 潛心以居, 對越上帝.

이는 상제에 대한 경외심을 가지고 늘 올바른 마음과 용기 있는 결단력을 가지며 살라는 의미로 설명하고 있다. 퇴계는 사욕을 경계하고 도의를 실천하기 위한 방편으로 초월적 존재 혹은 인격신적 절대자로서의 상제를 말하고 있다.

퇴계는 '(천국)別有天'에 대하여 "'(천국)別有天'이라고 하는 것은 곧 누에치고 길쌈하고 비오고 이슬 내리는 가운데 있는 것이다"65라고 하였다. 퇴계의 이 구절은 천국이라고 하는 초월적 장소가 실은 누에치고 길쌈하는 것과 같은 일상적인 생활, 이슬비가 내리는 자연현상 속에 있다는 것이지 현상을 초월해 별다른 세상이 존재하는 것이 아니라고 말하고 있다. 내가 서 있는 곳이 천국이 되어야 한다고 말한다.

퇴계는 선조에게「서명」을 강의할 때 다음 구절에 대해 설명한다. 퇴계는「서명」해석을 통해 사친(事親, 부모를 섬기는 일)이 사천(事天, 천을 섬기는 일)이라고 말한다.66 즉 천즉리(天卽理)라는 성리학적 명제로 다시 풀어보자면 부모를 섬기는 일이 천을 섬기는 일이라는 뜻이며 그것은 나라는 주체가 부모 섬김을 통해 '되기'에 힘을 쏟는 다면 그곳이 천국이라는 퇴계의 현세적 종교성과 맞닿아 있다.

4. 백호 윤휴, 섬김의 상제

백호 윤휴(白湖 尹鑴, 1617-1680)는 퇴계의 리도설을 그대로 이어받아 자신의 격물설을 펼친다. 이는 주자와의 비교를 통해 확연히 알 수 있다.

---

65 『退溪全書』,「答金成甫別紙」: 所謂別有天者, 即在桑麻雨露之中矣.
66 『退溪全書』「西銘考證講義」: 『易』「繫辭」曰 "窮神知化, 德之盛也." 『中庸』曰 "夫孝者, 善繼人之志, 善述人之事者也." 今按『中庸』, "人之" 二字指親而言. 此改作其字, 雖亦指親之語, 而意實指天, 其旨深且妙矣.

주자는『대학장구』「보망장」에서 격물을 '물에 있는 리를 궁구한다'(在卽物而窮其理也)라고 정의하였다. 물은 물리를 가리키며, 그 대상은 향내(인간 내면의 이)와 향외(외재사물의 이)를 모두 포괄한다. 그리고 격이란 바로 이러한 물리에 대한 인간의 지적 탐구, 즉 인식 행위로서의 궁구를 의미한다. 주자의 격물론은 외적인 사리와 물리를 탐구하는 향외 격물의 비중이 내적인 성리를 궁구하는 향내 격물에 비하여 높다.67 백호는 격물을 궁리, 격을 지로 해석한 주자와 해석을 달리했다.

공부의 첫 단계에서 성과 경에 힘쓰고 사유하고 변별하는 노력으로 사물의 이치가 마음에 감통하게 하기를 마치 제사를 지낼 때 신명에 감통하는 듯이 하라.68

백호는 격이 사물의 이치에 이르는 것이 아니라, 사물의 이치가 마음에 감통하는 것으로 마치 제사 때 우리 마음이 신명에 이르는 것과 유사하다고 보았다. 객관 대상에 대한 탐구를 강조한 주자와 달리 백호는 감통이라는 주체적 노력을 강조하고 있다. 주관과 객관의 상호 작용에서 나아가 신명이란 말과 연결시킴으로써 인식론에 초월적 성격을 도입하고 있다.69 백호의 인식론에서 주목할 만한 것은 '격물치지'보다 '성의'를 강조한다는 점이다. 격물의 방법으로 백호는 두 가지를 제시한다. 하나는 마음을 모아 정제하고 오로지하여, 본래의 맑고 넓은 경지를 유지함으로써

---

67 이영호,『조선중기 경학사상연구: 16-17세기『대학』주석서에 대한 분석』(경인문화사, 2004), 14.

68 尹鑴,『白湖全書』「讀書記」: 學問之始, 誠敬之力, 思辨之功, 使物理感通於心, 如祭祀之格於神命也.

69 장승희,「백호 윤휴 철학의 인간학적 이해」,『동양철학연구』제 48집 (동양철학연구소, 2006), 91.

대상이 다가올 때 알도록 하는 것이다. 다른 하나는 깊이 묻고 자세히 생각하여 조그만 것까지 깊이 탐구하여, 참으로 오래 그 노력을 축적함으로써 신화의 경지에 이르도록 하는 것이다.[70] 이는 퇴계의 이도설과 연결되는 부분이다. 내가 정성을 다하면 리가 이르듯이 격이란 성의를 다 함이 제사 때 신명에 감통하는 듯이 해야 한다는 말이다.

다음은 백호가 상제에 대해서 말한 내용이다.

옛 사람들은 불안하고 조심스럽고 두렵고 편치 않은 마음으로 상제께서 저 위에 당당하게 내려다보시고 곁에서 지켜보고 계신 듯이 여겨서, 첫째도 상세요 둘째도 상제라 하였으며, 일 하나를 해도 상제께서 명하신 것이라고 하였고, 불선을 행하려 할 때는 상제가 금하는 것이라고 하였다. 어찌 증험할 수도 없는 말에 집착하여 내 마음을 속일 것이며, 어둡고 규명할 수도 없을 것을 가지고 천하 후세를 현혹시키겠는가.[71]

그는 옛 사람들처럼 상제가 항상 위에서 내려다보고 곁에서 지켜보고 있는 것처럼 느끼고자 하였고, 그래서 그에게 상제는 외경하는 대상일 뿐 아니라 함께 모시고 살아가는 부모처럼 내 곁에서 섬겨야할 아버지 · 어머니와 같은 존재로 간주되었다. 내 모든 삶의 현장에 항상 상제의 시선을 느끼며 생활해 나가는 것이다.

인간이 타고난 도덕심에 따라 행동하는 것이 천리를 따르는 방법이니,

---

70 尹鑴, 『白湖全書』「讀書記」: 蓋格物之道有一, 一則欲收放操存齊莊精一, 而使本原昭曠, 而物來知知, 一則欲審間精思, 硏幾極深, 使眞積力久, 而入於神化, 此皆物理感通之道也.
71 尹鑴, 『白湖全書』「庚辰日錄」: 古之人皇皇翼翼, 怵惕靡寧, 凜凜乎若臨之在上, 質之在旁, 一則曰上帝, 二則曰上帝, 行一事則曰上帝所命, 作不善則曰上帝所禁. 夫豈執無徵之說以欺吾心, 假幽昧不可究, 以惑天下後世者.

군자는 이러한 '안토락천(安土樂天)'의 삶을 살아야 한다고 했다. 백호에게 있어 '안토(安土)'란 자신의 처한 위치를 편안히 여겨 밖에서 구하지 않는 것이고 '락천(樂天)'이란 천을 즐거워 따르는 것을 말한다.[72]

백호는 사친과 사천에 대해 다음과 같이 말한다.

『효경』은 사친의 도를 말했는데 「내칙」이 그 절목이고, 『중용』은 사천의 도를 말했는데 『대학』이 그 조목이다.[73] 사친의 도는 가정에서 사랑과 공경이 시작되어 그 은덕과 교화가 온 세상에 드러나고, 사천의 도는 일상 생활에서 두려워하고 삼가는 공부가 근본이 되어 천지가 제 자리를 잡고 온 만물이 길러지게 되는 것이다.[74]

사친의 효는 도덕 윤리의 근간이며, 여기서 군자와 소인이 나뉘고, 국가 존망과 천하 치란이 결정된다. 효는 개인과 가정에서, 사회와 국가에서 통용되는 천명의 본체이다. 효로 인간을 이해해야 천을 이해할 수 있고, 모든 다스림이 여기에서부터 시작하여 이루어진다는 것이다. 백호의 사친과 사천은 두 가지 일이 아니라 내적으로, 외적으로 표현해 나가는 방식이 다름을 말한다. 백호는 상제에 대한 신실한 믿음으로 경전을 해석하였고 효를 중요시하였음을 알 수 있다.

---

72 尹鑴, 『白湖全書』「讀書記(中庸)」: 安土, 謂安其所處之位而無外求. 樂天, 謂樂循天理.

73 「내칙」·『대학』·『중용』은 『예기』의 편명이다.

74 尹鑴, 『白湖全書』『行狀』: 曰孝經言事親之道, 內則是其節文也. 中庸事天之道, 大學是其條目也. 事親之道, 愛敬始於閨門, 而德教形于四海, 事天之道, 戒愼本乎日用, 而位育極乎天地.

5. 다산 정약용, 천의 주재인 상제

다산 정약용(茶山 丁若鏞, 1762-1836)은 사회현실의 구체적 경험과 유교 경전을 바탕으로 그의 사상을 전개시켰다. 사회현실 문제의 제반 모순에 대한 극복이 그의 철학적 과제였으며 실천적 명제였다. 다산의 학문이나 진리에 대한 입장, 자연과 인간에 대한 관심은 사회현실 문제와 연관을 맺고 있으며, 사유 배경에는 서학의 영향이 깔려 있다. 다산은 이(理)를 상제로 대체하여 고전을 해석하는데 여기에는 마테오 리치(Matteo Ricci, 1552-1610)의『천주실의』에 대한 영향을 고려해야 한다.

다음은 다산이 상제를 말한 내용이다.

천의 주재가 상제이다. 이를 천이라고 하는 것은 나라의 임금을 국이라고 일컫는 것과 같으니 감히 직접 가리켜 말하지 못하기 때문이다. … 천하에 령이 없는 물이 주재가 될 수는 없다. … 텅 비고 아득한 태허의 일리(一理)가 천하만물의 주재·근본이 된다면 천지 사이의 일이 이루어질 수 있겠는가. … 어찌 우리 인간의 솔성지도(率性之道)를 일음일양에 귀결시킬 수 있겠는가.75

다산은 상제만이 천신과 인간, 천지만물의 창조자이며 주재자라고 본다. 영명성을 지닌 상제와 천신들은 상제에 의하여 창조된 천지만물을 다스리지만, 물질적 세계인 천지만물의 세계는 형체를 이루는 기운과 그 속성은 지니고 있으나 스스로 활동할 수 있는 능력이 없다. 땅에는

---

75 丁若鏞,『與猶堂全書』「孟子要義」: 天之主宰爲上帝, 其謂之天者, 獨國君之稱國. 不敢斥言之意也. … 凡天下無靈之物, 不能爲主宰. … 況以空蕩蕩之太虛一理, 爲天地萬物主宰根本, 天地間事, 其有濟乎. … 豈可以吾人率性之道, 歸之於一陰一陽乎.

상제에 의하여 혼을 가진 생명이 태어난다. 식물은 생명만 있고 동물은 생명과 지각이 있지만, 인간에게는 창조자가 생명과 지각과 영명을 부여하여서 만물을 지배하고 향유할 권력과 능력을 주었다. 일음일양의 규칙보다 상제의 영명성을 받은 인간임이 주재가 됨을 새롭게 규정하였다.

『천주실의』는 서양의 종교를 동양에 전파하기 위한 목적으로 저술되었다. 그래서 천주는 곧 상제라고 하여 자신의 영명성에 기초한 인간의 삶을 설명하면서도 인의도덕의 실천을 강조함으로써 천주교의 사상이 유학의 내용과 다를 것이 별로 없다는 것을 강조했다. 『천주실의』의 내용은 후반부로 갈수록 신앙과 계시를 중심으로 한 천주교 본래의 사상으로 회귀한다. 다산의 사상은 상제를 섬긴다는 정신은 같지만 방법의 문제에 있어서 『천주실의』에서 제시된 방법과 매우 다르다. 『천주실의』에서는 예배와 기도를 통하여 하나님에게 은총을 구할 것을 더욱 강조하지만 다산은 종교적 신앙보다는 인륜을 강조한다.[76]

기독교의 천국론은 유학자들이 불교를 배척한 이유와 같다. 극락이나 천당을 가기 위하여 선한 행동을 하는 것은 공리주의적 행위라고 여긴 것이다. 다산은 "하늘이 사람의 선악을 살피는 것은 항상 인륜에 있다. 인륜을 선하게 실천하면 하늘을 섬길 수 있다"[77]라고 하였다. 다산은 하늘이 인간에게 선을 좋아하는 천성을 천명으로 내려주어 선을 행할 수 있도록 해 주었고, 한편으로 항상 내면에서 감독하여 인간이 선한 본성을 실현할 것을 요구한다는 것이다.

다음은 다산이 하학과 상달에 대해 말한 내용이다.

---

76 이광호, 「동서융합의 측면에서 본 정약용의 사상」 『한국의 사상가 10人-다산 정약용』 (예문서원, 2005), 195-197참조.

77 丁若鏞, 『與猶堂全書』 「中庸自箴」: 天地所以察人善惡, 恒在人倫, 善於人倫則可以事天矣.

하학이란 도를 배우는 것이 인사에서 시작함(즉 효·제·인·의이다)을 말하고, 상달이란 공을 쌓는 것이 천덕에 이르러 그친다는 것을 말한다.(즉 어버이 섬기는 데서 시작하여 하늘을 섬기는 데서 끝난다는 말이다.)[78]

다산은 『대학』의 명덕을 효·제·자로 새기면서 위정자도 효·제·자로 자신을 수양하고 그 바탕으로 일반 백성들에게 효·제·자를 실행하게 하는 것을 강조한다. 효·제·자의 실천은 부모와 형제와 자식을 상대로 하여 사랑을 실천하는 행위(하학)이지만, 이러한 사랑의 실천을 하늘에서 부여받은 천명과 연결시킴(상달)으로써 인간의 윤리적 삶을 종교적 삶과 연결시켰다.

백호와 마찬가지로 다산도 상제의 주제성을 강조하여 인간을 규정하였다. 이는 서학의 영향이라기보다는 이(理)를 원리적으로 받아들이지 않고 인격적으로 받아들였던 우리민족 고유한 상제사상의 연속이었다.

6. 수운 최제우, 모심의 상제

수운 최제우(水雲 崔濟愚, 1824-1864)는 동학의 창시자이다. 동학이란 예로부터 우리나라를 동국(東國)이라 하였고, 우리 역사를 '동사(東史)'라 하였고, 우리 의학을 동의라고 했으니 마찬가지로 동국의 학문이라는 의미에서 '동학(東學)'이라고 하는 것이다. 그러므로 동학은 서학에 대한 동학이 아니라, 유학과 서학을 포함한 모든 외래 학문에 대해 '우리학문'을 의미하는 것이다.[79]

수운은 자신의 첫 종교 경험을 다음과 같이 말한다.

---

78 丁若鏞, 『與猶堂全書』 「論語古今註」: 下學謂學道自人事而始(則孝第仁義). 上達謂積功至天德而止(卽所云始於事親終於事天).

79 김용휘, 『최제우의 철학』 (이화여자대학교출판부, 2012), 10.

뜻밖에도 이 해 4월 마음이 춥고 몸이 떨렸다. … 어디선가 신선의 말이 귀가에 들려왔다. 소스라치게 놀라서 일어나서 물으니 "무서워말고 두려워 말라! 세상 사람들이 나를 상제라고 하는데, 너는 상제를 모르느냐?"고 하였다. 그 까닭을 묻자 "나 역시 공이 없다. 그래서 너를 세상에 내어서 사람들에게 이 법을 가르치려고 하는 것이니 의심하지 말라. 의심하지 말라"고 하셨다.[80]

수운은 상제[81]를 직접 만나 문답하는 체험을 하게 된다. 수운의 하늘은 인간에게 직접 내려오는 존재이다. 그리고 가르침을 전해준다. 세상 사람들이 자신을 '상제'라고 말하고 있다는 말로부터, 그 '상제'가 이 민족의 언어와 의식 속에 살아 있다는 것을 알 수 있다. 수운에게 상제란 세계 안에 있으면서 자신의 뜻을 펼치기 위해서 인간의 힘을 필요로 하는 존재이다. 수운이 경험한 상제의 내면화는 나의 몸이 천을 모신 거룩한 성소라는 인식으로 거듭나게 한다. 따라서 우리 모두는 상하귀천에 관계없이 모두가 천을 모신 평등하고 거룩한 존재라고 인식된다. 수운의 상제관은 상대와 조선의 중간 정도에 위치하고 있는 것으로 보아야 할 것이다. 수운의 상제는 상대적인 '초월'보다는 조선적인 '내재'의 성격이 강하고, 조선의 말없는 '상제'보다는 상대의 계시적인 '상제'의 성격이 강하다. 이는 고대 동이족이 섬겨왔던 상제이며 이전의 상제보다 인격적 요인이 강한 성격을 가지고 있다.

---

80 崔濟愚, 『天道教經典』「포덕문」: 不意四月, 心寒身戰, … 有何仙語, 忽入耳中, 驚起探問, 則'勿懼勿恐, 世人謂我上帝. 汝不知上帝也?' 問其所然, 曰'余亦無功, 故生汝世間, 教人此法, 勿疑勿疑.'

81 수운은 상제를 한울님 혹은 천주라 칭한다. "천상에 상제님이 옥경대 계시다고 보는 듯이 말을 하니 음양이치 고사하고 허무지설 아닐런가"(『용담유사』「도덕가」)라는 가사에서도 알 수 있듯이 이름을 달리 할 뿐 상제와 한울 천주가 같은 신임을 알 수 있다.

수운은 다시 상제와 만나는 경험을 통해 상제의 입으로 "내 마음이 곧 네 마음이라"[82]는 소리를 듣는다. 이 과정에서 수운은 상제의 가르침에 입각하여 그 뜻을 담은 글을 지을 것을 명령받고 있으며 그 글로써 사람을 가르쳐 나가는 것이 곧 상제의 의지를 실현하는 것임을 확신하고 있다. '내 마음이 곧 네 마음'이라고 한 것은 상제와 인간이 합일할 수 있는 근거가 되는 것이 인간에게 있음을 말해주는 구절이다. 상제와의 합일적 경지에서만이 진정으로 상제의 의지를 실현할 수 있으므로 이를 방법적으로 설명할 수 있는 가르침의 글을 필요로 하고 있다.

수운은 21자로 된 주문을 지었으며, 상제와 인간과의 합일적 관계를 나타내는 '시천주(侍天主)'에 대해서 다음과 같이 정의하고 있다.

'시(侍)'라는 것은 안에 신령이 있고 밖에 기화가 있어 온 세상 사람이 각각 알아서 옮기지 않는 것이요. '주(主)'라는 것은 그 존귀함을 칭해서 부모와 더불어 같이 섬긴다는 것이다.[83]

시는 천주와 인간과의 이상적 관계를 나타낸다. 즉 안으로 신령이 있으며 밖으로 기화가 있다 함은 천주와의 접령을 통해 인간이 체험하는 상태를 말한 것이다.[84] 천주를 모시고 있다는 것은 그 천주가 우리의 몸 안에서는 신령으로 존재하고 몸 밖에서는 기로 존재하면서 우리 몸과의 끊임없는 기화 작용을 통해 생명을 유지케 하고 있다는 것이다. 그래서 나의 몸 안팎으로 존재하는 하늘님의 실상을 알아서 옮기지 않아야 한다

---

82 崔濟愚, 『天道教經典』 「論學文」: 曰吾心卽汝心也.
83 崔濟愚, 『天道教經典』 「포덕문」: 侍者, 內有神靈, 外有氣化, 一世之人, 各知不移者也. 主者, 稱其尊而與父母同事者也.
84 이경원, 『한국의 종교사상』 (도서출판문사철, 2011), 366.

는 것이다. 여기서 옮기지 않는다는 것은 하늘님이 나의 존재와 생명의 근원이라는 것을 알아서 잘 섬기라는 뜻으로 해석된다. 내유신령(內有神靈), 외유기화(外有氣化)가 천주가 인간에게 관계하는 모습, 즉 인간에게 '시'해 있는 존재론적 실상을 의미한다면, 각지불이(各知不移)는 인간의 안팎에서 신령과 기화로 작용하는 천주의 실상을 잘 알아서 모든 인간들이 올바른 '모심'과 '섬김'을 해야 한다는 실천적 의미라고 생각해 볼 수 있다.[85] 모심은 인간과 천주가 만나는 방법이다. 모심을 통해서 우리는 기적인 변화에 까지 이른다. 그리고 그 모심이란 부모를 모시는 행위와 일치한다. 모심은 존재가 신을 인식하는 방법이며, 인간과 자연, 사회 등의 통일개념이 포함되어 있고 유교의 사친이 사천이라는 효사상을 내포하고 있다.

수운의 우주론은 성리학의 기론과 그 체계에서는 유사성을 갖지만 그 기를 보다 '영적인 실재'로 보는 점에서 차이가 있으며, 한울님·천주를 그 체계 안에 적극적으로 위치지우고 있다는 점에서, 그리고 그 한울님을 우리의 인식으로 체험 가능한 존재로 보면서 적극적으로 공경해야 한다고 하는 점에서 그 차별성이 있다.[86] 수운의 우주론은 전통적인 이기론의 연장선상에 있지만, 그는 한울님 체험을 통하여 상대의 상제적 성격이 강화되었다.

이상으로 목은·삼봉·퇴계·윤휴·다산·수운을 통해서 고대로부터 내려오는 상제와 효사상의 연속성을 살펴봤다. 조상신에게 드리는 제사는 예배의 가장 중요한 형식이었으며, 인간은 누구나 조상이 있다는 필연성이 성립하

---

85 김용휘, 「수운 최제우의 시천주 사상」, 『수운 최제우–한국의 사상가 10人』 (예문서원, 2005), 110.

86 김용휘, 「수운 최제우의 시천주 사상」, 『수운 최제우–한국의 사상가 10人』 (예문서원, 2005), 116.

므로 천명의 실현이란 효를 현실에서 구현하는 것이다. 우리 민족에 고유하게 내려왔던 종교성은 상제와 연결되며 효는 그에 대한 필연적인 행위였다.

IV. 기독교의 하나님

조선시대에 종교란 단어는 없었다. 종교라는 단어는 15세기 유럽에서 처음 만들어 졌다. 유럽에서는 종교전쟁으로 인한 피해를 줄이기 위해서 정치와 종교는 분리되어야 한다는 정교분리의 원칙하에 'religion'이란 단어를 만들었고 일본에서 '종교(宗敎)'라는 한자어로 번역되었다. 조선의 건국은 유교적 이념을 바탕으로 세워졌기 때문에 정교일치의 사회였다. 하지만 일본은 식민통치를 위해 서양종교만을 종교로 인정하고 유교는 종교에서 배제하였다.[87] 종교의 논의에는 '종교'개념을 만든 서구인들과 그것을 식민지 조선으로 가지고 온 일본인들과 그 전파 대상인 조선인들이 어울려 만들어낸 복합적인 시공간이 상정되어야 한다.

1915년 8월 16일에 총독부령으로 공포된 〈포교규칙〉은 종교의 포교 활동 전반에 걸쳐 조선 총독의 인가를 필수적인 조건으로 규정하여, 더욱 강력하게 종교 활동을 규제하고자 한 법령이다. 이 법령에 따라 포교방법, 포교 관리자, 포교 관리 사무소에 관한 모든 사항은 조선총독의 인가를 받아야 했다. 〈포교규칙〉 제1조는 "본령에서 종교라 칭함은 신도(神道), 불교(佛敎), 기독교(基督敎)를 위(謂)함"[88]이다. 종교에 불교가 포함된 반면에 유교는 종교가 아닌 것으로 취급되어 배제되었다. 유교는 종교

---

87 윤해동, 「서문」, 『종교와 식민지 근대』(책과함께, 2013), 6-7 참조.
88 『조선총독부관보』, 1915년 8월 16일, 조선총독부기록문
   (http://www.dlibrary.go.kr.)

가 아니라 학사(學事)의 영역으로 다루었다. 1911년 유교계 단체인 태극교 신자가 총독부에 향교가 종교 시설이므로 유림에 돌려줘야 한다는 청원을 했을 때, 총독부가 거절하면서 향교를 교육 시설이라고 주장한 것도 이런 태도에 기인한다. 1910년 이후에는 일련의 법률 제정을 통해 종교 범위의 고정화가 제도화되었고, 종교와 정치의 분리, 종교와 교육의 분리가 고착화되었다. 총독부가 종교라고 인정한 이른바 '공인종교'는 이런 분리를 준수해야 부여되는 특권이었다.[89]

유교가 유학 또는 유도라고 불리었듯이, 한반도에서도 '종교' 내면뿐만 아니라 그와 쌍을 이루는 단어로 '도덕'이라는 개념이 사용되었는데, '종교/세속'이라는 서양의 이항대립적 사고가 정착해가면서 여기에 포함되지 않는 비서양적 관념의 존재 또한 분명해져갔다. 그리고 천도교, 대종교, 증산교와 같은 민중종교는 늘 미신이나 사교를 의미하는 '유사종교' 범주에 포함되어야 말 위험에 노출되어 있었다.[90] 여기에서 '종교/도덕'뿐만 아니라 '종교/미신'이라는 이항대립의 축까지도 일본에서 이입해야만 했던 한반도의 종교를 둘러싼 불균등한 '담론 편성'의 양상을 알아 챌 수 있다.

그렇다면 종교성이란 주로 서양 주류 종교 이해의 영향 아래서 신인동형적인 신존재에 대한 믿음이나 구별된 성직자 그룹의 유무로 이해하는 것이 아니라, 삶에서의 '궁극적 관심'과 '의미 물음'과의 관련으로 이해하고자 한다.[91] 동학은 천도교로 신민지 통치하에 맞게 체제를 바꾸어 종교 단체를 형성했고, 유교는 실패했다. 그러므로 유교가 종교인가 아닌가의

---

89 장석만, 「일제시대 종교 개념의 편성」, 『종교와 식민지 근대』 (책과함께, 2013), 80-91.
90 이소마에 준이치, 「식민지 조선과 종교 개념에 관한 담론 편성」, 『종교와 식민지 근대』 (책과함께, 2013), 217.
91 이은선, 『다른 유교, 다른 기독교』 (모시는사람들, 2016), 23 참조.

논의보다는 유교인들의 삶에서 드러나는 상제를 향한 종교성에 초점을
맞추어야 한다.

1. 다석 류영모, 빈탕한 데로서의 하느님: 유교적 기독교인

다석 류영모(多夕 柳永模, 1890-1981)는 모국어를 통해 하느님을 발견
하고, 또 유교적 토대에서 기독교를 전개하였다. 수운의 '시(侍)'가 다석
에게 '섬김'으로 받아들여지고, '섬김'을 사람의 아름다운 모습이고, 사람
본연의 모습이라고 하였다. 그리고 다석은 "많은 사람 가운데서 참으로
한아님을 섬기고 사람을 섬기심에 가장 으뜸가는 녹숨은 그리스도"[92]라
고 하였다. 우리에게 종교라는 틀이 들어오는 방식에는 식민지의 상처가
있었지만 기독교를 한국식으로 받아들이는 모습에서는 용어를 달리할
뿐 그 종교성이 여전히 살아 있다.

다석은 특정 인물이나, 특정 시대로 그리스도를 보지 않는다. 무구한
역사와 또 무수한 사람들에게 있어서 그리스도는 있어 왔다. 다음은 다석
이 말하는 예수 그리스도이다.

기독교를 믿는 이는 예수만이 그리스도라 하지만 그리스도는 예수만이
아니다. 그리스도는 영원한 생명인 얼나(靈我)이다. 하느님이 보내시고
하느님으로부터 오는 성령이다. 그리스도는 우주 전체의 생명(하느님)이
지 어떤 시대, 어떤 인물의 것이 아니다. 예수 전에도 보내신 이(그리스도)
가 있었다. 보내신 이는 아담 시대 전부터 있었다. 예수의 독특한 점은
하느님의 얼의 씨를 싹틔워 완성한 것이다.(『다석어록』)[93]

---

92 박영호, 『씨올의 메아리 다석어록: 죽음에 생명을 절망에 희망을』(홍익재, 1993), 39.

다석은 하느님의 얼의 씨를 싹틔우면 누구나 예수라고 말하고 있다. 영적인 깨달음을 얻은 사람들에게는 종교적 차이가 있을 수 없다는 통합적인 관점을 보여 주고 있다. 그는 기독교인임에도 불구하고 올바른 신앙에 대해서 말하면서 예수만이 진리의 길이라는 것을 강조하지 않는다. 다석에게 예수는 유일한 그리스도가 아니라 얼나(영)로 다시 태어난 모든 존재를 뜻한다. 그러므로 다석은 사람은 예수뿐만이 아니라 누구라도 하느님의 성령을 받으면 누구나 하느님 아들이 될 수 있다고 본다.[94] 한 걸음 더 나아가 그는 공자뿐만 아니라 깨달음에 이르게 된 모든 사람들이 스스로를 하느님 아들로 인식했다고 주장한다.

다음은 다석이 말한 공자와 예수이다.

공자도 말하기를 '하느님이 내게 속나(德)을 낳았다'고 하였다. 공자도 스스로 하느님의 아들이란 생각을 한 것이다. 거룩한 사람들은 누구나 이것은 '내가 생각한 것이 아니라 하느님이 주신 것이다'라는 깨달음이 있었다. 그 깨달음이 얼의 나인 것이다. 예수가 말한 '하느님께서 보내신 이를 믿는 것이 하느님의 일을 하는 것이다'가 그것이다. 예수는 하느님께서 보내신 성령을 보혜사(保惠師, 협조자)라고 했는데 불성을 '반야바라밀다'라고 한 것과 같다.[95]

다석은 『논어』 "천이 나에게 덕을 주셨다"[96]라는 말로 공자 또한 하나

---

93 서현선, 「한국적 '근대성'에 대한 비판과 종교적 대안들에 관한 연구」, 『서구 기독교의 주체적 수용』 (이화여자대학교출판부, 2006), 43 재인용.

94 서현선, 「한국적 '근대성'에 대한 비판과 종교적 대안들에 관한 연구」, 『서구 기독교의 주체적 수용』 (이화여자대학교출판부, 2006), 49-51.

95 박영호, 『다석 유영모가 본 예수와 기독교』 (두레, 2000), 154 재인용.

96 『論語』, 「述而」: 子曰 天生德於予.

님의 아들이라고 밝힌다. 이는 공자의 천이 하나님으로 해석됨을 알 수 있다. 그리고 예수가 하나님을 협조자라고 했듯이 불가의 불성 또한 마찬가지라고 말한다. 깨달음의 얼이 있는 자는 모두 하나님의 아들임을 정의하고 있다. 예수를 독생자로 인식하는 배타적 구원관을 거부하고 공자와 부처와 같이 영적인 깨달음을 얻은 선각자들 역시 하느님의 아들로서 규정하고 있다. 그러므로 다석은 기독교로 모든 종교를 초극하는 신앙관을 가지고 있다. 기독교를 믿으면서도 다른 종교의 진리를 배척하지 않는 다석의 포용주의는 상대의 상제에서부터 유교에 이르기까지 우리 민족의 밑바탕이 깔려 있는 종교관이다.

다음은 다석이 말하는 하느님에 관한 설명이다.

> 장엄이란 그야말로 허공이 장엄하다. 허공의 얼굴 공상이 장엄하다. 이 우주는 무한 허공을 나타낸 것이다. 우주 만물이 전부 동원되어 겨우 허공을 나타내고 있다. 참되고자 하는 사람은 아주 빈 절대를 사모한다. 죽으면 어떻게 되나? 아무것도 없다. 아무것도 없는 허공이 참이 될 수 없다. 무서운 것은 허공이다. 이 허공이 참이고 허공이 하나님이다. 허공 없이 진실이고 실존이고 어디 있을 것이며 우주가 허공 없이 어떻게 존재할 수 있는가? 허공 없이 존재하는 것은 없다. 우리가 반드시 알아야 할 것은 빈탕한데, 곧 허공이다.[97]

'빈탕한데'로서의 하느님은 허공인 우주를 통한 인식이며, 허공은 허상으로서의 허공이 아니라 변화를 동반한 허공으로서 결국은 생명의 약동을 의미한다. "우리는 모든 현상 속에서 산 우주가 지니고 있는 생명의

---

97 박영호, 『다석 유영모가 본 예수와 기독교』 (두레, 2000), 18 재인용.

율동을 느껴야 한다."[98] 우주를 생명의 역동성으로 인식할 수 있을 때 인간은 '참'인 하느님을 인식할 수 있는 것이다.

다석의 텅빈 우주론은 유교의 태극 우주론과 비슷하다. 태극 이전에 태허라는 개념어가 있었고,[99] 그리고 태극은 무극과 함께 무극이태극(無極而太極, 무극이면서 태극이다)으로 정의되어 진 것을 보면 허공이 하느님이라는 다석의 주장은 유교의 무극을 잘 해석한 것이다. 이러한 연결은 유교의 '천'의 개념과 '부자유친'과도 밀접한 관련이 있다. 도의 개념과 같은 근본 원리로서의 천의 개념과 천인합일 사상에 입각한 인간의 내면에 존재하는 천의 개념은 유영모의 인간론에서 지배적으로 나타난다. 한편 부자유친 사상 역시 하느님을 설명하는 중요한 요소이다. 그래서 다석의 신앙은 한 마디로 '아버지 아들'[100] 신앙이다. 신비한 '하느님 나라'를 근본으로 하는 유일한 하느님은 허공인 우주를 통해 존재하며, 그 허공을 움직이게 하는 것은 생명 혹은 하느님의 얼이며, 이러한 하느님은 유무와 시공을 초월한 영원한 하느님이다. 이처럼 '없이 계시는' 하느님이지만, 우주 자체로서 혹은 생명의 주체로서 하느님의 존재성은 절대적이다.[101]

다음은 다석이 부자유친에 관해 말한 내용이다.

사람이 하느님 아버지를 그리워하면 막을 길이 없다. 그것은 아버지와

---

98 박영호, 『다석 유영모가 본 예수와 기독교』 (두레, 2000), 13.

99 周濂溪(1017-1073)가 태극론을 정립했고, 그전에 張橫渠(載1020-1077)는 "太虛는 氣의 體이다"(『正蒙』「太和」: 太虛者, 氣之體.)라고 하여 태허를 시초로 보았다. 그리하여 주렴계도 태극만으로 우주의 시초를 말하지 않고 무극이 태극이라는 논리를 말하게 된다.

100 김흥호, 이정배, 『(다석 유영모의)동양사상과 신학: 동양적 기독교 이해』(솔, 2002), 32.

101 김진희, 「동양 사상의 우주론에 입각한 유영모의 신학」, 『서구 기독교의 주체적 수용』 (이화여자대학교출판부, 2006), 104.

아들의 관계이기 때문이다. 아버지와 아들은 둘이면서 하나다. 부자불이 (父子不二)이다. 이것이 부자유친이라는 것이다. 맨 처음이시고 진리 되시는 아버지 한아님을 그리워함은 어쩔 수 없는 인간성이다. 그것이 인간의 참 뜻이다. 그런데 이 뜻은 꼭 이루어진다. 그것이 성의(誠意)이다. 생각은 그리움에서 나온다. 그립고 그리워서 생각을 하게 되는 것이다.[102]

다석이 예수에게 특별한 의미를 부여한 것은 예수가 십자가를 통해 누구보다 하느님 아버지와 부자유친하여 효도를 다했다고 생각하기 때문이다. 예수의 십자가는 몸나의 유혹을 끊고 얼나로 솟나는 것을 보여준 대표적인 사건으로 이는 하나님 아버지에 대한 효의 극치이며 부자유친을 이룬 사건이다.[103] 자신 안에 내재한 얼을 깨치고 땅에 대한 집착을 끊음으로 하느님의 아들 그리스도가 된 것이다. 다석은 예수의 십자가를 유교적으로 해석하여 자신의 깨달음으로 삼았다.

다석은 언표에 얽매이지 않고 자신의 터전에 맞게 기독교를 해석해 낸다. 그리고 천이 명한 것이 성이고 성을 따르며 사는 방법으로 부자유친의 효를 말한다. 예수뿐만이 아니라 자기 안의 얼나를 깨달아 다시 살아나는 모든 사람은 하나님의 아들이다. 이는 나만 옳은 것이 아니고 누구든지 자신의 하느님을 알 수 있다면 옳다는 다석의 포용적 종교관이다. 다석에게 보이는 종교란 모든 존재를 모시는 얼나인 지극한 초월을 말하지 어떤 특정한 대상을 정해 놓지 않았다. 이는 유교적 터전으로 가능한 종교관이며, 상제적 전통에서 읽혀지는 종교이다.

---

102 유영모, 박영호 엮음, 『다석 유영모 어록』(두레, 2002), 318.
103 김흥호, 「유영모-기독교의 동양적 이해」, 『(유영모의)동양사상과 신학』(솔, 2002), 14.

2. 함석헌, 하나되는 하나님: 유교적 기독교인

함석헌(咸錫憲, 1901-1989)은 다석의 제자이다. 함석헌은 "너는 작지만 씨올이다. 지나간 5천 년 역사가 네 속에 있다. 5천 년만이냐, 5만 년 굴 속에 살던 시대부터의 모든 생각, 모든 행동, 눈물, 콧물, 한숨, 웃음이 다 통조림이 되어 네 안에 있다. ⋯ 그보다 절대의 얼이 캄캄한 깊음을 암탉처럼 품고 앉았던 시대의 모든 운동이 다 네 속에 있다"[104]라고 하여 모든 태고적부터 모든 생각, 얼이 사람마다 모두 들어 있다고 말한다.

종교가 이 한반도에 들어온 경유에 대해서도 함석헌은 날카롭게 지적한다.

> 근세는 결코 기독교의 시대가 아니다. 이 몇백 년 동안 인류의 하나님은 사실은 민족신이었다. ⋯ 인간살림에 마지막 지도를 하는 권위는 기독교가 아니요, 민족국가였다. ⋯ 이 몇백 년 동안 기독교가 발전한 것은 식민지적 발전이었다. 결코 초대 기독교의 모양으로 세속적 세력과 싸워 순교함으로써 얻은 것이 아니었다. 타협 · 추종 · 굴복으로 얻은 것이다.[105]

함석헌은 기독교의 역사를 식민지적 발전임을 지적한다. 그럼에도 불구하고 함석헌은 기독교를 버리지 않고 새로운 종교에 대한 희망을 버리지 않는다. 함석헌은 종교를 존재하는 것으로 본다. 없앤다고 없어지는 것이 아니라 존재와 함께한다. 함석헌은 종교에 대한 정의를 "있어서 있는 것이다. 종교란 우주의식이다. 생명의 자아의식이다"[106]라고 한다.

---

104 함석헌, 『함석헌 저작집』 제6권 (한길사, 2009), 103.
105 함석헌, 『함석헌 저작집』 제2권, 한길사, 2009, 222.
106 함석헌, 『함석헌 저작집』 제19권, 한길사, 2009, 20.

그는 사람은 종교적 존재임을 강조한다. 그리고 그 종교란 정치와 떨어질 수 없다고 한다. 유럽에서 종교를 정의함에 있어 정교분리의 원칙을 내세웠다면 함석헌은 종교와 정치가 떨어질 수 없다고 말한다.

다음은 함석헌이 존재와 종교를 말한 내용이다.

다스림을 받는 우리 민중에겐 종교 없는 정치, 그것은 어부의 그물이요, 복자의 작대기다. … 종교는 한 나(一 · 元 · 同一我 · 大我)를 믿음이다. 만물이 한 바탈, 곧 생명으로 됐고, 만물이 곧 한 몸임을 믿는 것이 종교다. 종교란 것을 믿거나 말거나 이 종교는 누구나 다 살고 있다. 존재는 종교다.107

함석헌에게 존재가 종교이기 때문에 존재 속에는 정치가 포함된다. 그러기에 종교와 정치는 분리될 수 없다. 그리고 함석헌은 이단이나 정통의 구분을 부정한다. 각자의 존재가 사는 것이 종교이기에 스스로 가는 길을 갈 뿐이기 때문이다. 함석헌은 "이단은 없다. 누구를 이단이라고 하는 맘이 바로 이단이란 유일의 이단일 것이다"108라고 하여 이단이라고 하는 그 맘이 이단이라고 말한다. 만물이 한 몸임을 믿는 종교성은 「서명」의 사해가 동포라는 사상에서도 잘 드러난다. 내가 너라는 것을 깨닫는 삶. 이는 내 아비가 귀하면 너의 아비도 귀하다는 조상신을 믿어온 문화적 배경 때문에 가능한 포용력이다.

함석헌은 다음에서 나와 남의 관계 속의 믿음을 이야기한다.

---

107 함석헌, 『함석헌 저작집』 제16권, 한길사, 2009, 312-313.
108 함석헌, 「죽을 때까지 이 걸음으로」, 『함석헌 전집』 4 (한길사, 1984), 197.

나는 나 혼자만 있는 것이 아닙니다. 남과 같이 있음이다. 나와 남이 하나
인 것을 믿어야 합니다. … '남'이 '나'입니다. 그럼으로 남은 없고, 사람뿐
만 아니라 모든 생물, 무생물까지도 다 나임을 믿어야 합니다. … 그러나
그것만으로는 안 됩니다. 하나님을 믿어야 합니다. 나는 나의 참 나를 믿
지만 그것은 저 혼자 있어지는 것이 아닙니다. 절대의 큰 나가 있어야
됩니다. … 초월한 하나님을 믿음으로 그와 하나 됨을 얻고, 그와 하나
되면 이 '나'가 변하여 새 '나'가 될 것입니다. 그것이 구원이요, 영원한
생명입니다.[109]

함석헌의 하나님은 유일신이란 의미의 '하나'가 아니라 너와 내가 하나
임을 믿는 '하나'이다. 구원과 영생은 그 하나 됨을 믿고 하나 되는 것
이다. 이는 퇴계가 말한 이도설에서 내가 정성을 다해 이가 스스로 나에
게 이루어 되어지는 '되기'와 일맥상통한다. 내가 물에 지극하면 그 물과
내가 하나가 되어서 이 '나'가 변해서 새 '나'가 되어버리는 일이다. 함석헌
은 이 '되기'를 혁명이라고 칭한다. 그리고 함석헌은 "혁명이란 숨을 새로
쉬는 일, 즉 종교적 체험을 다시 하는 일이다. 공자의 말대로 하면 하늘이
명한 것은 성, 곧 바탈이다"[110]라고 하여 하늘이 명한 보편의 성인 바탈을
내가 너와 함께하여 삶을 통한 종교적 혁명에까지 이르러야 한다고 말한다.
함석헌은 하나님의 위치를 정확히 지적한다.

하나님은 위에도 안 계시고 아래에도 안 계시고 중(中)에 계신다. 중이
하늘이다. 중은 중간이 아니다. 중심이지. 심(心)이다. 속이다. 극(極)이

---

109 함석헌, 「함석헌 다시 읽기-두꺼비 마음으로」, 민대홍 저, 『이제 여기 그 너머』 (향기나눔,
   2015), 60에서 재인용.
110 함석헌, 「인간혁명의 철학」, 『함석헌 전집』 2 (한길사, 1983), 80.

다. ··· 만국(萬國), 만민(萬民), 만물(萬物), 만신(萬神)이 다 가야 하는 한 길이다.[111]

함석헌의 하나님은 중·심에 있다. 내 속이다. 그것이 극이나 누구에게 나 태극이 있듯이 내 안에 계시는 하나님이 태극(太極)이다. 이는 성리학 에서 이일분수(理一分殊)로 설명할 수 있다. 이(理)는 하나이지만 각기 다르듯이 누구에게나 그 이가 있으므로 이를 찾아가는 것이 천명이고, 너와 나에게 이가 있음을 믿고 하나 되기 위해 노력하는 것이 천명이다. 함석헌은 이 누구에게나 있는 천명의 성을 씨올이라고 언표하고 "씨올의 종교에서는 또 성직자와 평신도의 구별이 있을 수 없다. 아무도 하나님의 말씀을 독차지할 수 없다. 다 하나님의 자녀이다"[112]라고 하였다.
다음은 함석헌이 누구에게나 있다고 한 그 님에 대한 시이다.

그대는 골방을 가졌는가?
이 세상의 소리가 들리지 않는
이 세상의 냄새가 들어오지 않는
은밀한 골방을 그대는 가졌는가?
(중간생략)
오직 그대의 맘 은밀한 속에 있네.
그대 맘의 네 문 은밀히 닫고
세상 소리와 냄새 다 끊어버린 후
맑은 등잔 하나 가만히 밝혀만 놓면

---

111 함석헌, 『뜻으로 본 한국역사』(한길사, 2004), 397.
112 함석헌, 『뜻으로 본 한국 역사』(한길사, 2004), 474.

극진하신 님의 꿈같은 속삭임을 들을 수 있네.[113]

함석헌의 종교이해에서도 강조하는 것은 생명의 근본은 스스로 함이기 때문에, 인격의 본질은 자기초월적이라는 점이다. 인격의 자기초월운동이란 개별자로서 영그는 인간 생명이 거기에 이르도록 이끌거나 형성한 전체, 하나, 근원을 추구하면서 '개체이면서 전체'라는 역설적 통전성을 확실히 관철하려는 것이다. 참 종교와 성숙한 신앙인의 모습은 자기와 전체가 불가분 '하나'라는 체험이다.

이상으로 다석 유영모의 하느님과 함석헌의 하나님에 관해 살펴봤다. 이들은 유교의 이론으로 기독교를 해석해 내기 때문에 유일신을 상정하지 않는다. 텅빈 하느님, 너와 내가 하나되는 하나님은 누구에게나, 종파와 상관없이 계신다. 다석과 함석헌을 유교적 기독교인이라 정의함은 바로 상대에서부터 내려오는 조상신인 상제로부터 유교적 성즉리(性卽理)인 내 안에 계심을 기독교적 언어로 풀어낼 수밖에 없었던 시대를 살아간 분들을 지칭한 말이다.

3. 해천 윤성범, 고유한 하나님: 기독교적 유교인

해천 윤성범(海天 尹聖範, 1916-1995)은 토착화신학을 위해 전 생애를 바쳐 힘쓰셨다. 해천에게 있어서 '토착화'란 용어는 우선 기독교의 영원한 진리가 역사 속에서 구체화되는 일체의 과정을 뜻한다. 그러므로 '토착'이란 말은 '뿌리내림'으로서 이해되어지고 있다.[114] 토착화의 노력으

---

113 김경재 지음, 『내게 오는 자 참으로 오라: 함석헌의 종교시 연구』 (책으로 보는 세상, 2012), 101.

114 이정배, 「토착화신학과 민중신학의 제문제」, 『종교연구』 6집 (한국종교학회, 1990),

황상희 | 고대의 상제에서부터 해천의 하나님까지 109

로 해천은 유교적 제사의 문제에 있어서 제사는 종교가 아니라 도덕적 문제이기 때문에 한국 기독교인들이 도덕적인 문제를 종교로 착오하게 되어서 제사철폐의 논의가 이루어졌음을 말하였다.[115] 당시 기독교인들의 제사 철폐를 안타까워하는 해천의 마음과, 또 전통의 아름다움을 지키려는 노력이 보인다.

한국 개신교의 성립에 관해 해천은 다음과 같이 말하고 있다. "한국에 개신교가 빨리 전파된 원인은 한국의 사회 정세가 그렇게 만들었다고 본다. 당시 독립 운동에 실패한 뒤로는 더욱 더 교회를 기반으로 하여 민족 운동을 장기화해야 될 것을 안 우리 겨레가 교회로 물밀 듯 들어왔던 것을 기억하고 있다. 또 교회가 특히 개신교가 3.1운동을 계기로 해서 많은 유지인사들의 주목을 끌게 된 것도 이유가 거기 있다 할 것이다."[116] 이러한 역사적 계기로 인해 종교란 개념에는 '기독교'만이 독점하게 되고, 또 그러한 현상과 더불어 일본의 식민지배는 유교에 관해 부정적인 시각을 생성하게 된다.

해천은 개신교에 대해 다음과 같이 말했다. "한국 개신교의 일대 결함은 우리에게 올바른 그리고 우리의 피눈물 나는 노력으로 얻은 신학이 없다는 것이다. 외국인이 써놓은 것을 번역하고 이것을 음미하는 것으로 만족하였지 우리의 정신을 가지고 올바로 이해하려고 노력한 흔적이 아무 곳에도 아직 나타나지 않은 것이다. 우리에게는 신학이 아직 없다는 것이 솔직한 고백이 아닐 수 없다."[117] 이러한 문제에 대한 방안으로 해천은 「환인·환웅·환검은 곧 하나님이다」[118]와 「천도교는 기독교의 한 종파인

234-235.
115 윤성범, 「기독교와 제사」, 『사총』 12권 (고려대학교 역사연구소, 1968), 670 참조.
116 윤성범, 『한국종교문화와 한국적 기독교』(도서출판 감신, 1998), 213.
117 윤성범, 『한국종교문화와 한국적 기독교』, (도서출판 감신, 1998), 215.

가?」[119]라는 논문을 게재한다. 해천의 이러한 노력은 우리의 신학을 위해 피눈물 나는 노력을 실천한 예이다.

다음은 해천이 하나님관에 대한 해석에 대해 말한 내용이다.

한국 사상은 유구한 역사 속에서 찬찬히 빛나고 있다. 그 가운데 가장 주목할 만한 것은 전통 속에서 내려오는 하나님 관념이라고 볼 수 있다. 이스라엘 민족은 하나님 사상에 각별히 열성을 가지고 있듯이 한국 민족도 그 못지않게 하나님 사상을 가지고 있는 것이다. 한국의 고유한 하나님 관념에서 새로이 재해석된 것이다. 그러므로 사상은 생기가 있으며 모든 진리를 유일한 하나님 관념에로 연역하려는 해석학적인 의도를 엿볼 수 있는 것이다.[120]

해천의 하나님은 다석이나 함석헌에서 보이는 빈탕한 하느님, 혹은 너와 나의 하나 됨이 하나님이란 신관이 아니라 하나님이란 유일신적인 면모를 보이지만 정확히 이스라엘의 하나님과 한국의 하나님을 구분하고 있다. 그리고 한국의 기독교는 원래 가지고 있던 하나님 관념에서 새로이 재해석된 것임을 말한다. 해천은 전통 속에 내려오는 고유한 하나님 관념을 새우기 위해 모든 노력을 아끼지 않았다.

해천은 조상신과 유일신의 사이에서 고뇌했지만 신관이 중요한 것이 아니라 그 신과 만나는 지금의 나의 바탕이 중요함을 강조한다. 해천의 토착화신학의 방법론에서 불변의 복음보다 더 중요한 위치를 차지하고 있는 것은 '문화적 아 프리오리'로서의 '전이해'[121]이다. 물론 내용상으로

---

118 윤성범, 『한국종교문화와 한국적 기독교』, (도서출판 감신, 1998), 346-369.
119 윤성범, 『한국종교문화와 한국적 기독교』, (도서출판 감신, 1998), 484-495.
120 윤성범, 『한국종교문화와 한국적 기독교』, (도서출판 감신, 1998), 282-283.

는 복음(종자)은 선험적이며 선재적인 것이다. 그러나 올바른 토착화가 가능한 것은 전적으로 올바른 전이해, 올바른 문화적 아 프리오리에 달려 있는 것이다.[122]

해천은 한 알의 사과에도 심겨져 있는 곳의 풍토에 따라 맛이 달라진다고 한다. 그리고 "그 아름다운 향기는 한국의 풍토에서만 찾아볼 수 있는 특이성이라 할 것이다. 비단 사과뿐만이 아니고 모든 곡식과 과실이 그렇고, 가축물이 그렇고, 또 사람도 그렇다고 할 수 있다. 아니 좀 더 넓게는 종교, 예술, 사상 만학 등 전반에 걸쳐 동일한 특이성이 관통되어 있음을 잊어서는 안 될 것이다"[123]라고 하였다.

해천은 한국적 맛, 한국적 아 프리오리를 효라고 정의 하였다. 해천에게 한국적 맛이란 효이다. 해천은 "아들의 아버지에 대한 신뢰, 이것을 신학적으로 '믿음'이라고 한다. 그리고 이것을 동양에서는 효라고 한다"[124]라고 하여 예수와 하느님과의 관계를 효(믿음)라고 강조한다. 해천은 예수와 하느님과의 관계에서도 중심은 효이기에 믿음이란 부자유친의 자연스러운 따스함이라고 말한다.

다음은 해천이 '하느님의 나라'에 관해 말한 내용이다.

하늘 아버지의 아들, 즉 효자인 예수 그리스도가 통치하는 나라가 '하느님의 나라'라고 말할 수 있을 것이다. 이 효자 예수 그리스도를 통해서만 평천하할 수 있는 것이다. … '하느님의 아들'과 '하느님의 말씀'이 '하느님

---

121 윤성범, 『한국종교문화와 한국적 기독교』 (도서출판 감신, 1998), 224.

122 이한영, 「토착화신학의 흐름과 재고-윤성범, 변선환, 이정배를 중심으로」, 『신학사상』 147집, 2009, 110.

123 윤성범, 『한국종교문화와 한국적 기독교』 (도서출판 감신, 1998), 292.

124 윤성범, 『효와 종교』 (도서출판 감신, 1998), 54

의 형상'에서 구현된 나라가 천국인 것이다.[125]

해천의 '하느님 나라, 천국'은 효가 이루어지는 바로 이곳의 땅이지 다른 어딘가의 공간을 상정하지 않았다. 퇴계가 천국에 대해 "누에치고 길쌈하고 비 오고 이슬 내리는 가운데 있는 것"이라고 했듯이 해천도 나의 일상과 떠나지 않고 나의 숨 쉬는 곳에서 천국을 찾은 것이다. 유교의 수신제가 이후에 평천하를 한다는 기본 전제는 다시 말해 수신제가가 이루어진 곳이 평천하를 하는 곳이라는 부분과 상통하는 말이다. 이는 해천을 기독교적 유교인이라 정의내릴 수 있는 근거이다.

V. 맺음말

해천이 주장했던 아프리오리로서의 효사상은 우리민족에게 관통하여 내려왔던 상제사상과 연결되어 있다. 유교와 기독교라는 해석학적 도구만 달랐을 뿐이다. 현재 이 땅에 여러 종교가 공존하면서도 종교로 인한 분쟁이 없을 수 있는 까닭은 조상신을 섬기는 문화에서 기인한다. 내 아버지가 귀하면 남의 아버지도 귀하다는 생각이 저변에 있기에 남의 종교를 존중할 수 있는 문화적 토대가 가능한 것이다.

마지막으로 우리 민족의 상제를 서구의 기독교와 비교하여 유일신인지 아닌지를 밝히는 것은 핵심적인 문제가 아니다. '존재'에 대한 존재론적 물음보다는 그것과 어떻게 '관계 맺어야' 하는가를 둘러싼 논의가 더 중요하다. 海天이란 호는 "바다와 하늘, 그 사이에서 아무러한 구별을

---

125 윤성범, 『효와 종교』 (도서출판 감신, 1998년), 356.

할 수 없는 경지"126란 의미이다. 우리 민족에 태어났던 많은 선각자를 본받아 우리가 앞으로 종교라는 화두로 끌어가야 할 세상은 종교적 경계보다는 우리 민족의 원형을 아름답게 가꾸어 발전시켜야 한다. 그리고 당대에 일어난 문제에 관해 나 스스로 성인 '되기'를 힘써서 주변과 관계를 어떻게 맺어야 하는가에 힘써야 할 것이다.

---

126 이종찬, 「해천 윤성범의 '말씀절로'의 신학: 誠의 해석학」, 『한국문화신학』 제9집 (한국문화신학회, 2008), 165 재인용.

참고문헌

원전

『論語』,『孟子』,『樂記』,『書經』,『詩經』,『史記』,『朱子語類』,『三國志』,『牧隱文藁』,『三峰集』,
『退溪全書』,『心經附註』,『白湖全書』,『與猶堂全書』,『天道教經典』

단행본

김용휘. 『최제우의 철학』. 서울: 이화여자대학교출판부, 2012.

김흥호, 이정배. 『(다석 유영모의)동양사상과 신학』. 경기: 솔, 2002.

류승국. 『한국 유학사』. 서울: 성균관대학교출판부, 2008.

박영호. 『다석 유영모가 본 예수와 기독교』. 서울: 두레, 2000.

_____. 『씨올의 메아리 다석어록: 죽음에 생명을 절망에 희망을』. 서울: 홍익재, 1993.

유영모 지음, 박영호 엮음. 『다석 유영모 어록』. 서울: 두레, 2002.

윤성범. 『한국종교문화와 한국적 기독교』. 서울: 감신, 1998.

_____. 『효와 종교』. 서울: 감신, 1998.

윤해동 외. 『종교와 식민지 근대』. 서울: 책과함께, 2013.

이경원. 『한국의 종교사상』. 서울: 문사철, 2011.

이은선. 『다른 유교, 다른 기독교』. 서울: 모시는사람들, 2016.

_____. 『잃어버린 초월을 찾아서』. 서울: 모시는사람들, 2009.

張光直/尹乃鉉 옮김. 『商文明』. 서울: 民音社, 1989.

함석헌. 『함석헌 저작집』 제6권. 서울: 한길사, 2009.

논문

김용휘. "수운 최제우의 시천주 사상." 『수운 최제우-한국의 사상가 10人』. 서울: 예문서원, 2005.

김형찬. "內聖外王을 향한 두 가지 길 - 退溪철학에서의 理와 上帝를 중심으로." 「哲學研究」 제34
집. 서울: 고려대학교 철학연구소, 2007.

문승용. "先秦 儒家의 말하기와 글쓰기, 그리고 天 개념의 상관관계 고찰." 「수사학」 10권. 서울:
한국수사학회, 2009.

柳承國. "韓國人의 하느님觀." 「신학전망」 38권. 전남: 광주가톨릭대학교 신학연구소, 1977.

윤성범. "기독교와 제사." 「사총」 12권. 서울: 고려대학교 역사연구소, 1968.

이광호. "동서융합의 측면에서 본 정약용의 사상." 『한국의 사상가 10人-다산 정약용』. 서울: 예문
서원, 2005.

李世鉉. "古代 中國에서의 天과 人間의 만남과 그 방법-『詩經』과『書經』에 타나난 天命觀을 중심

으로."「儒敎思想硏究」第14輯. 서울: 한국유교학회, 2000.

이정배. "제사와 예배-조상 제례의 신학적 재구성."「신학과 세계」 61호. 서울: 감리교신학대학교, 2008.

_____. "토착화신학과 민중신학의 제문제."「종교연구」 6집. 서울: 한국종교학회, 1990.

이종찬. "해천 윤성범의 '말씀절로'의 신학: 誠의 해석학."「한국문화신학」 제9집. 서울: 한국문화 신학회, 2008.

이한영. "토착화신학의 흐름과 재고-윤성범, 변선환, 이정배를 중심으로."「신학사상」 147집. 서 울: 한국신학연구소, 2009.

장승희. "백호 윤휴 철학의 인간학적 이해."「동양철학연구」 제 48집. 서울: 동양철학연구소, 2006.

황상희. "퇴계의 천관을 중심으로 한 성리설연구." 서울: 성균관대학교 박사학위논문, 2014.

조선시대『천주실의』수용 양상을 통해 본 유교와 기독교*의 만남

이선경

(성균관대학교)

I. 머리말

이 글은 한국 토착화신학의 선구자인 '해천(海天) 윤성범(尹聖範, 1916-1980) 선생 탄생 100년을 기념'하는 기획의 하나로 쓰였다. 해천은 미처 그러한 시도를 감행하기 어려운 시절에 '성'(誠), '효'(孝)와 같은 유교의 핵심개념을 신학적으로 재해석함으로써 기독교와 유교가 원리적으로 만날 수 있는 길을 개척하였다.

한국에서 기독교와 유교의 만남의 역사를 돌이켜 보면 조선 후기 기독교의 수용은 그 자체가 유교와 기독교의 만남이라 할 수 있다. 토착화신

---

* 이 글에서는 '기독교'를 천주교와 개신교를 아우르는 개념으로 쓰고, 명백하게 천주교를 가리킬 때에는 '천주교'라 쓰기로 한다.

학의 씨앗은 이미 조선 후기 유교 지식인들에 의해 자체적으로 뿌려졌다고 생각된다. 그 씨앗이 굴곡진 역사와 급격한 근대화 과정에서 단절되거나 제대로 배양되지 못한 현실을 반추할 때, 해천의 선구적 노력과 그것이 이어져 하나의 학풍으로 발전한 것은 한국 기독교 사상사 더 나아가 한국 사상사에 큰 의미가 있는 일이라 하겠다.

기독교 사상과 유교 사상을 접목시키려는 첫 노력의 결실은 마테오 리치의 『천주실의』라 할 것이다. 17세기 전반 조선에 유입된 『천주실의』는 18세기 초반부터 조선의 지식인들에게 본격적인 관심의 대상이 되었으며, 그것에 대해 어떤 태도를 취하였든 18-19세기의 조선 지식인이라면 읽어 보지 않은 사람이 없을 정도로 광범위하게 유포된 책이었다. 조선 유학자들의 기독교 이해는 일차적으로 『성경』 자체나 선교사를 통한 것이라기보다는 『천주실의』라는 교과서적 텍스트를 통해 얻어진 것이라 할 수 있다.[1] 한국의 기독교는 이 『천주실의』에서 출발한 것이다.

조선의 기독교 수용은 애초에 학문탐구의 차원에서 유교지식인들에 의해 주도되었다. 조선 유학자들의 『천주실의』 수용양상을 보면 긍정과 부정이 공존하는 경우와, 전면적으로 배척하는 경우, 전폭적으로 수용하는 경우로 나뉨을 볼 수 있다. 조선의 유학자들이 『천주실의』를 통해 이해한 기독교의 내용은 무엇이었을까? 『천주실의』의 가르침을 긍정적으로 수용한 유학자들은 일반 유학자들이 받아들일 수 없었던 그 부분을

---

[1] 마테오 리치(1552-1610)는 1582년 중국에 도착했으므로 그 60평생의 절반을 중국에서 보냈다. 『천주실의』는 마테오 리치가 중국에 온지 20년 만에 내어 놓은 역작으로 기독교와 유교의 만남의 역사에서 최초의 이정표를 제시한 결실이라 할 수 있다. 그는 중국에 온지 12년 만에 도덕수양론에 해당하는 『교우론』과 『이십오언』을 저술하였으며, 기독교적 교리의 소개가 없는 이 책들은 당시 중국의 지성인들에게 동서양의 진리가 다를 바 없다는 공감대를 형성하게 하였다. 이 책들은 『천주실의』와 함께 조선으로 전해진다. (마테오 리치 지음·송영배 역주, 『교우론외 2편』, 2000, 서울대출판부, 머리말 참조)

어떻게 소화하고 있는 것인가? 당대의 당당한 지식인들이 유학으로 그리고 도교나 불교로 만족할 수 없었던 이유는 무엇이었는가? 본고는 위와 같은 물음들을 배경으로 다음의 주제를 탐구하고자 한다.

첫째, 조선유학자들이 『천주실의』를 비판한 내용과 이유는 무엇인가? 정치적 관점이 아니라 그들의 세계관과 진리관이라는 측면에서 접근하고자 한다.

둘째, 『천주실의』를 비판하는 가운데, 부분적으로 긍정한 내용은 어떤 것들인가? 이를 통해서 유학과 기독교의 기초적 공통지대를 찾을 수 있을 것이다.

셋째, 『천주실의』를 받아들인 지식인들은 유교적 진리관과 기독교적 진리관의 충돌을 어떻게 소화했으며, 그들이 부딪힌 유교적 진리관의 막다른 골목은 무엇이었는가?

넷째, 근대에 벌어졌던 기독교에 대한 탄압은 『천주실의』의 가르침 때문인가?

다섯째, 근대 유교지식인들의 『천주실의』 수용양상을 통해 시사받을 수 있는 유교와 기독교간의 대화의 방향은 어떤 것인가?

위와 같은 물음들은 한편으로는 한국사상사의 탐색과 정립과정이기도 하다. 역사적으로 한국사상은 유교·불교·도교를 수용하고 긴 시간 속에서 그것을 숙성시켜 그 정체(正體)를 형성해왔다. 조선후기 『천주실의』 및 기타 서학서들과의 만남은 한국사상이 그 폭과 깊이를 더해갈 수 있는 조건을 던져주었다. 조선에서 『천주실의』로 출발한 기독교사상의 역사도 어느새 300년을 훌쩍 넘어섰으나, 한국사상으로서 기독교 사상에 대한 연구는 아직 문제제기도 충분하지 못하다. 이 분야의 연구에서는 토착화신학에서 기독교와 유교의 만남을 시도해 온 것이 선구적이라 할 것이다. 이제 한국사상사의 입장에서 기독교사상을 어떻게 해석하고 수용할 것이지를 진지하게 논의할 필요가 있으며, 이 글도 그러한 관심을 담고 있다.

II.『천주실의』비판의 이유와 내용

마테오 리치(1552-1610)의『천주실의』(天主實義)는 중국에서 1603년에 간행되었다.『천주실의』와 관련된 조선의 기록을 보면, 1614년 이수광(李晬光, 1563-1628)의『지봉유설』(芝峯類說)에『천주실의』의 주세와 요지를 비평한 글이 실려 있고, 1623년경 쓴 것으로 추정되는 유몽인(柳夢寅, 1559-1623)의『어우야담』(於于野談)에도『천주실의』에 대한 비평이 실려 있어,2 이 책의 출간 후 상당히 이른 시기에 조선에 유입되어 읽혀졌음을 알 수 있다.『지봉유설』에서는『천주실의』의 요지를 네 가지로 말한다. ① 천주가 처음으로 천지를 창조하고 잘 기르는 도를 주재한다. ② 사람의 영혼은 불멸하는 것으로 금수와는 크게 다르다. ③ 불교의 윤회설을 비판하고, 선악의 응보에 따른 천당·지옥을 말한다. ④ 인성은 본래 선하다는 것과 천주를 존경해 받드는 뜻을 논한다. 유몽인의『어우야담』은『천주실의』의 내용을 보다 상세하게 소개하고 있으며, 이 가운데 천당지옥설과 사제들의 독신생활을 혹세무민하는 것으로 비판하였다. 이는 현세를 중시하고 이른바 '음식남여'의 일상성을 중시하는 유교인의 시각에서는 당연한 일이었으며, 이후 서학비판에서도 공통적으로 등장하는 요소이다.

---

2 정의순,「천주실의」,『나라사랑』47 (외솔회, 1983), 6 참조.

이와 같이 17세기 초반 조선에 유입된『천주실의』는 18세기 전반 서학에 깊은 관심을 지닌 성호(星湖) 이익(李瀷, 1681-1763)에 의해 주목되었고, 그 문하에서 갑론을박이 이어진다. 이른바 공서파(攻西派)와 신서파(信西派)가 그들이다. 이익의 고제자라 할 신후담(愼後聃)은『서학변』을 안정복(安鼎福)은『천학문답』을 지어 기독교를 체계적으로 비판한 반면, 이익의 종손 이가환(李家煥, 1742-1801)과 그 조카 이승훈(李承薰, 1756-1801) 그리고 성호학파에 속하거나 가까운 권철신(權哲身, 1736-1801), 권일신(權日身, 1742-1791), 정약용(丁若鏞, 1762-1836) 형제 등이 기독교를 신봉하다가 순교 내지 유배된 것을 볼 수 있다. 이러한 정황을 살펴보면, 초기 한국기독교는 성호학파의 지식인들에 의해 긍정과 부정의 논박과정을 거치며 수용·발전되었다고 할 수 있을 것이다.

성호문하의 안정복은 서학이 신앙 활동의 단계로 접어들자 1780년대 중반「천학문답」을 지어 천주교를 조목조목 비판하였으며, 이헌경(李獻慶, 1719-1791) 역시 1780년대 후반「천학문답」을 지어 천주교를 배척하는 논리를 펴고 있다. 이익의 말년에 제자가 된 무명자(無名子) 윤기(尹愭, 1741-1826)[3]는「벽이단설」을 지으면서 "지금 갑자기 이단이 나타나 재주가 좀 있으면서 기이한 것을 좋아하는 사람들이 대부분 빠져들고 있다. 그들은 곧장 서양을 중국보다 높이고 이마두(利瑪竇)를 공자보다 어진 사람으로 평가하면서 의기양양하게 스스로 기뻐하고 스스로 만족하여 물속에 빠지고 불구덩이에 빠지면서 돌아보지 않을 듯이 행동하는데, 이는 무슨 까닭인가?"라고 비판함을 볼 수 있다.

---

3 무명자(無名子) 윤기(尹愭, 1741-1826)는 18세기에서 19세기 초반에 서울을 중심으로 활동했던 인물이다. 20세에 성호 이익의 제자가 되었다. 당시 성호는 이미 80세의 노인이어서 적극적으로 가르침을 베풀 수 있는 정황이 못되었다. 윤기는 4년 동안 세 차례 이익을 방문하였을 뿐이나, 평생 성호선생을 사모하였고 깊이 감화 받았다. (한국고전번역원, 고전국역서, 무명자집 해제 참조)

그러나 18세기가 후반『천주실의』와 서학에 대한 관심은 비단 성호학파 내부의 문제가 아니라, 조선지성계 전체의 문제로 확대되었다.『사편증의』(四編證疑)를 지어 철저하게 서학서를 비판한 홍정하(洪正河), 남인학자로서『벽위론』을 편찬해 천주교 배척에 앞장섰던 이기경(李基慶) 외에, 서양 과학기술의 수용에는 적극적이었던 담헌 홍대용(洪大容, 1731-1783)도 천주교에 대해서는 비판적 태도를 취하였다.[4]

그런데, 기독교에 대한 비판은 진산사건[5]을 계기로 논점이 달라짐을 볼 수 있다. 진산사건 이전에는 기독교가 내세의 복을 구하는 이기심에 근거한 종교라는 판단이었다면, 그 이후는 기독교를 '효충'(孝忠)을 거부하는 반인륜석 이난사상으로 인식한 것이다. 또한 진산사건 이전의 기독교에 대한 체계적 비판은 주로 성호학파 내부에서 학문적 그리고 자기방어적 관점에서 이루어졌다면, 진산사건 이후로는 성호학파 외부에서 이념적, 정치적 차원에서 혹독한 비판이 제기되었다. 이제 조선 지식인들

---

4 이규경의『오주연문장전산고』「서학」에서는 홍대용의 천주학비판을 다음과 같이 소개한다. "담헌 홍대용의『건정필담(乾淨筆談)』에 '전당(錢塘)사람 반어사(潘御史)의 자는 난공(蘭公)이다. 그가 말하기를 '천주교가 중국에 유행하고 있는데 이는 금수의 교로서 사대부들은 모두 이 교를 옳지 않게 여긴다. 소위 십자가라는 것이 있다. 교인들은 반드시 이에 예배하는데, 이는 천주가 이 십자가에 못 박혀 죽는 형벌을 받았다고 해서이다. 천주교 중에도 경전이 있다. 내가 언젠 그것을 보니, 그 가운데에는 천주의 참사를 많이 말하고「천주는 교를 창설했다고 해서 죄에 걸렸다」하였다. 천주교를 믿는 자들은 이를 보면 항상 눈물을 흘리며 비통해 해서 잠시도 잊지 않으니, 그 미혹됨이 심하다.' 하였다." 또한『담헌서』외집 권2「향전척독」에서는 "하늘과 역법을 논함에는 서법이 매우 높아서 전인 미개의 것을 개척했다 하겠다. 다만 그 학은 우리 유가의 상제(上帝)의 호를 슬쩍 갖다 쓰고 불가의 윤회(輪廻)의 설로 장식한 것이니, 천하고 누추하여 가소로운데…」라 하여 천주교의 사상을 불교의 윤회설로 이해하고 있다.

5 진산사건은 1791년(정조 15) 전라도 진산의 양반 천주교인 윤지충(尹持忠)이 모친상을 당해 제사를 지내지 않고 신주를 불사른 일을 말한다. 진산사건은 정치문제로까지 확대되어 공서파(攻西派)가 신서파(信西派)를 맹렬히 공격하는 빌미가 되었다. 윤지충은 신주를 모시고 제사를 지내는 것이 조상을 진정으로 추모하는 방법이 아니라고 주장하였으나, 결국 강상의 윤리를 어긴 패역한 죄인이라는 죄명으로 처형되었다.

의 기독교 비판의 이유와 내용을 진산사건의 전후로 나누어 살펴보겠다.

1. 진산사건 이전의 기독교 비판: 서학은 인간의 탐심을 기초로 한다

1) 이익의 경우

이익은 「천주실의발」을 써서 천주실의의 내용을 비판했지만, 『천주실의』를 접했던 초기에는 상당히 긍정적인 평가를 한 것으로 보인다.[6] 신후담의 「둔와서학변」〈기문편〉에 따르면, 신후담은 이익과 6차례에 걸쳐 서학에 대해 토론하였는데, 첫 대화의 기록을 보면 이익은 『천주실의』의 내용이 유교의 가르침과 일치하는 것은 아니지만 그 학문은 소홀히 할 수 없는 것으로, 마테오 리치 역시 '성인'(聖人)이라 할 수 있다고 평가한다. 그리고 신후담이 그 설의 요점을 묻자, 초목에는 생혼(生魂)이 있고 동물에게는 각혼(覺魂)이 있으며 사람에게는 영혼(靈魂)이 있다는 삼혼설과 머리에 뇌낭이 있어 기함(記含)의 주체가 된다는 뇌낭설(腦囊說)을 제시하고 있다.

이익은 일반 유학자들과 같이 천당지옥설을 비판한다. 그러나 신후담과의 대화에서는 그것을 강력하게 부정하기 보다는, 그것은 하나의 방편설로서 천당과 지옥이 있다는 것으로 악을 징계하고 선을 권유하는 것이 본의라는 입장을 취한다. 1725년 무렵의 이익은 과학기술로서의 서학뿐 아니라 종교적 진리체계로서의 서학 역시 적극적으로 평가하는 모습을 보여준다. 그는 서학은 불교에 물든 이단이라고 극력 배척하는 20대 전

---

6 서종태, "이익과 신후담의 서학논쟁 – 둔와서학변의 〈紀聞編〉을 중심으로," 「교회사연구」 16 (한국교회사연구소, 2001), 179.

반의 신후담에게 『천주실의』에 실린 '천주'의 설이 유교의 상제·귀신설에 부합하는 것이며, 서양신부들이 8만 리를 넘어 중국에 건너온 것은 오직 세상을 구하려는 일념에서 나온 것으로 그 포부와 뜻이 원대하여 '사사로움'과는 거리가 멀다고 평가함을 볼 수 있다.[7] 이익은 신후담과 대화하면서 '서학이 귀신을 심하게 믿는 면이 있다'거나 '천신(天神)에 대한 설명은 허탄하다'고 인정하면서도 서양의 신부들이 혹세무민하려는 것은 아니라고 끝까지 변론한다. 또한 서학은 실용적 측면이 있기 때문에 적멸만을 추구하는 불교와는 다르다는 점도 지적한다. 이익은 방적아[판토자]가 지은 『칠극』(七克)에 대해서도 '천주와 마귀의 설이 뒤섞여 있는 것은 해괴하지만 간혹 유가가 말하지 못한 것을 말함으로써 극기복례의 공부에 도움이 되는 곳이 있다'고 보았다.[8]

그러나 성호문집에 실린 「천주실의발」에 보이는 이익의 서학에 대한 견해는 「기문록」과는 다소 어조가 다르다. 여기에서 이익은 삼혼설이나 뇌낭설—신후담이 성호선생이 수용했다고 평가한[9]—은 언급하지 않는다. 다만 마테오 리치에 대해 중국의 학사들이 높여 선생이라 하였으니 또한 '호걸스런 인물'이라 평하고, 예수는 천당지옥으로 '권선징악'을 삼아 널리 인도해 구제하고자 하였다고 평가한다. 그러나 『천주실의』의 내용은 불교를 배척하면서도 결국 불교와 같이 허탄한 데로 돌아갔다고 적극 비판한다. '천주'가 유가의 상제와 같지만, 그 섬기는 법은 불교에서

---

7 신후담의 「서학변」, 안정복의 「천학문답」에서 기독교는 내세의 복락을 좇는 '사사로운 이기심'을 근본으로 한다고 비판한 것과 대조를 이룬다.

8 『星湖僿說』11권, 「人事門」〈七克〉

9 신후담은 이만부와의 대화에서, 성호선생이 서학으로부터 취한 점은 '삼혼설'과 '뇌낭설'이고, 배척한 점은 '천당지옥설'이라 답한 바 있다. 이에 대해 이만부는 삼혼설은 유가의 인물통색(人物通塞)의 논의에서 나왔고, 뇌낭설은 의서(醫書)의 뇌해와 같은 것이라고 보았다. (서종태, 앞의 글 참조)

석가를 섬기는 것과 같으며, 천당지옥설 역시 불교의 윤회설처럼 이치에 맞지 않고, 여러 가지 기적을 언급한 데 이르러서는 더욱 허황하다는 것이다. 이익은 서양의 학문이 매우 정밀하게 이치를 살피는데, 그들의 사상은 오히려 고착된 관념에 빠져 벗어나지 못하였다고 안타까움을 토로하는 것으로 글을 마무리 한다.

신후담의 「기문편」과 이익의 「천주실의발」에 나타난 이익의 서학관은 중도적이어서 관점에 따라 상반된 해석이 가능하다. 서학에 대해 비판적 입장에 있는 이들은 이익이 서학의 천주섬김이나 천당지옥설이 불교와 같이 허탄한 데로 돌아갔다고 비판한 점을 초점으로 하여, 이를 보다 심도있게 비판한다. 반면 서학을 긍정적으로 수용하는 이들은 이익이 천당지옥설을 일종의 권선징악의 방편으로 언급한 점, 마테오 리치를 '호걸' 내지 '성인'으로까지 묘사하고 서양선비들은 그들이 신봉하는 진리체계를 설파하러 온 것이지 이익을 추구하는 무리가 아니라고 역설한 점, 천주를 유가의 상제 개념과 동일시 한 점 등을 근거로 이를 확장시킨다. 즉 비판가들은 '천주', '영혼불멸', '천당지옥설'을 이(利)를 추구하는 탐욕에 근거한 것으로 해석하고, 수용자들은 예수의 행적 및 천주 섬김이 의(義)를 추구하는데 목적이 있다고 변론함을 볼 수 있다.

2) 신후담의 경우

신후담(1702-1761)의 『서학변』은 대표적인 서학비판서로서 그가 20대의 젊은 시기에 지은 것이다. 서학에 대한 체계적 비판서들이 18세기 후반-19세기 초반에 출현하였음을 생각할 때, 1720년대에 지어진 『서학변』은 조선 최초의 체계적 서학비판서라 할 수 있다. 신후담은 『서학변

』에서『천주실의』뿐 아니라『영언여작』,『직방외기』등의 서적을 종합해서 서학을 비판한다. 그가 파악하는 서학의 핵심은 천주개념, 영혼불멸설, 천당지옥설로 요약된다. 신후담은 서학의 이 세 가지 핵심적 가르침이 결국 인간의 이기심을 종교적 실천의 원동력으로 삼은 것이라는데 문제를 제기한다. 천당지옥설이 현세에서 선을 실천하게 하기 위한 방편이라 하더라도 그 윤리적 실천은 이미 내세의 이익을 얻기 위한 것에 불과하다고 본다. 내세에 복을 얻기 위해서는 신체가 소멸하더라도 영혼은 불멸하다는 이론이 필요하고, 또 상벌을 시행하기 위해 그 주재자로서 천주를 말할 수밖에 없다는 것이다. 따라서 서학의 핵심적 가르침들은 이기심의 발로에 지나지 않으며, 삶과 죽음의 문제에 대한 바른 해법이 못 된다는 것이 신후담의 시각이다.

> 뒤에 공부하는 사람들이 다만 그 본원이 이(利)에서 나왔음을 알고, 삶과 죽음으로써 내 마음이 흔들리지 않게 한다면 그 설에 이끌리게 되지 않을 것이다[10]

> 대체로 천주를 받들어야 한다는 것을 말하고 있다. 그 귀결되는 곳을 생각해 보면 천당과 지옥이라는 설로써 사람들을 유혹해 꾀는데 지나지 않는다. 사람은 죽어도 정령은 없어지지 않으니, 천주가 그 죽음을 기다려서 상벌을 내린다는 것이다.[11]

---

10 『書學辨』「靈言蠡勺」: 後之學者但知其本原之出於利, 不以生死動吾心則不至爲其說之引取矣.

11 『書學辨』「天主實義」: 大略言尊奉天主之事, 而考其歸趨則不過以天堂地獄之說恐誘之, 以爲人死而精靈不滅, 故天主待其死而賞罰之.

서학의 문제가 사람들의 탐심을 조장하는데 있다는 인식은 이후 지속적으로 제기되었다. 성호 이익의 만년에 제자가 된 무명자(無名子) 윤기(尹愭) 역시 「벽이단설」에서 처음 서학에 쏠렸던 이들이 정부에서 탄압을 시작하자 서둘러 태도를 바꾼 것은 애초에 그들이 내세에 복락을 얻고자 하는 탐심이 동기가 되었던 것이라 진단한다.

> 그들이 천주학을 좋아하여 배운 것은 오로지 화복(禍福)에 마음이 흔들렸기 때문이다. 그들은 이해(利害)의 갈림길에 서게 되자 이내 앞 다투어 투항해서 행여나 사람들이 자신을 천주학도(天主學徒)로 지목하지 않을까 두려워했으니, 이는 필연적 결과이다.[12]

3) 안정복의 경우

안정복의 「천학문답」역시『천주실의』를 비롯한 서학서들을 면밀히 검토하고 유학자의 관점에서 철저하게 배척한 것이다. 문답형식의 이 글은 일반사람들이 긍정적으로 수용할만한 서학의 내용들을 체계적으로 질문하고, 이를 반박하는 구조로 이루어져 있다. 「천학문답」은 천주교가 사회적으로 큰 문제가 되기 시작한 1785년에 지은 것으로, 이른바 이단(異端)을 배격하고 정학(正學)을 수호해야 한다는 벽이단(闢異端) 사상의 차원에서 기술된 것이라 할 수 있다.[13]

그는 천학이란 무엇인가, 천당지옥설, 세 원수에 대한 것, 아담과 이브

---

12 윤기, 『무명자집문고』제1책, 「벽이단설」〈후기〉
13 금장태는 안정복의 「천학문답」과 이준경의 「천학문답」등에서 천주교를 '天學'이라는 용어로 지칭한 것은 이 시기까지도 천주교를 대화의 상대로 여겼음을 보여준다고 해석하였다. 홍정하의 『四編證疑』에서 '證疑'란 제목 역시 비교적 온건한 표현이라 할 수 있다.

의 시조설, 예수의 재조설, 천주의 창조와 주재, 영혼불멸설, 천주교의 제사이해, 마귀에 대한 것 등을 변론의 주제로 설정하고 조목조목 비판한다.[14] 「천학문답부록」은 스승 성호 이익에 대한 변론이다.[15]

먼저 안정복은 유학이야말로 진정한 천학(天學)이라 한다. 맹자적 관점에 입각하여 '마음을 보존하고 성품을 기름[存心養性]'으로써 상제가 부여한 천명(天命)을 잊지 않는 것이 진정한 하늘 섬김이라는 것이다. 그는 기독교의 기도와 예배 및 회개를 무당이 복을 비는 행위와 다를 바 없는 것으로 이해한다. 기도과 회개를 기복행위로 보는 것은 그것이 내세에 지옥을 면하기 위한 사심(私心)에서 비롯되었다고 판단하기 때문이다. 따라서 현세를 배척하고 내세의 복락을 구하는 천주교의 전도는 유학의 명덕(明德)과 신민(新民)과 같이 세상을 구제하는 일이라 할 수 없다는 것이다.

'세 원수설'에 대한 비판 역시 '음식남녀'의 일상 윤리에서 진리를 찾는 유가의 현세 중심적 가치관의 발로라 할 수 있다. 천주교에서 말하는 세 가지 원수는 몸, 세속, 마귀이다. 몸의 나쁜 습관이 자신을 망치고, 세속의 재물, 권세, 명예가 바깥에서 자신을 침범하며, 마귀가 갖은 수단으로 나를 어지럽혀 공격한다는 것이다. 이에 대해 안정복은 인간이 지닌 본래

---

14 안정복은 종교로서의 서학은 배척했으나, 이익과 같이 서양의 과학기술에 대해서는 십분 긍정한다.
15 안정복은 「천학문답」의 말미에 〈부록〉을 써서, 스승 이익이 '서학을 했다' '마테오 리치를 聖人이라 했다'는 의혹을 전면에 부각시키고 적극 변론한다. 그 자신이 스승과 나눈 이야기를 직접 인용을 통해 이익의 육성을 들려주는 형식으로 서술함으로써, 이익의 입장을 변론한다. 또 '성인'도 종류와 차원이 여러 층임을 들어, 만약 마테오 리치를 성인이라 했다면 그것은 '서양선비의 재주와 식견이 通明하다'는 차원의 이야기에 불과하다고 역설한다. 당시 서학이 점점 심각한 사회문제로 비화되고 있었고, 지식인들이 성호 이익을 방패삼아 자신들의 입장을 정당화하는 상황에서 안정복은 자신이 속한 성호학단과 가문의 안녕을 적극적으로 위호할 필요가 있었을 것이다. 천주교회 활동에 적극적이었던 권일신이 그의 사위이고, 그 형이 권철신인 것도 안정복의 적극적 행보와 무관치 않을 것이다.

의 마음을 가지고 형기의 욕망을 다스려 중정(中正)을 잃지 않도록 하는 극기공부가 요청되지만, 몸의 존재 자체를 원수로 보거나 세속 자체를 원수로 여기는 것은 윤리의 파괴를 가져온다고 비판한다. 몸을 원수로 여기는 것은 곧 몸을 낳아준 부모를 부정하는 것이 되고, 세속을 부정하는 것은 사회를 부정하는 것이 되어 군신의 윤리가 무너지게 된다는 것이다. 또 마귀의 존재를 운운하는 것 자체가 허탄할 뿐 아니라, 그 존재가 있다할지라도 그것은 외물(外物)에 속하는 것으로, 악의 발생을 외물에 돌릴 수는 없다고 본다. 즉, 악은 내면의 형기적 욕망에서 발생하는 것으로 내 공부의 문제이지 외물의 탓이 아니라는 것이다.

다음으로 원조설(元祖說)과 재조설(再祖說)에 대한 비판은 아담과 예수에 대한 천주교의 기록이 이치에 합당하지 않으며 자체의 논리로도 모순이라는 점을 지적한 것이다. 상제가 아담을 인류의 조상으로 삼았다면 그 위상이 신성한 것인데, 상제가 어찌 다시 아담 마음의 진솔성을 시험하였으며, 설령 시험하여 잘못된 마음이 있었다 할지라도 권면해서 고치도록 할 일이지 영원히 벌을 받도록 할 수는 없는 일이다. 또 죄가 아담 한 사람에게서 끝날 일이지 만세토록 자손까지 벌을 받도록 한다는 것은 이치에 합당하지 않다. 예수의 경우에도 상제가 친히 강생해서 진짜 천주와 다름이 없다고 하면서 다시 십자가에 못박혀 죽어 천수를 누리지 못했다는 것은 모순된 이야기라는 것이다. 안정복은 이러한 설들은 오히려 존엄한 천주를 모욕하는 일일 것이라고 주장한다.

천주교에서는 '유교에서는 천주가 천지만물을 창조한 것을 알지 못한다'고 배척한다. 이에 대해 안정복은 '상제는 유가에서 먼저 말하였다'는 입장을 취한다. 상제는 "주재에 대한 호칭으로서 만물의 총체적인 주재자"라는 뜻으로, 상제와 리(理)가 별개의 것이 아니라는 것이다. 주재한다는 관점에서는 상제이지만, 무성무취한 측면에서 말하면 태극이고, 리(理)이기 때문에 상제와 리를 나누어 말할 수 없다는 것이다. 그의 이야기를 직접 살펴보자.

상제는 주재(主宰)에 대한 호칭으로서 만물의 총체적인 주재자라는 말인데, 우리 유자가 이미 말한 것이다—주재한다는 관점에서 말하면 상제(上帝)이지만, 무성무취(無聲無臭)의 측면에서 말하면 태극이며 리(理)이니, 상제와 태극의 리를 둘로 나누어 말할 수 있겠는가.

상제는 리(理)의 근원으로서 이 천지 만물을 만들었다. 천지 만물은 저절로 생겨날 수 없고 반드시 천지 만물의 이치가 있기 때문에 이 천지 만물이 생겨난 것이다. 어찌 그 이치가 없으면서 저절로 생겨날 수가 있겠는가[上帝爲理之原, 造此天地萬物, 天地萬物不能自生, 必有天地萬物之理, 故生此天地萬物, 安有無其理而自生之理乎]. — 공자가 말하기를, '태극이 양의(兩儀)를 낳는다' 하였으며, 또 말하기를, '한 번 음(陰)이 되고 한 번양(陽)이 되는 것을 일러 도(道)라 한다' 하였으니, 도는 곧 리(理)인 것이다.

안정복 「천학문답」의 주요 논점은 의(義)와 리(利), 효충의 윤리, 상제 개념에 있는 것으로 보인다. '천학이 무엇인가', '천당지옥설' 등은 의(義)와 리(利)의 분별이 적용된 것이라 하겠고, '세 원수설'은 효충의 윤리를 드러낸 것이라 하겠다. 다만 안정복은 상제개념을 부정하지는 않는다. 오히려 상제 개념을 어떻게 해석할 것인가에 대해 문제를 제기하고, 어떻게 하는 것이 상제를 올바로 섬기는 것이냐에 대한 해석의 문제를 제기하는 것이다. 즉, 안정복은 창조주로서 상제는 부정하고, 주재자로서의 상제를 인정하며, 주재자로서의 상제와 리(理)의 동일성을 역설하는 것이다. 또한 상제를 올바로 섬기는 방법은 기도와 예배에 있는 것이 아니라 유가식 명덕(明德), 신민(新民)에 있다는 주장을 읽을 수 있다.

안정복의 주장은 『천주실의』에서 상제를 말하는 원시유학을 유신론으로, 리(理)를 말하는 성리학을 무신론으로 양분한 것에 대한 반박이다. 유학의 입장에서 볼 때 성리학은 원시유학과 배치되는 것이 아니라 내재적 연속성을 지니고 있다. 천도와 인성을 하나로 파악하는 것은 원시유학이나 성리학이나 마찬가지이기 때문이다. 다만 원시유학에서는 상제라는 외재적 초월에 대한 강조가 두드러진다면, 성리학은 이를 내면화 시켜 마음의 천군(天君)으로 본다. 철저한 리학자인 퇴계 이황의 경우 그의 리학과 심학이 모순되는 것이 아님을 볼 수 있다. 이익이 서학의 상제를 원시유학의 '상제' 개념과 동일시한 것이나, 안정복의 서학 비판 가운데 그 행간에서 드러나는 상제 개념에 대한 긍정과 재해석은 오히려 서학의 '상제' 개념과 유학의 '천' 개념이 서로 대화할 수 있는 여지를 보여준 것이라 하겠다.[16]

---

16 한자경은 조선의 유학자들이 『천주실의』를 비판하는 궁극적 근거를 인간 존재에 대한 규정의 차이에서 찾는다. 그것은 道心과 人心의 대립이고, 義와 利의 대립이다. 영혼불멸설이나 천당지옥설은 결국 개체의 이익을 탐하는 욕망의 표현으로 유교의 입장에서 그것은 人心으로 규정된다. 유학자들의 관점에서 볼 때 『천주실의』의 인간 이해는 인심에 근거를 둔 것으로, 유학이 '은미한 道心'에서 인간의 본성을 찾고, 이 도심을 생생한 현실로 구현하고자 하는 입장과는 근본적으로 차이가 있다는 것이다. 유학이 각 개체가 태극을 품부 받았다는 만물일체의 형이상학적 전제하에 '은미한 도심'에서 천도와 인성의 존재론적 동일성을 확보한다. 반면 『천주실의』는 스콜라철학에 기반해서 각 개별자를 자립적 실체로 파악하고, 이러한 인간은 세계 외적 존재인 신과 존재론적으로 격절되어 존재론적 동일성을 이야기할 수 없으며, 신은 불가지의 대상이자 신앙과 기도의 대상이 된다는 것이다.(한자경, "18세기 조선 유학자들의 『천주실의』비판," 「철학연구」 제69집 참조.) 한자경의 언급과 같이 『천주실의』의 창조신은 '개별자의 현상세계 너머 존재하는 외적 존재'라 할 수 있다. 그러나 『천주실의』에서 "聖學은 우리 본성 안에 있으니, 천주께서 사람의 마음에 새기신 것이어서 근원적으로 파괴될 수 없습니다. 귀국의 유교 경전에 이른바 '밝은 덕[明德]'이라 하고 '밝은

2. 진산사건 이후의 기독교 비판: 서학은 孝忠의 윤리를 부정한다

서학에 대한 초기의 비판은 학문적 차원과 이념적 차원이 혼재되어 있었으나, 시간이 지날수록 이념적 차원의 벽이단론(闢異端論)이 강해지는 모습을 볼 수 있다. 이익의 「천주실의발」이나 신후담의 「서학변」 등에는 학문적 차원에서 서학에 대해 토론하는 모습을 볼 수 있다. 안정복의 「천학문답」은 벽이단적 차원의 비판이 주로 이루어졌지만, 여전히 기독교를 '천학'이라 부르고, '상제' 개념에 대해서는 나름대로 이론적 비판을 더함으로써 토론의 여지를 남겨두었다. 그러나 진산사건 이후 기독교리에 대한 반박은 벽이단의 이념적 차원이 대세를 이루며, 여기에 성리학의 이기론에 입각한 이론적 반박이 더해지는 모습을 볼 수 있다.

진산사건 이후 기독교 교리에 대한 이론적 반박은 여전히 성호 이익의 계열과 가까운 영남학파를 중심으로 이루어진 것으로 보인다. 대산(大山) 이상정(李象靖,1711-1781)의 문인인 남한조(南漢朝, 1744- 1809)와 정종로(鄭宗魯, 1738-1816)는 기독교의 영혼불멸과 제사문제를 성리학

명[明命]'이라 한 것이 이것입니다.[『天主實義』 하권 제7편 7장: "聖學在吾性內, 天主銘之人心, 原不能壞. 貴邦儒經所謂明德明命, 是也."]라 하거나, "저는 性이 선을 행할 수도 있고, 악을 행할 수도 있다고 여기지만, 참으로 性 자체에 본래 악이 있다고 할 수는 없습니다. 악은 실재하는 것이 아니라 선이 없음을 말합니다.[『天主實義』 하권 제7편 2장: "吾以性爲能行善惡, 固不可謂性自本有惡矣. 惡非實物, 乃無善之謂."]라 함을 볼 때, 신과 인간의 존재론적 관계를 어떻게 해석할지에 대해서는 재고의 여지가 있다고 생각된다. 또한 이 구절은 『천주실의』의 인간이해가 전적으로 '도심'과 대립되는 '인심'의 차원에만 기반한 것은 아님을 보여준다. '사람의 본성은 천주께서 마음에 새긴 것이어서 파괴될 수 없으며, 그것은 유교의 明德·明命과 같다'고 한 지적은 성리학적 유교와 기독교가 심층에서 만날 수 있는 지점이 있음을 보여준다고 생각된다. 일반적으로 다산 정약용의 사상이 『천주실의』의 영향을 깊이 받았을 것으로 생각되지만, '명덕'개념에 대해서만큼은 『천주실의』의 명덕개념과 성리학의 명덕개념의 거리가 더 가까워 보인다. 다산의 경우 '명덕'이 인간에게 내재한 본성이라는 성리학적 이해를 거부하고, 孝·弟·慈라는 도덕의 실천적 행위를 지칭하는 것으로 이해한다.

의 이기론적 관점에서 비판함을 볼 수 있다. 이는 안정복의 「천학문답」에
서는 보이지 않던 것이다. 남한조는 이익의 「천주실의발」에 나타난 서학
비판이 미진하다고 이의를 제기한다. 그는 「이성호익천주실의발변의」
(李星湖瀷天主實義跋辨疑)를 지어 성호와 같은 대선배는 후학들에게 미치
는 영향이 지대하기 때문에, 털끝만치라도 그 설명이 불분명해서는 안된
다고 주장하며,[17] 「천주실의발」에서 기독교에 대해 긍정의 여지를 둔
주제들을 일일이 지적하여 재변론한다. 그는 기독교의 이론을 기학(氣
學)으로 지목하고, 기(氣)의 유한성과 타락가능성에 초점을 두어 기독교
리를 비판한다. 그는 먼저 이익이 서학의 상제개념을 유학의 상제와 동일
시 한 것에 이의를 제기한다. 유가의 상제는 리(理)의 주재를 가지고 말한
것으로 의도적인 생각과 움직임이 없어서 모든 변화의 근본이 될 수 있는
반면, 기독교의 천주는 기의 신령함을 가지고 말하는 것으로 의도적인
생각과 움직임이 있어서 유한할 수밖에 없다는 것이다.[18] 그는 주리론의
관점에서 기(氣)는 리의 주재를 받지 않으면 잘못된 길로 빠지기 마련이
므로, 기(氣)를 중심에 두는 기독교는 하나의 술(術)로 빠지는 폐해를
면할 수 없다고 주장한다.[19]

역시 이상정의 문인으로 남한조와 교유하였던 정종로는 「손재선생유
사총서」(損齋先生遺事摠叙)에서 남한조의 비판 작업을 보다 상세하게 기
술하고 있다. 이 글에 따르면 남한조는 이익의 「천주실의발」뿐 아니라
안정복의 「천학문답」에도 유감을 표명하며 영혼불멸설과 제사문제에
대해 재변증을 시도했음을 알 수 있다.[20] 먼저 영혼불멸설에 대한 변증을

---

17 南漢朝, 『損齋先生文集』권12, 「雜著」〈李星湖天主實義跋辨疑〉.
18 위와 같은 곳.
19 위와 같은 곳.
20 鄭宗魯, 『定齋先生文集』권36, 「遺事」〈損齋先生遺事摠叙〉.

살펴보면, 남한조는 음양의 소장(消長)과 굴신(屈信) 작용을 비판의 준거로 삼는다. 이 글에 따르면, 형신(形神)이 모이고 흩어져 태어나고 죽는 것은 일기(一氣)가 사그라들고[消] 자라나는[長] 음양의 작용이다. 사람이 죽어 혼기(魂氣)가 흩어질 때 그 속도의 차이는 있지만 결국 그 개체성은 없어진다는 것이다. 만약 사람이 죽었는데 영신(靈神)이 불멸해 개체로서 존재한다면 수천만 년 동안 천지에 가득 차서 다 수용할 수 없을 것이라 주장한다. 천지의 기운이 자라나기만 하고 사그라들지 않는 이치는 없다는 것이다.[21]

그는 이 글에서 남한조가 영혼불멸설뿐 아니라, 제사의 원리에 대해서도 변증한 내용을 수록하고 있다. 세사의 예(禮)는 근본에 보답하는 큰 도리로서 이를 폐지한다는 것은 근본에 보답하는 예를 폐지하는 것이 되어 짐승만도 못한 짓이라고 신랄하게 비판한다.[22] 그리고는 돌아간 선조와 후손이 감응하는 이치를 다음과 같이 설명한다.

사람이 죽으면, 그 신(神)은 참으로 이미 떠돌아 흩어지지만, (만물을) 낳는 기운과 (자손에게) 전한 기운은 일찍이 없어진 적이 없다. 무엇을 낳는 기운이라 하는가? 천지가 만물을 낳는 기운이 이것이다. 무엇을 전해 준 기운이라 하는가? 사람이 이 기(氣)를 얻어 자손에게 전해준 것이 이것이다. 자손과 선조는 한 몸체로 틈이 없다. 그러므로 그 기운이 처음 흩어질 때, 애통하고 절박하게 소리쳐 혼백을 부르고 신주를 설치하여 그것을 모은다. 제사를 지냄에 이르러서는 돌아간 분이 즐겨하던 것을 생각해서 드러나 계시는 지경에 이르도록 극진히 한다. (이와 같은 정성으로) 음양

---

21 위와 같은 곳.
22 위와 같은 곳.

의 기운을 구해서 (신이) 흠향할 지경에 이른다면 돌아간 이와 살아있는 이 사이에 참으로 서로 감응하는 이치가 있는 것이다.23

선조와 후손은 천지의 기운을 공유하고 있고, 선조가 받은 천지의 기운이 자손에게 이미 전해 있으므로, 자손이 정성으로 그가 받은 선조의 기운과 감통하기를 구한다면 서로 감응할 수 있는 이치가 있다는 것이다.

이와 같이 기존의 기독교 비판론인「천주실의발」이나「천학문답」에 유감을 표명하며, 보다 철저한 비판을 시도한 것은 기독교와 유교의 한층 경색되어가는 국면을 반영한 것이라 하겠다.

III.『천주실의』신봉자들은 유교와의 갈등을 어떻게 풀어갔나

이 장에서는 서학을 신앙으로 수용했던 조선의 유교지식인들이 어떻게 기독교와 유교의 접점을 모색해 갔는지를 살펴볼 것이다. 이를 위해 흔들림 없이 신앙을 시키며 순교에 이르렀던 3인의 저작을 통해, 그들이 유교와의 갈등에 대처해 나아가는 양상을 고찰해 보고자 한다.

1. 이벽의『성교요지』

이벽(李檗, 1754-1785)24의『성교요지』는 조선의 유학자에 의해 기독

---

23 위와 같은 곳.
24 이벽은 초기 기독교의 핵심적 지도자라 할 수 있다. 이벽이 서학에 빠진 것을 염려한 이가환 (李家煥1742-1801)이 그를 설득하려 토론을 벌였으나, 오히려 설복을 당해 천주교에 입

교와 유교의 만남이 시도된 초창기의 결실이다. 마테오 리치의『천주실의』와 같이 보유론적 관점에서 기술되었으나, 『천주실의』에 비해서 유학의 수양론 및 경세론과 접맥가능한 내용들을 주로 다루고 있다.

선행연구들은『성교요지』가 유학의 기본경전인『대학』및『중용』을 염두에 두고 집필된 것으로 보며, 『성교요지』를 내용상 크게 3부분으로 구분한다. 1편은 창세기로부터 묵시록에 이르는 성경의 내용을 통합적으로 서술한 것이며, 2편은『대학』의 수신·제가·치국·평천하의 단계와『중용』의 성(誠)의 정신을 통해 기독교의 인생관과 영혼구원을 위한 도덕수양론을 제시한다고 보았다.25 당시의 기독교 지도자들은 신도들을 위한 특수한 정신체계를 완성해야했고 동시에 유교문화와의 조화라는 양면적 요구에 직면하였다는 점이『성교요지』저술의 배경으로 지적된다.26

용어적인 측면에서 살펴보면, 『천주실의』의 경우 '상제', '천주'라는 용어를 쓰는데 비해『성교요지』에서는 '상주'(上主)라는 용어를 주로 사용하는 등 조선의 정서에 맞는 용어들을 골라 씀으로써 용어상의 토착화가 시도되었음을 볼 수 있다. 예수의 겸손함을『논어』의 구사(九思)27로

교한 일화는 유명하다.

25 이는 김동원의 견해[「광암 이벽의 '성교요지'해설」, 미래사목연구소, 『사목정보』 8(5), 2015.9, 63면]를 채택한 것이다. 김동원은 천주교 사제인 학자로『성교요지』에 대한 해석과 해설을 3년에 걸쳐『사목정보』에 게재한 바 있다. 배요한의 경우 1편인 1절-15절은 예수의 삶과 행적을 설명하고, 2편인 16절-30절은 수신·제가·치국·평천하의 구조에 입각해서 예수와 성도들의 삶을 설명하며, 3편인 31절-49절은 자연을 통해 하나님의 존재를 알 수 있다는 자연신학을 펼친다고 분석한다.[배요한, 「유교와 기독교의 만남-이벽의 『성교요지』를 중심으로」『장신논단』41집, 2011,] 그러나 1편 1절-3절까지의 내용을 보면 천지창조와 카인 아벨, 노아의 홍수 등의 내용을 기록하고 있으므로, 1편의 내용은 신약뿐 아니라 구약의 핵심 내용까지를 포함하고 있다고 보아야 할 것이다.

26 김옥희, 「상징학적으로 본 광암 이벽의 '성교요지'구조에 관한 연구」, 『한국서학사상사 연구』(국학자료원, 1998), 4.

설명하거나, 예수의 위상을 제왕의 상징인 용(龍)으로 비견하는 것[28]도 그러한 사례로 들 수 있다.[29]

김동원은『성교요지』는 복음의 실천과정에서『대학』의 수신·제가·치국·평천하의 단계를 따르는 것으로 본다.[30] 예수의 가르침을 '정도'(正道)라 하고, 이를『대학』의 수기치인(修己治人)—明明德·新民—의 도리에 맞추어 해석하고 그 실천과정을 그에 따라 제시한 것은『성교요지』에서 제시한 기독교와 유교의 접점이라 할 수 있을 것이다.『대학』은 수신·제가·치국·평천하라는 조목을 통해 유학의 수기치인의 도리를 천명한 서적으로, 유교사회의 근간을 이루는 가치관을 담고 있다. 따라서『대학』의 가르침과 합치하는 사상은 유교와 공존이 가능한 것이다. 이벽은 예수의 가르침과 행적을 공자에 비견한다. 예수의 사랑은 '인'(仁)이며, 예수의 삶과 행적이 공자가 여러 나라를 돌아다니며 세상을 구제해 보려고 했던 행적[轍環天下]과 비견될 수 있다는 것이다. 또한 예수의 가르침은 사후의 안락을 얻는 이익의 추구에 있는 것이 아니라, 의(義)의 추구에 있다는 점을 피력한다.

『성교요지』의 내용을『천주실의』와 비교해 보면,『성교요지』에서는 '신존재 증명'에 해당하는 부분을 거의 대부분 생략했고,[31] 원죄를 강조하

---

27 『論語』「季氏」: "君子有九思, 視思明, 聽思聰, 色思溫, 貌思恭, 言思忠, 事思敬, 疑思問, 忿思難, 見得思義."

28 이벽은 "畜老革荒, 龍現首擧"라 하여 헤롯왕은 늙어 죽고, 예수가 나타나 머리를 들었다고 하였다.

29 신의연, "『천주실의』와『성교요지』의 보유론 비교연구,"『중국인문과학』 46 (2010), 12, 467.

30 김동원, "광암 이벽의 '성교요지'해설,"『사목정보』 8(5) (미래사목연구소, 2015), 9, 63.

31 신의연은 이벽이 신의 존재 증명을 생략한 것은 사상적 측면에서『천주실의』의 한계를 넘어선 것이라고 평가한다.『천주실의』는 토미즘이나 서양철학에 입각해서 성리학을 재단하는 무리를 범한데 비하여, 이벽은 성리학을 잘 이해하고 있는 유교적 지식인의 입장에서 그러한 오류를 범하지 않으며, 그보다는 동양적 정서와 세계관에 입각한 논설을 펼쳤다는

지도 않는다. 그는 영혼의 구제를 위해 신의 은총에 기대기보다는 도덕수양을 강조한다. 이는 '천리를 높이고 인욕을 없앤다[尊天理去人慾]'와 같이 천인합일을 향한 수양론적 관심이 압도적이었던 조선유학의 흐름에 부합하는 것이라 할 수 있다. 배요한은 인간의 선에 대한 '본질적 가능성'과 '실존적 한계성' 가운데, 유교는 '본질적 가능성'에 초점이 있으며 이벽역시 그러한 전통 속에 있음을 말한다. 이벽에게 있어 예수의 가르침은 인류와 사물의 강령을 세운 것이며, "예수는 하늘과 존재론적 합일을 이룬 성경의 가장 위대한 모범자"로 인식된다는 것이다.[32] 이는 유교에서 수천 년간 가르쳐온 성인의 길을 실현하신 분이 바로 예수이기 때문에 예수를 따르는 신앙은 유가에서 지향하는 성인의 길에 합치한다는 뜻이 된다.[33]

『성교요지』가 성인되기를 향한 실천적 노력을 강조한 한국 성리학의 특성에 부합한다는 점은 분명해 보인다. 그렇다면 이와 같이 기독교와 유교가 상통할 수 있음에도 불구하고 이벽이 죽음을 마다하지 않고 기독교를 신봉한 이유는 무엇인가? 그것은 결국 상제에 대한 신앙이라고 생각된다. 『성교요지』는 1편 첫머리에 "사람이 아직 나기 전에 이미 상제가 계셨다[未生民來 前有上帝]"라 하여 상제로부터 시작하고, 3편의 마지막인 49절 주석에서 모든 도덕실천의 근본은 마음을 다해 상제를 섬기는 데에서 비롯하는 것[始盡心以昭事上帝哉]을 역설하는 것으로 끝맺는다.

위의 절은 예수의 도와 그 교인이 임금을 섬기고 백성을 돌봄에 마음을

것이다(신의연, 위의 글, 467).

32 배요한, 「유교와 기독교의 만남-이벽의 『성교요지』를 중심으로」, 『장신논단』 41집 (2011), 409.

33 김동원, 위의 글, 64.

바르게 하고 뜻을 정성스럽게 함을 말하니, 사람들은 무엇이 참되고 거짓된 길인지 잘 헤아려야 할 것이다. 그 신도의 준칙이 구별되어 있으니, 그 당연한 법칙을 따른다면 어찌 영겁의 불길에서 구제되지 못함을 두려워하겠는가? 마음을 다하여 상제를 밝게 섬기는데서 시작해야 할 것이다 [右節言耶蘇之道其教人 致君澤民 正心誠意, 人當斟酌於眞僞之途, 甄別其信徒之準, 以循當然之則, 而豈怖永火之無救, 始盡心以昭事上帝哉].

이벽의『성교요지』는 상제의 존재를 증명하기 위해 별다른 변증을 시도하지는 않지만, 우주의 창조자이자 주재자로서 상제에 대한 인식이 분명하게 자리 잡고 있음을 볼 수 있다.[34] 위 인용문은 '마음을 다하여 밝게 상제를 섬김'이 가장 근본이며, 그 길은 임금을 잘 섬기고 백성을 돌봄의 '인사'에 있음을 말한다. 도덕실천의 근본이 상제공경에 있다는 주장은 이벽의「천주공경가」에서도 볼 수 있다. 그는 "부모에게 효도하고 임금에는 충성하네. 삼강오륜 지켜가자 천주공경 으뜸일세"라고 하는 것이다. 천도와 인사의 하나 됨은 유교의 고전적 주제이다.『신약성경』은 율법의 근본을 '마음과 목숨을 다하여 하나님을 사랑할 것', '네 이웃을 네 몸과 같이 사랑할 것'의 두 가지로 요약하고 있다.[35]『성교요지』의 마지막 구절은 '천도'와 '인사'의 관계에 대한 이벽의 기독교적 해석으로 『신약성경』의 가르침과 상호 조응한다고 하겠다.

---

34 이벽이 대중을 위해 지었다는「천주공경가」에는 천주에 대한 소박한 변증이 실려있다. "내 몸에는 영혼있고 하늘에는 천주있네" "죄짓고서 두려운자 천주없다 시비마소 아비없는 자식봤나 양지없는 음지있나 임금용안 못뵈었다 나라백성 아니런가"라 한 내용을 보면 자식의 존재가 부모의 존재를 증명하고, 백성의 존재가 임금을 증명한다는 논리로 천주의 존재를 방증함을 볼 수 있다.

35「누가복음」12: 30-31, " 네 마음을 다하고, 네 목숨을 다하고, 네 뜻을 다하고, 네 힘을 다하여, 너의 하나님이신 주님을 사랑하여라. 둘째는 이것이다. 네 이웃을 네 몸 같이 사랑하여라. 이 계명보다 더 큰 계명은 없다."

2. 정약종의 『주교요지』

정약종의 『주교요지』는 『천주실의』와 같이 문답형식을 갖추었으며, 서술의 주제도 『천주실의』와 유사하여, 조선의 초기 기독교 지도자들에게 『천주실의』가 끼친 영향을 확인할 수 있는 저술이다. 그러나 『천주실의』가 유교 지식인들을 대상으로 쓴 것이라면, 『주교요지』는 일반민중을 위해 한글로 천주교의 교리를 알기 쉽게 쓴 한국 최초의 천주교리서로 평가받고 있다. 저술의 목적이 『성교요지』와는 다른 까닭에 『주교요지』에서는 『성교요지』에서 거의 생략한 신의 존재증명 및 신의 속성 등의 주제를 본격적으로 다루고 있으며, 불교나 무속을 비판함으로써 바른 신앙의 도리를 설명하고 있다. 이벽의 『성교요지』가 기독교와 유교의 유사성을 주로 다룬 저술이라면, 『주교요지』는 유교와 다른 기독교의 특성을 드러냄으로써 이벽의 『성교요지』와는 성격을 달리하는 저술이라고 할 것이다.[36] 『주교요지』는 '주님 가르침의 핵심적인 뜻'이라는 의미이다. 이 책은 상, 하 2편으로 이루어져 있으며, 상편에서는 천주의 존재 및 천지창조, 삼위일체, 민간신앙 및 불교비판, 천당지옥설을 다루고, 하편에서는 원죄설, 대속론, 신앙인의 자세에 대해 설명하고 있다. 『주교요지』는 저술목적이 신도들에게 바른 신앙의 길을 제시하기 위한 것이지만, 한편으로 유학자들의 기독교비판에 대한 변증서 구실을 하는 효과를 낳았다고 할 수 있다. 유학자들의 기독교 비판은 크게 천주의 창조설, 천당지옥설, 영혼불멸설, 기독론, 사회윤리 등으로 요약되는데, 『주교요지』는 이러한 주제들에 대해 문답형식으로 상세하게 답한다. 『주교요지』의 구체적 구성을 보면 이를 알 수 있다.[37]

---

36 배요한, 「정약종의 『주교요지』에 관한 연구」, 『장신논단』 44 (2012), 12, 448.

	장	목차	주제
상편	1-17	1. 인심이 스스로 천주계신 줄 아나니라 2.만물이 스스로 나지 못하니라 3. 만물이 절로 되지 못하니라 4. 하늘이 움직여 돌아감을 보고 천주계신 줄 알리라 5. 사람이 반드시 천주로 말미암아 나니라 6. 천주 오직 하나이시니라 7. 천주 본래 계시고 스스로 계시니라 8. 천주 시작이 없으시고 마침이 없으시니라 9. 천주 지극히 신령하사 형상이 없으시니라 10. 천주 아니계신 곳이 없나니라 11. 천주 무궁히 능하시니라 12. 천주 온전히 알으 시니라 13. 천주 무궁히 아름다우시고 좋으시니라 14. 천주 세 위시오 한 체시니라 15. 푸른 하늘이 천주아니라 16.천지가 스스로 만물을 능히 내지 못하니라 17. 옥황상제라 하는 말이 그르니라	창조주 천주의 존재를 증명, 천주의 속성 설명
	18-27	18. 부처와 보살이 다 천주의 내신 사람이니라 19. 석가여래가 스스로 천지간에 홀로 높다 함이 지극히 요망하고 망령되니라 20. 불경 말이 다 허망하여 믿을 것이 없나니라 21. 산과 물과 큰 땅이 다 부처의 마음 속으로 삼겨났단 말이 허망하니라 22. 전생과 후생이 있고 사람이 죽어 짐승이 되고 짐승이 또 사람이 된다는 말이 허망하니라 23. 불경의 천당지옥의 즐거움과 괴로움을 의론함이 다 모르고 한 말이니라 24. 불경의 말이 두 가지로 나니 믿을 것이 없나니라 25. 불도의 상벌 말한 법이 이치에 당치 아니하니라 26. 득도하여 부처되었단 말이 아주 허망하니라 27. 부처의 도가 천주의 도와 같지 아니하니라	불교비판 (윤회설 및 석가모니 위상 비판)
	28	잡귀신 위하는 것이 큰 죄이라	민간신앙 비판
	29-32	29.천주 반드시 착한 이를 상주시고 악한 이를 벌주시나니라 30. 사람이 죽은 후 영혼이 있어 상벌을 입나니라 31. 영혼이 반드시 즐거움과 괴로움을 받느니라 32. 천주 천당지옥을 두사 세상사람의 선악을 시험해 갚으시니라	영혼불멸, 기독교의 천당지옥설과 선악응보의 공정성
하편	33-34	33. 천주 계셔 엿새에 천지만물을 이루시니라 34. 세상이 본디 좋더니 처음 조상이 천주께 죄를 얻어 좋던 세상이 괴로워지고	천지창조에 대하여

37 『주교요지』 구성표는 정두희의 연구[「정약종의 '주교요지'가 한국사상사에 미친 영향」『교회사연구』20, 한국교회사연구소, 2003. 6. 226면]와 노용필의 연구[노용필, 「정약종의 '쥬교요지'와 利瑪竇의 '主敎要旨' 비교연구」『한국사상사학』 제19집. 3, 한국사상사학회, 2002, 329면]를 참조하였다.

		세상사람이 다 잘못되었나니라	
	35	35. 천주 강생하사 사람이 되사 온 세상을 구하시고 사람의 죄를 다 속해 주시니라	예수의 탄생과 수난
	36-38	36. 예수께서 다시 살아나셔서 하늘로 올라가시니라 37. 예수가 하늘의 오르시던 발자취가 있나니라 38. 십가자의 신령한 자취가 무궁무진하니라	예수의 부활과 승천
	39-41	39. 세상이 마칠 때 천주예수께서 다시 내려오사 천하고금의 사람을 다 심판하시나니라 40. 천주강생하신 의심을 밝힘이라 41. 천하사람이 다 한 몸 같아서 아담의 죄를 만민이 무릅쓰고 예수의 공을 만민이 입나니라	예수 재림과 최후심판
	42-43	42. 천주교를 행하기 어렵다고 말을 못할지니라 43. 천주교를 들으면 즉시 들어올 지니라	천주교 신앙에 대한 결단을 촉구

위의 표를 보면 정약종은 이 가운데 천주에 대한 설명을 가장 길고 상세하게 전개하고 있으며, 불교비판에도 상당히 공을 들인 다음 천주교의 선악응보와 천당지옥설을 설명함을 알 수 있다. 당시 유학자들은 기독교를 불교와 유사한 것으로 치부하는 시각이 우세하였다. 『주교요지』는 불교의 윤회설과 절대자로서 석가모니의 위상을 비판함으로서, 천주교의 사후 선악응보와 천당지옥설이 그와는 다른 체계임을 내외에 분명히 천명한다.[38] 여기에서는 『성교요지』에서 다루어지지 않은 창조주의 존재에 대한 설명, 원죄설, 대속설의 내용을 살펴보기로 한다.

창조주 천주의 존재를 목수가 집을 짓는 일에 비유하는 것은 『천주실의』와 다를 바 없으며 이벽의 「천주공경가」에서도 이와 유사한 내용을

---

38 정두희, 「정약종의 '주교요지'가 한국사상사에 미친 영향」, 『교회사연구』 20, (한국교회사 연구소, 2003), 6, 227 참조.

볼 수 있다.39 그러나 『주교요지』에서는 이외에도 '천지가 스스로 만물을 내지 못 한다'든가 '인심이 스스로 천주계신 것을 안다'는 내용으로 천주의 존재를 증명하고자 한다.

무릇 사람이 하늘을 우러러 봄에 그 위에 임자가 계신 것을 아는 고로 질병의 고통과 고난을 당하면 하늘을 우러러 축수하여 면하기를 바라고 번개와 우레를 만나면 자기 죄악을 생각하고 마음으로 놀라 송구하니 만약 천상에 임자가 아니 계시다면 어찌 사람마다 마음이 이러하리오(〈상편〉 1과 인심이 스스로 천주 계신 것을 아나니라).

천주의 존재를 인간은 본능적으로 이미 알고 있다는 변증은 『성교요지』에서는 볼 수 없는 것으로 이후 정하상이 '양지'(良知)에 입각해 천주의 존재를 증명하려는 변증으로 이어짐을 볼 수 있다.

이제 원죄설과 대속설에 대해 살펴보자. "원조가 과일 먹은 죄가 무엇이 그리 큰 죄이기에 벌이 그렇게 무거우며, 자손에게까지 미친단 말인가?"라는 질문에 대한 정약종의 답변의 요지는 다음과 같다. '죄란 높은 이에 대해 지을수록 그 벌이 무거운 법인데, 원조는 무궁히 높은 천주께 죄를 지었으므로 그 죄가 무궁히 무겁고 깊어 형벌도 무궁하므로 자손

---

39 "작은 집도 절로 되지 못하여 반드시 건축한 목수들이 있어야 되거든, 이 천지 같은 큰 집이 어찌 절로 되었으리요? 분명히 지극히 신통하시고 지극히 능하신 이가 계셔서 만들어야 될 것이니, 목수들을 보지 못해도 집을 보면 집 지은 목수들이 있는 줄을 알 것이요, 천주를 보지 못해도 천지를 보면 천지를 만드신 임자가 계신 줄을 알 것이다"(〈상편〉 제2과 만물이 스스로 나지 못하니라) "작은 집도 절로 되지 못하여 반드시 건축한 목수들이 있어야 되거든, 이 천지 같은 큰 집이 어찌 절로 되었으리요? 분명히 지극히 신통하시고 지극히 능하신 이가 계셔서 만들어야 될 것이니, 목수들을 보지 못해도 집을 보면 집 지은 목수들이 있는 줄을 알 것이요, 천주를 보지 못해도 천지를 보면 천지를 만드신 임자가 계신 줄을 알 것이다"(〈상편〉 제2과 만물이 스스로 나지 못하니라)

만대에까지 이른다. 그러나 벌이란 한계가 있는 것이므로 아무리 중한 벌을 받아도 유한한 벌로써 무한한 죄를 갚을 수는 없는 것이다. 죄를 범한 상대가 지극히 높은 천주이므로 인간으로서는 이를 풀 방법이 없고, 혹 푸는 이가 천주와 같이 높다면 속죄할 방도가 있겠기에, 인성과 신성을 동시에 지닌 예수가 오심으로써 원조의 죄를 풀고 천부와 사람 사이의 다리가 되었다'는 것이다. 또 신성과 인성을 동시에 지닌 예수를 통하여 천주의 지극히 높으심과 사람 죄의 지극히 중함을 볼 수 있고, 사람을 위해 죽기까지 하였으니 사람도 천주를 위해 죽기를 마다해서는 안 될 것이며, 오늘 당장 믿고 행해서 지옥에 들어가지 않도록 하라고 당부하고 있다.

한건은 『주교요지』를 통해 드러나는 정약종의 신학은 당시 신앙의 정황을 고려한 한국적 신학이고, 천주 중심의 신학이며, 그의 삶은 그리스도를 닮으려는 것이었다고 그 의의를 평가 한다.[40]

『성교요지』가 유학자들에게 기독교를 이해시키고 전파한다는 목적을 지니고 의도적으로 유학의 용어와 개념 사상체계와의 접목을 시도한다는 점에서 『천주실의』와 닮아있고 『천주실의』보다 더 정확한 유교적 지식을 기반으로 하고 있다면, 『주교요지』는 저술의 형식과 서술주제에서 『천주실의』와 유사하지만, 저술의 목적과 내용이 기독교 신앙의 핵심적 내용을 드러내는데 집중되어 있다는 점에서 『천주실의』에서 한 걸음

---

40 여기에서 한국적 신학을 전개하였다는 것은, 당시 민중들이 이해하기 쉬운 '居間' '長兄' '사다리'와 용어로 예수가 신과 인간의 중개자 됨을 설명하고, 온갖 잡신을 섬기는 민간신앙이나 불교가 민중의 생활을 지배하고 있던 정황을 고려하여 『주교요지』를 저술하였다는 의미를 담고 있다. 또 천주중심의 신학이란 『주교요지』 전편에 걸쳐 천주에 관한 내용이 지속적으로 이어지고 특히 창조주 천주의 존재와 속성을 설명하는데 많은 지면을 할애하고 있음에 근거한 주장이다.[한건, 「정약종의 신학사상-'주교요지'를 통한 신론분석」 『한국사상사학』 제18집 (한국사상사학회, 2002), 152-153 참조]

더 나아가 있다. 『주교요지』는 유교문화와의 조화를 염두에 둔 것이 아니라, 기독교의 교리를 기독교의 입장에서 정면으로 서술하는 돌직구를 던진 것이라 하겠다.[41] 『주교요지』는 당시 유학자들이 유교적 진리관에서 부딪힌 막다른 골목이 무엇인지를 드러내는 저작이라 할 것이다.[42]

---

41 노용필은 『주교요지』의 저술이 비신자들에게 천주교를 전교하려는 목적이 있었다 하더라도 그보다는 신자들 내부의 교육을 확실하게 하기 위한 것이라고 본다. 불교와 민간신앙에 대한 비판을 비중 있게 다룬 것도 당시 신자들에게 여러 잡신을 섬기는 행위가 잘못임을 강조하려는 의도라는 것이다. 노용필, 「정약종의 '주교요지'와 利瑪竇의 '主敎要旨' 비교연구」, 『한국사상사학』 제19집, 345.

42 기독교로 전향한 이들이 마주친 유교적 가르침의 막다른 골목은 무엇인가? 이때의 유교는 조선사회에서 정학의 지위를 차지하고 여타 사상을 이단시 하였던 주자학을 지목하는 것이 옳을 것이다. 이들이 기독교로 전향하는 과정가운데 눈여겨 볼 것은 이들이 먼저 양명학에 깊은 관심을 가졌다가 기독교에 입교했다는 점이다. 송석준은 성호학파에서 신서파로 분류되는 학자들이 처음에는 주자학을 극복하려는 시도로 양명학을 수용하였다가 10년 후에는 천주교로 전향하게 되는 과정을 주목한다. 성호 이익은 양명학에 호의적이었으며, 그의 조카이자 제자인 이병휴(1710-1776)는 양명학을 수용하였고, 이기양(1744-1802)을 거쳐 권철신에게 이어졌다는 것이다. 이는 다시 정약전, 이승훈(1756-1801)이어졌다. 이들은 1768년-1784년까지 남한강가 천진암(天眞庵) 주어사(走魚寺)에 모여 강학을 하였는데, 1783년 이승훈이 부친의 연행을 따라갔다가 세례를 받고 돌아온 후, 강학에 참여하였던 학자들이 기독교에 입교하였다는 것이다. 송석준의 연구에 따르면, 권철신을 중심으로 하는 소장학자들은 明德·孝悌慈·誠意를 중시하는 양명의 『대학고본』해석을 지지하고 있으며, 『중용』의 해석에서도 事天·畏天·敬天사상을 기조로 선진유학의 천사상을 회복하려는 백호 윤휴의 노선을 따른다. 물론 양명학이 곧바로 사천·외천을 주장하는 것은 아니다. 그러나 理의 무위성을 주장하고 객관적 규범성에 치우친 주자학과 달리 양명학은 리의 활발성과 생동성을 강조하며, 心의 활동으로서 良知 良能의 주체성을 핵심으로 한다. 양명의 리와 기독교의 상제는 상호 배치되는 개념임에도, 리의 활발성과 양지양능의 주체성은 오히려 주자학의 무위한 리의 주재성을 비판하는 근거가 되며, 인간이 상제의 존재를 선험적으로 알 수 있다는 논리로 원용된다는 것이다. 정약종의 『주교요지』는 이러한 점에서 『천주실의』의 사상을 계승하여 '靈神과 知覺이 없는 자가 영신과 지각이 있는 자를 낳을 수 없다'는 논리로 유교를 비판한다는 것이다.(송석준, 「정약종과 유학사상」, 『한국사상사학』 제18집 참조)

3. 정하상의 「상재상서」

정하상(丁夏祥, 1795-1839)[43]의 「상재상서」는 보유론적 관점에서 기독교리의 정당성을 변론하고, 당시 기독교 비판의 핵심이었던 충효의 윤리를 실상 기독교가 소중히 여긴다는 점을 변론하여, 신앙의 자유를 호소한 글이다.

그가 변론한 기독교리는 신의 존재증명, 십계명의 요지, 영혼불멸에 대한 것이다. 그는 먼저 신의 실재를 만물(萬物), 양지(良知), 성경(聖經)을 통해 증명하고자 한다. 신의 실재는 첫째, 만물의 존재를 통해 알 수 있다는 것이다. 집을 구성하는 서까래, 기둥, 바닥 등이 저절로 이루어질 수 없듯, 천지를 지은이가 없을 수 없으며, 해·달·별 등 우주가 주재자가 없이 우연하게 그토록 질서정연할 수 없으니, 창조주인 신을 부정하는 것은 유복자(遺腹子)가 아버지를 보지 못했다고 아버지가 없다고 부정하는 것과 같다는 것이다. 그는 세상의 걸작을 보아도 반드시 지은이를 묻는데, 기묘하기 짝이 없는 우주의 걸작에 대해서는 어째서 작자를 묻지 않는가를 되묻는다.

둘째, 사람의 양지(良知)는 신의 존재를 알고 있다는 것이다. 번개와 우레가 연달아 치면 모두 놀라 두려워 하니, 상벌을 주관하는 주재자가 있음을 본능적으로 알기 때문이고, 위급한 상황이 닥치면 누구라도 하늘

---

43 정하상은 1801년 순교한 정약종의 둘째 아들이다. 큰아들은 1801년 당시 정약종과 함께 순교하였다. 당시 7살에 불과하던 정하상은 어머니, 누이와 함께 낙향하였다가 20세에 홀로 상경하여 교회재건에 투신하였다. 1816년 연경에 가는 동지사 통역관의 하인으로 북경에 가서 세례를 받고 조선에 선교사를 파견해 줄 것을 요청하였다. 이후 9차례나 비밀리에 북경을 넘나들며, 선교사 파견을 요청하였지만 끝내 뜻을 이루지 못하자, 로마 교황청에 직접 탄원서를 제출하여 1831년 마침내 조선교구가 설정되고 선교사가 파견되기에 이르렀다. 1837년 제2대교구장인 엥베르 주교가 입국하고, 정하상은 그 밑에서 활동하며 조선인 최초의 신부로 육성되었으나, 1839년 기해옥사로 가족과 함께 처형되고 말았다.

을 부르니, 이것은 사람의 양지(良知)가 신을 알고 있는 증거라는 것이다. 사람이 양지에 입각해 신의 존재를 이미 알고 있다는 변증은 정약종의 『주교요지』에서도 시도된 바 있다.

셋째, 유가 성인의 실재와 가르침을 유가경전을 통해 증명할 수 있는 것처럼, 기독교의 신에 관한 내용도 성경을 통해 전해져 내려왔으므로 그 실재를 증거할 수 있다는 것이다. 특히 중국에서 경교(景敎)가 부흥하고 지식인들도 참여하였던 점 등을 들어 이미 기독교의 역사가 동방에서도 오래되었음을 논한다.

다음으로 정하상은 십계명의 요지를 두 가지로 설명한다. 첫째는 천주를 만유(萬有) 위에 두고 사랑하라는 것이며, 둘째는 이웃을 네 몸과 같이 사랑하라는 것이다. 그는 이 두 계명을 공자 수제자 안연(顔淵)의 사물(四勿)[44] 및 유가 전통의 수양법인 구사(九思)구용(九容)과 견주어 볼 때, 비교할 수 없으리만치 차원이 높은 수양법으로 인식한다. 이 두 가지 계명에 충서, 효도, 우애, 인자, 의리, 예의, 지혜가 모두 포함되어 있다는 것이다. 따라서, 기독교의 교리는 유가의 가르침과 어긋나기는커녕 이것이 진정한 제가·치국·평천하를 이룰 수 있는 도리임을 주장한다. 유가의 가르침이 늘 수기(修己)와 치인(治人)을 동시에 말하듯, 천주의 계명 역시 일과 마음을 모두 다스리는 요체라는 것이다.

---

44 四勿: 공자의 수제자 안연이 仁에 대하여 물었을 때, 공자는 '극기복례'를 말하였다. "나를 이기고 예로 돌아감이 인이 된다. 하루라도 나를 이기고 예로 돌아가면 천하가 인으로 돌아간다. 인을 행함은 자기를 말미암은 것이니 다른 사람에게 말미암겠는가[顔淵問仁 子曰克己復禮爲仁, 一日克己復禮 天下歸仁焉].爲仁由己 而由人乎哉]." 그러자 안연이 다시 그 구체적 조목이 무엇인지를 물었는데, 공자는 이렇게 답하였다. "공자가 말하기를 예가 아닌 것은 보지 말고 예가 아닌 것은 듣지 말고 예가 아닌 것은 말하지 말고 예가 아니면 행동하지 말라[子曰 非禮勿視 非禮勿聽 非禮勿言 非禮勿動]." 이것을 四勿이라고 한다. 공자는 제자들의 질문에 대해 그 사람에게 알맞게 仁의 내용을 달리해서 설명하였다. '극기복례'와 '사물'은 공자가 수제자 안연에게 仁을 설명한 내용으로서 주목해 볼 필요가 있다.

천주교리와 관련한 변증에서 정하상이 강조하는 것 가운데 하나가 영혼불멸에 대한 확신이다. 그는 만약 영혼이 존재하지 않는다면 살아생전의 행위에 대해 심판할 수가 없을 것이라 한다. 사람이 죽으면 혼(魂)은 올라가고 백(魄)은 내려간다는 유가의 '혼백설'에 비추어 보아도 영혼은 존재한다는 것이다. 사후의 심판 역시 이치상 정당하다고 한다. 세상의 임금에게도 상벌을 집행하는 제도와 권한이 있는데, 우주를 다스리는 임금에게 그 권한이 없을 수 없다는 논리를 편다. 따라서 사후세계의 존재는 이치상 합당하며, 천당지옥을 못 보았다고 믿지 않는 것은 장님이 하늘을 못 보았으므로 하늘이 없다고 부정하는 격이라고 주장한다.

정하상은 당시 천주교가 심하게 배척받은 효의 문제, '폐제훼주'(廢祭毁主)의 문제에 대해 다음과 같이 변론한다. 먼저 우리 존재의 근거가 되는 신을 섬기는 것은 부모에게 효도하는 것과 같다는 것이다. 그는 폐제훼주의 문제도 오히려 효의 관점에서 정당화 한다. 예를 들어 부모가 잘 때도 음식을 드실 수 없는데, 돌아간 부모는 말할 것도 없다. 신주와 같은 나무토막에는 부모의 혼령이 깃들일 수 있는 이치가 없으니, 따라서 기일 (忌日)에 음식을 차리거나 신주를 모시는 것은 모두 허탄한 일이 된다. 그러므로 참으로 부모를 공경하는 사람이라면 오히려 이런 일을 할 수가 없다고 주장한다. 오히려 '폐제훼주'야말로 효의 발로라는 논리인 것이다.

4. 조선 지식인들의 공통 지대: 인륜

당시 기독교의 교리와 유교적 진리관이 현격한 차이를 보인 문제는 창조주, 영혼불멸, 천당지옥설, 상제례 문제라 할 수 있다. 이를 둘러싸고 양측의 비판과 반박이 치열하게 전개되었으나, 주목할 만한 것은 양측 모두 인륜의 수호를 외친다는 점이다. 유교는 '음식남여'의 일상성과 수신·제가·치국·평천하를 중시하는 현세적 진리관을 갖는다. 효제(孝悌)와 오륜(五倫)은 유교사회를 지탱하는 근간이 되어 온 것이다. 유교에서 기독교를 비판하는 논리는 다른 이단비판과 마찬가지로 반인륜성에 초점이 있으며, 이를 반박하는 기독교의 논리도 '인륜'의 수호에 있다는 것이다.

이벽이 『성교요지』에서 기독교의 가르침을 수신·제가·치국·평천하의 구조에 맞추어 설명한 것, 예수의 가르침은 인륜의 강령을 세운 것으로 그 내용은 '인(仁)'이라는 것, 예수의 전도활동은 공자가 세상을 두루 돌아다는 일과 같다고 설명하는 것 등은 기독교가 '인륜'을 수호하는 종교임을 변증한 것이라 하겠다. 또 정약종이 『주교요지』에서 불교의 윤회설 및 기타 잡신숭배가 이치에 어긋남을 역설한 것은 그 취지가 유일신으로서 천주를 섬기는데 있다고 하겠으나, 결과적으로 유교에서 불교·도교의 허황됨을 비판하는 내용과 그 맥락을 같이 함으로써 호교론적 효과를 낳고 있다. 정하상의 「상재상서」는 보다 적극적으로 기독교의 인륜성을 변론함을 볼 수 있다. 십계명의 핵심정신에는 충서, 효도, 우애, 인자, 의리, 예의, 지혜가 모두 포함되고, 마음과 일의 양면을 모두 다스림으로써 유교의 수기치인(修己治人)의 도리와 맥락을 같이 하며, '폐제훼주'는 그것이야말로 올바로 부모를 섬기는 '효'의 윤리의 발현이라고 주장함을 볼 수 있다.

이 외에도 당시 기독교를 수용한 이들의 논리를 보면 한결같이 효·충을 강조한다. 진산사건으로 처형된 윤지충(尹持忠)은 심문과정에서 "천주를 큰 부모로 섬겼다"[45]고 답하였다. 그의 논리는 그 자신이야말로

---

45 정조실록, 15년 11월 무인.

참으로 효충을 다했다는 것이다. 진산사건에 연루되어 1791년 체포된 최필공의 경우도 그 공초를 보면 "큰 부모를 위해 죽는 것이 실로 효가 된다"고 주장함을 볼 수 있다.46 같은 때 체포된 권일신(權日身, 1742-1791)의 경우도 『직방외기』, 『천주실의』 두 책을 보았음을 고백하며, "그 내용가운데 기억나는 것은 '엄숙 공경하고 삼가 두려운 모습으로 천주를 받들면 법이 없어도 자연 임금에게 충성하고 명령하지 않아도 자연 그 부모에게 효도한다'는 것으로, 이는 사람됨의 도리와 이치에 부합하는 것"이라 변론하고 있다.

물론 위와 같은 답변들은 효충(孝忠)의 윤리를 이단배척의 잣대로 보았던 조선정부의 탄압을 피하기 위해 도출되는 당연한 귀결이라 하겠지만, 그 이전에 천주를 섬기는 것과 효충의 윤리가 충돌하는 것이 아니라는 신념 또한 확인할 수 있다. 특히 정하상이 '폐제훼주'야 말로 참다운 효심의 발로라고 주장한 것은─비록 당시에는 결코 받아들여질 수 없었지만─ 기독교식의 새로운 제사개념을 제시한 것이라 하겠다.

IV. 조선의 천주교 탄압은 『천주실의』의 가르침 때문인가

기독교와 유교가 심하게 갈등한 것은 『천주실의』가 전한 기독교 이론 때문이었을까? 조선의 유교는 '음식남녀'를 거절하고 극락지옥을 말하는 불교나 도교와도 큰 마찰 없이 공존하였다. 천당지옥설을 말하고, 혼인하지 않는다는 것은 비판의 사유는 될망정 대규모 참화를 일으킬 배척의 사유가 되지는 않았다. 한국 역사상 성군의 대명사인 세종은 궁궐에 불당

---

46 정조실록, 정조15년[1791] 11월 8일[기묘].

을 설치했다가 성균관의 유생들이 모두 떠나 버리는 등 신하들의 강한 반발에 부딪힌 바 있고, 조선 전기 유교의 개혁가인 정암(靜庵) 조광조(趙光祖, 1482-1519)도 도교식 제사를 주관하였던 소격소 폐지를 공론화하고 이를 관철시킨 바 있다. 조선후기 백호(白湖) 윤휴(尹鑴, 1617-1680)나 서계(西溪) 박세당(朴世堂, 1629-1703)의 경우 주자학과 다른 경전 해석을 주장하였다가 '사문난적'으로 몰렸음은 잘 알려진 일이다. 그러나 조선조에서 기독교 이전에는 이단문제로 참화를 부른 적은 없었다. 조선조는 주자학 외의 학문을 이단시하고 금기시 하였을지언정, 이로 인해 인명(人命)을 상하는 일은 없었다. 유교사회는 나름대로 이른바 '이단'들과 균형을 이루며 공존한 것이다.

그러면 기독교의 경우는 무엇이 문제였을까? '폐제훼주'이다. 천주교에 대한 최초의 법적 처분이 이루어 진 것은 1785년 을사추조적발사건(乙巳秋曹摘發事件)[47]이지만, 탄압의 차원으로 비화한 것은 1791년 권상연, 윤지충이 신주를 불사르고 제사를 거부한 진산사건 때문이었다.

조선은 유교국가로서 효제(孝弟)를 표방하는 나라이다. 효(孝)와 제(弟)는 단순히 가족윤리에 그치는 것이 아니라, 사회윤리이자 조선이라는 사회를 유지시키는 근간이 되는 이념이다. '제사를 받듦[奉祭祀]'은 이러한 효제의 윤리를 표현하고 실현하는 양식이므로 '제사'를 거부한다는 것은 조선사회의 근간을 전복시킬 수 있는 심각한 문제였던 것이다. '폐제훼주'는 유교의 입장에서 결코 타협할 수 없는 충효의 가치와 정면으로 충돌한 사건이었다. 진산사건은 기독교에 몸담았던 유학지식인들이 자

---

47 기독교의 경우 처음으로 법적인 처분이 이루어 진 때는 1785년 이었다. 당시 중인 김범우의 집을 교회삼아 이벽의 설교를 듣고 있던 이승훈, 정약전, 정약종, 정약용 형제들, 권일신 등 수십 인이 체포되었고, 그 가운데 중인신분인 김범우가 혹독한 장형을 받고 유배되었다. 김범우는 결국 장형의 후유증으로 세상을 떠나, 한국 천주교의 첫 희생자가 되었다.

발적으로 기독교를 떠나는 계기가 되었다. 정약전(丁若銓)도 이 일을 계기로 교회에 발을 끊었다고 기술하였으며, 정약용(丁若鏞) 역시 서학서에 '폐제훼주'라는 말은 없었다고 자신을 변론하고 있다. 심지어 결국 순교로 생을 마감한 이가환(李家煥, 1742-1801), 이승훈(李承薫, 1756-1801) 등 천주교의 지도자들도 조상제사를 철폐해야 한다는 파리외방전교회의 답신을 받고 수차례의 배교와 복교를 반복하는 사상적 혼란을 겪었다. 권일신(權日身, 1742-1791)의 경우 1791년의 공초에서 '조상을 섬기는 것이 그 학술의 중요한 조목이며, 제사뿐 아니라 생일에도 제물을 올리는 것이 그 예(禮)에 합하는 것으로 알고 있다'고 적극 변론하며 '권상연과 윤지충이 정말 사판(祠版)을 태워버렸다면 진실로 놀랍고 망령된 일이며, 도대체 그들은 무슨 책을 보고 그렇게 패역한 일을 저질렀는지 이해할 수 없다'고 토로함을 볼 수 있다.48

만약 마테오 리치의 적응주의적 노선이 지속되고 '폐제훼주'라는 극단적 충돌이 없었더라면, 유학자들의 서학에 대한 치밀한 비판은 오히려 한국적 신학을 발전시키는 자양분이 되었을 것이다.49 수용과 발전은

---

48 정조실록, 정조15년(1791) 11월 8일(기묘). 권일신은 당시 서학이 '인륜에 어긋나고 제사를 폐지한 점에 있어서는 邪學이다'라 인정하였지만, 끝내 예수를 배척하지는 않았으며 이로 인해 결국 유배형을 받고 예산으로 가던 중 장독으로 사망하였다.

49 이와 같이 '효'의 윤리는 조선조에서 매우 예민한 문제였다. '효'를 유교와 기독교를 매개할 수 있는 소재로 삼아 접근한 사례를 다산 정약용에게서 볼 수 있다. 그는 유교의 '사친(事親)'과 기독교의 '사천(事天)'을 모순관계로 인식하지 않는다. 현대 신학계에서 '효'의 문제를 신학적 주제로 다룬 사례를 감리교 신학자 해천(海天) 윤성범(尹聖範, 1916-1980)에게서 볼 수 있다. 윤성범은 『효-윤리원론』에서 誠과 孝의 관계를 해명하며 기독교 윤리학의 주제를 유교의 만남을 도모하였다. 이정배에 따르면 윤성범은 예수를 誠의 화육이자 효자로 이해하였고, 예수야말로 역사상 誠을 드러낸 유일한 존재로 파악하였다. 예수 안에서 誠은 孝의 인식근거이자 존재근거가 된다. 誠의 발현으로서 孝는 신앙 그 자체로서 윤성범은 誠(존재)과 孝(윤리)의 관계를 통해 事天과 事親을 하나로 보는 가족 공동체 윤리를 정초하였다는 것이다.[이정배, 「유교와 기독교의 대화, 그 한국적 전개-평가와 전망을 중심으로」『신학과 세계』49, 2004.3, 87면.] 이와 같은 기독교와 유교의 만남은 해천 윤성범

상호 치열하게 대립하고 논쟁하는 가운데 이루어지는 것이기 때문이다. 조선은 인문학의 나라이며, 논쟁과 토론은 일상적인 일이었다.[50] 초기 기독교를 연구하고 전파한 이들이 당대의 쟁쟁한 사대부 지식인이었기에 이들의 순교로 말미암아 한국적 신학이 초기에 그 뿌리를 형성할 기회를 잃었다는 것은 매우 안타까운 일이다.

『천주실의』는 '폐제훼주'를 주장하지 않았다. 로마 교황청이 전례논쟁이후 『천주실의』의 보유론과 적응주의를 배척하고, 이른바 '폐제훼주'를 타협할 수 없는 입교의 조건으로 삼은 것은 조선에서의 큰 비극을 예고한 일이라 할 것이다.[51] 선교지의 문화와 전통을 이해하거나 존중하지 않는 선교방식과 제국주의 세력과의 결탁은 대규모로 무고한 사람들의

이 활동하였던 시기의 시대정신에 부합하는 의미있는 시도였다고 하겠다.

50 조선전기 이언적(李彦迪, 1491-1553)과 조한보(曺漢輔, 미상)의 태극논쟁, 기대승과 이황의 사칠논쟁은 당시 지적풍토에서 젊은 유학자와 노성한 학자사이의 대등한 토론이 상식적으로 용납되었음을 보여준다. 또한 비판 역시 대화와 소통의 한 방법으로 보는 것은 유학의 오랜 전통이다. 예컨대 정암 조광조는 자신이 사헌부의 수장이 되었을 때, 대신(大臣)과 대간(臺諫)이 하는 일에 대해 사사건건 비판의 날을 세움으로써 '화목'을 도모하겠다는 포부를 밝힘을 볼 수 있다.

51 조선정부에서 기독교를 탄압한 명분으로 내걸었던 '無君無父'의 기치는 실상 신분질서의 파괴를 두려워한 조처였다는 시각이 있다. 기독교가 지닌 '천주 앞의 만민평등'의 이념은 그야말로 조선조의 기반을 이루는 신분질서를 파괴할만한 가공할 위력을 지닌 이념이었다는 것이다. 그러나 초창기 기독교를 적극적으로 수용한 계층은 사대부 지식인층이었으며, 그들은 기독교에서 만민평등의 이념을 우선적으로 받아들인 것이 아니다. 그들이 기독교를 수용하게 된 통로로서 『천주실의』는 본래 유교 지식인들을 독자층으로 저술된 것으로 만민평등의 이념을 강조한 것도 아니었다. 기독교를 비판하는 논리와 기독교를 옹호하는 논리의 어디에도 신분질서와 관련한 언급은 들어있지 않다. 또한 신분질서의 파괴는 이미 조선사회에서 서서히 진행되고 있었으며, 그것은 기독교가 아니라 할지라도 근대사회로 이행해가는 과정에서 필연적으로 등장할 것이었다. 오히려 만민평등의 이념을 전면에 내세운 것은 이후에 등장한 동학이라고 할 것이다. 요컨대 18세기 후반에서 19세기 전반에 이르는 기독교탄압의 골자는 '폐제훼주'로 대변되는 효의 윤리가 문제였다는 것이다. 더 나아가 황사영 백서사건 이후 기독교와 제국주의 세력의 결탁은 기독교와 유교의 관계를 더 이상 종교적 대화의 차원에서 논의할 수 없는 국면을 초래하였다.

순교를 자초했다는 점에서나 한국적 신학의 발전계기를 상실했다는 면에서나 매우 불행한 일이다.52

V. 맺음말: 토착화신학과 한국사상사 연구

지난 5월 감리교신학대학교에서는 "토착화신학의 기억(memory)과 꿈(vision): 해천 윤성범 탄신 100주기 기념제"라는 학술대회가 열렸다. 이 행사와 관련한 보도 자료의 일부를 살펴보자.

토착화신학은 한국인의 주체적 신학을 주창한 이름이기 때문이다. 복음은 선교사들이 전해준 복음 그대로 복음이라는 간단하고 순진한 인식으로 한국사회 복음화를 위해 기독교인들이 달려 나갈 때, 토착화신학자들은 그런 방식으로는 민족을 얻는 것은 물론 복음의 본래적 내용들이 뿌리내리지 못할 것이라고 예측했다. … 선교사들이 한국 사회를 보았던 인식, 즉 이곳은 정신적으로나 영적으로 미개하고 낙후된 지역이고 이곳에 복음을 전하는 것은 곧 '근대화'(혹은 현대화)라는 인식을 21세기에도 많은 기독교인들이 무의식적으로 반복하고 있다. … 토착화신학자들은 기독교의 복음이 사회를 변혁하는 근원적인 힘이 되려면, 그것은 기존 한국의 문화를 미개하고 유치한 것으로 몰아붙여서는 불가능할 것이라고 파악했다.

---

52 한편 기독교에 대한 조선 정부의 탄압은 무자비하였으며, 그것은 공자를 숭상하는 유교의 가르침에도 어긋난다. 공자는 "사람이 어질지 못하다고 해서 미워함이 너무 심하면 어지럽게 된다[人而不仁, 疾之已甚, 亂也]"라 하였다. 형장에서 스러져간 수없이 많은 사람들과 그 가족들 또한 조선의 백성이 아니었던가? 전쟁이 아니고서 그렇게 많은 인명을 상한 일이 한국 역사상 존재하였던가? 그와 같이 대규모로 민심이 이반하였다는 것은 유교의 통치이념이 정상적 기능을 상실한 것이며, 정부의 존재 이유를 의심케 하는 일이다.

그리고 그들은 한국 문화의 주체성을 토대로 복음을 한국화 할 방법을 모색하기 시작했다. ⋯ 그리고 그들의 주체 의식 즉 한국 문화의 주체 의식으로 서구의 문명과 함께 이 땅에 건너 온 복음의 모습을 파악해야 한다는 것이 토착화신학자들의 경고였다. 이 경고는 21세기 이미 다인종·다민족·다종교 사회로 선포된 대한민국 사회에도 여전히 적절한 경고이다."[53]

위의 기사는 한국 기독교인들이 지니고 있는 의식의 현재적 정황과 앞으로 나아갈 길을 명료하게 보여준다. 앞서 언급한 바와 같이 이른바 토착화신학은 이미 조선의 초기 기독교 지식인들에 의해 시작되었다고 하겠다. 기독교의 교리와 원리를 둘러싼 비판과 논쟁 속에 산출된『성교요지』,『주요요지』,「상재상서」등이 그 산물이다.

한편 그것은 한국사상사의 자기전개의 한 모습이라 할 수 있을 것이다. 한국사상사의 입장에서 보자면 유교와 기독교와의 만남은 한국사상의 외연이 확장됨을 의미한다. 이때의 유교는 천 년 이상의 시간을 거쳐 한국의 정체를 이루는 중심으로 자리 잡은 유교이다. 조선 땅에서 이루어진 유교와 기독교의 만남은 한국이라는 특수성을 탈각한 보편유교가 아니라, 당시 이 땅에 살아있는 사상으로서 한국유교와 기독교의 만남일 수밖에 없으며, 근세 한국사상사의 한 단면인 것이다. 17-18세기『천주실의』를 비롯한 서학서의 전파와 확산은 외적 전도에 의한 것이 아니라 조선의 지식인들 사이에서 자발적으로 일어난 것이다. 이는 조선의 유교지식인들이 주자학을 넘어서서 새로운 사상적 지평을 개척해 보려는 사상사적 요구에 따른 것이기도 하다. 따라서 조선의 유교지식인들이 기독교를

---

53 http://www.christiandaily.co.kr/news/감신대-해천-윤성범-학장-탄신-100주기-기념-토착화신학-학술잔치-69900.html

수용하는 양상을 고찰하는 것은 필연적으로 한국사상사연구의 일환이 된다. 현재 한국사상사의 입장에서 한국기독교를 바라보는 시각은 매우 드물다. 기독교계의 토착화신학연구과 한국사상사의 확장으로서 기독교연구는 서로 출발점을 달리하지만, 양자의 조응은 한국 종교 사상의 내용과 역사를 함께 발전시킬 것이다.

참고문헌

마테오 리치 지음, 송영배 등 역주.『천주실의』. 서울: 서울대출판부, 2000.

마테오 리치 지음, 송영배 역주.『교우론』외 2편. 서울: 서울대출판부, 2000.

윤기.『무명자집』. 한국고전번역원 사이트

이규경.『오주연문장전산고』「서학」. 한국고전번역원 사이트

안정복.「천학문답」. 한국고전번역원 사이트

남한조.「이성호익천주실의발변의」. 한국고전번역원 사이트

정종로.「손재선생유사총서」. 한국고전번역원 사이트

정하상.「상재상서」

『정조실록』

이기경 편, 김시준 옮김.『벽위편』. 서울: 명문당, 1987.

김동원. "광암 이벽의 '성교요지' 해설."「사목정보」 8(5). 미래사목연구소 , 2015.9.

김옥희. "상징학적으로 본 광암 이벽의 '성교요지' 구조에 관한 연구."「한국서학사상사 연구」. 서울: 국학자료원, 1998.

노용필. "정약종의 '쥬교요지'와 利類思의 '主敎要旨' 비교연구."「한국사상사학」제19집. 3. 한국사상사학회, 2002.

배요한. "유교와 기독교의 만남-이벽의『성교요지』를 중심으로."「장신논단」41집. 2011.

서종태. "이익과 신후담의 서학논쟁-둔와서학변의 〈紀聞編〉을 중심으로."「교회사연구」16. 한국교회사연구소, 2001.

신의연. "『천주실의』와『성교요지』의 보유론 비교연구."「중국인문과학」46. 2010. 12.

정두희. "정약종의 '주교요지'가 한국사상사에 미친 영향."「교회사연구」20. 한국교회사연구소, 2003. 6.

정의순. "천주실의."「나라사랑」47. 외솔회, 1983.

한건. "정약종의 신학사상-'주교요지'를 통한 신론분석."「한국사상사학」제18집. 한국사상사학회, 2002.

한자경. "18세기 조선 유학자들의『천주실의』비판."「철학연구」제69집

http://www.christiandaily.co.kr/news/감신대-해천-윤성범-학장-탄신-100주기-기념-토착화신학-학술잔치-69900.html.

비유, 모델, 방법론으로 본 탁사와 해천의 신학
: 두 지평의 포월과 초월을 통해 배움

이한영

(감리교신학대학교)

I. 탁사와 해천의 신학을 바라보며

본 논문은 윤성범 탄생 100주년을 맞이하여 최병헌 신학과의 비교를 통하여 윤성범 신학의 의미를 재조명해보고자 한다. 탁사 최병헌은 한국 최초의 개신교 선교사들의 영향을 받은 제1세대 목회자였으며, 토착신학자라는 평가를 받을 만한 많은 작품들을 남겼다. 그래서 최병헌의 신학을 토착화 여명기의 신학이라고 평가할 수 있다. 이에 비해 해천 윤성범의 신학은 이미 서양의 신학이 체계적으로 교육되고 있던 시기에 비서구화를 통해 본격적인 한국적 토착화신학의 문을 연 신학이라 하겠다.

이 두 사람은 모두 특정 시기의 시작을 알리는 대표자이지만, 각 시대와 사명의 차이가 있어, 두 신학 사이에 신학관의 차이가 존재한다. 따라서 본 논문은 두 신학자를 비교신학적 관점에서 다루면서, 이 양자의 신학의 차이를 분명하게 드러내보고자 한다.

또한 이 글은 이 두 사람의 신학적 차이와 내용을 보다 선명하게 드러내기 위해서 비유 모델의 방법론을 통해서 접근해보고자 한다. 그것은 비유와 모델이 각 신학의 특징을 이미지로 잘 나타내주기도 하지만, 기독교와 문화의 관계가 주로 이러한 모델들을 통해서 표명되어 왔기 때문이다. 그러나 본 논문의 목적은 모델 자체에 대한 의미를 평가하고 비평하는 것이 아니다. 모델 자체의 의미와 변화의 추이를 따라가지만, 그 과정 속에서 이 두 사람의 신학적 내용들의 의미와 한계를 분석하고 비평하는 것이 목적이다.

비유 모델을 다루는 방법은 크게 두 가지이다. 하나는 서양신학자들이 제시한 분류 방식과 모델 유형에 적용시켜 보는 것이고, 다른 하나는 한국신학계에서 제시된 모델 유형들에 적용시켜보는 방식이다. 전자로는 니버와 베반스의 서양 모델 유형을 택할 것이며, 후자로는 그 기원의 지역적 출처와 상관없이 한국신학계에서 제시된 다양한 모델 유형들을 택할 것이다. 그리고 이 양자는 배타주의, 포괄주의, 다원주의로 분류되는 종교신학의 유형, 최병헌과 윤성범의 모델 등을 통해 함께 비교되고 설명될 것이다.

그러나 본 논문은 기존의 모델 유형만을 다루지 않고, 두 신학자의 글 속에 있는 비유들, 개념들 중 이 두 신학자들의 신학적 내용을 대표할 만한 것을 추려내어 모델화시키려고 한다. 그리고 그 안에서 각 신학적 내용들의 의미와 한계에 대해 논해보고자 한다.

또한 본 논문은 윤성범의 신학을 '토착화신학의 시기'와 '한국적 신학의 시기'라는 2개의 시기로 나누어 고찰함을 전제로 하며, 이를 신학적 분석에 적용하는 방법을 택하고자 한다. 즉 문화적 아프리오리-상황-전 이해 등 선험적 인식론을 방법론적 전거로 삼고 있는 토착화신학과 성 (誠)의 해석학을 방법론적 전거로 삼고 있는 한국적 신학을 구분해 보고 자 하는 것이다.[1] 그 이유는 윤성범 신학의 특징이 60년대와 70년대에 연속성을 갖고 있으면서도 뚜렷한 차이점과 전환점을 갖고 있었다고 보 기 때문이다.

본 논문은 최병헌과 윤성범의 신학을 응용해 새로운 신학을 구성하는 것을 목적으로 하지 않는다. 이 글은 100주년을 기념하여 두 신학의 자료 적 의미를 제공하는 한편, 한국신학사에서 갖고 있는 의미와 한계를 적시 하고, 그 신학적 개념과 특징들을 재정의하고 재규정하며 재조명하고자 하는 것에 목적을 둔다.

II. 방법론적 모델 1: 니버와 베반스의 모델 유형

1. 복음주의와 에큐메니즘

기독교와 문화의 상관관계에서 최병헌과 윤성범의 신학은 어떤 자리 에 위치해 있었는가? 토착신학자, 한국신학자로서의 최병헌과 토착화신 학자이자 한국적 신학자로서의 윤성범의 신학은 어떠한 선교신학적, 종 교신학적 지점에 있었는가? 더 나아가 어떠한 구조, 형식, 내용을 갖고 있는가? 이것은 복음과 문화, 기독교와 문화, 서구 신학과 문화의 관점에

---

1 윤성범의 사상을 두 시기로 구분하는 이유와 내용에 대해서는 필자의 졸저, "토착화신학의 흐름과 재고," 「신학사상」 147(2009. 12): 108-115를 참조할 것.

서 매우 중요한 물음이다.

실제로 신학자들 사이에서는 이 두 관계에 대하여 다양한 입장에서의 견해를 피력해왔다. 그리고 이 과정 속에서 이 두 양자의 관계에서 어떤 것에 더 강조점을 두고 있느냐, 또한 그 관계를 어떻게 설정하느냐 하는 것에 대한 입장 차이가 분명하게 드러났다.

이러한 입장 차이는 크게 보수와 진보 진영으로 나뉘는데, 양쪽을 대표하는 것이 복음주의 진영과 에큐메니컬 진영이다. 서양, 기독교, 교회, 성경, 초월성, 배타성 등을 패러다임을 갖고 있었던 복음주의 진영과는 달리, 에큐메니컬 진영은 지역, 타종교, 사회, 경전, 내재성, 포괄성, 다양성 등을 숭심으로 패러다임의 전환을 가져갔다.

이미 16세기에 중국에 선교사로 갔던 마테오 리치의 경우 중국의 문화에 적응하면서 유교와 대화했다. 리치는 오늘날 가톨릭의 대표적인 선교 패러다임이 된 적응주의 선교 정책에 의해 유교 선비의 모습으로 중국 문화와 대화했다. 그는 유교의 상제를 기독교와 동일하다고 했으나, 그렇다고 해서 유교와 기독교를 동등한 위치에 놓지는 않았다. 유교를 불완전한 상태의 상대적 진리를 가진 종교로 보고, 기독교를 통해 완성되는 포괄주의 성취설을 택했다. 더 정확하게는 적응주의적 포괄주의 성취설이라 하겠다.

개신교의 역사 속에서도 19세기의 자유주의 신학과 20세기 초의 신정통주의 신학, 그리고 20세기 중반 이후의 다원주의 신학 등의 출현이 있었다. 그리고 이 과정 속에서 선교의 모델도 점차로 변해갔다. 하지만 이러한 변화 속에서도 복음주의 진영은 지금도 여전히 굳건히 그들의 입장을 세대를 통해 지속해나가고 있다. 계시와 현실, 말씀과 종교체험, 초월과 내재, 신과 인간의 무한한 질적 차이와 비연속성을 강조하는 칼 바르트류의 신정통주의 신학은 신의 초월성을 강조하는 계시신학의 전통을 수립하고 지속해나갔다. 한편, 트뢸치, 틸리히 등의 신학자들은 종교신학과 문화신학적 입장에서 새로운 돌파구를 찾아 나섰고, 창조적인 신학적 작업을 시도했다.

개신교 신학자들이 종교 간의 대화에 눈을 뜨기 시작한 것은 제 2바티칸 공의회에서 발표한 일련의 문서들과 선언들이 주는 충격에 의해서였다. WCC의 주도로 시작된 종교 간 대화운동은 1967년 스리랑카 캔디 모임에서 시작되었고, 1975년 나이로비 회의에서는 배타주의를 넘어서 포괄주의에 이르려는 대화 정책을 시도하였으나, 그리스도 신앙·말씀·케리그마 중심의 복음주의자들, 신정통주의자들의 반대에 부딪혔다. 그러나 1977년 태국 치앙마이에서 협력설에 근거한 대화지침을 공표했다.[2] 이후 에큐메니컬 운동에서는 교회일치 운동, 여러 가지 형태의 다원주의 운동 등이 출현했다.

복음주의 진영에서는 에큐메니컬 진영의 이러한 일련의 변화들을 충격적으로 받아들였다. 1961년 인도 뉴델리 세계선교대회에서의 복음주의 진영의 IMC와 에큐메니컬 진영의 WCC의 합동은 복음주의 진영에 엄청난 충격과 반발을 가져왔다. 그들은 '하나님의 선교,' '교회 밖에도 구원이 있다'는 WCC의 선교 정책 선언에 반발하면서 배타적 의미에서의 교회중심, 그리스도중심의 선교 정책을 강화해나갔다.[3]

최병헌은 이러한 선교 정책의 영향은 거의 받지 않았다. 그러나 윤성범은 세계 선교의 역사 속에서 볼 때 논란이 많은 시기에 활동했다. 그의 신학자로서의 본격적인 활동 시기는 60년대 초 이후이며, 그의 회고록에

---

2 변선환, 『전집 1: 종교간 대화와 아시아신학』 (천안: 한국신학연구소, 1996), 20-22.
3 도널드 맥가브란/이재완 옮김, 『기독교와 문화의 충돌』 (서울: CLC, 2007), 8-9.

의하면, 그가 동양종교에 관심을 가진 시기는 1965년 국제종교사학회(11회, 미국, 클레어몬트 대학)와 1975년 국제종교사학회(13회, 영국, 랭커스터 대학)에 참석하면서부터라고 한다.[4]

기독교와 문화의 관계에 대한 관계는 이처럼 첨예하다. 그런데 그 관계에 대한 이해는 단지 복음주의와 에큐메니컬 두 진영만으로 나누어지지도 않는다. 그 관계에 대한 이해는 무지개보다도 더 많은 종류의 다양한 색깔의 스펙트럼 안에 있다.

2. 니버와 베반스: 그리스도와 문화의 다섯 가지 유형 / 상황화 신학의 다섯 가지 모델

이제 그 다양한 접근들에 대해 알아보기 위해, 기독교와 문화에 대한 서양신학자들의 모델 유형분류에 대해 살펴보자. 먼저 리처드 니버는 기독교와 문화의 관계를 그리스도와 문화의 관계 속에서 규명하고자 했는데, 이는 다음과 같다.

① 문화와 대립하는 그리스도 ② 문화에 속한 그리스도 ③ 문화 위의 그리스도 ④ 역설관계 속의 그리스도와 문화 ⑤ 문화의 변혁자로서의 그리스도

니버의 이 5가지 유형은 이념상의 순서를 반영하고 있지 않으므로, 이를 재배치하여, 표로 나타내면 다음과 같다.

---

4 윤성범, "나의 생애와 신학,"「크리스챤 신문」, 7회차.

그리스도와 문화의 관계 유형				
그리스도 ←──────────────────────→ 문화				
유형	① 대립	④ 역설	⑤ 변혁자	② 문화 위	③ 문화 내
별칭	근본주의	이원론	전환론	종합론	자유주의
특징	분리, 배타	역설, 긴장	개혁	우위, 대립×	통합
문화	문화제거	문화긴장	문화개혁	문화이용	문화의 흡수
인물	터툴리안	루터, 바울	바울, 어거스틴	아퀴나스	자유주의자들

이에 비해 스티븐 베반스는 복음과 문화의 상관관계에 대해, 번역 모델, 인류학적 모델, 실천 모델, 종합 모델, 초월 모델 등 다섯 가지 모델로 제시한 바 있다.[5]

① 번역 모델: 가장 보수적인 모델로서 성서와 전통의 본질적인 내용에 충실해야 함을 강조하는 모델이다. ② 인류학적 모델: 가장 급진적인 모델로서 성서나 전통보다 문화적 정체성 및 문화와 신학과의 연관성을 강조한다. ③ 실천 모델: 개인의 신앙보다는 사회의 변화를 강조한다. ④ 종합 모델: 위아래의 4가지 모델들의 균형을 요구하는 모델이다. ⑤ 초월 모델: 내용보다는 주체를 강조하는 모델로, 종교적 인식이나 초월적 체험에 바탕을 둔 모델이다.

베반스는 니버와는 달리, 자신의 모델 유형을 그 급진성에 따라 배치한 그림을 제시했다. 필자는 이 배치순서를 참고하여 책 전체 내용을 하

---

5 Stephen B. Bevans, *Models of Contexual Theology* (New York: Orbis Books, 1992), 27.

나의 도표로 정리하였다.

복음의 메시지와 문화의 관계 유형				
복음,전통 ⟵————————————————⟶ 사회,문화				
유형	번역 모델	종합 모델	실천 모델	초월 모델	인류학 모델
별칭	적응 모델	변증법, 유비, 대화	프락시스 모델		문화화 모델
특징	성서, 전통	독특성+상보성	사회변화	주체성, 종교체험	문화중시
문화	배타/분리/변화	균형허용	사회 〉 문화	체험 〉 문화	문화강조
기독교 전통 복음, 성서	전통 〉 문화, 사회, 체험	전통 ≒ 사회 ≒ 문화 ≒ 체험	전통 〈 사회	전통 〈 체험	전통 〈 문화
인물, 사상	마테오 리치, 요한 바오로 II	데이빗 트레이시, 고야마 고스케, 호세 드 메사	북미신학, 해방신학, 아시아여성 신학	샐리 맥페이그, 유스토 곤잘레스	제2바티칸 공의회, 아프리카 신학, 아시아 신학
개념	탈상황화 아래로의 성육	신학적 문화화	사회, 역사, 해방, 변혁	은유 영성의 정치화	토착화 인류화

그런데 베반스의 모델을 보면, 이상한 점이 하나 있다. 그것은 가장 행동적이고 변혁적인 실천 모델이 초월 모델이나 인류학 모델보다 앞에 위치해 있는 것이다. 정치적 이념의 입장에서 보면, 가장 급진적인 모델로 가장 끝에 위치시키려 할 것이다. 하지만 베반스는 그러한 사회구조적 변화가 아니라, 기독교 전통을 얼마나 변화시킬 가능성이 있는가 하는 것을 기준으로 삼고 있다. 즉 정치 사회적인 기준이 아니라 종교 문화적인 기준에서의 보수성과 진취성을 그 판단 기준으로 삼고 있는 것이다. 이러한 분류 기준은 앞으로 논의할 토착화신학과 한국적 신학을 재평가하는 데 있어서도 중요한 점을 시사해주고 있다고 생각한다. 즉 민중신학

이나 해방신학의 정치 변혁 못지않은 문화 변혁을 위한 운동이었다는 점 말이다.

니버와 베반스의 유형에는 공통점은 물론 차이점도 존재한다. 니버의 분류는 1950년대 이전의 신학적 상황을 반영한 것이며, 각 유형에 해당하는 인물들도 바울, 아우구스티누스, 아퀴나스 등 중세 전통신학자들과 루터, 캘빈 등 종교개혁신학자들 그리고 리츨 등 자유주의신학자들을 그 예로 들고 있다. 이에 비해 베반스는 19세기의 자유주의 신학을 넘어 신정통주의 신학에서 다원주의 신학에 이르는 20세기 신학적 패러다임의 변화는 물론, 제2바티칸공의회 이후의 가톨릭 신학의 패러다임의 전환, 북미 신학, 해방신학, 아시아 신학, 아프리카 신학 등의 20세기에 출현한 다양한 신학적 변화들도 반영하고 있다.

따라서 우리는 이 두 패러다임을 하나로 모아서 그들의 모델과 유형의 지점이 어느 선에 위치해 있는가 하는 것에 대해 알아볼 필요가 있다. 아래는 두 모델과 유형의 위치를 재배치해 비교해본 것이다. 또한 현대 종교신학의 관계 유형도 함께 대조해 보았다.

복음, 그리스도와 문화의 관계유형									
	복음 ←———————————————————————→ 문화								
니버	대립	역설		변혁자	초문화				문화 (자유주의)
베반스			번역			종합	실천	초월	인류학(토착, 포괄, 다원)
종교 신학	배타주의, (분리주의)		(균형주의), (전환주의), 포괄주의, 다원주의						

이제 우리가 살펴볼 것은 이 논문의 대상인 최병헌과 윤성범의 신학이 이 모델과 유형에 비추어 보았을 때, 어떤 위치를 점하고 있었으며 어떤

특징을 갖고 있었는가를 살펴보는 일이다. 그런데 베반스의 주장대로 이들의 신학은 인류학적 모델에 속하는 것일까? 앞으로 논의될 모델과 신학자들의 주장들은 모델의 문제가 복합적이고, 혼재적이라고 하는 사실을 알려줄 것이다.

III. 니버와 베반스 모델로 본 탁사와 해천의 신학

1. 최병헌: 번역 모델

먼저, 베반스의 모델을 적용해보면, 최병헌은 번역 모델에 가장 가깝다. 번역 모델은 가장 오래되었으며 전통적이며 보수적이며 광범위하게 퍼져 있는 모델로, 그 특징을 다음과 같이 정리해 볼 수 있다.6

첫째, 기독교의 본질적 메시지는 초문화적이며, 문화는 보조적이거나 종속적이다. 둘째, 순수한 복음이 드러나게 하기 위해서 문화의 껍데기들을 벗겨내야 한다. 셋째, 순수한 복음의 메시지를 포장할 수 있는 적절한 개념을 수용자 문화에서 찾아야 한다. 넷째, 핵심은 메시지를 번역하는 일이다. 다섯째, 복음은 문화에서 완전히 자유로운 계시다. 여섯째, 기독교의 본질적인 정체성을 훼손해서는 안 된다.

최병헌은 선교사들로부터 교육받은 내용7을 그대로 신학적으로 전수받았다. 당시 우리나라에 거주하고 있던 초기 선교사들은 대체로 보수적인 신학관을 주입시켰다. 초기 선교사들은 배타주의적 입장에서 기독교

---

6 앞의 책, 31-36.

7 당시 교육에 대한 자세한 내용: 이한영, "인격성과 비인격성의 문제를 통해 본 탁사 최병헌의 신관 연구: 『천주실의』를 보(補)로 하여," 「신학연구」 52(1): 123-4 참조.

복음에 절대적인 우위와 권위를 두고 토착 종교를 이해하였으며, 유불선 등 토착 종교에 대해 우상숭배나 미신의 관점에서 접근하였다. 또한 토착 종교와 문화를 열등한 것으로 생각하였고, 대화보다는 개종의 대상으로 생각하였다. 그러나 한국인들의 하느님 신앙에 대해서는 한국인들의 원초적인 신앙으로 생각하면서 충격과 경의를 표하기도 하였고, 기독교 신앙과의 연결고리로 생각하여 제한적이나마 포괄주의적 성취론의 입장을 취하기도 하였다.[8] 그래서인지 제 1세대 개종자였던 최병헌의 신학은 매우 교리적인 신학, 변증적인 신학의 수준에 머물러 있다.

선교사들의 교육 내용을 답습한다는 면에서, 최병헌의 신학은 번역 모델에 가깝다. 그런데 번역 모델은 강조점에 따라 크게 두 가지 의미를 가지게 되는데, 하나는 문자 그대로 일대일로 번역한다는 것과 다른 하나는 의미로 번역해야 한다는 것이다. 전자는 칼 크래프트의 입장(형식적 일치)이며,[9] 후자는 베반스의 입장(의미적 일치)이다.[10] 편의상 필자는 이를 토대로 전자를 '문자적 번역,' 후자를 '의미적 번역'이라고 부르도록 하겠다.

이 중에서 최병헌의 신학은 문자적 번역 신학이 아니라, 의미적 번역 신학에 해당된다고 보아야 할 것이다. 그 이유는 최병헌이 기독교의 하나님을 동양의 상제(上帝), 상주(上主) 등 토착적인 개념을 사용하여 기독교의 하나님을 표현하거나,[11] 천지창조의 하나님을 "도"(道)라고 표현하고 있기 때문이다.[12]

---

8 이덕주, 『한국 토착교회 형성사 연구』(서울: 한국기독교역사연구소, 2000), 79-90.

9 Carl H. Kraft, *Christianity in Culture: A Study in Dynamic Biblical Theologizing in Cross-Cultural Perspective* (N.Y.: Orbis Books, 1979), 264.

10 Stephen B. Bevans, *Models of Contexual Theology*, 32-33.

11 최병헌의 저술 속에 나타난 신관에 대해서는 이한영, "인격성과 비인격성의 문제를 통해 본 탁사 최병헌의 신관연구," 126-127을 참조할 것.

그러나 번역 모델은 사실상 기독교의 본질, 기독교의 복음을 그대로 전달한다기보다는 특정한 역사 속에서 형성된 전통, 교리, 신학을 본질 또는 복음이라는 이름으로 전달하기 십상이다. 그러므로 번역 모델에 대해서 우리는 다음과 같은 질문을 던질 수 있다.

순수한 복음의 본질을 규정하고 정의하는 주체는 누구인가? 또한 무엇이 순수한 복음이며 어떻게 발견할 수 있는가? 번역 모델은 본질이라는 이름으로 기독교를 문화 위에 놓으며, 문화를 해체시키려 한다. 그러나 문화의 우위를 판단할 수 있는 기준은 무엇인가?

번역 모델은 의미론적 번역이라고 해도, 아무리 나아가 보았자, 적응주의를 넘어설 수 없다. 『천주실의』의 저자 마테오 리치가 대표적인 경우이다. 하지만 최병헌의 신학에는 번역 모델을 넘어선 그 이상의 무엇이 있다. 이 글은 아에 대해 후술할 것이다.

2. 윤성범: 인류학적 모델

윤성범은 한국적 토양, 한국 문화 위에서 신학을 수립하는 것을 신학의 과제로 삼았는데, 그것은 번역 신학을 넘어서는 것이었다. 그는 번역이란 원문을 그대로 옮기는 것을 위주로 하는 이상 토착화가 될 수 없다고 했다.[13] 또한 윤성범은 지금까지의 한국의 신학이 미국이나 유럽의 신학을 옮겨다 놓은 것에 불과하다며 개탄하기도 했다.[14]

윤성범의 신학은 베반스의 5가지 모델 중, 인류학적 모델에 해당된다 할 수 있는데,[15] 그 특징에 해당하는 윤성범의 신학적 내용을 몇 가지만

---

12 최병헌, 『성산명경』 (漢城: 東洋書院, 1911), 1.
13 윤성범, "복음의 토착화에 대한 전이해," 「기독교사상」 7(6) (1963. 06): 33.
14 윤성범, "한국 신학방법서설," 『기독교와 한국문화』 (서울: 대한기독교서회, 1964), 12.

비교해보면 다음과 같다.

첫째, 인류학적 모델은 문화, 사회, 지리, 역사적 상황 안에서 인식되는 인간의 경험을 중시한다. 이와 유사하게 윤성범은 〈성의 해석학〉에서 자신의 신학이 인간학임을 표방하고 있다. 또한 그는 한국적 신학의 가장 큰 관심사는 바로 인간의 마음 바탕이라고 했으며, 인간을 실존으로 규정하는 실존적 개념을 적용하여, "실존은 誠의 집"이라고 했다.[16]

둘째, 인류학적 모델은 토착화와 현지화를 강조하고 있으며, 토착화 개념이 인류학적 모델을 묘사하는 대안이 될 수 있다고 표명하고 있는데, 이는 윤성범의 토착화신학 자체가 말해주는 바이다.

셋째, 인류학적 모델은 계시와 자기현현을 강조하고 있는데, 윤성범은 분명히 성의 신학이 계시의 신학임을 밝히고 시작하고 있다.[17]

넷째, 인류학적 모델은 다른 문화 속에도 수면상태의 씨앗처럼 숨겨진 하나님의 말씀이 있다는 비유를 사용한다. 필자는 70년대 초 윤성범의 성(誠)의 신학의 관점을 "밭에 감추어진 씨앗" 모델이라고 명하여, 별도의 장에서 논하고자 한다.

문화적 아프리오리에 근거한 윤성범의 신학은 복음의 순수성을 드러내기 위해 문화를 해체하는 방법을 사용하는 번역 모델일 수 없다. 복음만 가지고는 한국신학을 수립할 수 없다고 주장했던 것처럼,[18] 문화적 인식과 해석을 중시하는 그의 신학은 인류학적 모델에 해당한다고 해야 한다.

한편, 베반스가 언급하고 있는 인류학적 모델의 사례들은 복음의 토착

---

15 Stephen B. Bevans, *Models of Contexual Theology*, 47-52.

16 윤성범, 『誠의 神學』(서울: 서울문화사, 1972), 14, 21.

17 윤성범, 『誠의 神學』, 13. 방법적 전제 중에서, 제일 먼저 언급하고 있다.

18 윤성범, 『전집 1: 한국종교문화와 한국적 기독교』(서울: 감신, 1988), 28.

화만이 아니라, 복음의 변화, 대화 그 이상, 불가예측적인 결과를 수반하는 흑인 신학, 아프리카 신학의 예들을 포함한다. 따라서 윤성범의 신학은 인류학적 모델 내에서는 보수적인 편에 속한다. 베반스 구분법은 이를 가려내지 못한다.

윤성범 신학의 이러한 특성은 어디에서 기인하는가? 그것은 유동식이 종자-밭 모델의 다른 이름인 파종 모델을 배타주의로 분류한 바도 있듯이,[19] 사실 종자-밭 모델 자체가 보수성이 강한 모델이기 때문이다. 그러나 그의 신학은 기존의 파종 모델과는 달리, 전통적 가치에 머무르지 않고, 이를 뛰어넘어가려고 했던 신학이기도 했다. 그리고 그러한 노력이 '성의 신학'에 이르게 하는 원동력이 되었다고 본다. 그의 신학이 '문화적 아프리오리'로부터 '성의 해석학'으로의 방법론적 변화도 함께 고려해서 평가되어야 할 이유다.

니버와 베반스의 방법은 최병헌과 윤성범의 신학적 정체성과 위치를 설명하기에는 한계가 있다. 따라서 좀 더 상세한 분석을 위해, 한국신학계에서 제시되었던 여러 가지 모델들을 살펴보고, 또한 이 두 신학자가 어떤 비유와 모델을 사용했는가를 검토할 필요가 있다.

IV. 방법론적 모델 2: 한국신학계의 여러 모델들

기독교와 문화의 상관관계의 문제에 대해, 우리 신학계는 다양한 입장을 표명해왔다. 그 종류도 매우 다양한데, 이 모델들은 각자의 신학적 입장과 주장들을 잘 보여주고 있는 비유라고도 할 것이다. 여기서 소개하

---

19 유동식, 『풍류도와 한국의 종교사상』 (서울: 연세대학교 출판부, 1997), 86.

는 모델들은 서양에서 온 모델들도 있고, 한국신학자 개인의 주장에 의해서 형성된 모델들도 있다. 그 연원이 어디에 있든, 중요한 것은 이 모델들이 한국신학계에서 주장되고 회자되었다는 점이다. 그러므로 기독교와 한국문화에 대한 담론들을 연구하는데 있어서 적합한 것이라고 하겠다.

그러면, 한국신학계에서는 어떠한 모델들이 등장했을까?

김경재는 이 모델들을 간단히 4가지 모델 유형으로 분류했다.[20] 즉 파종 모델, 발효 모델, 접목 모델, 합류 모델이다. 그는 파종 모델(종자-밭 모델)을 한국 보수주의 신학의 대표 모델로 보았고, 그 대표로 박형룡의 근본주의적 보수 정통주의 신학의 입장을 꼽았으며, 발효 모델(누룩 모델)은 진보주의 신학의 입장으로 보았고, 그 대표로 김재준의 문화변혁주의 문화신학을 꼽았다. 다음으로 접목 모델은 자유주의 신학의 모델로 유동식의 토착화신학을 꼽았으며, 마지막으로 합류 모델은 급진적인 민중신학자 서남동을 그 대표로 꼽았다.

이 분류 해석을 적용하면, 종자-밭 모델에 근거한 윤성범의 신학은 배타주의적 보수 모델에 해당한다. 그러나 뒤에서 보겠지만, 윤성범의 모델은 박형룡 식의 종자 위주의 모델이 아니다. 물론 윤성범에게 있어서도 종자는 불변의 진리이지만, 땅에 떨어져서 꽃을 피워야 의미가 있는 진리다. 윤성범의 모델을 파종 모델로 부를 수 없는 것은 종자-밭의 관계에서 밭이 한층 강조되어 있기 때문이다.

유동식 역시 종교신학의 유형을 분류하면서, 위 모델들을 결합하여, 세 가지 유형을 제시하였다. 즉 배타주의 파종 모델, 포괄주의적 누룩 모델, 다원주의적 접목 모델이다. 배타주의적 파종 모델이란 19세기 개

---

20 김경재, "한국 개신교의 문화신학,"『해석학과 종교신학』(천안: 한국신학연구소, 1994), 187-223.

신교 선교사들이 주도한 모델로, 복음을 씨로 보고 피선교지의 문화를 밭으로 보아, 전통문화들을 제거하고 정복해야 할 대상으로 보는 신학이다. 포괄주의적 누룩(발효) 모델은 밀가루를 숙성시키는 누룩처럼, 피선교지의 종교문화에도 희미하게 진리를 갖고 있으므로 제거 대상이 아니라 복음이 완전하게 드러나도록 변질시켜야 한다는 모델이다.[21] 그러므로 타종교인의 선교는 결국 기독교로 개종하게 함으로써 완전한 구원에 이르게 하는 것이다. 그 대표자로는 변증신학자 최병헌과 진보신학자 김재준을 꼽았다. 다원주의적 접목 모델은 구원의 길과 해방의 길이 단 하나가 아니라 여러 가지가 있다고 하는 존 힉의 말을 인용하여 설명했다. 대표자로는 변선환, 김경재, 유동식 자신을 꼽고 있다.[22]

이상의 김경재와 유동식의 유형 분류는 나름대로의 타당성을 갖고 있으나, 그 유형의 분류의 수가 너무 작아 이해하기는 쉬우나, 현존하는 다양한 신학적 입장의 스펙트럼을 너무 단순화시키고 있다. 그 결과, 신학적 입장의 차가 큰 사람들이 같은 유형의 범주에 들어가게 되기도 한다. 또한 김경재 유형에서 윤성범은 배타주의 파종 모델, 유동식 유형에서 최병헌은 포괄주의 누룩 모델이 되어, 최병헌의 신학이 윤성범의 신학보다 진보적이라는 이상한 결과가 도출되기도 한다.

황종렬은 화분 모델, 이식 모델, 종자-밭 모델, 양복 모델, 비프스테이크 모델, 누룩 모델, 육화 모델, 접목 모델, 합류 모델, 토종 모델, 가지 모델, 적응-대화 모델, 토발 모델 등 좀 더 많은 비유 모델들을 소개하고 있다.[23] 여기에서는 이중에서 본 논문에 참고 될 만한 모델들만을 설명하도록 하겠다.

---

21 유동식, 『풍류도와 한국의 종교사상』, 208.

22 앞의 책, 220.

23 황종렬, 『한국토착화신학의 구조』 (서울: 국태원, 1996).

보수적인 신학계에서는 문화에 대한 복음 또는 기독교의 절대우위와 초월적 지위를 부여하는 '화분(花盆) 모델'이나 '이식(移植) 모델'을 주장했다. 화분 모델은 복음이 화분에 담긴 식물처럼 하나의 변질도 없이 그대로 화분(서양신학, 교리)에 담겨 피선교지로 옮겨야 한다는 설이다. 이식 모델은 식물이 화분에서 벗어나 피선교지의 땅에 원산지에 있던 그대로 옮겨 심어야 한다는 설이다.

종자-밭 모델은 다 자란 식물이 아니라 종자(씨앗, 말씀)가 피선교지의 토양에 떨어져 싹이 나고, 꽃이 피고, 열매를 맺는다는 모델이다. 기독교의 본질적 우월성을 바탕으로 한 것으로, 종자에 더 강조점을 두느냐, 밭에 더 강조점을 두느냐의 차이에 따라 이념적 성향의 차이가 존재한다.

육화 모델은 기본적으로 토착화신학의 모델이다. 이 모델은 WCC선교 정책에서도 채택된 바도 있으며, 또한 가톨릭의 적응주의 토착화신학자들이 많이 채택하는 입장이기도 하다. 1993년 200주년기념 사목회의는 그리스도교회를 토착화의 주체로 보고, 토착화를 그리스도교의 문화적 육화로 보았다. 하지만 그리스도교 문화와 복음을 철저하게 구분하여, 문화를 초월하는 그리스도를 강조하고 있다. 오늘날도 가톨릭의 선교 정책은 대부분 이 노선에서 벗어나지 않고 있다. 이는 변선환이 가톨릭이 보유(補儒), 보불(補佛), 보선(補仙)하고, 성취하는 것을 논거로 삼고 있다고 평가한 대목과 일치한다.[24]

이상의 모델들은 서양 복음, 서양 기독교, 서양 신학 등 그 주체가 모두 서양이었다. 그러나 이후 이러한 서양중심적 사고를 극복하기 위한 시도들이 있었다. 토착화신학, 민중신학, 다원주의신학과 관련된 모델들이 여기에 속한다고 보면 될 것이다.

---

24 앞의 책, 203-204.

접목 모델은 서로 다른 문화와 문화가 서로 접목한다고 하는 점을 강조함으로써 서양우월주의적 사고에서 벗어나려고 했다는 점에서 의미가 있다. 접목 모델에도 여러 가지 입장이 있으나, 그중에서 김경재는 복음이라는 '접순'(椄筍)이 피선교국의 전통문화 및 문화공동체의 역사적 현실이라는 '대목'(臺木)에 접붙여져서, 우수한 유전적 특성을 대목에 부여해주는 것이라고 주장했다.[25] 김경재와 유동식은 이 모델을 다원주의적 관점이라 보았다.

가지론은 종교를 하나의 나무를 구성하는 여러 가지들로 보는 주장이다. 황종렬은 변선환이 가지론을 주장했다고 썼다.[26] 그러나 실상은 변선환이 직접 가지론을 주장한 것이 아니라, 간디의 말이었다.[27] 그러나 가지론은 신 중심적 다원주의를 표방했던 변선환의 신학으로 볼 때, 그에게 합당한 모델로 보인다. 다만 이것보다는 세계의 종교들이 신을 중심으로 돌고 있다는 존 힉의 비유로 볼 때, 태양계 모델로 봄이 더 합당하다 할 것이다.

토종론은 황종렬이 민중신학의 토착화론을 규정한 모델이다. 토종(土種)이란 이 땅 그 자체의 씨앗이라는 의미다. 그는 윤성범의 토착화신학을 "씨를 넣는 신학"이라고 비판하며 서구에서 만들어진 씨가 아니라 민중 자체의 씨를 강조했던 안병무의 예를 든다. 그리고 이 땅에서 나고 자라나는 신학의 중요성을 강조한다.[28] 이는 고정불변하는 진리의 씨앗을 파종하려는 종자설에 대한 강력한 반발이라고 하겠다.

---

25 김경재, 『해석학과 종교신학』, 210. 이와는 반대로, 바울은 그리스도라는 나무뿌리에 다른 종교문화전통들이 접붙여지는 것으로 보았다.
26 황종렬, 『한국토착화신학의 구조』, 129.
27 변선환, "불교와 기독교의 대화," 「기독교사상」26(9) (1982.09): 179.
28 황종렬, 『한국토착화신학의 구조』, 33.

적응-대화 모델은 대화에 관심을 가지며, 다원론적 시각에서 기독교와 문화의 관계에 접근하고 있는 모델이다. 즉 대화적 다원주의 모델이라 하겠다. 이는 다원주의 신학의 영향 아래 성립된 모델이기에 이를 다시 신 중심적 적응-대화 모델과 그리스도 중심적 적응-대화 모델로 구별할 수 있다.[29] 그 주된 목적은 배타주의와 포괄주의의 한계를 극복하고 탈 서양, 탈 기독교를 통한 주체성을 회복하는 것이다.

이렇듯 우리 한국신학계에는 많은 모델들이 등장했다. 집단적 유형이 아니라, 개개인이 주장했던 모델들까지 합하면 더욱 많을 것이다. 이는 그만큼 어떠한 것이 기독교와 문화의 관계를 설명하는 데 적합한 모델인가 하는 것에 대한 고민이 많았다는 반증이며, 그만큼 각자의 입장이 첨예하게 달랐다는 반증이기도 할 것이다.

니버, 베반스, 한국 모델, 종교신학 유형을 비교하여 이상의 내용을 정리하면, 다음과 같다.

복음, 그리스도와 문화의 관계 유형									
	복음 ←								→ 문화
니버	대립	역설		변혁자	초문화				문화 (자유주의)
베반스			번역			종합	실천	초월	인류학 (토착, 포괄, 다원)
한국	화분 이식		파종 종자-밭 누룩	육화		토종 합류			가지, 접목, 다원
종교 신학	배타주의, (분리주의)		(균형주의), (전환주의), 포괄주의, 다원주의						

이상에서 본 것처럼, 이 땅의 신학자들은 서로 다른 입장에서 기독교와 문화, 복음과 문화의 관계를 설명하고 해명하려 했다. 그리고 이러한

---

29 앞의 책, 245.

방법론적 모델을 바탕으로 하여 자신들이 추구하는 신학을 이루어나가려고 했다. 그리고 그 이면에는 기독교의 우위, 서양문화의 우위, 그리스도의 우위를 바탕으로 하는 모델과 신학에 대한 반성과 반동이 우리 신학계에 일어났다고 하는 점이다. 그 출발점은 서양 신학의 자체적인 반성이 우리 신학자들에게 전해진 바에도 있고, 민족적 주체적인 자각과 인식에 의한 바에도 있었다.

이제 다음 장은 최병헌과 윤성범의 신학이 이 모델들에서 어느 선에 위치해 있었으며, 그 내용은 어떠한 것이었나 하는 것에 대해 살펴볼 것이다. 이를 통해 최병헌과 윤성범 신학의 정체성이 보다 선명하게 드러날 것이며, 또 그 독창성이 드러나게 될 것이라고 기대한다.

V. 아프리오리로 본 탁사와 해천의 신학

1. 교리적, 변증적 아프리오리 / 문화적 아프리오리

아프리오리란 선험성 또는 선험적 인식을 의미하는 말이다. 경험 이전에 우리가 가질 수 있는 인식은 무엇일까? 또한 이미 갖고 있기에 새로운 것을 인식할 때에 작용하게 되는 선험적 인식의 틀과 내용은 무엇일까?

최병헌은 이에 해당하는 방법론에 대해 이야기한 적이 없다. 그러면 윤성범의 문화적 아프리오리에 대응하는 최병헌 신학의 방법론이 있다면 무엇이라고 해야 할까? 필자는 문화적 아프리오리 개념과 대비하여, 편의상 '교리적 아프리오리' 또는 '변증적 아프리오리'라고 부르고자 한다. 그의 신학은 그의 첫 논문인 "죄도리"는 물론, 주저 『성산명경』, 심지어『만종일련』에서도 일관되게 교리신학의 내용에 매우 충실한 모습을 보여주고 있다.

그는 "죄도리"에서, 죄, 예수, 십자가, 대속, 구원을 강조했다.[30]『성산 명경』의 결론 부분에서도 동일한 논리를 펴서, 다른 종교의 대표자들을 설복시키는 장면을 그려냈다.[31] 또한『만종일련』을 비교종교학 저서니 일련(一臠)에 다원주의적인 사고가 있다느니 하는 평가도 있으나, 이 저서에서 최병헌은 참 종교의 기준을 유일신 · 내세관 · 신앙론의 종교적 3대 기준으로 정하는 것은 물론, 최종적으로는 성서와 예수 그리스도에 대한 신앙을 절대적인 판단기준으로 삼고 있다.[32]

이에 비해, 윤성범의 아프리오리는 문화적이다. 그는 칸트류의 인간 인식의 아프리오리를 문화라는 개념에 적용시켰다. 그리고 여기서 멈추지 않고, 이를 다시 주체의식, 자리, 정황, 전이해 등으로 설명했다. 단지 인식론적 의미만이 아니라, 존재론적, 상황적 의미를 함께 담아내고자 한 것이다.

윤성범은 문화적 아프리오리를 "주체의식"으로 표현했다. 그는 주체의식이라고 하는 것은 곧 자기 자신을 바로 아는 것이며, 한국의 얼을 다시 찾아야 믿음도 바로 찾게 될 것이라고 했다.[33] 문화적 아프리오리를 통한 그의 신학적 과제는 바로 우리의 얼을 통해 우리의 문화신학을 창출해내는 것이었다고 하겠다.

---

30 최병헌, "죄도리,"「신학월보」1(8) (1901.07). "죄인들을 불러 회개케 하시고 십자가에 죽으사 만국 만민의 죄를 대속하였으니 누구든지 예수를 믿는 자는 죄를 사유하시고 구원을 얻게 하신지라."

31 최병헌,『성산명경』, 75-76. "누구든지 예수를 믿는 자는 죄를 속죄하고 구원을 얻나니… 예수에 의지한 후에 천국에 올라갈 수 있는 것이라."

32 최병헌 저, 박혜선 옮김,『만종일련』(서울: 성광문화사, 1985), 22, 65, 170-172.

33 윤성범, "한국 신학방법서설,"『전집 1』, 20.

또한 그는 문화적 아프리오리를 "전이해"(前理解)라고도 했다. "전이해 없이는 복음을 받아들일 수 없다. 전이해는 신앙의 존재 근거가 아니라, 신앙에 대한 인식 근거이다."[34] 이러한 맥락에서 그는 문화적 아프리오리를 "수용 능력"이라고도 했다.[35] 즉 문화적 아프리오리란 인간의 수용 능력이며 문화의 수용 능력이며 교회의 수용 능력인 것이다. 이러한 의미에서 문화적 아프리오리를 통한 신학적 과제는 우리 문화의 전이해를 통해 신앙을 인식하고 복음을 수용하는 신학을 창출해내는 것이었다고 하겠다.

그는 또 문화적 아프리오리를 "자리" 또는 "정황"이라고도 했다. 그는 말씀은 곡식의 씨와 마찬가지로 '자리'를 필요로 한다고 주장하며, 문화의 중요성을 강조했다. 주체의식의 자리, 주체의식의 정황이라고 하겠다. 문화적 아프리오리를 통한 그의 신학적 과제는 우리의 삶의 자리, 삶의 상황을 통해 이 땅의 신학을 창출해내는 것이었다고 하겠다.

2. 윤성범: 종자-밭 모델

윤성범의 토착화신학(1960년대)의 대표적인 모델은 종자-밭 모델이다. 이 모델은 화분설과 이식설의 배타성을 어느 정도 극복하고, 피동적이고 수동적이나마 밭의 의미를 드러내주고 있다는 점에서 차별성을 갖는다. 그런데 이 모델은 종자를 더 강조하느냐 밭을 더 강조하느냐에 따라 큰 입장차를 보인다.[36] 넓은 의미에서는 모두 종자-밭 모델 안에 포함시키고 있지만, 강조점에 따라 파종, 종자, 종자-밭으로 더 세분화해서

---

34 윤성범, "복음의 토착화에 대한 전이해,"『전집 1』, 331.
35 윤성범, "한국교회와 토착화론,"『전집 1』, 85.
36 그럼에도 불구하고, 지금까지는 아무런 구분이 없이 사용되어 왔다.

구분할 필요가 있다. 파종은 씨 뿌리는 자의 주체와 행위가 강조되어 있다. 종자는 씨앗 자체의 주체가 강조되어 있다. 종자-밭은 종자와 밭의 관계를 중시한다.

이를 이해하기 위해, 파종설에 가까운 유동식의 초창기 모델에 대해 살펴보자. 1960년대의 유동식은 토착화신학을 번역 모델로 해석했다. 그는 "복음의 씨를 어떻게 뿌릴 것인가," "원의의 본질을 어떻게 왜곡됨이 없이 잘 전달할 것인가" 하는 것에 관심을 두었기에, 토착화를 번역이라고 보았다. 이런 맥락에서 그는 재래 종교와의 대화, 사귐, 깊은 이해를 주장하면서도, 재래 종교의 온갖 그릇된 유산을 불식하고 복음의 주체성을 확립해야 타종교와의 정당한 대화를 가질 수 있다고 했으며, 그 대화의 목적도 친선이나 상호이해 증진이 아니라 개종에 있음을 천명했다.[37] 또한 유동식은 종자-밭 모델을 초월적 복음의 씨를 내재적인 문화 토양에 이입하는 것이라고 주장하여,[38] 파종의 의미, 즉 복음의 씨를 뿌리는 것에 더 관심을 두었다. 유동식의 이러한 입장은 번역 모델과 종자 모델이 서로 결합되기 쉽다는 것을 보여주는 좋은 사례이다.

이에 비해 윤성범의 종자-밭 모델은 밭의 중요성을 자각시켜준 모델이다. 그는 "복음은 씨와 마찬가지며," "토양 없이는 씨는 자랄 수 없는 것"이라고 단언했다.[39] 여기서 밭은 씨앗을 잘 자라나게 하는 역할에 그치게 하는 것이 아니라 어떤 모양으로 토착화시키고 변모시키는 데 있어서 매우 중요한 역할을 수행하는 의미를 갖고 있기도 하다: "복음의 초월

---

37 유동식, "기독교의 토착화에 대한 이해," 「기독교사상」 7(4) (1963.04): 66-7.
38 황종렬에 의하면, 전경연은 유동식의 토착화신학을 종자-밭 모델로 파악하고, 화분론과 이식론의 입장에서 비판한 바 있다고 한다. 황종렬, 『한국토착화신학의 구조』, 18의 본문과 각주 3).
39 윤성범, "현대신학의 과제: 토착화를 지향하면서," 『전집 1』, 321.

성만 가지고는 복음의 본질적 성격을 다 발휘했다고 볼 수 없는 것이다. 이러한 초월성은 다시 한 번 내재화됨으로써만 우리의 생명이 되고 유기적으로 자랄 수 있게 되는 법이다."[40]

3. 종자-밭 모델의 의미와 한계

의미와 한계는 다음과 같다. 첫째, 윤성범의 신학은 씨가 잘 자라서 좋은 나무가 될 수 있는 더 좋은 밭을 만드는 것을 목적으로 삼았다. 이것은 동양 문화가 그저 복음, 기독교, 신학, 교리를 그저 받아들이기만 한다는 섬을 넘어서 어떻게 창소적으로 수용하고 창조적으로 새로운 문화를 만들어갈 것인가에 대한 의미를 부각시켰다고 하는 점에서 중요한 의미를 갖고 있다. 윤성범이 한국신학에 준 공헌이라 할 것이다. 윤성범의 신학도 바르트 신학, 신유학으로부터의 배움을 입고 있지만, 지나치리만큼 독보적이고 창조적인 해석력과 상상력을 보여주었다.

둘째, 윤성범의 종자-밭 모델은 서양 신학과 동양 종교의 창조적인 만남을 통해 이루어지고 있으며, 또한 서양 신학자들의 개념과 방법론들을 그의 신학에 적극적으로 도입하였다. 예를 들어 그는 루돌프 불트만의 "전이해" 개념을 통해 문화적 아프리오리를 이해하는 개념으로 활용했다. 그러나 한편 윤성범은 "전이해"를 바르트 신학을 넘어서는 방법적 개념으로 활용하기도 했다. 말씀으로 모든 것이 가능하다는 바르트의 절대적인 말씀 중심의 신학을 벗어나, 복음의 수용에 있어서의 토착 문화의 인식이 중요하다는 점을 부각시켰던 것이다. 이는 폴 틸리히의 "정황" 개념도 마찬가지다. 그는 이를 발판으로 더 나아가 장소와 자리 인식에만

---

40 윤성범, "한국교회와 토착화론," 『전집 1』, 88-89.

머물지 않고, 복음과 자리의 연결 관계를 해명하는 데까지 나아갔다.

셋째, 보다 중요한 것은 단지 연결 관계만이 아니라, 이 양자의 관계를 통해 창조적인 신학을 창출하려 했다는 것이다. 따라서 폴 틸리히나 데이비드 트레이시의 상관관계법(method of correlation)은 그의 입장을 만족시키지 못할 것이다. 이 창조성에 대한 강조는 '솜씨'의 방법론을 강조한 그의 태도에 분명하게 나타나 있다고 할 것이다.

넷째, 더욱 주목할 점은 윤성범이 문화적 아프리오리를 불변하는 선험적 인식이 아니라, 가변하는 선험적 인식으로 보았다는 점이다. 이것이 윤성범의 인식론을 정적인 인식론이 아니라 동적인 인식론으로 만드는 중요한 요소가 되는 점이다.

다섯째, 문화적 창조성이다. 복음의 새 창조가 아니라, 문화의 새 창조를 말함이다. '종자-밭 모델'은 어떻게 한국적인 감, 솜씨, 멋이 있는 신학을 만들 수 있을까 하는 것에 대한 창조적 상상력을 품고 있는 모델이다.

위와 같은 업적에도 불구하고, 다음과 같은 한계가 있었음을 지적해볼 수 있을 것이다.

첫째, 아무리 밭을 강조해도 종자보다 밭이 중요하지 않다. 어디까지나 밭의 목적은 종자가 잘 자라나도록 하는 것이다.[41] 그는 토착화 논쟁의 과정에서, "토착화 과정은 복음이란 종자를 심어서 한국의 특이한 과실을 만들려는 것이 아니요, 복음이 가진 과실을 그대로 거두기 위함"이라고 변론했다.[42] 이 얼마나 수동적인 자세인가? 이렇게만 본다면, 종자-밭 모델은 포괄주의 신학이라기보다는 적응주의 신학이라고 해도 무방할 정도다.

---

41 윤성범, "복음의 토착화에 대한 전이해," 『전집 1』, 331. "문화는 어디까지나 복음을 받아들이는데 전제가 되는 바탕 혹은 토양에 지나지 않는다."
42 윤성범, "〈Cur deus Homo〉와 복음의 토착화," 『전집 1』, 345.

둘째, 좋은 밭과 나쁜 밭을 구별한 것도 긍정적인 의미와 부정적인 의미를 함께 갖고 있다고 보아야 할 것이다. 윤성범은 밭의 구별을 통해 좋은 문화를 통해 복음이 잘 자라나야 할 것을 강조한 반면에, 나쁜 문화를 통해 샤머니즘, 무속신앙과 같은 의미로 변질될 것을 염려했다.[43] 오늘 천민자본주의와 결탁한 샤머니즘적, 주술적 기복신앙을 생각한다면 올바른 지적이라고 할 것이다. 그러나 좋은 밭과 나쁜 밭을 어떻게 구별할 것이며, 누가 구별할 것인가? 윤성범에게 좋은 밭은 율곡의 성(誠)을 담은 밭 외에는 없지 않았던가?

셋째, 종교 간 대화 모델로는 부족한 점이 있다. 좋은 문화와 나쁜 문화를 구별한다는 점은 종교를 능급으로 나누어 차별화할 위험성을 내포하고 있다. 물론 종교와 신학의 수준 차는 분명히 존재한다고 생각한다. 다만, 그것이 대화와 포용의 대상이 되어야 하는 것이지, 불통과 차별의 대상으로 만드는 것이어서는 안 될 것이다.

넷째, 위와 같은 인식 하에서 타종교는 기껏해야 "잔해"에 불과할 뿐이다. 1960년대 초, 윤성범의 토착화신학 논쟁에 불을 지피는 일련의 논문들을 발표했다. 그 중에 하나가 "桓因·桓雄·桓儉은 곧「하나님」이다"라는 논문이었다.[44] 충분히 딴지를 걸만한 제목이었다. 윤성범은 박봉랑 교수의 비판에 대해 응답하는 논문에서, 자신은 결코 단군신화를 한국의 문화 아프리오리나 종교 아프리오리로 생각한 적이 없다고 대답했다. 오히려 그는 단군신화를 삼위일체의 "잔해"라고 주장했다.[45] 텡그리, 하느님과

---

43 윤성범, "한국교회와 토착화론,"『전집 1』, 89-91; 윤성범, "현대신학의 과제: 토착화를 지향하면서,"『전집 1』, 327; 윤성범, "성의 신학,"『전집 2』, 18; 윤성범, "복음의 토착화에 대한 전이해,"『전집 1』, 325, 329.

44 윤성범, "桓因·桓雄·桓儉은 곧「하나님」이다: 基督敎立場에서 본 檀君神話,"「사상계」 11(6) (1963.05): 258.

45 윤성범, "단군신화는 Vestigium Trinita이다: 전경연 박사에게 답함,"「기독교사상」7(9)

같은 동일한 근원의 하늘 신앙이라고 한 단군신화도 이러할 진대, 타종교
는 잔해에도 미치지 못한다는 논리적 귀결을 빚게 된다.

다섯째, 실상 윤성범의 해석학적 아프리오리는 삼위일체 신학이었다.
그는 기독교의 삼위일체론의 내용적 요소를 단군신화의 형식에 맞추어
보려는 의도로 해석하지 않았으며, 단군신화가 기독교 삼위일체론으로
부터 유래되었다는 가정 하에 기독교 신론의 수용 형식으로 보았다고
대답했다.[46] 또한 단군설화가 내포하고 있는 종교적 의미가 기독교의
빛 아래에서 해명되어 민족이 정신적으로 소생할 때에야 비로소 한국기
독교가 꽃피울 것이라고 주장했다.[47] 이는 곧 단군신화가 해석학적 틀이
아니라, 역으로 삼위일체신학의 해석학적 틀로 단군신화를 들여다보려
했던 것이라는 말이다.

『기독교와 한국사상』에서의 타종교를 다루는 태도나 〈토착화신학 논
쟁〉에서의 응답 태도를 보면, 우리는 윤성범이 결코 기독교를 타종교와
혼합하거나, 동등한 입장에서 대화하거나, 상호배움의 태도를 취했다고
보기 어렵다. 이러한 사실은 한 논문에서 윤성범이 천도교를 기독교의
한 종파라고 주장한 사실에 대해,[48] 당장 천도교 사상가들의 집단적인
반발을 불러왔던 사실에서도 알 수 있다.[49]

(1963.10): 17.

46 윤성범, "하나님 관념의 세계사적 성격: 박봉랑 박사의 비평에 답함,"「사상계」 11(10)
   (1963.09): 226, 228-229.

47 윤성범, "桓因·桓雄·桓儉은 곧「하나님」이다," 258.

48 윤성범, "기독교는 천도교의 한 종파인가: 인내천 사상과 시천주 사이의 중보자 문제,"「사상
   계」(1964.05): 205. [전체 197-205] 이 논문은 아래의 천도교잡지「신인간」, 95-107에
   실려 있다.

49 「신인간」 31 (1964. 08). 이 잡지는 권두언 "사상계지의 횡포를 규탄한다"는 규탄성명을
   냈으며, [특집]으로 〈한국민족주의의 연원〉과 〈기독교토착화문제의 시비〉를 주제로 다수
   의 논문들을 게재하였다. 이 중에서 〈윤성범 전집 1〉에 실린 논문은 박응삼의 것이다: 박응

이러한 윤성범의 신학은 70년대에 '밭에_감추인_씨앗' 모델로의 변화를 시도한다. 그의 신학적 모델에는 획기적인 변화가 찾아 온 것일까? 아니면 여전히 60년대의 기조를 고수하고 있는 것일까?

4. 윤성범: 새_술-새_부대 모델

개인적으로 이 모델은 윤성범이 '창조적으로 변형시켰으면 어땠을까' 하는 생각이 드는 모델이다. 종자-밭 설을 넘어서는 비약적 해석을 감행할 수도 있었다고 생각하기 때문이다.

종자-밭의 관계로 보면, 새 술은 종자, 새 가죽부대는 밭에 해당한다. 서양 선교사의 입장에서 보면, 복음은 묵은 술이요, 한국 문화는 새로운 가죽 부대이다. 그러나 토착민의 입장에서 보면, 복음은 새 술이요, 한국 문화는 낡은 가죽부대이다. 그런데 윤성범은 한국 문화를 낡은 가죽부대라 하지 않고, 새 가죽부대라고 하고 있다.

윤성범은 한 걸음 더 나아가 '새 것'에 대한 의미를 새롭게 규정한다. 즉 "새 것이란… 우리 민족의 긴 역사적 전통 속에서 그 본래적인 이념이 새롭게 의식되어지는 것을 뜻한다… 낡고 고루한 옛 모습에서 벗어나 새롭게 나 자신을 발견한 그러한 상태를 이름함"[50]이다. 여기서 윤성범은 새 술의 '새'는 'noes'(아주 새 것)를, 새 가죽부대의 '새'는 'kainos'(다른 것에 비해 비교적 새로운 것)를 의미한다고 설명하고 있다.[51]

여기서 알 수 있는 것은 두 가지다. 낡은 전통문화가 아니라, 새로워진

삼, "기독교는 천도교의 한 부분이다," 「신인간」 31 (1964. 08): 78-86. 이외에도 이광순 (李光淳)의 "윤성범 씨의 소론을 박(駁)함"이라는 논문도 실려 있다.

50 윤성범, "한국 신학방법서설," 『기독교와 한국사상』 (서울: 대한기독교서회, 1964), 24.
51 윤성범, "복음의 토착화에 대한 전이해," 『전집 1』, 328. 『키텔 사전』을 인용하고 있다.

전통문화 그리고 묵은 복음이 아니라 새 복음이다. 앞에서 본 문화의 가
변성, 아프리오리의 가변성은 새 가죽부대의 변화를 일컫는 말이다. 그런
데 필자가 더욱 눈 여겨 보는 것은 가죽부대가 아니라 새 술이다. 복음의
본질의 변화는 차치하고, 복음의 현상의 변화에 대해 이야기할 수 있으려
면, 낡고 오래되고 불변하는 씨앗의 이미지를 가진 종자보다는, 새로움의
이미지를 가진 새_술의 이미지라야 좀 더 창조적이고 변혁적인 모델을
만들 수 있지 않을까 하는 생각에서다.

VI. 누룩 모델과 포괄주의로 본 탁사와 최병헌의 신학

1. 최병헌의 누룩 모델: 만종의 성취로서의 그리스도

누룩 모델은 포괄주의, 성취론의 입장을 취하고 있는 모델이다. 누룩
모델은 밀가루반죽에 누룩을 넣어 부풀게 한다는 원리의 모델이다. 여기
서 밀가루반죽은 문화, 누룩은 그리스도에 해당한다고 하겠다. 즉 누룩이
의미하는 복음이 밀가루가 의미하는 세상에 들어가서 이 세상을 변화시
켜야 한다는 것을 말하고 있는 것이다.

그러나 이 글에서는 굳이 구분하고 있지 않으나, 누룩 모델도 그 변화
주체의 강조점이나 변화의 강도에 따라, 약한 누룩 모델과 강한 누룩 모
델로 구분해서 생각할 필요가 있다고 본다. 왜냐하면, 누룩 모델의 대표
적인 예로 김경재는 진보신학자 김재준을, 유동식은 김재준과 최병헌을
꼽고 있기 때문이다.[52] 이렇게 성향이 다른 두 신학자가 하나의 모델 안에

---

52 김경재, 『해석학과 종교신학』, 202; 유동식, 『풍류도와 종교사상』, 208-209.

포함된다고 하는 것은 동일 모델 안에서의 입장의 차가 크다는 것을 말해주는 것이다.

그런데 이런 구분과는 달리, 최병헌의 신학을 전반적으로 꼼꼼히 분석해보면, 그의 신학이 어디까지나 교리적, 기독교 변증적 신학이라는 알수 있다. 『만종일련』조차도 비교종교 서적이라고 평가하고 있지만, 그취지는 어디까지나 기독교 변증적이다. 그는 이 책에서 종교가 완전한도리를 갖추려면, 유신론·내세론·신앙의 3대 관념을 모두 갖추어야한다고 명확하게 규정했다.[53] 또 앞서 〈교리적 아프리오리〉의 부분에서도 언급했지만, 또 다른 더욱 핵심적인 기준으로는 성서의 절대적 권위와삼위일체 신앙 그리고 十세수 예수에 대한 믿음이 작용하고 있다.

그러나 최병헌의 신학을 번역 모델로만 볼 수 없는 데에는 다음과 같은이유가 있다. 즉 그의 신학이 다른 종교의 진리를 상대적으로 인정하기도하고, 기독교를 통해 모든 종교의 진리가 성취된다는 입장을 취하고 있기때문이다. 따라서 이러한 면에서 최병헌의 신학은 기독교가 문화를 변화시킨다고 하는 누룩 모델에 해당한다고 할 것이다.

이와 같은 견해는 한국의 유불선 3개 종교의 대표자들이 기독교 신자가 된다고 이야기하고 있는 『성산명경』의 입장과 세계에 존재하는 만가지 종교들이 "한 점의 고기로 온 솥의 요리의 맛을 안다는 뜻"인 『만종일련』(萬宗一臠)의 입장[54]에서도 확인할 수 있다. 변선환은 한 발 더 나아가 이러한 최병헌의 말에 대해 "오늘날 종교신학이 논하고 있는 신중심, 실재중심다원주의가 숨겨져 있다"고 주장했다. 필자 역시 최병헌의 이말뜻을 실재중심의 공통된 체험에서 나온 일미(一味)의 체험을 의미하는

---

53 최병헌 저, 박혜선 옮김, 『만종일련』 (서울: 성광문화사, 1985), 22.
54 최병헌, 『만종일련』, 9.

것이라는 견해를 피력한 바 있다.[55] 하지만 종교의 3대 관념, 성서절대주의, 구세주 예수에 대한 믿음이라는 기준에 비추어 보았을 때, "한 점의 고기로 온 솥의 요리의 맛을 안다는 뜻"이라는 『만종일련』(萬宗一臠)의 입장은 은폐된 다원주의일 수 없다는 결론에 이르렀다.

필자는 윤성범의 신학을 그리스도의 복음을 모든 종교의 도달점이며 완성점이라는 신앙 속에서 있었다고 보았던 유동식의 이해가 타당하다고 생각한다. 그가 인용하고 있는 것처럼, 공자나 석가도 그리스도의 도리를 보았다면 믿고 따랐을 것이라는 『만종일련』이 생각이 바로 최병헌의 신학관이었다고 하겠다.[56] 따라서 그의 모델은 성취론의 비유 모델인 누룩 모델이었다고 보는 것이 합당하다.

2. 윤성범의 누룩 모델: 성(誠)의 해석학- 밭에 감추인 씨앗 모델

최병헌, 유동식의 모델이 번역 모델이라고 한다면, 윤성범의 모델은 해석 모델이다. 성서절대주의에 의거한 〈번역〉이 변증신학, 성취론적 신학을 위한 최병헌의 선행과제라고 한다면, 주체적인 아프리오리에 의거한 복음과 문화의 상관관계의 〈해석〉은 한국적 토착화신학의 수립을 위한 윤성범의 선행과제였다고 할 수 있다.

70년대 윤성범의 한국적 신학은 성의 해석학을 방법론으로 삼고 있는 성(誠)의 신학이다. 그의 신학은 "성의 신학"(1971) 이후, 문화적 아프리오리라는 관점에서 한층 더 나아갔다. 필자는 이전의 글에서, 그의 한국적 신학이 토착화신학의 선험적 인식론을 선재적 존재론으로 전환시킨

---

55 이한영, "토착화신학의 흐름과 재고," 「신학사상」147(2009 겨울): 123.
56 유동식, 『한국 신학의 광맥』(서울: 다산글방, 2000), 103.

성(誠)의 신학이라고 평가한 바 있다. 이때 필자는 서양의 로고스와 동양의 성(誠)이 갖고 있는 등가(等價)적인 면에 집중하였다.[57] 하지만 아래의 분석과 논의를 통하여, 이에 대한 필자의 견해를 일부 수정하고자 한다.

성의 해석학에 있어서, 문화적 아프리오리보다 성(誠) 자체가 중요하다. 그리고 문화적 아프리오리는 종교를 성(誠)의 전이해로 이해하는 역할을 수행한다.[58] 종교는 성(誠)을 이해하는 문화적 아프리오리라는 말이다. 그러나 성(誠)은 문화적 아프리오리가 아니다. 1960년대의 토착화신학의 관점에서 보면, 성(誠)은 문화적 아프리오리이어야 한다. 하지만 1970년대의 한국적 신학의 관점에서 보면, 성(誠)은 본질이다. 즉 씨앗이기도 하며, 말씀 자체이기도 하다. 윤성범은 한국신학의 방법적 전제에 대해 논하면서, 성(誠)은 서구 신학의 "계시"와 동등하다고 했으며, 성의 신학에 대해 논하면서, "하느님은 곧 성(誠)"이라고 했다.[59]

다시 말해, 60년대의 토착화신학에서의 말씀은 서양 기독교를 통해서 들어 온 복음의 씨앗이다. 그러나 70년대 한국적 신학에서의 말씀은 우리의 문화토양에 이미 선재해 있는 씨앗(誠)이기도 하다. 이는 말씀의 선재성과 보편성을 전제로 해야 가능한 생각이다.

필자는 이러한 윤성범의 성의 신학, 성의 해석학의 방법론적 모델을 "밭의 감추인 씨앗" 모델이라고 부르고자 한다. 윤성범이 성서를 인용하여 종자-밭 모델, 새_술-새_부대 모델로 이야기했듯이 말이다. 하나님 나라의 비유를 적용해보면, "밭에 감추인 보화"의 비유가 상상력을 돋우어 준다. 성(誠)은 신유학이라고 하는 문화적 아프리오리로서의 토양에 선재해 있다. 하지만, 진리를 드러내지 못하고 있던 감추어진 성(誠)의

---

57 이한영, "토착화신학의 흐름과 재고," 111, 113.
58 윤성범, "성의 신학," 『전집 2』, 41.
59 윤성범, 『성의 신학』 (서울: 서울문화사, 1976), 13, 29.

씨앗이 기독교를 통해 들어온 말씀의 씨앗을 통해, 더 이상 (바르트 등의) '숨어계신 말씀(성)'이 아니라 '드러난 계시'가 된다는 말이라 하겠다.

윤성범의 신학은 씨앗과 씨앗의 만남을 전제로 하고 있다. 서양의 말씀의 종자인 로고스와 동양의 말씀의 종자인 성(誠)의 등가적인 만남인 것이다. 이렇게만 본다면, 윤성범의 신학은 누룩 모델이 될 수 없다. 주체와 주체의 만남으로 비추어 보면, 윤성범의 신학은 다원적 모델이어야 한다. 그러나 윤성범의 신학은 다원주의 모델이 아니다.

왜 그러한가? 그 이유를 알기 위해서는 다음과 같은 물음에서 출발해야 한다.

만일 우리 문화에 말씀(誠)이 선재해 있다고 한다면, 어째서 서양을 통해 들어온 기독교 복음이 필요한가? 우리 문화의 토양에서 잘 자라나도록 하면 되는 것이지 왜 서양 기독교를 통해서 들어와야 하며, 토착화의 과정이 필요하단 말인가? 이것은 윤성범 신학의 모순처럼 보인다.

그런데 그의 신학을 자세히 들여다보면, 이 난제에 대한 그의 해결방식에 대한 실마리가 보인다. 즉 윤성범의 '계시'에 대한 이해이다. 그는 계시를 철학적 계시(암호로서의 계시)와 신학적 계시로 나누어 생각했다. 이 구분에 의하면, 유교, 불교, 도교 등의 종교는 모두 철학적 계시에 속하며, 기독교는 신학적 계시에 속한다.[60] 즉 그는 철학과 신학을 구분함으로써 철학에 대한 신앙의 우위를 강조하고 있는 것이다. 이 구분에 의하면 성(誠)의 개념을 말하고 있는 유교의 진리는 철학적 계시에 속할 뿐이다. 익명의 기독교다.

윤성범의 논지는 유교, 불교 등 다른 종교의 진리는 철학적 계시임에

---

60 윤성범, "성의 신학," 『전집 2』, 38-40. 그는 이 구분을 통해 바르트 등의 "숨어계신 하느님 (deus absconditus)" 개념을 비판하고 넘어서려 한다.

틀림없지만, 원래 신학적인 개념이었던 성(誠)의 개념이 [신유학의] 합리화의 과정을 받아 형이상학적 개념으로 연역되고 말았다고 했다. 그리고 그렇기에, 이 형이상학적인 성의 개념을 신학적 개념으로 다시 채울 수 있기 위해서는 기독교의 복음에 기대를 걸어야 한다고 했다.[61] 즉 이것이 이 땅에 이미 말씀이 선재해 있어도, 기독교 복음을 받아들여야 한다는 윤성범의 논지인 것이다.

그렇다면 말씀과 성의 의미는 완전히 등가적이지 못하다. 성(誠)은 기독교 복음을 통한 세례를 받아야 하는 것이다. 물론 윤성범의 성의 신학은 기존의 종자 모델이나 누룩 모델보다 훨씬 진일보한 것임에는 틀림이 없다. 하지만 윤성범의 성의 신학의 모델이 비록 잠재적인 다원성을 내포하고 있었다고 할지라도, 그것은 종자-밭 모델의 연장선상에 있었다고 하는 것도 또한 사실이다.

최병헌이 만종의 성취로서의 그리스도를 이야기했다면, 윤성범은 성의 출발점으로서의 역사적 예수와 성의 완성으로서의 예수 그리스도를 이야기했다.[62] 이것이 두 사람의 신학을 그리스도 중심의 누룩 모델 또는 그리스도 중심의 포괄적 성취론으로 판단하게 하는 근거가 되리라고 생각한다. 더 정확히 말하자면, 최병헌의 성취론은 번역 모델과 혼재된 약한 의미의 성취론, 윤성범은 잠재적 다원성을 내포한 강한 의미의 성취론이라고도 하겠다.

---

61 윤성범, 『성의 신학』, 35.
62 윤성범, "기독론," 『전집 2』, 83, 111.

3. 밭에_감추인_씨앗 모델: 성의 해석학의 의미와 한계

윤성범의 신학의 이 모델은 다음과 같은 점에서 의미가 있다고 생각한다.

첫째, 이 모델은 우리 문화의 토종 씨앗을 강조했다고 하는 점에서 의미를 갖는다. 종자-밭 모델은 종자가 복음이든, 교리든, 신학이든, 그 종자의 연원을 서양에 두고 있었다. 하지만, 70년대의 성의 신학의 해석학은 종자를 한국문화의 토양에도 두었다.

둘째, 윤성범의 토종 씨앗은 민중신학의 모델인 토종(土種) 모델과 다르다. 토종 모델에서는 오로지 이 땅의 씨앗을 강조하며, 사회적 변혁과 해방을 지향하고 있다. 이에 비해 윤성범은 씨앗과 씨앗의 만남을 강조하고, 문화와 문화, 종교와 종교의 만남을 지향하고 있다.

셋째, 토착 문화에 이미 복음의 씨, 말씀의 씨가 심겨져 있다는 것은 윤성범의 신학이 〈본질-본질〉, 〈주체-주체〉의 관계로 전환되고 있다는 것을 의미한다. 이것은 (삼위일체의) '흔적'이 (말씀과 誠의) '동일 본질'의 의미로 바뀌었다는 의미이기도 한 것이다.

이러한 공헌에도 다음과 같은 점을 지적해볼 수 있겠다.

첫째, 〈성의 해석학〉에서 종교를 성의 전이해로 놓고, 다른 종교는 철학적 계시에 불과하며, 종교가 아니라 윤리라고 단언했다.[63] 따라서 주체 대 주체의 대화로서는 여전히 거리가 있다고 할 것이다.

둘째, 익명의 기독교, 익명의 그리스도의 관점과 유사한 시선을 갖고 있다. 그는 성(誠)을 통하지 않고는 유일신, 인격신, 성육신도 의미가 없다고 했다. 성(誠)을 말씀과 동격으로 보았고, 기독교의 삼위일체 사상과 동일한 맥락에서 해석했다. 하지만 이것마저도 그 속내를 들여다보면,

---

63 윤성범, "성의 신학," 『전집 2』, 41.

기독교중심, 그리스도 중심적 사고가 전제되어 있다는 사실을 알 수 있다. 그는 성(誠)을 '그리스도의 빛'으로 보고, 모든 것을 이 빛을 통해 해석해야 한다고 주장했다.[64]

셋째, 종교 간의 대화가능성을 한걸음 더 넓혔으나 여전히 한계를 지닌다. 1960년대의 토착화신학에서도 율곡사상, 화랑정신, 샤머니즘, 천도교에 대해 언급했다. 그러나 이 종교 사상들을 언급하고 있는 것은 건전한 한국 토착화신학을 수립하기 위한 '문화적 인식 안에' 있다. 이러한 관점에서는 기독교를 우위에 놓고, 다른 종교를 종속적으로 놓는다. 이에 비해 1970년대의 성의 신학은 성 개념의 본질적인 문제를 건드렸다. 그럼에도 성의 신학도 포괄주의적 관점을 벗어나지 못하고 있다.

윤성범의 한국적 토착화신학은 인식론적 대화에서 존재론적 대화의 시도로 나아갔으며, 이전보다도 훨씬 열린 지평으로 나아갔다. 그러나 그 이면의 내용은 철저하게 기독교중심적인 사고가 깔려 있었다. 아마도 변선환이라면, 윤성범의 신학 안에 문화적으로 변형된 형태의 기독교 제국주의가 은폐되어 있다고 지적했을 것이다.

VII. 하늘 모델: 천(天)과 성(誠), 그 의미와 한계

1. 최병헌의 하늘 모델과 상제

최병헌의 유명한 명제 중 하나는 "동양지천즉서양지천"(東洋之天卽西洋之天)이다. 최병헌의 신학이 번역 모델에 해당하며, 기껏해야 누룩 모

---

64 앞의 책, 57.

델에 해당한다고 논술했던 지금까지의 필자의 분석을 생각한다면, 이는 놀랄 만한 말이다.

이 말의 출처는 "기서"(奇書, 1903)에 있으며, 그 원문은 "蓋大道不限於邦國眞理可通於中外西洋之天卽東洋之天以天下視同一衆四海可稱兄弟"로, "무릇 큰 도(大道)는 우리나라에만 한정된 것이 아니고 진리는 안팎으로 모두 통할 수 있다. 서양의 하늘은 곧 동양의 하늘이며, 하늘 아래에 있음으로써 모두 동일한 무리로 볼 수 있으니, 사해(四海)는 가히 형제라 칭할 수 있다"[65]라는 뜻이다.

여기서 우리는 다음과 같은 물음을 던질 수 있다: 과연 최병헌이 말하는 하늘이 무엇인가? 이 질문을 던지는 이유는 최병헌은 기본적으로 하늘 신앙에 대해 부정적인 태도를 취하여 천(天)을 물질 수준으로 격하시켜보고 있기 때문이다. 예를 들어, 『성산명경』에서, 그는 주자(朱子), 정명도(程明道)의 말과 『시경』(詩經), 『중용』(中庸)에 나오는 구절들을 비판함으로써 유교의 하늘 신앙을 비판했다: "… 정명도(程明道) 말씀하되 그 형체(形體)로써 하늘이라 하고 그 주재(主宰)로써 상제라 하였으니, 상제와 하늘이 특별히 다르거늘, 유서에는 분간 없이 일체로 말씀하여 획죄우천(獲罪于天)이라." 또한 최병헌은 상제와 하늘의 관계를 집주인과 집의 관계로 비유하기도 하였다.[66]

다만, 예외적으로 최병헌이 하늘을 상제 또는 하나님과 동일시한 경우도 발견된다. 예를 들어, 『성산명경』의 주인공 이름을 '하늘만 바라보는 새'인 신천옹(信天翁)으로 명명한 것,[67] "근자득지"(勤者得之, 1908)이라는 글에서 하늘을 본받아 부지런히 일할 것을 독려한 것[68]이 있다.

---

65 崔炳憲, "奇書,"「皇城新聞」(1903.12.22). 해석은 필자의 것임.
66 崔炳憲, 『성산명경』(京城: 東洋書院, 明治 44年), 13.
67 崔炳憲, 『성산명경』, 5-6.

그렇다면 최병헌의 신학을 번역 모델, 누룩 모델, 포괄주의를 넘어선 다원적 모델로 파악할 수 있을 것인가? 변선환의 경우, "마테오 리치가 〈上帝卽天主〉라고 외쳤던 것보다 한 걸음 더 적극적으로 나아갔다"라고 주장했다.[69] 하지만 최병헌 신학의 전체적인 맥락에서 보면 그렇지 아니한 것으로 판단된다.

글이 쓰인 의도로 볼 때, 사실 위 문장들은 탁사의 기독교변증적 맥락, 선교적 맥락에서 나온 것이라고 보아야 옳을 듯하다. 위 문장들을 이해하는 데 도움이 되는 것은 "삼인문답"(1900)의 내용이다. 이 글에 나오는 전도인은 처음 집주인을 만나면서 "천하는 한집과 같고 사해 안의 사람은 다 형제라. 이곳에 계신 동포들도 구세주의 복음을 들어계십니까?"라고 인사한다.[70] 즉 기독교를 외래 종교로 거부하는 사람들에게 기독교를 전하기 위해 천하는 한 집이며, 모든 사람은 다 형제라고 하는 일치성을 강조했던 것이다. 마찬가지로 "奇書"의 글도 기독교에 대한 배타적인 태도를 거두라는 의미에서 '서양의 하늘은 동양의 하늘과 같다'고 표현한 것으로 볼 수 있다. 따라서 동양지천즉서양지천의 하늘은 상제 또는 하나님을 가리키는 것이 아니라, 하나님의 집, 즉 피조물로서의 물격을 가리키는 말로 봄이 타당하지 않을까 한다.

최병헌 신학의 성취론적 특징은 유교가 상제라고 하는 주재자로서의 훌륭한 신 관념을 갖고 있으나, 기독교처럼 "성부(聖父)로 신앙할 줄 모르니 신(神)이 있다는 관념이 있다고 말하기 어렵다"라는 주장에서도 알 수 있다.[71] 즉 유교의 상제와 기독교의 하나님은 동일한 분이나, 유교에

68 崔炳憲, "勤者得之,"「畿湖興學會月報」1(2) (1908.08): 15-17.
69 변선환, "한국 개신교의 토착화: 과거, 현재, 미래,"「전집 3: 한국적 신학의 모색」 (천안: 한국신학연구소, 1997), 82.
70 崔炳憲, "삼인문답,"「대한크리스도인회보」4(12) (1900.03.21).

서는 이 상제를 제대로 믿고 숭앙할 줄 모르니, 기독교를 통해 제대로 알아야 한다는 뜻으로 해석할 수 있는 것이다.

이상의 내용으로 보았을 때, 최병헌에게 있어서 동양 유교의 상제는 서양 기독교의 상제와 동일하다는 생각에는 이르렀으나, 하늘이 곧 상제라고 하는 사실은 인정하지 않았다고 판단된다. 따라서 동양지천즉서양지천(東洋之天卽西洋之天)에서의 하늘의 의미는 상제나 하나님이 아니라, 상주(上主)의 피조물인 같은 하늘 아래 살고 있다는 맥락에서 파악해야 할 것이다. 전체적인 신학적 맥락에서 보면, 최병헌에게 '서양상제즉동양상제'(西洋上帝卽東洋上帝) 또는 동양상제즉서양상제(東洋上帝卽西洋上帝)는 가능해도, 신격(神格)으로서의 '동양지천즉서양지천'(東洋之天卽西洋之天)은 불가했다고 해야 할 것이다. 그리고 '서양상제즉동양상제'라는 생각도 유교라는 종교 안에서는 부분적으로 은폐된 채 존재하는 것에 불과하며, 기독교 신앙의 도움 내지 조력을 통해 완전하게 성취된다고 생각을 갖고 있었다. 따라서 리치의 상제즉천주(上帝卽天主)에서 한 걸음 더 나아갔다고 주장한 변선환의 주장은 지나친 해석이라고 판단된다.

2. 윤성범의 하늘 모델과 성(誠)

위에서 우리는 최병헌이 하늘을 물격으로, 피조물로, 하나님의 집으로 격하시켰음을 보았다. 그러면 이에 비해서 윤성범에게 있어서 하늘은 어떤 의미를 갖고 있는가?

윤성범은 '하늘'을 기독교 신 개념으로 받아들이는 데 별다른 거부감을 가지지 않았다. 그는 중국의 '천'(天), 몽골의 '텡그리'(하늘), 한국의

---

71 최병헌, 『萬宗一臠』, 34, 65.

'하느님'이 모두 하늘 신앙을 바탕으로 한 유일신 관념이라고 주장했다. 특히 그는 몽골의 텡그리가 우리말 '하느님'의 어원이며, '하늘이 횐하다'는 뜻을 표음(表音)하여 '환'(桓)이 되었고, 텡그리의 발음을 표음하여 '단 골'이 되었다고 주장했다.[72] 오늘의 시점에서, 이러한 주장은 터무니없긴 하지만, 이 글은 그가 하늘 신앙을 기독교 신앙 안에 받아들였다는 점에 주목하고자 한다.

더 나아가 윤성범은 기독교의 신 개념을 우리의 고유한 신 개념인 '하 느님' 개념으로 통일하여 사용하자고 주장했다.[73] 윤성범은 기독교의 신 개념으로 '하느님'을 사용함으로써 '하늘'을 기독교의 신 개념으로 적극적 으로 수용하자는 입장을 취하고 있다는 것을 알 수 있다. 이는 하늘을 물격으로 격하시켜 배제할 것을 주장했던 최병헌의 입장과는 완전히 다 른 것이다. 즉 최병헌은 하늘을 신격(神格)으로 보는 것을 배격했지만, 윤성범은 하늘을 신격(神格)으로 보는 것을 지지했던 것이다.

윤성범의 신 개념의 수용방식은 비교적 유연하다. 그는 범신론(汎神 論)과 다신론(多神論)을 벗어나야 할 것을 강조하면서도, 유일신론의 범 주에 원시유일신론(原始唯一神論)은 포함시킨다. 여기서 그가 말하는 범 신론은 스피노자와 같은 철학적, 유일신론적 범신론이 아니라, 모든 자연 물, 존재자들을 신으로 숭배하는 원시범신론(元始汎神論)임에 틀림이 없 다. 그럼에도 불구하고 그는 원시유일신론을 받아들인다. 그 이유는 뭘 까? 아마도 그 이유는 우리말 '하느님'의 어원이 되었다고 생각한 시베리 아(몽골)의 텡그리 신앙을 원시유일신론으로 파악했기 때문일 것이다.

현대적 시각에서 보면 최병헌은 신의 초월성만을 강조하고 내재성을

---

72 앞의 책, 32-33; 윤성범, "한국의 신 관념 생성," 「기독교사상」 13(6) (1969.06): 105-114, 124.
73 윤성범, "성의 신학," 『전집 2』, 36.

포괄하지 못했다. 즉 초월적 유일신론에 입각해서 범신론, 다신론, 물신론을 배격하는 데에 그쳤다는 말이다. 윤성범의 경우도 유일신론에 입각해 있었지만, 유일신론을 초월적인 존재로만 파악한 것이 아니라, 내재적인 측면도 함께 생각했다. 윤성범은 성육신을 유일신의 초월성과 인격신의 내재성을 종합한 형태 또는 변증법적 보완이라고 보았다.[74]

윤성범은 하늘 신을 유일신, 인격신, 성육신의 관점에서 보고자 했다. 그는 하늘신 개념에서 유래한 '하느님' 개념이 '야훼,' '알라,' '천'(天), '텡그리' 등과 함께 유일신 관념의 대표적인 것들 중 하나라고 분명하게 밝혔다.[75] 또한 중국의 천(天) 사상에 대한 역사적 고찰과 더불어, 원칙상 천(天)은 인격신이라고 하는 점을 분명히 밝혔다.[76] 그는 기독론의 시작을 '말씀,' '로고스,' '성'(誠)의 일치에 대한 언급으로 시작한다. 그리고 성(誠)은 곧 하늘의 도(誠者天地道也)라고 천명했다.[77] 즉 윤성범에게 성(誠)은 곧 '하늘,' '하늘의 도,' '기독교의 하느님'과 동의어였던 것이다.

윤성범의 하늘 모델은 다음과 같은 의미와 한계를 갖고 있다고 생각된다.

첫째, 최병헌과 달리, 신의 초월신의 성격을 탈피하고 있다. 특히, 그는 삼위일체 신관에 대한 재해석을 통해, 신의 초월성, 내재성, 초월성과 내재성의 종합이라는 구도 하에서 신 관념을 해석하였다.

둘째, 신 관념의 아시아적, 한국적 생성사를 추적하였으며, 종교사적, 문화사적, 철학적 연구결과들을 신학에 반영하였다. 그러나 텡그리, 단군, 하느님 관념을 동격으로 놓고 동일한 개념으로 해석한 것은 다소 지나친 상상의 비약이라 아니할 수 없다.

---

74 윤성범, "신론," 『전집 2』, 49, 58
75 윤성범, "성의 신학," 『전집 2』, 32.
76 윤성범, "신론," 『전집 2』, 65.
77 윤성범, "기독론," 『전집 2』, 75-77.

셋째, 하늘 신 관념을 원시유일신교의 신 관념부터 성(誠)의 신학까지 연결해 나갔다. 그러나 원시유일신관을 유일신관 안에서 해석하는 것은 이원론, 다신론, 범신론을 극복해야 한다고 했던 그의 주장과 모순된다.

넷째, 하늘 모델은 그의 종자-밭 모델보다는 신론이나 종교간 대화 모델로서는 훨씬 더 적합한 것으로 보인다. 씨앗모델이 동과 서, 이쪽과 저쪽이라는 지역적 제한성을 갖고 있는 모델이라고 한다면, 하늘은 어디에서나 동일하므로, 이러한 지역적 제한성을 넘어설 수 있다. 동서양을 막론하고, 다신론의 신들이 원시유일신으로서의 하늘 신으로 통합되어 갔다는 사실도 이러한 사실을 반추하게 해준다. 또한 필자가 규명한 바대로, 윤성범에게 있어서 하늘 모델이 성(誠)으로 해식되있다고 하는 점도 시사하는 바가 크다. 하지만, 종교의 3대 개념으로 유일신, 인격신, 성육신을 제시했다고 하는 것은 종교 간 대화의 기준으로는 적합하지 않다고 하겠다. 이는 종교가 아닌 신학의 3대 개념이라 해야 하기 때문이다.

VIII. 한국적 토착화신학, 그 의미와 한계
: 포월과 초탈을 생각하며

이제 탁사 최병헌과 해천 윤성범의 신학의 의미와 한계를 최종적으로 종합정리해보도록 하자.

첫째, 최병헌의 신학은 서구화 신학을 추구했고, 윤성범의 신학은 비서구화 신학을 추구했다. 최병헌은 그 자신이 토착민임에도 불구하고 서양이 주체가 되는 신학을 전개했다. 이에 비해 윤성범은 이 땅의 주체성을 새롭게 자각했다. 낡은 전통문화에 안주하거나 전통문화를 맹목적

으로 숭상하는 신학이 아니라, 오히려 온고지신(溫故知新)하며 동서조화
(東西調和)하는 신학을 추구했으며, 이를 통해 서양의 복음과 동양의 문
화가 종자-밭, 새_술-새_부대의 관계 속에서 조화롭게 약동할 수 있는
그 자신만의 독창적인 토착화신학을 만들어냈다. 이는 오늘날에도 여전
히 서양 사상가들을 소개하고 모방하고 답습하며 짜깁기하고 응용하느
라, 창조적 모방의 수준에도 이르지 못하는 현실에 시사해주는 바가 크다
고 생각한다.

둘째, 최병헌의 신학은 종자 모델에 이르지는 못하고, 번역 모델과
누룩 모델이 혼재된 상태의 신학을 전개했다고 평가할 수 있다. 이에 비
해 윤성범은 종자설의 발전된 형태인 종자-밭 모델을 자신의 토착화신
학의 모델로 삼았다. 이후 한국적 신학의 시기인 성의 신학에서는 밭_에_
감추인_씨앗 모델로 발전했으나, 이 역시 잠재된 다원성을 갖고 있을
뿐, 포괄주의적 누룩 모델의 한계를 벗어나지는 못했다.

셋째, 최병헌과 윤성범 모두 삼위일체 신학을 근간으로 하고 있다.
그러나 최병헌의 경우, 교리신학의 내용을 그대로 고백하고 있는 수준이
었으나, 윤성범의 경우, 삼위일체 신학을 창조적으로 해석하여 감 솜씨
멋의 신학으로 그리고 성의 신학으로 탄생시켰다.

넷째, 삼위일체 신학을 근간으로 하고 있어도, 상대적으로 기독론 중
심의 한계를 벗어나지 못하고 있다. 최병헌의 경우, 구세주 예수 그리스
도의 죄와 구원이라고 하는 것이 모든 글들의 핵심을 이루고 있다. 윤성
범의 경우, 성(誠) 개념을 핵심으로 삼았으며, 또한 신학적 해석의 귀결을
그리스도의 빛이라고 보았다. 그러므로 윤성범의 성의 신학을 "그리스도
중심적 포괄주의"로 이해할 수 있을 것이다.

다섯째, 계시신학의 한계를 갖고 있다. 최병헌의 경우, 그의 전체적인

신학적 입장에서 보았을 때, 하나님과 인간의 본질적 차이와 넘어설 수 없는 경계를 나타내는 의미에서의 번역 신학의 계시신학적 입장을 갖고 있다고 보아야 한다. 이에 비해, 윤성범의 계시는 성(誠) 자체이다. 특히, 그는 계시 개념을 통해 "숨어 계신 하나님" 개념을 극복하고자 했다. 그는 성(誠) 개념을 통해 은폐된 하느님을 양지의 하나님으로 이끌어냈으며, 또한 동양에도 말씀의 계시가 있다고 주장했다. 그러나 계시 개념 자체가 초월적 지위와 은폐성을 선재적인 전제로 갖고 있기 때문에, 진정한 의미에서의 보편적 내재가 되기는 힘들다.

일곱째, 최병헌의 활동은 정치적이었다. 그는 독립신문, 신학월보 등 문필운동, 민족계몽운동, 구국운동을 펼쳤다. 강력한 사회변혁을 요구하는 정치신학이 아니라, 기독교를 바탕으로 한 계몽과 교육을 통한 체질개선이 주목적이었던 것이다. 이에 비해 윤성범은 완전히 종교와 정치를 분리하는 입장에 서 있었다. 우리 사회에 문제를 직시하고 제도적이고 구조적인 개혁과 변혁을 요구하는 관점이 두 사람 모두에게 아쉬운 대목이다. 그럼에도 불구하고 윤성범의 신학엔 다른 의미에서의 정치성은 있었다고 볼 수 있다. 그는 사회정치적 의미에서가 아니라, 민족, 문화, 신학적인 의미에서의 용기와 저항의식을 갖고 있었다. 그렇지 않다면 그 엄청난 비판과 비난 속에서도 비서구화의 토착화신학을 주창할 수는 없었을 것이다. 비서구화의 정신과 토착화의 정신도 또 다른 형태의 저항과 변혁의 정신이었다는 말이다.

마지막으로 음식의 비유를 통해 최병헌과 윤성범의 신학에 대한 평가를 마무리해보고자 한다. 음식으로 보면, 최병헌은 만종일련(萬宗一臠)의 식탁이다. 많은 것들이 한 솥에서 끓고 있으나, 역시 음식의 맛을 내는 것은 고기 한 점이다. 그에게 이것은 바로 기독교, 특히 그리스도의 복음이었다. 윤성범에게 있어서 해당되는 음식은 비빔밥이다. 비빔밥은 다양한 재료들이 한데 어우러져 조화를 이루어 맛있는 맛을 낸다. 동양과 서양, 말씀과 성(誠)이 한데 어우러지는 성의 신학을 생각하게 하는 비유이다. 그런데 가장 중요한 것이 있으니, 그것은 바로 모든 재료를 갖춘 후에 제일 마지막에 떨어뜨리는 참기름이다. 이로써 비빔밥은 완성이 된다. 윤성범의 신학은 그리스도의 솜씨에 달려 있으니, 참기름이야말로 그리스도의 솜씨를 나타내는 비유라 할 수 있겠다.

그렇다면, 현재 21세기의 한국적 상황에 필요한 모델은 무엇인가? 놀랄 정도로 변한 이 시대를 담을 새 부대는 무엇이어야 할까? 의식, 종교, 사회의 변혁을 강조하는 필자의 입장에서는 새 하늘, 새 땅, 새 사람의 비유를 선호한다. 21세기의 한국적 신학은 21세기의 대중문화, 인터넷, 정보화, 인공지능, 로봇공학, 유전자공학 등 현대 과학기술과 문명의 문제, 소수자, 다문화, IS, 외국인노동자 등 인종적 문화적인 다양한 문제들, 현재 한국 사회가 당면하고 있는 청년실업, 고령화 사회, 비정규직, 주택 문제, 흙수저-금수저, 갑을관계 등 정치 사회 경제적인 문제들을 담아내야 한다.

무엇이 '한국적'이냐는 시시비비가 어제 오늘의 일이 아니지만 이러한 개념상의 문제를 놓고 논쟁을 벌이고 싶지는 않다. 하지만 그것이 과거의 우리 문화가 되었든 아니면 현재의 우리의 문화이든, 자생적인 것이든 외래에서 기원한 것이든, 이 땅을 살아가는 사람들의 문화의 바탕 위에서 한국적인 색깔, 한국적인 맛, 한국적인 멋, 한국적인 풍취, 한국적인 정감을 느낄 수 있는 신학적 개념을 포기하고 싶지는 않다. 적어도 민족과 국가라는 개념이 세계시민의 개념으로 완전히 탈바꿈되기 전까지는 말이다.

참고문헌

〈1차 자료〉

[전집, 저서]

윤성범/편집위원회편.『(윤성범 전집 1) 한국종교문화와 한국적 기독교』. 서울: 감신, 1998.
_____.『(윤성범 전집 2) 한국유교와 한국적 신학』. 서울: 감신, 1998.
_____.『誠의 神學』. 서울: 서울문화사, 1972.
최병헌.『성산명경』. 漢城: 東洋書院, 1911. 영인본: 최우 편저.『성산명경』. 서울: 정동삼문출판
　　　사, 1998.
최병헌/박혜선 옮김.『만종일련』. 서울: 성광문화사, 1985.

[기사, 회보, 논문]

최병헌. "勤者得之."「畿湖興學會月報」1(2) (1908.08).
_____. "奇書."「皇城新聞」. (1903.12.22).
_____. "삼인문답."「대한크리스도인회보」4(12). (1900.03.21).
_____. "죄도리."「신학월보」1(8). (1901.07).
윤성범. "기독교는 천도교의 한 종파인가: 인내천 사상과 시천주 사이의 중보자 문제."「사상계」
　　　(1964.05): 205.
_____. "기독론,"『전집 2: 한국유교와 한국적 신학』(1998): 75-77, 83, 111.
_____. "단군신화는 Vestigium Trinita이다: 전경연 박사에게 답함."「기독교사상」7(9)
　　　(1963.10): 17.
_____. "복음의 토착화에 대한 전이해."「기독교사상」7(6) (1963.06): 33.
_____. "복음의 토착화에 대한 전이해."『전집 1』(1998): 325, 328-329, 331.
_____. "성의 신학."『전집 2』: 18, 32, 36.
_____. "신론."『전집 2: 한국유교와 한국적 신학』(1998): 49, 58, 61-62, 65.
_____. "하나님 관념의 세계사적 성격: 박봉랑 박사의 비평에 답함."「사상계」11(10) (1963.09):
　　　226, 228-9.
_____. "한국 신학방법서설."『기독교와 한국문화』(1964): 12, 24.
_____. "한국교회와 토착화론."『전집 1』(1998): 85, 88-91.
_____. "한국의 신 관념 생성."「기독교사상」13(6) (1969.06): 105-114, 124.
_____. "현대신학의 과제: 토착화를 지향하면서."『전집 1』(1998): 321, /327.
_____. "桓因·桓雄·桓儉은 곧「하나님」이다: 基督教立場에서 본 檀君神話."「사상계」11(6)

(1963.05): 258.

_____. "〈Cur deus Homo〉와 복음의 토착화." 『전집 1』 (1998): 345.

〈2차 문헌〉

[저역서]

김경재. "한국 개신교의 문화신학." 『해석학과 종교신학』. 천안: 한국신학연구소, 1994.

변선환. 『전집 1: 종교간 대화와 아시아신학』. 천안: 한국신학연구소, 1996.

_____. 『전집 3: 한국적 신학의 모색』. 천안: 한국신학연구소, 1997, 82.

이덕주. 『한국 토착교회 형성사 연구』. 서울: 한국기독교역사연구소, 2000.

유동식. 『풍류도와 한국의 종교사상』. 서울: 연세대학교 출판부, 1997.

_____. 『한국 신학의 광맥』. 서울: 다산글방, 2000.

황종렬. 『한국토착화신학의 구조』. 서울: 국태원, 1996.

도널드 맥가브란/이재완 옮김. 『기독교와 문화의 충돌』. 서울: CLC, 2007.

Bevans, Stephen B. *Models of Contexual Theology*, New York: Orbis Books, 1992.

Kraft, Carl H. *Christianity in Culture: A Study in Dynamic Biblical Theologizing in Cross-Cultural Perspective*. N.Y.: Orbis Books, 1979.

[논문]

박응삼. "기독교는 천도교의 한 부분이다." 「신인간」 31(1964.08): 78-86.

변선환. "불교와 기독교의 대화." 「기독교사상」 26(9) (1982.09): 179.

_____. "한국 개신교의 토착화: 과거, 현재, 미래." 『전집 3』 (1997): 82.

유동식. "기독교의 토착화에 대한 이해." 「기독교사상」 7(4) (1963.04): 66-7.

이한영. "인격성과 비인격성의 문제를 통해 본 탁사 최병헌의 신관 연구: 『천주실의』를 보(補)로 하여." 「신학연구」52(1): 123-4, 126-127.

_____. "토착화신학의 흐름과 재고." 「신학사상」147(2009.12): 108-115, 123.

유교에서 바라본 성誠의 신학
─ 이해, 비판, 수용, 전망

임종수

(성균관대학교)

"토착화 과정은 복음이란 종자를 심어서 한국의 특이한 과실을 만들려는 것이 아니요, 복음이 가지고 있는 본래적인 과실 그대로를 거두기 위함이다. 복음의 열매가 본래 사과였다면 우리도 본래의 거둔 맛있는 사과를 거두어야지 그와 같은 능금이나 배를 얻어서는 안 되겠기 때문이다"
(윤성범 전집 1. 『한국종교문화와 한국적 기독교』, 345).

I. 왜 誠의 신학인가: 誠과 신학의 만남

동아시아에서 유교와 기독교는 만남과 충돌, 조화와 배타의 역사를 경험했다. 그러한 경험은 유교와 기독교가 어떻게 만나야 하는지, 그리고 왜 대화를 해야 하는지를 일깨워주었다. 중국에서도 불교와 기독교, 맑시즘이 중국의 사상과 문화를 돌아보게 한 근원적인 계기가 되었다고 할 만큼 기독교는 중국 사상, 특히 유교의 안팎을 성찰하게 한 계기였다고 할 수 있다. 뿐만 아니라 중국은 근대사에서 유교를 비판한 경험을 갖고 있다. 근대 중국의 문인 루쉰은 유교를 사람 잡아먹는 예교(禮敎)로 비판했고, 또 문화대혁명 기간에 유교 전통은 가혹하게 매도당했다.

그러나 한국은 중국처럼 정치, 사회적 차원에서 유교를 전면적으로 비판한 적이 없었다. 한국사회에서 유교는 종교라기보다 윤리로서 일상의 삶과 문화에 스며있었기 때문이다. 이 점은 오히려 유교의 영향이 그만큼 넓고 깊으며, 한국인의 의식과 무의식에 유교적인 것이 배어있다는 것을 의미한다. 이러한 유교의 영향은 기독교에도 예외가 아니다. 따라서 한국의 기독교가 문화와 역사를 달리하는 서구의 기독교와 다를 수밖에 없고, 한국신학이 서구 신학과 차이를 가질 수밖에 없음은 물론이다.

이 글은 한국적 신학의 모색을 추구한 제1세대 감리교 토착화신학자 해천 윤성범의 誠의 신학에 나타난 문제들을 유교의 입장에서 살펴보려고 한다. 한 가지 미리 적시할 것은, 필자가 유교의 입장에서 성의 신학에 보이는 유교 이해의 정합성 문제를 검토, 비판하고 수용할 부분을 살펴보는 것으로 글의 범위를 제한하려고 한다는 점이다. 유교의 입장에서 해천의 성의 신학이 가진 난점과 그럼에도 불구하고 비판적으로 수용할 수 있는 가능성도 검토하려고 하는 것이다. 그러나 필자에게 가장 곤혹스럽게 다가온 것은 해천 신학의 저변에 깔린 서구 신학의 배경과 지식이 필자에게는 부족하다는 점이다. 따라서 이 글의 범위를 유교 연구자의 입장에서 성의 신학에 대한 이해와 수용, 비판, 한계, 전망 등을 밝혀보는 것으로 제한하려고 한다.

해천 윤성범은 잘 알려진 대로 서구 신학의 학문적 토대 위에 동아시아의 윤리, 종교, 철학, 문화를 아우르며 영향을 미쳐온 유교와 만났다. 그 만남의 열매가 성의 신학이다. 따라서 해천에게 성의 신학은 그의 긴 신학 여정의 소산이라 할 수 있다. 해천의 신학 배경은 서구 신학, 특히 칼 바르트의 영향 아래 이루어진 것이지만 그의 신학은 성의 신학으로 귀결된다고 할 수 있는 것이다. 그렇다면, 왜 그는 서구 신학의 틀에서 신학을 하는 데에 멈추지 않고, 한국적인 것을 탐색하며 토착화신학에 그토록 몰두한 것일까?[1] 그리고, 그는 왜 다른 동양철학의 개념, 유교의 개념이 아닌 성을 신학의 토대로 삼으려고 했는가? 그의 신학 안에서 한국적인 것과 성은 어떻게 관련되는 것일까? 왜 해천은 한국적인 것의 의미를 탐색하고, 한국적 신학을 정초하려고 했는가? 단순히 신학의 토착화 작업을 위한 학문적 도구로서였는가? 한국적이라고 할 때, 한국이란 무슨 의미일까? 그에게 한국적인 것은 한국이라는, 한 국가에 가둘 수 없는 보편성을 가진 것인가? 그가 한국적인 것을 강조하고 한국적 신학으로서 성의 신학을 주장하는 근거는 무엇일까? 서구 신학에 대한 반발과 저항일까? 아니면 서구 신학의 언어가 우리의 학문적, 정서적 풍토에 맞지 않다고 느꼈기 때문일까?

해천은 이 물음에 "왜 하필이면 성의 신학인가? … 복음을 우리의 언어라는 토양에다가 올바로 받아들이기 위한 첫 번 작업이기 때문"이라고 답한다. 해천에게 성은 '유교 형이상학의 골자가 되는 관념'이다. 그는

---

[1] 해천은 서구 신학에 대해 상대적으로 동양신학 등의 표현을 쓴 적이 거의 없는 듯하다. 그는 한국적인 것, 한국적 신학 정립에 자신의 신학 작업의 목적을 둔 것이다. 이 점은 그가 중국유교와 한국유교의 차이를 부각하면서 중국적인 것을 동양적인 것으로 등치시키지 않았다는 점을 주목하게 한다. 다시 말해, 중국적인 것과 동양적인 것, 한국적인 것을 뭉뚱그려 말하지 않았다는 것이다. 이 점은 일견 사소한 듯 보일 수 있지만, 그가 지향한 토착화신학이 딛고 있는 밑바탕을 보여준다고 할 수 있다.

성을 우리말 '참말성'으로 번역한다.2 또한 성의 신학이 지향하는 것은 하느님과 인간의 참다운 인격관계를 문제 삼는 복음주의 신학이라고 명명한다. 때문에 성의 신학의 골자는 겸비의 신학, 모든 교만을 버림으로써 하느님의 은총을 받는 것이다.3 다시 말해 성의 신학의 목적은 한국인의 정신적 유산, 즉 겸양지덕을 이어받아 이 미덕을 예수 그리스도의 겸비의 진리로 다시 불붙이는 작업이다.4

해천은 유교를 성을 핵심으로 한 종교로 본다. 그런데 그는 여기에 그치지 않고 "하느님의 말씀과 진리에 근거를 둔 종교라는 말과 같은 것"5이라고 한다. 해천의 유교 신학의 처음과 끝은 '성'을 통해 이루어진다. 그의 신학은 성을 중심으로 구성되어 있다. 그는 유교의 『중용』(中庸)의 중심 개념인 성에서 성의 신학의 근거를 발견했다. 그는 성을 "한국적 신학의 근본 계기"로 삼으려고 한다. 왜냐하면 성은 "동양사상의 핵심이며 동시에 한국 사상의 노른자위와 같기 때문이다."6 이러한 그의 성 이해는 무엇보다 그가 성을 언(言)과 성(成)의 조합으로 보아 "말씀이 이루어지다"라는 믿음에 세워진다. 성은 그에게 인간 실존의 규정 원리이며 초월과 내재의 긴장 관계를 중매하는 매개 계기가 된다.

그러나 한국적이라는 것의 물음을 신학을 통해서 묻고, 그 물음을 통한 응답의 과정을 토착화신학으로 정립하려고 한 해천에게 근대화의 걸림돌로 비판되어온 유교는 비판적으로 수용되었고, 단순히 토착화를 위한 수단과 방법론을 제시하는 틀이 아니라 신학 그 자체의 의미를 묻는

---

2 윤성범, 「誠의 신학이란 무엇인가?」 『한국유교와 한국적 신학』, 315.
3 윤성범, 『한국유교와 한국적 신학』, 318-319.
4 윤성범, 『한국유교와 한국적 신학』, 322.
5 윤성범, 『한국유교와 한국적 신학』, 223.
6 윤성범, 『한국유교와 한국적 신학』, 22.

토대가 되었다. 특히 성을 '말씀이 이루어지다'라는 뜻으로 해석, 이를 신론, 기독론, 인간론 등을 통해 전개하면서 그의 토착화신학의 시작이자 귀결점으로 삼은 것이다. 이러한 시도는 한편으로 유교의 개념과 논리를 지나치게 기독교 신학의 틀로 투사한 결과, 토착화신학을 위한 방법론과 수단으로 떨어질 수도 있다. 그런데도, 해천은 왜 유교의 성에 주목하여 집요하리만큼 기존 신학의 개념을 재해석하고, 토착화신학을 시도하려고 한 것일까?[7]

해천은 서양 신학, 특히 칼 바르트의 신학을 철저히 내면화한 토착화신학자이다. 이는 그가 한국인으로서 신학하는 고민, 신학이 서구 신학으로서만 조명될 수 있는가, 다시 말해 하느님의 말씀과 역사를 서구 신학으로 과연 제한시킬 수 있는가를 고민했다는 것을 말해준다. 이 점은 하느님의 말씀이 특정한 지역과 장소에 제한될 수 없다는, 지극히 당연한 주장이라고 할 수 있다. 그 역시 종교는 '인간구원'이라는 보편적 문제를

---

7 필자는 유교의 誠을 과연 이렇게 해석해도 되는가, 신학의 맥락에서 성을 자의적으로 원용하지는 않았는가 하는 의구심이 컸다. 또한 기독교인으로서 해천의 입장에 서보기도 하며 갈등할 수밖에 없었다. 유교적 맥락에서 철저히 비판할 수도 없었던 것은 해천의 신학적 입장에 동의하지 않는 부분이 있더라도 그의 모색을 쉽게 넘어갈 수 없는 공감과 고민이 필자에게도 있었기 때문이다. 이 점은 이 글을 쓰는 데에 제약이 되기도 했음을 부인하기 어렵다. 왜냐하면 신앙과 신학의 배경이 없이 온전히 유교학자로서 해천의 신학적 작업을 탐색했다면 비판적 입장에 서서, 해천의 신학에서 오용되거나 자의적으로 해석된 유교 개념을 지적하는 것으로 충분했을 것이기 때문이다. 그러나 필자의 신앙과 신학 배경은 이처럼 객관적 입장만으로 성의 신학을 읽어내기 어렵게 했다. 가령, 해천이 유교의 誠과 仁 등을 원용할 때, 그것이 정합성을 결여하고 있다고만 말할 수 없는, 해천의 신학적 고민과 배경을 염두에 두지 않을 수 없었고, 이는 해천의 신학에서라면 필연적인 전제이거나 근거, 결론일 수 있겠구나 하는 심정적 공감이 일어났기 때문이다. 그러나 이러한 입장이 한계이면서도 한편으로 해천 성의 신학이 갖는 의의와 한계를 좀 더 살펴보는 조건이 되기도 했다는 것 역시 말해야 할 것이다. 유교학자의 입장에서 해천 성의 신학을 비판하거나 수용한다 해도, 그 비판과 긍정이 객관적 사실에 대한 검토만으로 그친다면 해천 성의 신학이 갖는 자의적 해석의 문제만을 지적하는 데에 그칠 우려가 크기 때문이다. 따라서 필자의 입장이 갖는 한계를 조건으로 삼아 이 글을 썼음을 고백하지 않을 수 없다.

궁극 목표로 삼는다고 보기 때문이다.[8] 문제는, 해천이 이러한 주장을 위해 유교의 성 개념을 끌어 들였다는 점이다. 그렇다면 해천은 토착화신학을 위해서 유교의 성 개념을 수단으로 삼은 듯하면서도, 그 목적은 한국적, 유교적 신학이 본래 신학의 본질을 드러낼 수 있다는 신념을 갖고 있었던 것은 아닐까. 이러한 신념이 단순히 성의 훈고학이 아니라 성의 해석학의 필요성을 낳았고, 성의 신학이라는 그만의 토착화신학을 정립하게 된 근거가 아닐까.

해천이 말하는 토착화란 한국적이란 이름 아래 특이한 변종을 생산하는 것이 아니라, 복음 본래의 과실을 얻으려고 하는 것이다. 그렇다면 복음은 한국적인 상황, 토착화를 통해서 그 정수를 드러낼 수 있다는 것일 터이다. 이 점은 해천이 서구 신학만으로 복음의 진리가 전달될 수 있다는 '사상적인 식민지적 예속'에서 벗어나야 하며 서구 신학이 우리 것인 양 오해하는 사대주의에서 해방되어야 한다는 주장을 드러내는 것이다.[9] 따라서 해천의 신학적 과제는 한국적인 실존과 정황, 문화, 정신적 전통에 서구 신학적 전통을 더해 외려 우리 전통이 되살아나게 하는 데에 있다고 할 수 있다. 놀라운 것은 그가 이러한 작업을 단순히 신학적 토착화만의 과제가 아니라 신학 그 자체라고까지 말했다는 점이다. 그렇다면 왜 그는 이러한 문제의식 속에서 유교의 성을 통해 신학을 전개하려고 한 것일까. 유교에는 도(道), 인(仁), 리(理), 기(氣) 등 세계와 인간을 설명하고 해석하는 다양한 개념들이 있는데도 해천은 왜 유독 성을 주목해 성의 신학을 전개하려고 한 것일까.

이러한 물음을 가진 필자의 이 글은 유교 연구자의 입장에서 해천 윤성

---

8 윤성범, 「기독교적 유교」, 『한국유교와 한국적 신학』, 473 참조.
9 윤성범, 『한국유교와 한국적 신학』: 16 참조.

범의 성의 신학의 문제를 살펴보려는 작은 시론(試論)이다.

필자는 처음에 성의 신학이 종교간 대화에 기여하거나, 그 지평을 열어주려는 노력으로 읽힐 수 있지 않을까 생각했다. 그러나 곧 해천이 성의 신학을 세우려고 한 목적은 성, 다시 말해 '한국적인 특징의 총화'로 그가 확신한 성을 통해 어떻게 한국적 신학, 토착화신학을 전개할 수 있는가, 무엇보다 복음의 원의를 제대로 드러낼 수 있는가에 놓여 있었다는 것을 확인하게 되었다. 따라서 필자가 보기에 그의 성의 신학의 일차적 목표가 종교간 대화, 그리고 이를 통한 상호 변형을 모색하는 것이 아니라 기독교의 진리를 전달하기 위한 한국적 신학의 정초 작업이었다고 여겨진다. 왜냐하면 해천은 성의 신학이 "동양인, 특히 한국인에게 기독교 진리를 어떻게 빠르게 전달할 수 있느냐에" 집중되어 있다고 밝혀 놓았기 때문이다.[10]

유교의 입장에서 보면, 성이라는 개념을 통해 한국적 신학을 모색하는 해천의 해석학적 작업이 신선하게 다가오는 것이 사실이다. 그러나 그의 유교관과 성 개념의 해석이 다양하게 재해석될 수 있다는 차원을 넘어 오히려 지나치게 배타적이라는 우려 또한 하지 않을 수 없다. 해천이 성을 통해 한국적 신학을 세우려고 했고, 종교간 대화가 아니라 한국적 신학으로서 성의 신학의 정초를 시급하고 중요한 당면 과제로 삼았다는 것을 유교의 입장에서 이해하면서도 자의적인 원용의 측면을 간과할 수 없기 때문이다.

왜냐하면 해천은 "성의 신학은 동양 전역에 유신론자와 무신론자에게 진리로서의 타당성을 가지게 되어야 한다"[11]라고까지 말하고 있기 때문

---

10 윤성범, 『한국유교와 한국적 신학』, 46 참조.
11 윤성범, 『한국유교와 한국적 신학』, 45 참조.

이다. 그가 성을 과감하게 때로는 과도하게 기독교 안에 끌고 들어온 목적은 유교를 위해서 혹은 종교간 대화를 위해서가 아닌 것이다. 때문에 유교와 기독교를 끌어안는 듯하지만, 유교와 기독교 양쪽에서 비판될 수 있는 부담을 안고 있는 것이다. 이러한 배경에서 필자는 이 작은 시론에서 성의 신학의 전모가 아니라 유교 연구자의 입장, 유교 세계관을 통해 이해, 비판, 수용, 전망의 관점에서 성의 신학을 살펴보려고 한다. 특히 그의 성의 신학 전체를 다루지 못하고 신론과 기독론, 인간론을 중심으로 검토하려고 한다.[12]

II. 성의 신학과 유교관의 문제

토착화신학자로서 해천은 유교를 어떻게 이해하고 비판, 수용했는가? 이 물음은 성과 효와 같은 유교 개념을 통해 신학적 작업에 집중된 해천의 성과에 비해 덜 중요하게 여겨질 수 있다. 왜냐하면 해천의 토착화신학 전체는 성의 신학 안에서 전개되었기 때문이다. 이 말은 그의 유교관과 성의 신학이 분리되었다는 의미가 아니다. 필자가 보기에 성은 해천에게 유교의 한 중요 개념으로만 머물지 않고 있다. 이는 그가 유교 신학이라고 하지 않고 성의 신학, 그리고 그것을 '한국적 신학'이라고 한 데에서도 짐작할 수 있다. 해천은 유교에 대한 비판적 관점에도 불구하고

---

12 필자가 해천의 '성의 신학'을 살피는 이 글을 위해 참고 인용한 저서는 『誠의 神學』(서울: 서울문화사,1972 초판, 1976 재판)과 윤성범 전집 2권 『한국유교와 한국적 신학』(서울: 감신,1998)이다. 서울문화사에서 간행된 『誠의 神學』 제1장이 「誠의 神學」인 반면, 전집 2권의 목차에는 「성의 신학」이 제1부 성의 해석학 속의 제1장 으로 들어가 있다. 전집2권의 부록논문 1장 한국의 신관념 형성이 끝나는 274쪽까지가 본래 『誠의 神學』의 에 수록된 내용이다. 이후 인용되는 텍스트와 쪽수는 전집2권 『한국유교와 한국적 신학』을 따른다.

수용을 통해 자신의 신학적 작업만 아니라 유교의 의미를 재발굴, 재해석하려고 했다. 따라서 필자는 먼저 해천의 일반적인 유교관을 살펴보려고한다. 성의 신학에서 전개된 학문적 논의만 아니라 유교에 대한 해천의일반적인 관점이 어떠한 것인가를 함께 이해하는 것이 중요하다고 보기 때문이다.

먼저 해천이 어떻게 유교를 이해했는가를 비판과 수용의 맥락을 통해대체로 네 가지 관점에서 살펴볼 수 있을 것이다. 첫째, 유교의 윤리적인측면, 둘째, 유교 천관(天觀), 신관(神觀)의 인격성 문제, 셋째, 역사 속에드러난 유교의 현실에 대한 비판, 넷째 성학(聖學)으로서 유교의 수용등 네 가지 관점에서 접근해볼 수 있을 듯하다.

첫째, 유교의 윤리적 측면에 대한 해천의 해석이다. 해천은 유교를'실천과 행동의 생활'을 목적으로 삼으며 따라서 윤리적-응용적 성격을띠고 있다고 전제한다. 따라서 그는 "유교가 인생의 문제를 얼마나 깊이이해하고 있는지는 의심스러운 바가 있다"고 지적하면서 유교에 죄의식이 박약하다는 점을 예로 든다. 기독교가 과거의 죄를 주목하고 미래를기획하는 데 반해 유교는 과거에 대한 철저한 반성과 미래의 기획이 부재한 채 현실 타개만을 문제 삼는다고 비판한다.[13] 해천은 유교에는 죄의실제적인 해결을 위해 죄의 회개라는 깊은 참회과정과 이를 가능케 하는구체적 중보자관념이 없다고 지적한다.

이 점은 해천이 유교를 윤리 실천적인 측면에서 접근한 것이라고 볼

---

13 물론 이러한 죄의식의 박약 문제에 대해서 해천은 誠의 신학을 통해 맹자의 四端에서 羞惡之心을 곧 죄의식으로 파악하며, 나아가 人欲을 거론한다. 다시 말해 해천은 수오지심과인욕이 유교에서도 죄의식이 있다는 증거라고 하는 것이다. 아마도 이러한 관점의 변화는윤리, 실천적인 성격이 강한 선진유학에 대한 연구에서 성리학에 대한 연구가 진행되면서나타난 것이 아닐까 추측한다. 성리학에서는 인간의 본성과 윤리의 근거 문제를 더욱 심도있게 취급하기 때문이다.

수 있다. 유교의 이러한 특징은 선진유학(先秦儒學)에서 두드러진다. 선진유학은 어떻게 살아야 하는가라는 구체적 삶의 윤리적 실천과 태도를 묻고 강조한다. 따라서 그에게 공자와 동시대인의 대화록인 『논어』(論語)는 '사람의 마음씨를 전해주며 윤리적 양심을 불러일으키는 책'으로 받아들여진다.14 유교에 죄의식이 박약하다는 주장은 성의 신학에서 수오지심과 인욕을 통해 수정되지만, 해천이 유교에 죄의식이 박약하다는 주장은 역으로 유교의 특징을 드러내주는 부분이기도 하다. 왜냐하면 유교에서는 근본악이나 원죄에서 비롯하는 죄의식을 설정하는 논리가 부재하기 때문이다. 이 점은 그가 선진유학과 송대(宋代) 유학의 차이를 의식하고 있는 지점으로, 유교 내부에서 발생한 고민과 모색에 앞서 신학적 관점의 투사가 강하게 드러나는 부분이다. 따라서 신학적 문제가 형성되지 않은 선진유학의 역사적 맥락을 좀 더 살펴보아야 했을 것이다.

둘째, 해천의 유교의 천관, 신관 이해이다. 해천은 유교가 종교가 아니라는 견해가 유교에 신관이 명료하지 못한 때문이라고 지적한다. 그에 따르면 기독교의 신관이 초월성과 내재성을 종합하고 다시금 이 양자를 결부시키는 제3자를 전제하고 있어서 신관으로서의 완벽을 기한 반면 유교의 신관은 불완전하고 비논리적인 상태로 전래되었다.15 때문에 학문적으로 철저한 해석학을 거쳐 온 기독교 신관과 서구적 사고양식의 필요성이 요청된다. 해천이 이렇게 주장하게 된 근거는 유교 안에서 인격천(人格天), 자연천(自然天)이 혼재가 되어 있다는 판단에서 비롯한다. 해천은 성의 신학, 한국적 신학의 정당성을 찾기 위해 고대 한국의 신관으로 소급하면서 성을 결합해 성의 신학을 정초하려고 했다. 이러한 모색

---

14 윤성범, 「우리주변의 종교」, 『효와 종교』, 451 참조.
15 윤성범, 「聖學과 神學의 비교연구」, 『한국유교와 한국적 신학』, 400 참조.

에서도 여전히 중요한 것은 성의 신학에서 인격성을 빼면 성의 신학이 성립할 수 없다는 것이다.

따라서 해천은 중국의 자연적 비인격적 신관과 달리 한국에 유교가 전래된 후 천(天)이 인격적으로 취급되게 되었다고 주장한다. 해천은 "중국유교와 한국유교는 꼭 같은 것이" 아니며[16] "유교의 천(天)사상과 한국의 하느님 사상을 전혀 다른 개념으로" 여긴다. 이러한 차이는 단군을 시조로 해 내려오는 고신도(古神道)의 신관에 유교의 신관이 토착화되었기 때문이라고 본다. 이는 해천이 성의 신학에서 신론을 전개할 때 왜 천의 인격성 문제를 끌고 들어오지 않을 수 없었는가를 이해하는 실마리가 될 듯하다. 성을 통해 그리스도론을 전개할 때, 그리스도의 인격성을 설명해야 하기 때문이다.

널리 알려진 대로 유교의 신관에 인격적 특성이 드러난 것은 『시경』(詩經)과 『서경』(書經)에서 그 자취를 찾아볼 수 있다. 그러나 중국 유교의 신관이 자연적, 비인격적인 반면 한국 유교의 신관이 인격적이라는 해석은, 해천이 성의 신학을 완성하기 위한 목적으로 그리스도론을 확립해야 하는 요청에서 생겨난 결과가 아닌가 생각한다. 그렇지 않다면, 성을 '말씀의 성립'이자 '말씀의 완성'으로 보는 그에게 성이 그리스도론적 해석학적 술어로 가장 적합하다는 판단 때문일 것이다. 나아가 중국 주자학과 한국 주자학의 차이를 드러내어야 '한국적 신학의 특이성'이 나타날 수 있다고 한 것도[17] 그가 한국 전통 사상에서 한국적 신관을 찾고, 그것을 한국적 유교의 특징으로서 인격성을 제시하려고 한 것과 맥락을 같이한 것이라고 할 수 있다.

---

16 윤성범, 「기독교적 유교」, 『한국유교와 한국적 신학』, 452 참조.
17 윤성범, 「기독교적 유교」, 『한국유교와 한국적 신학』, 453 참조.

이처럼 유교 천관의 토착화를 거론했음에도 그가 유교를 인본주의적 종교라고 한 것은 인간의 윤리실천으로 유교를 제한시킨 측면이 강하다. 해천은 유교에는 '나'라는 자의식이 부재하다고 하면서 수신(修身)조차 가족과 국가를 전제로 한 행위로 본다. 특히 혈육과 혈육의 관계로 형성된 공동체가 추구할 수밖에 없는 유교적 이상향을 낙토(樂土)로 보는데, 이는 인간과 인간의 관계를 영적 평등의 관계로 들어오게 하는 기독교의 천국과는 달리 혈연에 묶인 곳이다.

셋째, 해천은 유교가 위와 같은 혈연 중심의 공동체적 특성을 가진 결과, 현실에서 유교윤리는 '생명 없는 형식주의'로 떨어지고 형식적 껍데기만 남게 되고, 한국에서 유교의 영향은 정치적 지배 계급만을 남겨놓은 데에 불과한 것으로 비판한다. 반면 기독교는 이러한 권력층을 위한 유교의 고루하고 좁은 성벽을 타파하고 인격적인 가치를 고조한 공헌이 있다고 높이 평가한다. 이처럼 해천은 역사적 상황과 영향에 비추어 유교를 이야기할 때 대단히 부정적이고 비판적인 관점을 취한다. 해천은 역사 속의 유교, 특히 조선의 엘리트 계층의 권력이 만들어낸 이데올로기로서 유교, 그리고 근대화에 발목을 잡은 보수적인 가치관으로서 유교를 비판한다. 더욱이 유교가 한국인이 가지고 있는 개성을 모두 빼내어 특권 계급에게 헌납하고, 이러한 특권 계급을 묵인한 것을 한국인의 잘못된 정신이라고까지 비판하는 것이다.18

이러한 비판은 유교의 역사적 공과를 논하는 자리에서는 늘 등장한다. 그러나 성과 효라는 유교의 개념을 갖고 토착화신학의 작업을 진행한 해천도 이와 크게 다르지 않다는 것은 유교가 결국 근대화의 길을 가로막은 보수 이데올로기라는 일반적 이해를 그 역시 받아들이고 있다는 것을

---

18 윤성범, 「우리주변의 종교」, 『한국유교와 한국적 신학』, 465 참조.

말해준다. 정치, 사회, 문화면에서 영향이 결코 긍정적이지 못한 유교는 형식주의와 의례로 전락했고, "한국에서 유교의 영향이란 엄밀히 따져 본다면 정치적 지배 계급을 하나 마련해 놓은 공적 밖에 없다고 해도 좋을 지 모른다"[19]라고까지 비판한다.

넷째, 그러나 해천은 유교를 성학(聖學)으로 보는 또 다른 입장을 제시한다. 성학의 입장에서는 유교도 종교라는 사실을 인정해야 한다는 것이다. 그런데, 그는 여기서 조상숭배와 같은 제례만 아니라 윤리적 원리로서도 유교를 종교라고 말할 수 있다는 것이다. 이 점은 유교와 기독교의 대화의 접점을 마련하려는 해천의 입장이고 성의 신학을 논할 수 있는 토대이다.

해천의 유교 이해는 동시대 학자들보다 관심과 폭에서 한층 깊은 것이었지만, 역사 속의 유교의 공과, 윤리의 문제 등을 논할 때는 큰 차이를 보여주지는 않은 듯하다. 그러나 그가 토착화신학을 위해 중국유교와 한국유교의 차이를 인격성에 둔 점 등은 한국유교 신관의 인격성과 기독교 신관의 인격성이 어떻게 만날 수 있는가를 묻게 했다는 점에서 의의가 있다. 무엇보다 이러한 한국유교의 특징으로서 인격성 문제가 성의 신학과 그대로 맞닿아 있기 때문에 한국유교에서 인격성이라는 특징의 발견은 해천의 신학 작업에 매우 중요한 시도라고 할 수 있다.

III. 성은 하느님(의 말씀)인가

해천의 성의 신학에서 성은 유교의 주요 경전 『중용』의 "성은 하늘의

---

19 윤성범, 「우리주변의 종교」, 『한국유교와 한국적 신학』, 463 참조.

도이고, 성하려고 하는 것은 인간의 도이다"[20]라는 구절에 근거를 두고 있다. 그러나 해천은 이러한 유교의 성을 유교 안에 가두지 않았다. 그는 그것을 보편적인 신학 개념으로, 기독교의 진리를 입증하는 개념이자 조화와 통일의 원리로서 끌어들여 자신의 한국적 신학을 정초하고자 했다. 앞서 언급한대로 해천은 유교의 윤리적, 역사적 문제를 비판적으로 접근하면서도 율곡의 성학과 『중용』을 통해 발견한 성을 자신의 신학 안에서 철저히 일관된 신학의 중심으로 삼는다. 유교학자나 타종교인들이 볼 때 왜 이러한 작업이 필요한 것일까 물을 수 있다. 한국적 신학을 만들어내기 위한 절박감이 오히려 해석의 과잉을 가져온 것이 아닌가 의구심을 품게 될 수 있나.

그러나 해천은 훈고학이 아니라 해석학을 강조하는 입장에 서서 이런 의구를 지양하고자 한다. 그에게 중요한 것은 성의 의미와 훈고학적 의미를 넘어서 성의 해석학이고, 기독교에 갇힌 하느님이 아니라 하느님의 역사와 임재, 실재를 어떻게 동아시아 세계에 보편적으로 보여주느냐에 있었기 때문이다. 그렇다면 해천은 성의 신학에서 성을 어떻게 해석하는가? 해천은 성을 하느님이자 하느님의 말씀이고, 성령이며, 그리스도의 화신(化身)이라고 해석한다. 이는 해천이 철저히 삼위일체론의 토대위에서 성을 해석하고 있다는 것을 말한다. 그리고 성을 철학, 종교, 학문만 아니라 음악, 시가, 미술, 공예에까지 영향을 미친, 가장 근본적인 우리 윤리와 사회 문제 해결의 핵심적인 계기가 되어 있다고 확언한다.[21] 이러한 관점을 염두에 두고, 해천이 성을 어떻게 해석하였는가를, 하느님, 성령, 그리스도의 화신으로서 해명해가는 과정을 살펴보며 유교의 입장

---

20 『中庸』20장: 誠者, 天之道也, 誠之者 人之道也.
21 윤성범, 『한국유교와 한국적 신학』, 22.

에서 그 해석의 정합성 문제를 검토하기로 한다.

첫째, 해천은 하느님에 관한 가장 완벽한 신학적 표현으로서 '말'을 이해한다. 그는 말을 삼중적으로 이해하여 삼위일체신론을 주장한 칼 바르트, '말씀이 말한다'라는 표현을 애용했던 하이데거가 발견한 "태초부터 있던 말씀, 하느님과 같이 계신 말씀, 아니 하느님 자신인 말씀"에 주목한다. 여기서 해천이 하느님의 말씀 사건, 하느님이 말한다는 것에 깊이 몰두하고 있다는 것을 알 수 있다. 그는 현대신학과 철학의 경향에 대응되는 동양적, 한국적 관념을 성에서 찾아내었다. 그는 성을 언(言)과 성(成)의 조합으로 "말이 이루어짐"이라고 해석하고, 이를 "참말"이라고 해도 좋다고 보는 것이다. 나아가 예수가 운명할 때, "다 이루었다"를 "말씀이 이루어짐"을 뜻한다고 해도 좋다고 본다.[22] 이러한 주장을 뒷받침하기 위해 해천은 말의 어원을 분석하며 말이 가장 높은 것을 가리키며, 신적인 근원을 갖고 있다고 주장한다. 그는 하이데거의 "존재의 집"이라는 표현을 "말씀이 하느님과 같이 계셨다"와 유비하며 말씀은 존재의 집, "하느님의 본질"로까지 해석한다. 이는 단순히 형이상학적, 혹은 철학적인 진리 개념과는 구분이 된다.[23]

동아시아 문헌과 자료에서 원래 '誠' 자는 갑골문(甲骨文)과 금문(金文)에서는 발견되지 않고, 초기 단계에서는 조사로 쓰였다. 『맹자』(孟子) 이전에는 철학적 개념으로 사용되지 않았다. 예컨대 『시경』과 『서경』, 『논어』에서도 조사로 사용될 뿐, 아직 철학적인 개념으로 정착되지 않고, 전국시대(戰國時代)에 형성된 『중용』에 와서야 철학적 의미를 얻게 되었다.[24] 『중용』에서 "하늘의 길"[25]로서 등장한 성은 완전성을 의미하며, 하

---

22 윤성범, 『한국유교와 한국적 신학』, 23.

23 윤성범, 『한국유교와 한국적 신학』, 28.

24 吳怡, 『中庸誠的哲學』(臺北: 東大圖書公司印行, 1976), 15 참조.

늘의 길(天道)은 완전무결한 최선의 존재이자, 리(理)와 덕(德)을 모두 포괄하고 천지를 운행하며 만물을 생성하는 동력이다. 영원히 변하지 않는 천지의 운행질서와 변화생성의 역사(役事)를 진행시키는 이치를 인간이 도덕적 차원에서 파악하여 감득한 것이 성이다.[26] 성은 모든 만물의 종시이며[27], 자신과 만물을 완성하게 해준다.[28]

북송시대 주돈이(周敦頤)도 『통서』(通書) 「성상」(誠上)에서 "성이란 성인(聖人)의 근본이다."[29] "성은 성일뿐이다. 성은 오상(五常)의 근본이고, 모든 행함의 근원이다"[30]라고 했다. 정이(程頤)는 성을 '마음을 하나로 함'[31]이란 뜻으로 설명하면서 『주역』 무망(無妄)괘로 성을 정의한다. 주희는 정이천의 이 무망에 진실(眞實)을 덧붙여 성을 진실무망하고, 천리(天理)의 본연, 하늘이 부여한 바로, 사물이 받은 바른 리로 해석했다.[32] 주희의 해석대로 성은 유교 도덕철학의 중요한 개념이면서 우주만물의 근원이라는 두 가지 맥락에서 해석된다. 성은 인류관계에서는 신(信)과 충신(忠信)과 유사한 개념으로 언행과 마음의 진실에 관련된 개념이다. 본래 마음, 본성, 리와 같은 본체가 아니라 이것들 모두가 제대로 갖추어진 인간의 상태를 가리킨다.[33] 그러나 성은 존재론적 차원에서는

---

25 『中庸』20장: 誠者, 天之道也.
26 김충렬, 『중용·대학강의』(예문서원, 2007), 214-217 참조.
27 『中庸』25장: 物之終始,
28 『中庸』25장: 成己成物.
29 『中庸』26장: 至誠無息.
30 周敦頤, 『通書』「誠上」: 誠者, 聖人之本. 「誠下」: 聖, 誠而已矣.
31 程顥, 程頤, 『二程集』『經說』: 一心之謂誠.
32 朱熹, 『中庸章句集注』: 誠者, 眞實無妄之謂, 天理之本然. 朱熹, 『通書解』: "誠者, 至實而無妄之謂, 天所賦, 物所受之正理也."(北京: 中華書局, 1993), 陳淳, 『北溪字義』「誠」: 至晦翁又增兩字, 曰眞實無妄之謂誠.(北京; 中華書局, 1983 1刷, 2009 2次 印刷) 참조.
33 A.C. 그레이엄·이현선 옮김, 『정명도와 정이천의 철학』(심산, 2011), 142 참조.

신이나 충신과 달리 천지의 자연적인 이법, 진실과 관련된다. 이러한 해석은 하늘의 도로서의 성의 항구성, 지속성, 완전성을 드러내는 표현이다. 따라서 성은 윤리적 차원과 존재론적 차원을 아우르는 개념이다.

이렇게 보면 성을 말과 연결시키는 맥락은 유교에서는 철학적 개념으로 구체화되지는 않았다고 할 수 있다. 그러나 이러한 철학적 해석과 달리 한대(漢代) 허신(許愼)의 『설문해자』(說文解字)에서 성은 신(信)으로 풀이된다. 그것은 말이 사실에 부합되는 것을 의미한다.[34] 성은 언이라는 의미 요소와 성이라는 음가가 합하여진 형성문자이다. 따라서 의미의 중점은 언에 부여된다. 음가는 말 그대로 음으로서 역할만 할 뿐이다. 그러나 음가를 음으로 파악하지 않고 의미 요소로 수렴한 해석이 있다. 즉 의미 요소인 언에 주목하면 언은 신성한 신의 말씀이 적힌 두루마리를 담은 그릇을 형상하지만 성에 치중하면 이룸, 성취, 완성, 생성을 반영한 것이라고 할 수 있다는 것이다.[35]

이러한 관점에서 문자학자 시라카와 시즈카는 성(成)은 성취하다는 뜻의 글자이기 때문에 성(誠)이란 서약(誓約)을 성취하다는 뜻으로 해석한다.[36] 그에 따르면 말은 주술적인 세계를 반영하므로 언(言)은 기도, 자기맹세, 신에 대한 서약이고, 그것을 성취하는 것을 성으로 해석한다. 따라서 서약을 성취하다는 인간의 신에 대한 서약, 자기 맹세를 성취하는

---

34 許愼, 『說文解字』: 信也. 從言成聲. [漢] 許愼, [淸] 段玉裁 注, 『說文解字注』(上海: 上海古籍出版社, 2000), 92, 張岱年, 『中國古典哲學概念範疇要論』(北京:社會科學出版社, 1989), 100 참조.

35 이와 관련해 중국 길림대학의 元永浩 교수는 誠의 결정적 요소는 成, 이룸에 있다고 보고 성을 우주생명의 생성원리로 해석한다. 이는 유교에서 천지만물이 유기체적 생명체로서 공생하는 것을 강조한 것이다. 아울러 誠과 信의 해석을 통해 진실성과 사회적 신뢰라는 맥락에서 誠을 인간사회의 구성원리로 본다. 원영호, 『중용』의 '誠'개념에 대한 생성론적 해석, 『동양사회사상』 제19집, 2009, 참조.

36 白川 靜, 『字統』(東京: 平凡社, 2006), 517 참조.

것을 말한다. 유학자 류승국은 『설문해자』에서 성(誠)이 수(成)와 정(丁)이 결합된 글자로 수(成)는 무(茂)와 통하므로 초목이 무성함을 뜻한다는 맥락에서 성수(成邃), 성취의 의미를 갖고 있다고 본다. 따라서 성을 언(言)과 성(成)의 의미를 모두 취한 문자로 본다. 특히 류승국은 성이 충(忠), 신(信), 덕(德)과 통한다고 할 때, 천명(天命), 천(天), 상제(上帝)에로 그 사상적 연원을 소급할 수 있다고 해석한다. 성의 개념이 윤리적, 인간적 차원을 넘어 초월적, 종교적 주재 또는 철학적으로 존재론적 세계관을 내포하고 있다고 보기 때문이다.[37]

이러한 해석에 비추어보면 해천이 성을 "말씀이 이루어지다"라고 해석한 것은 성을 하느님의 말씀, 하느님으로 이해한 것이기에 그 주체가 다른 것이지만, 해천의 성 해석은 시라카와 시즈카, 류승국의 해석과 비교할만하다고 할 수 있다. 특히 언(言)의 주술성, 신령성을 강조하는 시라카와 시즈카의 해석을 확대한다면, 해천 역시 '말'의 어원을 신령한 것, 신성한 것에 그 기원을 두면서 성의 신학에서 성을 해석하고 있음을 주목하게 된다. 물론 성을 하느님의 말씀이라고 하는 해석은 해천의 독자적인 해석이라고 밖에 할 수 없을 것이다. 왜냐하면 성의 역사적 철학적 맥락은 본래 동아시아 사회 안에서 배태된 것이기 때문이다.

그러나 분명한 것은 이러한 어원의 해석이 해천에게는 문자학적 의미 천착이나 지적 유희가 아니라 성의 신학의 대전제가 된다는 점이다. 해천에게 말씀은, 말씀의 완성이자 계시이다. 해천은 말의 본래 뜻을 '참말'로 번역하고, 말의 어원으로서 머리, 마리, 마루 등을 모두 가장 높은 것을 지적하는 개념으로 파악하며, 그 근거를 하이데거가 Sprache를 인간과 관계시키지 않고 신적인 근원을 주장한데서 찾고 있다. 그는 말씀을 존재

---

37 류승국, 「동양사상과 誠」, 『도원철학산고』 (성균관대학교출판부, 2010), 41-43 참조.

의 집이고, 하느님의 본질이라고 보기 때문이다.[38] 그는 이 근거로『중용』의 "불성무물"(不誠無物), "지성여신"(至誠如神)을 통해 誠하지 않으면 아무 것도 존재하지 않는다, 성의 궁극적 경지는 하느님과 같다는 것을 제시한다. 이를 해천은 "하느님의 말씀이 없이는 아무 것도 지어질 수 없음을 말한『요한복음』의 경우와 일치된다"고 한다.[39] 해천에게 성은 참말이고, 하느님께로부터 오는 참 말씀으로 마침내 하느님과 사람을 진리의 말씀으로 연결하는 능력을 갖고 있다고 해석된다.[40]

둘째, 해천은 한 걸음 더 나아가 성을 "성은 곧 하느님이다"라고 해석한다. 어떻게 그것이 가능한가? 유교적 맥락이 아니라 하느님의 존재가 그의 말대로 "유대인의 하느님만 아니요, 이방인의 하느님도 되는", 현대의 신관념에 따라 세계성, 우주성을 가진 신관이라면 유교 안에 성을 가둘 필요성을 느끼지 못했던 것이라고 볼 수 있기 때문일까?[41] 그렇다면 해천은 어떻게 성을 하느님이라고 확신하는가? 필자가 보기에 그것은 그가 중국유교와 달리 한국유교가 인격적 신관을 갖고 있다고 보는 데에서 비롯한다. 그는 "유일신론에 해당하는 많은 신개념이 다 한 분 하느님을 지향하고 있음을 긍정하려는" 것이라고 주장하기 때문이다.[42]

때문에 해천은 한국의 신관념 발달사를 통해 하느님을 찾고, 단군설화에서 삼위일체론의 흔적을 찾아내며 "신앙과 종파를 초월한 하느님의 실재를 나타내는 고유한 신명칭을 가지는 것이 민족적으로라도 절대로 필요하다"는 데까지 이른 것이다. 그는 신을 지칭하는 명칭이 절대적인

---

38 윤성범,『한국유교와 한국적 신학』, 24 참조.
39 윤성범,『한국유교와 한국적 신학』, 24 참조.
40 윤성범,『한국유교와 한국적 신학』, 27 참조.
41 윤성범,『한국유교와 한국적 신학』, 32 참조.
42 윤성범,『한국유교와 한국적 신학』, 32 참조.

것이 아니라고 본다. 하느님은 한분이라고 믿기 때문이다. 이러한 유일신관들의 대표적인 것을 기독교 신관에서 찾는 그는 성은 유일신관을 전제하게 된다고 확언한다.[43] 그래서 해천에게 동양인으로서 서구의 계시보다는 하느님의 말씀이라 할 때, 성이 가장 친근한 개념으로 다가오는 것이다. 그는 성은 조화의 원리로 하나님과 인간 사이의 조화를 고려하는데 "결론적으로 생각할 때 하느님은 곧 성이라고 해야 좋을 것이다"[44]라는 신념을 갖고 있기 때문이다.

해천은 성의 신학의 또 하나의 근거로서 한국적 신관의 인격성을 들고 있다. 해천이 이렇게 천관념의 인격성을 끌어안고 있는 까닭은 무엇일까. 그에게는 그가 신화가 아니라 설화로 보는 단군설화에 대한 믿음이 있다. 그것은 중국의 음양이원론이 일상성을 벗어나지 못한 반면 이 설화는 삼일신론적(三一神論的) 구조를 갖고 종교적 교훈적 설화로 승화된 것이라는 것이다. 그는 한국의 삼일신론(환인 환웅 환검)을 음양이원론 이전의 인격적 설화로 이해한다. 해천은 하느님, 그가 한얼님이라고 부르면 좋을 것이라고 하는 개념과 한국의 천관념이 지닌 인격성을 퇴계나 율곡과 같은 유학자들도 직간접으로 영향을 받았을 것으로 본다.[45]

그러나 이러한 그의 주장은 주자학의 세례 안에 있는 퇴율의 철학 속에서 인격적 천관의 근거를 발견한 것이 아닌 듯하다. 퇴계는 물론 리발(理發)을 말함으로써 리의 주재성과 작용을 언급하지만, 이것이 천의 인격성으로 나아갈 수 있다고까지는 말할 수 없다. 율곡 역시 리와 기의 묘합[理氣之妙]을 강조하고, 우주자연과 인간의 구성 원리를 철저히 주자학의 패러다임 안에서 주장하고 있기 때문이다.[46] 그러나 해천은 성을 '하느님

---

43 윤성범, 『한국유교와 한국적 신학』, 44 참조.
44 윤성범, 『한국유교와 한국적 신학』, 37.
45 윤성범, 「기독교적 유교」『한국유교와 한국적 신학』, 464 참조.

이다, 하느님의 말씀이다'라고 하는 주장을 입증하기 위해 성을 '말씀이 이루어지다'라고 해석하고, 이것이 바로 서구 신학에서 말하는 '계시'(啓示)라고 본다.[47] 따라서 그 계시는 그에게 인격적이어야 한다.

그러나 성은 그러한 인격성이 처음부터 전제되어 있거나 함축되어 있지 않다. 유교의 입장에서 볼 때 성의 신학은 인격성이 탈각된 의리(義理)로서의 천관념을 의식하지 않은 채, 천도(天道)를 온전히 인격적 존재로 파악했다는 점에 문제가 있다. 해천은 성을 계시라고 한다.[48] 그러나 유교에서는 특정한 신의 절대적 계시가 예수라는 특정한 인물에게만 배타적으로 부여되었다는 것을 이해하기 어렵다. 따라서 해천이 신관에서

---

46 황의동, 『栗谷哲學研究』(經文社, 1987), 107-113 참조.
47 해천은 교토에서 신학을 공부하면서 교수들의 강의에서 "'계시'라는 말을 들었지만 1년이 지나도록 그 뜻을 올바로 터득하지 못했었다"고 고백한다. 따라서 해천이 성을 계시로서 받아들이는 것은 이러한 내적 체험과 무관하지 않다고 할 수 있다. 윤성범, 『한국유교와 한국적 신학』, 48 참조.
48 해천 성의 신학에서 성을 하느님, 하느님의 말씀이라고 하는 해석에서 필자는 바로 명말 중국에 도착한 이탈리아 선교사 마테오 리치를 떠올리지 않을 수 없었다. 시공의 차이, 다소간 입장의 차이에도 불구하고, 유교와 기독교의 만남과 충돌이라는 문제가 그 안에 공통항으로 자리 잡고 있기 때문이다. 알려진 대로 마테오 리치에게 가장 큰 문제는 신의 인격성을 성리학자들에게 어떻게 해명해야 하는가 하는 것이었다. 성리학의 理에서는 어떤 인격도 발견할 수 없었기 때문이다. 따라서 그는 선진유학, 특히 『시경』과 『서경』의 세계에서 '上帝'를 발견하여 그 문제를 해결하고자 했다. 이러한 마테오 리치의 고민이 성리학적 사유로 세계를 받아들이고 해석한 학자들에게는 이해하기 어려운 것이었다. 왜냐하면 우주와 자연, 세계는 리와 기, 음양오행만으로 충분히 설명될 수 있었고, 세계 밖의 초월적 존재를 설정할 이유가 없었기 때문이다. 그러나 마테오 리치는 『천주실의』에서 그리스도를 전면에 내세우는 것을 피하고 있지만, 신의 인격성은 놓을 수가 없었다. 기독교가 신과 인간의 인격적 만남의 사건이라는 것을 양보할 수는 없었기 때문이다 줄리아 칭은 유교와 기독교 신개념의 차이를 "인간을 향한 신의 자기 계시에 대한 역사상의 특징"이라고 지적한다. 이러한 유교와 기독교의 신론에 대한 논의와 관련해 줄리아 칭, 임찬순, 최효선 옮김, 『유교와 기독교』(서광사, 1993), 최문형, 『동양에도 神은 있는가』(백산서당, 2002)를 참조. 특히 유교와 기독교 신론의 다양한 담론에 대한 폭넓은 논의는 장왕식, 『동양과 서양, 종교철학에서 만나다』(동연, 2016)를 참조할 수 있다.

는 열린 태도를 가진 듯 보이지만, 기독론에서는 배타적일 수밖에 없다는 것은, 유교의 입장에서는 다시금 대화의 길을 막아놓는 것이 아닌가 하는 의구심이 들 수밖에 없다. 해천은 에큐메니칼 세계종교사학회의 자극을 받아 동양, 한국적인 것에 대한 탐구를 구체화하게 되었다. 그러나 해천은 종교간 대화를 목적으로 성의 신학을 정초하려고 한 것은 아니다. 그에게 왜 그와 같은 신론을 유지하면서도 기독론에서는 배타적인지 묻지 않을 수 없을 것이다.

셋째, 무엇보다 유교의 입장에서 기독교와의 대화에서 가장 커다란 걸림돌은 기독론, 예수 그리스도에 대한 문제이다. 초기 예수회 중국선교사들이 예수 그리스도를 중국 지식인들에게 성인으로 설명하였을 때, 중국 지식인들의 반응은 어떻게 성인이 십자가에 못 박힐 수 있는가, 또 죽었던 사람이 어떻게 육체 부활을 할 수 있는가였다. 유교에서 성인은 덕을 갖추되 정치적 지위를 얻고 세상의 구원을 위해 헌신하는 존재다. 물론 그 성인됨이 안으로 성인을 지향하는 성인의 내재화로 바뀐 과정도 있지만, 성인은 십자가에 못 박혀 피 흘려 죽는 존재로 상상될 수 없었고, 무엇보다 그 한 존재에 의해 죄의 굴레가 벗겨지고 한 사람의 대속이 인류의 구원을 가져온다고 생각할 수 없었다.

요컨대 해천은 신론에서 보여주었던 만큼의 개방적 태도를 기독론에서는 보여주지 않는다. 그는 역사적 예수와 케리그마로서 그리스도의 종합을 예수 그리스도라고 한다. 해천에게 성육신 사건은 종교사적 관점에서 새로운 신관의 출현이고, 유일회적 사건이다. 따라서 성육신 사상은 초월의 첫째 암호인 유일신 사상과 둘째 암호인 인격신 사상을 조화, 종합한 형태라고 할 수 있을 것이다. 그에 따르면 예수 그리스도는 역사적이면서도 초역사적인 '참 하느님이자 참 사람'으로 고백될 수밖에 없고,[49]

칼 야스퍼스가 말한 여러 암호의 하나가 결코 될 수 없는 것이다. 그러나 여기서 난점은 공자나 석가 등, 이른바 차축시대에 활동했던 이들을 단지 성인이나 현인 정도로 취급하는 반면 예수 그리스도는 철저히 배타적으로 유일신의 초월성과 인격신의 내재성을 종합한 형태라고 보아 좋을 것이라는 주장이다.[50]

이러한 그의 배타적 기독론은 오히려 그가 하느님을 인간의 언어와 호칭으로 규정할 수 없다는 신론의 의미를 거꾸로 제한시키는 것이 아닌가 한다. 성을 하느님이고 하느님의 말씀으로 파악하면서 신론과 기독론을 조화시키려고 하는 그의 작업은 유교의 입장에서 보면, 하늘의 도로서 천의 항구성과 지속성, 창조성, 완전성이 다시금 예수 그리스도로 제한된다는 것을 부정할 수 없을 것이다. 그런데 해천은 성의 입장을 통해 예수의 유대교적 배경도 벗겨버려야 하며 역사적 예수의 비유대화가 전 인류에 대한 참사람의 패턴으로 삼는 필수조건이라고 한다.[51] 그 근거로서 성은 그리스도론적 해석학의 가장 적합한 술어이며 앞서 언급한대로 말씀이 이루어지다라는 맥락에서 말씀의 성립, 말씀의 완성이 된다. 하느님이 성이며 말씀이 육신이 된 예수 그리스도를 수용하려면 이러한 성의 해석이 불가피했을 것이다. 성은 초월적이면서 내재적이고, 하느님으로서 성의 임재는 임마누엘 사상과 일치된다고 보는 것이다. 문제는 유교에서 성의 개념에 부재하는 인격성을 그는 성의 본래적 의미를 말씀이 이루어지다라고 보는 성육신 사건으로 해석하기 때문에 이처럼 성을 역사적 예수와 케리그마로서 그리스도의 종합으로 해석하게 된 것이 아닌가 한다.

---

49 윤성범, 『한국유교와 한국적 신학』, 59 참조.
50 윤성범, 『한국유교와 한국적 신학』, 58 참조.
51 윤성범, 『한국유교와 한국적 신학』, 88 참조.

넷째, 해천은 성령론에서 성령의 역사는 성의 역사라고 해석한다. 이를 그는『중용』의 천명을 계시에 해당하는 것으로 보는 데에서 근거를 찾는다. 즉 성의 유행(流行)으로서 성령의 직능을 제시한다. 그러나 해천은 겸비와 자기부정의 태도로 "언제나 하느님의 말씀을 들으려는 마음의 자세를 가져야 한다"라고 한다. 따라서 신인공동설은 허용될 수가 없다. 천지의 도는 성이고, 성은 바로 하느님의 말씀이기 때문이다.[52] 성령에서도 하느님의 초월성을 망각해서는 안 된다. 성령은 타협하는 영이 아니고 하느님의 영을 관철하려는 하느님 자신이며, 이것을 성화(聖化), 성(誠)의 모습이라고 설명한다. 따라서 나의 양심에 따른 생활은 감사의 생활이 될 수 없고 스토아주의의 윤리로 떨어진다. 하느님의 약속 아래서의 생활만이 참다운 양심을 일깨울 수 있다는 것이다.[53] 따라서 해천에게 인간의 주체적인 인식 능력이나 인간의 신 인식의 확실성이란 불가능한 것이라고 할 수 있다. 이러한 해천의 성령론에서 성이란 성령의 사실이면서도 인간은 전적으로 수동적인 존재에 불과하게 된다.

왜냐하면 그는 유교에서 본연의 성(실존)은 하느님께로부터 유래한다고 보고, 극기복례(克己復禮)를 통해 천리를 알 수 있다고 하기 때문이다. 그러나 극기복례조차도 그에겐 인간의 주체적 노력이 아니다. 해천은 성령의 역사를 본연의 성으로 돌아가게 하는 하느님 자신의 작업이라고 보기 때문이다. 따라서 천리유행의 가능근거가 인간이 백지로, 공동(空洞)으로 되는 데 있다는 것이다.[54]

자신을 이겨 예로 돌아간다는 것은 인에 대한 공자의 답변이다. 인은 외부로부터의 강제성이 아니라 그 근원지가 나이며 나에 의해서 가능하

---

52 윤성범,『한국유교와 한국적 신학』, 145 참조.
53 윤성범,『한국유교와 한국적 신학』, 149 참조.
54 윤성범,『한국유교와 한국적 신학』, 152 참조.

다. 그렇다면, 해천은 성령의 역사를 성의 역사라고 하면서 인간의 능동적인 주체성은 고려하지 않는가. 마침내 그가 개념화한 자유자(知), 자비자(仁), 인내자(勇)로서의 성령 앞에 인간은 아무런 반응을 하지 못하는 존재에 불과한 것인가. 본래 지·인·용 삼달덕(三達德)은 『중용』에서 말하는 이 세상에 통용되는 보편적인 덕이다. 그것은 정이에 따르면 "온 천하에 요구되는 덕이다. 그것을 실천하는 것은 하나로 하는 것이고, 하나로 하는 것이 성이다. 성은 다만 이 세 가지를 실현하는 것이다. 세 가지 외에 따로 성이 있는 것이 아니다."[55] 따라서 성은 완전함, 혼연일체가 되는 것을 의미하므로 인간을 백지로 보는 것이 아니라 이러한 보편적 덕을 갖춘 존재로 보는 것이다.

무엇보다 하늘이 명한 것을 성(性)이라고 할 때, 그 성을 잘 발현하는 것이 성지자(誠之者)로서 인간이고, 성인(聖人)인 것이다. 성의 내재화는 인간을 능동적인 세계 변화의 참여자로 나아가게 하는 것이다. 그러나 해천은 중용의 삼달덕을 성령의 직능과 유사개념으로 파악하되 인간이 능동적으로 들어설 자리를 배제했다고 할 수 있다. 이러한 논리는 유교의 본질에서는 받아들이기 어려운 입장이다.

IV. 성의 신학에서 인간은 무엇인가

전통적으로 신학에서 인간은 하나님의 형상이자 죄인이다. 하나님의 형상을 회복하려면 자신의 죄인 됨을 고백하고 대속자로서 예수 그리스

---

55 程顥, 程頤, 『二程集』『遺書』: 知仁勇三者, 天下之達德. 所以行之者一, 一則誠也. 止是誠實此三者, 三者之外, 更別無誠.

도를 구주로 받아들여야 한다. 그렇다면 해천 성의 신학에서 인간은 어떻게 해석되는가? 해천은 첫째, 이마고 데이, 즉 하나님의 형상과 유교의 천명사상을 일치(誠의 내재화), 둘째, 인간의 죄와 인욕(人欲), 셋째, 성 안에 있는 존재 등 크게 세 가지 맥락에서 해석한다. 해천은 이 세 가지 문제를 제시하면서 기독교와 유교 인간관의 유사성을 비교하고 있다.

첫째, 이마고 데이, 즉 하느님의 형상과 유교의 천명사상의 비교에서 해천은 천명을 하느님의 인간에 대한 규정이라고 해석하며, 성을 '하느님의 인간화', 나아가 이를 이마고 데이라고 해석한다. 해천에게 "인간의 참 실상은 천의 명한 바에 순응하는 데서 볼 수 있다고 하는 것은 인간을 진적으로 하늘에 의거하여 규정하려는 천명사상에 기인된 것"[56]이나. 그런데 그는 성육신 사건으로부터 인간의 참 모습을 보려고 하는 점에서 유교와 기독교의 상호일치를 엿볼 수 있다고 한다.[57] 또한 그 유사성을 강조하면서 유교와 기독교 인간관에서 성인과 그리스도를 비교하려고 시도한다.

그가 이렇게 성인에 대해 그리스도를 말하는 것은 그리스도야말로 '참사람'이라는 믿음, 그리스도는 '보편적으로 인간적인 존재'라는 믿음 때문이다. 그런데, 해천은 유교의 성인과 그리스도를 비교하면서 종교개혁가들이 말한 "의인이며 동시에 죄인"을 제시한다. 유교와 기독교가 인간을 전인으로 보려는 경향을 갖고 있지만, 루터와 같은 종교개혁가들에 와서 수정되었다고 보는 것이다. 그는 카톨릭과 달리 종교개혁가들은 인간은 선에 대해 전적으로 무능한 존재, 선과 악으로 향할 수 있는 인격적 결단의 주체라고 본다는 점을 주목한다. 이러한 입장이 율곡의 성리학

---

56 윤성범, 『한국유교와 한국적 신학』, 161 참조.
57 윤성범, 『한국유교와 한국적 신학』, 160-161 참조.

과 같은 것이라고 지적한다.

　그러나 유교에서 인간은 선에 대해 무능한 존재가 아니라 선을 향해가는 존재다. 의인과 죄인을 그 안에 간직한 기독교의 인간관에서 인간은 원죄를 갖고 있다. 인간은 신 앞에서의 자기 고백과 회개를 통해 변화되는 존재이다. 그러나 유교에서 인간은 자신의 죄를 누군가에게 고백하고, 대속하게 하거나, 자신을 넘어선 존재의 형상을 회복한다는 것을 설정하지 않는다. 예컨대 유교의 가장 중요한 가치인 인은 죽음에 이를 때까지 짊어지고 가야 할 자기의 책임이다.[58] 인을 행하는 것은 나로 말미암는 것이지 남으로부터 말미암는 것이 아니다.[59] 자신의 과오와 허물, 도덕적 반성을 초월적 존재를 통해 확인받지 않는다. 내가 인하고자 하면 인이 이른다.[60] 왜냐하면 근본적으로 인간을 자기구원, 자신의 힘으로 회복할 수 있다는 믿음이 있기 때문이다.

　유교에서 인간은 끊임없이 자기변화를 하는 존재, 그리고 그러한 변화의 가능성을 품고 있는 존재라고 할 수 있다. 이러한 인간관은 선진유학에서 송명유학에 이르기까지 일관되게 흐르는 주조음과도 같다. 공자는 "허물이 있으면 고치기를 꺼리지 말라"[61], "잘못이 있는데도 고치지 않는 것, 바로 그것이 잘못"[62]이라고 했다. 공자가 말한 위기지학(爲己之學) 역시 자기성장을 기약하는 인간을 말하며, 수신(修身)과 수기(修己), 자성(自省), 신독(愼獨)을 강조한 것 역시 인간의 변화 가능성을 신뢰했기 때문이다. 공자는 "사람이 도를 넓히지 도가 사람을 넓히는 것이 아니

---

58 『論語』「泰伯」: 曾子曰, 士不可以不弘毅, 任重而道遠. 仁以爲己任, 不亦重乎? 死而後已, 不亦遠乎?

59 『論語』「顏淵」: 克己復禮爲仁. 一日克己復禮, 天下歸仁焉, 爲人由己, 而由仁乎哉.

60 『論語』「述而」: 子曰 仁遠乎哉. 我欲仁, 斯仁至矣.

61 『論語』「爲政」: 過則勿憚改.

62 『論語』「衛靈公」: 過而不改, 是謂過矣.

다"63라고 했다. 이는 인간의 주체성을 드러낸다. 또한 맹자는 인간은 누구나 성인이 될 수가 있다64는 신념을 피력했다. 『중용』에서는 성지자(誠之者)로서의 인간, 즉 성을 추구하려는 인간, 성실하려고 하는 자로서의 인간을 제시한다.

진실무망하려고 하는 존재로서 인간은 결코 수동적인 존재가 될 수 없다. 따라서 유교는 절대자를 향한 기도가 아니라 자기수양을 통한 존재의 전환을 통해 세계의 안정까지 기약하게 된 것이다. 유교의 핵심을 수기치인(修己治人), 수기안인(修己安人), 내성외왕(內聖外王) 등으로 집약해온 것은 바로 그러한 맥락에서이다. 이처럼 유교에서 인간은 끊임없는 자기변화를 추구하며 오행 중 가장 빼어난 기를 받고 태어나는 영험한 존재이다.65 주돈이는 "사는 현자를 바라고 현자는 성인을 바라고 성인은 하늘을 바란다"66고 했다. 또한 명대의 왕양명(王陽明)은 모든 사람에게 부여된 양지(良知)의 발현을 강조했고, 누구나 성인이 될 수 있다는 것을 전파했다. 그것은 성인과 나의 분리가 아니라 내 안에 신성이 있고, 나는 이 신성을 발휘하여 성인이 될 수 있다는 믿음이 있기에 가능한 것이었다. 이처럼 인간 구원과 변화의 근거를 인간 안에서 찾는 유교와 달리 해천은 "인의예지도 인간의 산물이 아니요 하느님께로부터 온 은사"라고까지 말한다.67 때문에 인의예지 사덕이 밖으로부터 온 것이 아니라 내재된 것으로 보는 유교의 인간관과는 다르다고 밖에 할 수 없다.

둘째, 그렇다면 해천은 왜 성리학, 특히 율곡의 입장을 원용해 천리와

---

63 『論語』「衛靈公」: 人能弘道, 非道弘人.

64 『孟子』「告子」下: 曹交問曰 人皆可以爲堯舜, 有諸? 孟子曰 然.

65 『禮記』「禮運」: 人者, 天地之德, 陰陽之交, 鬼神之會, 五行之秀氣也.

66 周敦頤, 『通書』「志學章」: 士希賢, 賢希聖, 聖希天.

67 윤성범, 『한국유교와 한국적 신학』, 193 참조.

인욕을 끌고 들어오는 것일까? 해천은 기독교의 죄에 해당하는 개념으로 인욕을 든다. 천리와 인욕, 도심과 인심 사이에서 갈등하는 존재로 인간을 파악한다. 이는 성리학에서 인간 존재의 구도, 마음의 구도와 분열을 말할 때 늘 제시되는 개념이다. 그러나 해천은 이를 원죄와 같은 것으로 본다. 해천이 지적한대로 원죄는 먼저 "하느님 앞에서의 죄"[68]이다. 그는 선악과(善惡果) 이야기를 통해 하느님과 같이 되려는 교만한 마음이 천리를 무시하고 인욕을 좇는 예라고 본다. 그리고 이를 천리와 인욕의 구도로 파악한다. 그런데, 여기서 해천은, 칼 바르트가 말한 바, 그리스도의 모방이야말로 구원에 이르는 길이라면 유교에서는 성인에 대한 흠모가 그리스도 모방과 대비된다고 한다. 그러나 유교에서는 성인을 열망하지만, 성인과 내가 다른 존재가 아니라 내 안에 누구나 성인될 수 있는 신성이 있다고 믿는다. 따라서 그리스도의 모방으로 끝나서 그리스도인이 되는 것으로 그치지 않고, 내가 성인이 되는 것이 목표가 될 수 있는 것이다.

그런데 해천은 이러한 유교의 세계 안에서 사유하고 실천한 율곡이 인격적 유신론을 설정하고 있다고 해석한다. 이는 그가 성을 하느님의 말씀으로 해석하고 , 따라서 성의 내재화를 통해 인격적 신관념의 근거를 마련해놓은 데서 나온 결과이다. 이러한 해석은 비록 기질의 청탁(淸濁)이 사람마다 다르지만, 사람이 기질을 변화시킴으로써 성인이 될 수 있다는 가능성을 열어놓은 유교의 인간관에서는 받아들이기 어려운 해석이라고 할 수 있다. 다시 말해 성지자(誠之者), 즉 성하려고 하는 것, 즉 성이 되어가는 과정이 인간의 길이며, 성하려고 하는 것은 선을 택해 굳게 지키는 것이다.[69]

---

68 윤성범, 『한국유교와 한국적 신학』, 170 참조.

그러나 유교에서와 같은 자기변화와 구원의 길이 그렇게 낙관적일까. 기독교 신학에서 영과 육의 문제를 떠날 수 없는 해천은 율곡이 제시한, 성이 있기 위해 사(私)를 버려야 한다, 천리가 지선이고 인욕을 악이라고 한 것을 바울의 영과 육의 대립과 같다고 본다.[70] 여기서 문제는, 해천이 성리학에서 말하는 바 선과 악의 개념을 실체화하여 영과 육과 같이 대립되는 개념으로 파악하고 논의를 진행한다는 점이다. 그는 성이라는 개념을 하느님, 하느님의 말씀, 성육신, 그리스도와 일치하는 것으로 봄으로써 율곡의 신관념을 리가 아닌 철두철미 인격신으로 확언하고 있는 것이다. 그러나 이는 성리학의 맥락, 성리학자로서 율곡의 입장과 다르다고 할 수 밖에 없는 성 개념의 과잉된 적용이 아닐까. 왜냐하면 유교에서는 절대선, 절대악을 설정하지 않기 때문이다. 성리학에서 선이나 악은 고정된 실체가 아니다. 인간의 본성은 잠시 어두워져 있을 뿐 노력과 공부를 통해 회복할 수 있다.

기독교에서 하나님의 형상으로서 인간이면서도 죄 된 본성, 즉 원죄를 갖고 있는 존재라는 모순을 안고 있는 인간이 어떻게 이를 회복하고 하느님의 형상을 회복할 수 있는가? 해천은 사람의 기질을 변화시킬 수 있는 방법을 하느님의 도를 따르는 것이라고 한다. 이를 하느님의 명령, 그리고 신학적으로 이를 하느님께로부터 주어진 은사라고 한다면, 이는 유교의 성지자의 의미와 전혀 다른 인간관이라고 할 수 밖에 없다. 이를 통해 해천이 마침내 "유가에서는 인간은 정적인 수용체로 보고, 하늘은 동적인 계시자로 본다"[71]라고 한 것은 당연한 귀결이라고 할 수 있을 것이다. 해천은 유교의 인간을 기질을 변화하여 개선해가는 존재라는 것을 알지

69 『中庸』 20장: 誠之者, 擇善而固執之者也.
70 윤성범, 『한국유교와 한국적 신학』, 172 참조.
71 윤성범, 『한국유교와 한국적 신학』, 152 참조.

만, 앞서 말한바 인의예지를 하느님의 은사라고 하는 등의 언급을 보면, 인간을 세계의 변화와 생성에 참여하는 능동적인 존재로 해석하지 않는다는 것을 알 수 있다.

유교에서 인간은 책임적 존재이다. 때문에 인간을 신의 말씀을 받는 텅 빈 그릇이거나 수동적인 존재로 본다는 것은 받아들이기 힘든 해석이 아닐 수 없다. 성령론에서 언급한 이러한 해천의 인간과 천에 대한 이해는 유교의 기본 토대를 무너뜨리는 말이 아닐 수 없다. 유교에서 인간은 정적 수용체, 텅 빈 백지와 같은 존재가 아니다. 인간은 도를 넓히고 천지화육에 참여하는 존재이기 때문이다.[72] 무엇보다 정적인 수용체라는 표현은 인간을 완전한 백지 상태로 보고, 그의 말대로 성령의 역사가 십자가에 자신을 못 박고, 본연의 성으로 돌아가게 하는 하느님의 역사라고 한다는 것은 인간을 하느님 앞에서 무로 화해버리는 것이다.

예컨대 그가 율곡의 천리와 인욕을 빌려 하느님의 영과 인간의 영이 전혀 다른 방향에 놓이며, 율곡의 교질론을 인간의 죄 된 근성과 연결시키는 것은 따라서 상당한 무리가 따를 수밖에 없다. 이미 해천에게 정적 수용체로 설정된 유교적 인간에서 기질변화란 자신의 주체적 능력으로 이루어질 수 없게 된 셈이기 때문이다. 그러나 해천은 이러한 문제를 경(敬)을 통해 해결하려고 한다. 경을 믿음이라고 보고, 이 믿음이 정심의 출발점, 이 정심이 중허(中虛)하면서 주재가 있음에 대한 믿음이라고 보는 것이다. 이를 통해 성령의 임재의 조건을 '중허'라고 보는 것이다. 중허를 인욕이 제거된 상태로 보는 그에게 경은 하느님의 실재를 믿는 하나의 태도이고, 실존이란 본연의 성을 회복한 것으로 보는 그에게 하느님의

---

72 『中庸』 22장: 唯天下至誠, 爲能盡其性. 能盡其性,則能盡人之性. 能盡人之性,則能盡物之性. 能盡物之性,則可以贊天地之化育. 可以贊天地之化育,則可以與天地參矣.

영을 받을 수 있는 그릇이 된다.[73] 또한 그는 '인의예지는 하느님에게로부터 온 은사'라고까지 말한다. 이는 유교의 가장 기본적인 구조를 허물어뜨리는 말이 아닐 수 없다. 유교에서는 존천리(存天理), 거인욕(去人欲), 천리를 보존하고 인욕을 제거하는 것을 목적으로 하면서 타고난 기질의 변화(變化氣質)를 강조한다. 해천의 용어를 빌리면 이는 텅 빈 상태로 '하느님의 영을 받을 수 있는 그릇'이 되어 본연의 성을 회복하는 것이 아니다. 인간에게는 인의예지라는 사덕이 있다. 맹자는 사덕은 밖으로부터 온 것이 아니라 안에 갖추어져 있는 것으로 본다. 따라서 이를 지켜가려면 존심양성(存心養性)의 방법을 택할 수밖에 없는 것이다.

해천은 이이의 『성학집요』(聖學輯要) 「정심」(正心) 장에 나온 중허의 상태를 마음의 욕망, 인욕이 제거된 상태로 보는데, 그러나 그것이 정적 수용체로서, 그리고 하느님의 영을 받는 깨끗한 그릇으로 해석된다면 인간은 아무런 역할과 참여가 없는 수동적 존재로 되어버리고 만다. 유교는 결코 이러한 수동적 성격을 인간에게 설정하지 않는다. 그러나 해천에게 천과 인간 사이에는 넘을 수 없는 간극이 놓여 있을 수밖에 없다. 물론 이러한 간극을 현실에서 받아들인다 해도, 그가 보는 인간관은 수동적, 정적, 텅 빈 그릇이라는 것을 벗어버릴 수가 없다. 그래서 유교의 "천은 어디까지나 천이요, 인간은 어디까지나 인간인 것이다"[74]라고 단언할 수밖에 없는 것이다.

그러나 되풀이말해, 『중용』에 따르면 유교의 인간은 결코 타율적인 존재, 명령을 받아 행하는 존재가 아니다. 유교의 이상적 인간형으로서 군자(君子)가 성을 귀하게 여기는 것은, 성이란 스스로 자기를 이룰 뿐만

---

73 윤성범, 『한국유교와 한국적 신학』, 155 참조.
74 윤성범, 『한국유교와 한국적 신학』, 161 참조.

아니라 나 밖의 모든 존재를 완성시키기 때문이다. 나를 이루어주는 것이 인이라면 만물을 이루어주는 것은 지이다. 자기만 아니라 만물을 완성시키는 것이다.[75] 성이란 물의 마침이자 시작이다. 성하지 않으면 어떤 것도 없게 된다. 따라서 군자는 성을 귀하게 여기는 것이다.[76] 그러므로 성하려고 하는 것, 성이 되어가는 과정으로서 인간의 길을 걸어갈 수밖에 없는 것이다.

V. 誠의 신학, 의의와 한계 및 전망

유교의 입장에서 보면 해천의 성의 신학은 단순히 신선한 시도를 넘어서 동양적 신학, 한국적 신학을 어떻게 할 수 있는가를 보여준 소중한 시도라고 할 수 있다. 왜 우리는 우리의 언어로 하느님을, 하느님과 만남을 말할 수 없는가. 해천은 성의 신학에서 우리가 이미 하느님을 만나고 있었다는 것을 보여주었다. 우리 것을 먼저 알아야 한다는 것, 그래서 한국적 신학을 세워야 한다는 그의 외침은 결코 공허하지 않다. 그러나 그의 성의 신학은 유교의 입장에서는 받아들이기 어려운 과제들도 남겨 놓았다.

첫째, 성의 신학에서는 세계의 악과 고통의 문제가 배제가 되어 있다. 사회정치적 맥락을 도외시한 결과 결국 악과 고통의 문제를 배제하게 된 것일까. 그 역시 인간의 죄와 인욕을 설명하지만, 인간의 내적 문제에 국한될 뿐, 사회정치적 영역으로 확장시키지 않고 있다. 이는 해천이 성

---

75 『中庸』 25장: 誠者, 非自成己而已也. 所以成物也. 成己仁也. 成物知也.
76 『中庸』 25장: 誠者, 物之終始, 不誠無物, 是故君子誠之爲貴.

의 신학을 인간 실존의 근본문제로 제약시켜 신학의 역할에서 사회정치적 영역을 처음부터 설정하지 않았음을 말해주는 것이다. 혹자는 문화와 신학, 종교적 영역을 사회정치적 영역과 별개의 것으로 보면서 둘 사이를 구분할 수 있다. 그러나 신학이란 학문이 인간학이라고 할 때, 이 둘 사이는 떨어질 수 없다고 생각한다. 무엇보다 그가 지향하고자 한 성의 신학에서 성이란 나와 세계의 완성(成己成物)을 실현하는 힘이다. 유교는 기본적으로 수기치인, 수기안인, 내성외왕으로 표현되듯, 현실의 변화를 추구하기 때문이다.

둘째, 현대학문의 흐름에서 성리학의 본래적 의미가 오히려 해천의 신학지평을 확장시켜줄 수 있다고 본다. 물론 해천 역시 생태학 등 현대 신학의 당면 문제를 거론했지만[77] 그가 생존했던 당시에는 절박한 문제로 요청되지는 않았다. 왜냐하면 그에게는 성이 하느님의 말씀이며 계시라는 것을 설명하는 것이 절실한 문제였기 때문이다. 그러나 성이란 개념을 "인격적인 계시사건(성육신)의 틀로 제한시켜 이해해서는 안 될 것이며, 오히려 성리학의 본래적인 의미에 일치되도록 우주-생태학적 차원으로 그 의미를 확대시켜 나가야만 한다"[78]라는 지적을 받아들이지 않을 수 없다.

셋째, 그가 말하는 신관은 결국 타종교를 기독교 안으로 수렴하는 신관은 아닌가? 그는 만유재신론, 만유내재신론과 같은 과정신학의 신론

---

77 해천은 『성의 신학』 6장 윤리론에서 '화해로서의 誠'을 논할 때 유가윤리를 화해의 윤리라고 해석하면서, 유가 윤리의 지평을 확대한다. 그는 화해의 윤리가 확장된 생태학의 입장으로 유가윤리를 확장시키지는 않았지만 유가윤리의 지평을 확대하려는 단서가 보인다. 그에 따르면 유가윤리에서 화해의 윤리는 "다만 윤리적 화해만이 아니요, 인간 대 자연의 관계에 있어서도 화해가 가능한 것이다. 특히 이러한 관념은 근자에 대두되고 있는 생태학(Ecology)의 입장에서도 절감하게 되는 사실이다." 『한국유교와 한국적 신학』, 186 참조.
78 이정배, 「윤성범의 유교적 신학-성과 효의 해석학」, 『한국개신교 전위 토착화신학 연구』 (대한기독교서회, 2003), 167.

과 대화할 수 있는가. 공자를 익명의 그리스도인이라고 표현한 그에게 타종교와의 대화는 어디까지 가능한 것일까.[79] 이는 결국 그리스도 중심주의를 벗어나지 못한 결과를 가져올 수밖에 없지 않을까. 공자를 익명의 그리스도인이라고 한 해천이 토착화신학을 말하고 종교의 궁극적 목표를 '인간 구원'이라고 하며, 기독교와 유교가 상호보완의 위치에 있다고 주장한 것은 결국 기독교 안으로 타종교를 수렴하거나, 혹은 타종교 안에서는 하느님의 흔적을 발견할 수 있을 뿐 완전지는 못하다는 결론을 낼 수밖에 없을 것이다. 여전히 유교의 입장에서 기독교는 신의 인격성 문제, 기독론이 가장 커다란 걸림돌이 된다. 해천은 한국 고대의 신관에서 유래하는 신관이 인격적이라고 주장하지만, 그 인격성이 결국 삼위일체론에서 기독론을 뒷받침하기 위한 강력한 근거로서 요청된 것이 아닌가 하는 것이다. 그렇다면 그의 신관 역시 기독교안에서 타종교를 인정할 뿐 타종교의 신관이 가진 역사성의 맥락을 놓치고 마는 것일 것이다.

이러한 맥락에서 해천의 성의 신학을 유교에서는 어떻게 받아들일 수 있는가. 해천의 성의 신학이 토착화신학의 한 궤적을 보여주는 선례나 한 때의 유물처럼 기념되는 것이 아니라 이 시대에 새로운 토착화신학 혹은 아시아 신학을 재해석하고 구성하려는 이들에게 어떤 의미를 줄 수 있는가. 이 물음은 유교가 한국적 신학, 한국에서 신학한다는 것과 무슨 관련이 있는가란 물음과 관련된다. 필자는 이 점에서 유교가 못 본 유교가 있을 수 있다는 생각을 해본다. 이제 유교는 한국과 동아시아의 전유물이 아니다. 유교는 보편성을 띤 세계 윤리로서 재해석되고 있다. 해천의 유교 이해는 당시 그가 몸담았던 동아시아, 한국이라는 컨텍스트 안에서 분명 한계를 지닌다. 그러나 유교의 성을 통해 신학적 작업을 해

---

79 윤성범, 『한국교회와 한국신학의 과제』, 79 참조.

야 했던 절박한 그의 문제의식은 오늘 한국에서 신학하는 이들에게 충분히 의미 있는 작업으로 공유되어야 할 것이다.

마지막으로 필자가 보기에 유교의 입장에서 성의 신학이 가진 난점은 성이라는 개념을 통한 해천의 신학적 작업이 과연 정당한 것인가라는 물음이었다. 다시 말해 성이라는 동양철학, 구체적으로 말해 유교의 개념을 신학적 작업을 위해 원용해도 되는가라는 물음이다. 그러나 해천의 목적은 처음부터 종교 간의 대화나 세계관의 비교, 이해가 아니라 한국적 신학의 정초를 위한 작업을 성을 통해서 구체화하는 데에 있는 것이었다. 신학자로서 유교에 대한 전문적 연구를 넘어서 해천이 토착화신학의 정립을 위해 유교의 성을 해석한 작업은 유교와 기독교 사이에서 유교가 못 본 유교, 기독교가 못 본 기독교를 들여다보는 중요한 계기가 되었다고 할 수 있다.

참고문헌

朱熹 撰.『四書章句集注』. 北京:中華書局, 1983.

周敦頤.『周敦頤集』. 北京:中華書局, 2009.

吳怡『中庸誠的哲學』. 臺北: 東大圖書公司印行, 1976.

張岱年 主編.『中國古典哲學範疇槪念要論』. 北京:社會科學出版社, 1989

陳淳.『北溪字義』. 北京:中華書局, 2009.

許愼, 段玉裁 注.『說文解字注』. 上海: 上海古籍出版社, 2000.

白川 靜.『字統』. 東京: 平凡社, 2007.

시라카와 시즈카/고인덕 옮김.『한자의 세계』. 서울: 솔, 2008.

程顥, 程頤.『二程集』1-2. 臺北:漢京文化事業有限公司印行, 1983.

김충렬.『중용대학강의』. 서울: 예문서원, 2007.

윤성범.『誠의 神學』. 서울: 서울문화사, 1972.

_____.『한국유교와 한국적 신학』. 서울: 감신, 1988.

_____.『효와 종교』. 서울: 감신, 1998.

류승국.『도원철학산고』. 서울: 성균관대학교출판부, 2010.

이정배.『한국개신교 전위 토착신학 연구』. 서울: 대한기독교서회, 2003.

장왕식.『동양과 서양, 종교철학에서 만나다』. 서울: 동연, 2016.

최문형.『동양에도 神은 있는가』. 서울: 백산서당 2002.

줄리아 칭/임찬순·최효선옮김.『유교와 기독교』. 서울: 서광사, 1993.

유학의 입장에서 본 해천 윤성범의 효자예수론

선병삼

(성균관대학교)

I. 머리말

한국적 기독교 신학 정립에 기여한 해천(海天) 윤성범(1916-1980) 탄생 100주년을 맞아, 감리교신학대가 2016년 5월 24일에 고인의 삶과 신학 세계를 돌아보는 행사를 개최했다. 이 자리에서 이덕주 감신대 교수는 "한신대의 신학이 '민중의 신학'이라면 감신대의 신학은 '토착화신학'이라고 할 수 있다"고 말했다.

이보다 앞서 한국기독교성령100주년대회(총재 피종진 목사, 준비위원장 장희열 목사)는 1907년 한국교회 대부흥운동의 주역인 길선주 목사를 중심으로 평양 장대현교회에서 일어난 성령운동 100주년을 기념하여, 한국기독교성령100년사 선정위원회를 통해 성령의 사람 100인을 발표했다. 목회자, 순교자, 선교사, 교육, 독립운동 외에 각 영역별로 발표하였는데, 신학자로는 윤성범을 포함하여 총 13명이 선정됐다. 각 교단의 신학을 체계화시킨 신학자 및 보수주의 전통 신학 및 사회참여 신학자, 성경주석가 등이 총망라되었는데, 이는 그의 '토착화신학'에 대한 정당한 평가로 볼 수 있다.

"윤성범 신학"이라 하면 누구나 그의 '토착화신학'을 떠올린다. 그의 토착화신학은 최순양이 정리하고 있듯이, "불변의 기독교 복음(종자)이 토착 문화의 토양에서 자라나는 것이 아니라, 한국의 선험성(a priori)에 의해, 서구적 기독교 복음이 제3의 한국적 신학으로 자라날 수 있음을 뜻한다. 이런 점에서 볼 때, 윤성범은 변하지 않고 절대적인 서구적 복음이 한국적 도양을 형식으로 입어서 토착화가 진행되게 하기보다는, 한국적 선험성을 통해, 서구적 복음이 새롭게 달라질 수 있는 점을 열어 두었다."[1]

윤성범 토착화신학의 두 축은 이미 잘 알려진 것처럼 성(誠)과 효(孝)이다. 그리고 더욱 잘 알려진 것처럼 이 성(誠)과 효(孝)는 유교의 핵심 개념이다. 그렇다면 신학적 입장에서 윤성범의 토착화신학을 조망하는 작업과 더불어, 유학 전공자에 의해, 유학의 입장에서, 그의 토착화신학을 고찰하고 그 의의를 밝히는 작업 또한 반드시 필요하다.

이 글의 의의를 바로 여기에 두고자 한다. 유학 전공자의 눈으로, 윤성범 토착화신학의 한 축인 효 사상-효자예수론을 고찰하고 그 의의를 살피는 여정이라는 점에서 말이다.

특히 논자는 그의 효 사상-효자예수론을 전체적으로 조망하면서, 윤성범 효 사상의 한계로 지적되는 '논리적 정합성의 부족'과 '지나친 남성

---

1 최순양, 「해천 윤성범의 생애와 사상」, 『한국 신학의 선구자들』 (서울: 너의오월, 2014), 172.

중심성'과 관련된 문제를 검토해 보았다. 이 작은 작업이 윤성범의 토착
화신학이 여전히 유효한 담론으로서 논의되고 확대 재생산 되는데, 작은
디딤돌이 된다면 더할 나위 없는 기쁨이겠다.

II. 효자예수론을 왜 제기 하였는가

효자예수론은 효자와 예수를 결합한 말이다. 그리스도교에서 말하는
예수는 그리스도로서 인류의 구속사를 완성한 구세주이고, 유학에서 말
하는 효는 덕행의 근본으로,[2] 인을 실천(실현)하는 근본적인 행위이다.[3]
종교와 윤리를 가지고 구분하자면, 예수는 종교 쪽으로 효는 윤리 쪽에
가깝다.

이런 맥락에서 윤성범의 효자예수론은 종교와 윤리의 만남이라고 할
수 있다. 물론 예수는 종교성에만 국한되지 않고 윤리성을 지니고 있으
며, 마찬가지로 효도 윤리성만 가지고 있지 않고 종교성을 띤다.

윤성범은 효자예수론을 통하여, 기독교의 종교성과 윤리성에 새로운
기운을 불어넣고자 했으며, 더불어 유학의 윤리성과 종교성에도 새 생명
을 주고자 했다. 그의 효자예수론은 일차적으로 기독교를 염두에 두었기
때문에, 유학의 효 자체를 논하기 보다는 그 원리를 차용하는데서 멈추고
있다. 그러나 기독교적 재해석을 통과한 효 사상은, 유학의 전통 효 사상
을 새롭게 바라볼 수 있는 이해의 지평을 열어주고 있음을 간과할 수
없다.

---

2 『효경』, 「開宗明義章」: 夫孝, 德之本也, 教之所由生也.
3 『논어』, 「學而」: 孝弟也者, 爲仁之本與.

이하에서는 윤성범이 제기한 효자예수론을 종교적인 측면과 윤리적인 측면으로 구분하여 살펴보겠다.

1. 종교적인 측면

윤성범은 「예수는 모름지기 효자다」라는 글을 이렇게 시작한다. "예수가 효자라는 주장은 예수상을 이해하는 데 도움이 됨직하다. 아무도 예수가 효자라고 말한 서구 신학은 아직도 들어보지 못했다. 그것은 서구 사회와 전통에 예수라는 한 인물에 대한 숭배로 일이관지되었기 때문이요, 하늘 아버지와의 관계에서 그의 모습을 보려는 생각을 완전히 망각해 버렸기 때문인 것이다. 그래서 예수상은 사실 불투명하게 되어버린 것이 서구 신학의 결점이라고 생각한다."[4]

효자인 예수를 제대로 알아채지 못한 점이 서구 신학의 결점이라면, 효자예수론은 서구 신학의 결점을 보완할 수 있다는 말로 이해된다.

윤성범은 왜 효자예수론을 들고 나왔을까? 「예수는 모름지기 효자다」라는 제목의 논문은 원래『기독교사상』7월호(1976년)에 게재된 글이다. 이 글이 나오고 나서 다양한 반응이 있었는데, 그중 한영숙이 「예수는 모름지기 효자인가?」라는 제목으로 비판한 글이, 같은 잡지 8월호에 게재된다. 이에 윤성범이 한영숙의 비판을 재반박하는 글을 쓰는데, 그중 이런 내용이 있다.

한영숙 씨는 왜 한국의 것을 혐오하시는지요? 우리는 오랜 전통적인 사상을 왜 업신여기는지요? 우리말의 성(誠)이니 도(道)니 하는 말이 왜

---

4 윤성범, 「예수는 모름지기 효자다」,『효와 종교(윤성범 전집 3)』, 342.

싫으십니까? 신학이라면 플라톤 철학, 신 플라톤 철학, 아리스토텔레스, 칸트, 헤겔, 무신론적 실존주의자 하이데거까지도 끌어들여 서구 신학자들은 마음대로 그들의 신학을 수립하는데, 우리는 우리의 위대한 조상들의 사상을 우리 맘껏 받아들여 성서적 진리를 왜 자유롭게 풀이 못할 이유가 어디 있습니까? 영어나 독일어나 불어를 해야만 신학자가 되는 양 생각하는 시대는 이제는 지나간 것 같습니다. 물론 진리를 알기 위하여서 다른 나라 신학 사상도 연구해야 되겠지요. 그러나 언제까지고 우리가 사상적으로 남의 것만 빌어먹어야 되겠습니까? 서양 사람들이 잘못 이해한 것이 얼마든지 있지 않습니까?[5]

윤성범이 "우리는 우리의 위대한 조상들의 사상을 우리 맘껏 받아들여 성서적 진리를 왜 자유롭게 풀이 못할 이유가 어디 있습니까?"라고 한 말은 한영숙에게 던지는 반문이 아니라, 한국적 신학을 건립하기 위해 평생을 바친 신학자의 고백으로 들린다. 그러하였기에 윤성범 하면 토착화신학의 초석을 다졌다고 평가를 받는 것 같다. 이처럼 윤성범의 효자예수론은 그의 토착화신학의 중요한 토대다.[6]

효자예수론은 효자인 독생자 예수와 하늘에 계신 아버지를 기본 구조로 한다. 그리하여 윤성범은 오륜의 첫 번째인 부자유친의 효 사상을 통하여 기독교 신학을 풀어간다. 왜냐하면 "그리스도교 진리는 바로 하늘 아버지와 독생자 예수와의 부자관계에서 모든 진리가 풀려나오게 마련

---

5 윤성범, 「예수는 모름지기 효자다」, 『효와 종교(윤성범 전집 3)』, 360. *본 인용문은 『윤성범 전집』에 수록된 내용을 위주로 하였다. 다만 논자가 문장의 의미와 맞춤법 띄어쓰기를 고려했을 때, 편집 혹은 인쇄 과정에서 명백하게 틀린 부분은 수정하였다.

6 윤성범 신학의 핵심이 誠임에는 이론의 여지가 없다. 이는 그의 주저인 『성의 철학』에서 제시한 구성된 신학론을 전개하는 바에서도 알 수 있다. 본고는 이에 바탕을 두고 효를 특화하여 다루었다.

이기 때문이다."7

아버지의 사랑은 우선 희생적 사랑(아가페)이다. "부자 관계는 예수 그리스도를 통해서 하늘에 계신 우리 아버지가 아가페(희생적 사랑)의 하나님이신 것을 말해주고 있으며, 결코 남녀 간의 사랑, 즉 에로스(생산적인 사랑)와 같은 것이 아님을 말해주고 있다."8 세상의 부모들이 자식을 헌신적으로 사랑하듯이, 아가페는 하느님으로부터 유래한 주는 사랑이요 헌신적 사랑이다.

또한 아버지의 사랑은 공의(公義)의 사랑이다. "성서에 나타난 하느님의 사랑은 단순한 사랑이 아니요, 사랑 안에는 공의가 내포되어 있는 사랑인 것이다. 칼 바르드의 표현을 빌리자면 '사랑 안의 공의'라고 말할 수 있다. 공의 없는 사랑은 맹목적이요, 사랑 없는 공의는 공허한 것이라고 말할 수 있다."9 이는 얄팍한 사랑(billige gnade)이 아니다. 인류를 속죄하기 위해 독생자 예수 그리스도를 십자가에 못 박히게까지 하는 심판자 하느님의 의로운 사랑이다.

윤성범은 부자유친의 효 사상을 통하여 하느님 아버지의 사랑은 희생적 사랑이자 공의의 사랑임을 밝힌다. 본래 하느님 사랑이 지닌 희생적 공의적 성격에 대한 이해는 기독교 신학의 기조를 차지하는 바이지만, 윤성범은 이를 동양의 효 사상을 통하여 여실하게 설명하였다.

한편 아들의 효도는 아버지에 대한 믿음과 신뢰에서 출발한다. "하느님은 미쁘시다[誠]. 그의 약속은 반드시 실현된다. 그의 미쁘신 약속을 믿는 자에게는 반드시 응답하시는 하느님이신 것이다. 예수의 마음속에는 이 신념으로 꽉 차 있었다고 하겠다."10

---

7 윤성범, 「예수는 모름지기 효자다」, 『효와 종교(윤성범 전집 3)』, 346.
8 윤성범, 「효」, 『효와 종교(윤성범 전집 3)』, 28.
9 윤성범, 「예수는 모름지기 효자다」, 『효와 종교(윤성범 전집 3)』, 344.

그리하여 예수는 "오직 하늘 아버지의 뜻을 순복하는 효자로서 그의 일생을 일이관지(一以貫之)하였다."[11] 바로 예수는 "그러한 아버지의 뜻을 믿고 순종한 것이다. 십자가에 못 박히기까지 하셨다. 모든 것을 아버지의 뜻에 맡기신 분이다."[12]

윤성범은 부자유친의 효 사상을 통하여 독생자 예수의 효도는 믿음과 순종임을 밝힌다. 본래 절대 믿음과 순종은 프로테스탄트의 핵심 교리인 '오직 믿음(sola fide)'에 기반을 두고 있지만, 이를 동양의 효 사상을 통하여 여실하게 설명하고 있다는 점에 윤성범 효자예수론의 의의를 살필 수 있다.

2. 윤리적인 측면

윤성범은 성부와 성자의 관계가 육친의 부자 관계와 서로 유비된다고 누차 밝힌다. 그리고 성부 성자의 관계는 육신의 부자유친의 원인이 된다고 한다.[13] "그리스도교 윤리의 핵심은 하늘 아버지와 그의 아들과의 인격적 관계에서 우리의 윤리적인 가치를 평가해야 된다는 결론이 나오게 마련이다. 즉 양자의 관계가 우리의 인륜 관계를 규정하는 규범이 된다고 보고 있다. 즉 효가 그리스도교 윤리에서도 규범이 된다는 결론이 나오게 된다."[14]

성부와 성자의 관계가 육신 간의 부자유친의 원인이 되고 인륜을 규정

---

10 윤성범, 「예수는 모름지기 효자다」, 『효와 종교(윤성범 전집 3)』, 347.
11 윤성범, 「예수는 모름지기 효자다」, 『효와 종교(윤성범 전집 3)』, 348.
12 윤성범, 「예수는 모름지기 효자다」, 『효와 종교(윤성범 전집 3)』, 347.
13 윤성범, 「효와 현대윤리의 방향 정립」, 『효와 종교(윤성범 전집 3)』, 292.
14 윤성범, 「효와 현대윤리의 방향 정립」, 『효와 종교(윤성범 전집 3)』, 289.

하는 규범이라는 말의 의미는 아래의 글에서 비교적 소상히 밝히고 있다.

그리스도교 윤리의 규범은 바로 아버지와 아들의 관계에서 일어나는 영광
에 우리도 참여하게 되는 것을 소망으로 삼는다. 우리도 이러한 부자유친
의 관계를 본 따고, 그대로 따르는 것이 신앙이자 행위인 것이다. 성부
성자의 부자유친의 관계를 우리에게 제시한 것이 그리스도 신앙의 핵심이
자, 윤리의 표본이 되는 것이다. 그러한 의미에서 그리스도는 우리의 스승
[師表]이 된다고 하겠다. 신앙은 바로 이러한 부자유친의 올바른 관계가
스승 그리스도에 의하여 밝혀졌다고 본다. 이것을 모방하는 것이 윤리라
고 볼 수 있다. 여기의 모방은 흉내가 아니요, 마음속에서 우러나는 감사와
봉사(혹은 예배 Diens' Gottes)로 일관되는 생활을 이름 한다.[15]

바로 "성부 성자의 부자유친의 관계를 우리에게 제시한 것이 그리스도
신앙의 핵심이자, 윤리의 표본이 되는 것이다"라는 말에 신앙의 모방이
윤리요, 윤리의 원인이 신앙임을 밝히고 있다.

그렇다면 성부, 성자의 부자유친의 효는 윤리적인 측면에서 어떤 의미
를 갖는 것일까? 왜 윤성범은 윤리적 측면에서 효를 주목했을까?

윤성범은 윤리 유형을 먼저 서양 윤리와 동양 윤리로 나누고, 거기에
기독교 윤리를 보태어 크게 세 가지를 든다. 서양 윤리는 개인 윤리라면
동양 윤리는 공동(가정) 윤리라고 규정한다. 그렇다면 기독교 윤리는 서
양 윤리인가, 동양 윤리인가? 개인 윤리인가, 공동(가정) 윤리인가? 윤성
범은 기독교 윤리는 동양 윤리이고 공동(가정) 윤리라고 한다. "우리는
흔히 그리스도가 서양 왔으니 서양의 것은 모두 그리스도교적인 것이라

---

15 윤성범, 「효」, 『효와 종교(윤성범 전집 3)』, 54.

고 본다면 이것은 큰 오산이 아닐 수 없다. 서양 윤리는 개인 윤리의 대표가 된다. … 그리스도교는 본래 동양 종교였다. 모든 사고방식이 동양적인 것이다."16 "흔히 기독교 윤리를 개인 윤리와 동일시하는 오류를 범하게 되는 이유 가운데 하나는 예수의 교훈 가운데 '네 부모와 네 자식을 버리고 나를 따르라'는 말을 가지고 부모도 필요 없고 자식도 필요 없다는 말로 해석하는 수가 많은데, 실상은 이 세상의 어느 것 하나도 하느님보다 상위에 두면 안 되는 법이다. 그러므로 효도 하느님보다 상위에 두는 것은 아니다."17

그런데 작금의 서구 기독교 윤리는 본래의 모습을 잃어버리고 개인주의로 흐르고 있다. 이를 극복하기 위해서는 공동(가정) 윤리의 주축인 부자유친(효)을 회복해야 한다. 이 부자유친은 하늘에 계신 아버지와 독생자 아들의 관계에 기반을 두며, 이를 바탕으로 지상의 부자 관계에서 부자유친(효)을 실천해 나가야 한다. 그리고 이 효의 정신이야말로 유교의 본령이라고 할 수 있다. "유교 윤리를 기독교 윤리의 측면에서 볼 때에 양자의 관계는 서로 배치되기 보다는 일치되는 점이 많다는 것을 지적함으로서 유교적인 효 정신을 불러일으키는 것이 오늘의 한국의, 아니 전 인류를 향한 크리스천 메시지라고 생각해보려는 것이다."18

이 기독교 윤리의 회복과 유교 윤리와의 관계를 명확하게 명시한 대목이 있다.

프로테스탄트 신앙의 소망은 아직도 보수적인 가족제도 위에서만 찾을

---

16 윤성범, 「효와 현대윤리의 방향 정립」, 『효와 종교(윤성범 전집 3)』, 290.
17 윤성범, 「효와 현대윤리의 방향 정립」, 『효와 종교(윤성범 전집 3)』, 287.
18 윤성범, 「기독교 윤리가 유교 윤리를 어떻게 규정할 수 있는가?」, 『효와 종교(윤성범 전집 3)』, 309.

수 있다는 말이다. … 만일 이러한 사실이 진리라면 프로테스탄트 윤리의 회복은 어떻게 가능한가가 문제다. 물론 성서의 근본정신으로 돌아가는 길밖에 없다. 그렇게만 되면 모든 문제는 해결될 것이다. 그런데 이러한 새로운 방향 정립을 위해서는 어떠한 모양의 구체적인 패턴이 없어서는 안 된다. 또 그것이 오늘의 사회에서도 찾아볼 수 있는 것이라면 금상첨화 격일 것이다. 이러한 성서적인 옛 전통에 알맞은 패턴을 찾는 것은 그 전통을 살리는 데 절대 필요불가결의 조건이라고 생각한다. 이것이 바로 유교적인 가족제도라는 것이다. 부계가족제도라고 못 박아도 좋을 것이다.[19]

프로테스탄트 윤리의 회복은 한국의 전통적인 유교적 가족제도에 기반을 둔 공동(가정) 윤리를 바탕으로 이룩된다는 점을 분명하게 밝히고 있다.

윤성범 효자예수론은 신앙이 윤리의 원형이라고 하여 신앙과 윤리를 동일시하는 태도에 대해서는 분명하게 선을 긋지만, 어떤 종교도 윤리적인 가치문제와 유리시켜 생각할 수 없다[20]는 그의 신앙관과 윤리관을 바탕으로 제출되었다는 점에 주의해야 한다.

III. 효자와 예수의 조합은 타당한가

윤성범이 효자예수론을 전개할 적에 가장 중시하는 『효경』의 구절 중 하나가 "사람의 덕행은 효행이 가장 으뜸이고, 효행은 아버지를 존경

---

19 윤성범, 「기독교 윤리가 유교 윤리를 어떻게 규정할 수 있는가?」, 『효와 종교(윤성범 전집 3)』, 306-307.
20 윤성범, 「효도와 종교」, 『효와 종교(윤성범 전집 3)』, 339.

하는 것[嚴父]이 으뜸이고, 아버지를 존경하기는 하늘의 상제와 짝하여 제사 드리는 것[配天]이 으뜸이다"[21]라는 내용이다.

사람의 덕행에서 효가 으뜸임은, 『효경』 전체 핵심을 총괄하여 논한 개종명의장(開宗明義章)에서 "효가 덕의 근본"이라고 밝힌 그대로이고[22], '아버지를 존경하는 것[嚴父]'과 '하늘의 상제와 짝하여 제사 드리는 것[配天]'이야말로 윤성범 효자예수론의 실마리이자 토대다.

이는 '그리스도교 진리는 바로 하늘 아버지와 독생자 예수와의 부자관계에서 모든 진리가 풀려나온다'[23] 또는 '성부 성자의 부자유친의 관계를 우리에게 제시한 것이 그리스도 신앙의 핵심이자, 윤리의 표본이 된다'[24]라고 밝히고 있듯이, 엄부(嚴父)를 중심으로 윤리[德之本]와 종교[配天]를 아우르는 효의 구조는 바로 그리스도교의 성자 예수님과 성부 하느님의 관계를 그대로 드러내준다고 여기기 때문이다.

윤성범의 혜안은 사태의 본질을 간파하는데 거침이 없지만, 자신이 세상에 알린 그 놀라운 본질을 자세하게 설명하지 않음으로 하여, 종종 논증이 치밀하지 못하다는 비판을 받는다.[25] 이는 그의 효자예수론에도 동일하게 지적될 수 있다. 도대체 『효경』의 이 한 구절을 가지고 자신의 주장을 정당화할 수 있는가를 두고, 여기저기서 회의의 목소리가 불거져 나왔다.

이하에서는 주요 유교 경전을 통하여, 효에 대한 윤성범의 이와 같은 해석이 성립될 수 있는지를 살펴보겠다. 논지 전개상 종교 영역을 먼저

---

21 『효경』「聖治章」: 人之行莫大於孝. 孝莫大於嚴父. 嚴父莫大於配天.
22 『효경』「開宗明義章」: 子曰: "夫孝, 德之本也, 敎之所由生也."
23 윤성범, 「예수는 모름지기 효자다」, 『효와 종교(윤성범 전집 3)』, 346.
24 윤성범, 「효」, 『효와 종교(윤성범 전집 3)』, 54.
25 최기섭, 「유교(儒敎)의 효 사상(孝思想)과 그리스도교 신앙」, 『카톨릭신학과사상』 34집, 43-44.

다루고 이어서 윤리 영역을 다루도록 하겠다.

1. 효와 종교

『효경』「성치장」에서는 '아버지를 존경하는 것[嚴父]'과 '하늘의 상제와 짝하여 제사 드리는 것[配天]'을 밝히고, 바로 이어서 주공을 그 실례로 든다. 이를 통하여 효의 종교적 성격을 알 수 있다.

옛날 주공(周公)이 교(郊) 제사를 올리면서 시조인 후직(后稷)을 하늘에 짝하고[配天], 부친인 문왕(文王)을 명당(明堂)의 사당에서 제사지낼 적에 상제에 짝하였다[配上帝]. 따라서 온 천하 제후들이 각자 맡은 소임을 다하고, 제사를 도우러 왔다. 성인의 덕행이 효도를 능가하는 것은 없다.26

주공은 희(姬) 성으로, 그 시조가 바로 순임금 때에 후직의 벼슬을 맡아 농사를 관장한 희기(姬棄)이다. 주공은 주나라를 건립한 무왕의 동생으로 문왕의 아들이자, 조카인 성왕을 보좌하여 주나라의 찬란한 예제(禮制)를 완비한 성인이다.27 공자가 꿈에도 그리워하던 인물이 바로 주공이다.

인용한 「성치장」의 기록처럼 성인의 덕행은 효도가 가장 중요하다고 하는데, 주공은 어떤 효도를 실천하였는가? 바로 후직을 하늘에 짝하고 [配天], 문왕을 상제에 짝하여[配上帝] 제사를 드렸다. 맹자가 "효도 중의 효도는 어버이를 존경하고 높이는 것이고, 어버이를 최고로 존경하는

---

26 『효경』「聖治章」: 昔者, 周公郊祀后稷以配天; 宗祀文王于明堂, 以配上帝. 是以四海之內, 各以其職來祭. 夫圣人之德, 又何以加于孝乎?

27 張學成, 『文史通義』: 故隋唐以前, 學校並祀周孔, 以周公爲先聖, 孔子爲先師, 蓋言制作之爲聖, 而立教之爲師. 故孟子曰, 周公仲尼之道一也.

것은 온 천하를 가지고 어버이를 봉양하는 것이다"[28]라는 말처럼 주공이 천자의 예로 후직과 문왕을 제사지냈다는 점이다. 이는 또한『중용』의 "무왕은 천명을 받지 못했지만, 주공은 문왕과 무왕의 덕업을 완성하여 고조부인 태왕과 조부인 계력을 왕으로 추존하고 문왕을 천자의 예로 제사 지냈다"[29]라고 하는 대목과 일치한다.

오직 천자만이 하늘과 상제에 대한 제사를 지낼 수 있다. 주공이 하늘과 상제에 제사를 지내면서 후직과 문왕을 하늘과 상제에 짝하였다는 말은, 주공이 후직과 문왕을 지고한 조상신으로 숭배했음을 보여준다. 본래 효도는 부모님이 살아계실 적에 예로서 잘 공경하고, 부모님이 돌아가신 뒤에도 자신의 신분에 맞는 예로서 극진히 제사를 드리는 법이다.[30] 그리하여『효경』의 기록처럼 천자(天子), 제후(諸侯), 경대부(卿大夫), 사(士), 서인(庶人)의 신분에 따라 부모를 섬기고 제사지내는 방식은 차이가 있지만 조상숭배라는 점에서는 한결같다.

고대 유교문헌들을 조사해 보면, 상제(천) 신앙과 더불어 조상숭배가 중요한 신앙으로 발견된다. 하늘은 자연적인 천이 아니라 절대적 지배자이자 무한자인 존재로 상제라는 명칭으로도 불렸다. 상제는 하늘에 머물며, 인간생활을 살피고 인간의 행위에 따라 복과 재앙을 내리는 인격적 존재로 이해된다.[31] 후대에 와서 인격적 주재자(主宰者)로서의 상제와 이법적 지고자(至高者)로서의 천을 구분하기도 하지만, 천과 상제가 결합되어 호천상제(昊天上帝), 황상제(皇上帝), 천제(天帝) 등의 용례가 있듯이 혼용되어 사용되었다.

28『맹자』「萬章(上)」: 孝子之至, 莫大乎尊親, 尊親之至, 莫大乎以天下養.

29『중용』18장: 武王未受命. 周公成文武之德, 追王大王王季, 上祀先公以天子之禮.

30『중용』18장: 父爲大夫, 子爲士, 葬以大夫, 祭以士; 父爲士, 子爲大夫, 葬以士, 祭以大夫.

31『시경』,「小雅」"小明": 明明上天, 照臨下土.

한편 조상숭배는 생명의 근원과 영혼의 불멸 신앙에 기반을 두는데, 일종의 반고복시(反古復始)[32]이자 보본반시(報本反始)[33]의 신앙이다. 조상신은 주공의 실례에 드러나듯이 상제와 결합하는데, 천은 인격신으로서의 성격이 약하기 때문에 조상신과의 결합을 통하여 인간의 생활 속에 구체적으로 현현할 수 있게 된다.

결국 제사에서 천과 조상의 신을 하나의 근원 속에 통일시켜 신앙하는 데에서, 효도의 종교적 특성을 찾아볼 수 있다. 바로 이를 근거로 유교의 종교적 특성을 논하게 된다.[34]

2. 효와 윤리

유교 경전에서 효를 거론한 글로는 『논어』 「학이」편 서두를 장식하는 "학이시습지"(學而時習之) 그 다음 장에 나오는 "효도[孝]와 공손[弟]은 인을 실천하는 근본이다"[35]라는 유자(有子)의 말이 가장 잘 알려져 있다. 공자의 말이 아니고 유자의 말이기는 하지만, 공자 사후에 공자를 대신할 인물로 평가되기도 한 제자이고 보면[36], 고래로 공자의 본지를 담은 글로 공자가 직접 말한 것과 매일반으로 여긴 데에는 충분한 이유가 있다.

유자가 말한 '효도[孝]와 공손[弟]'이 인을 실천하는 근본이라는 말은, 『효경』 「개종명의장」의 "효도는 덕의 근본이고 교화를 시작하는 곳이

---

32 『예기』 「祭義」: 君子反古復始, 不忘其所由生也. 是以致其敬, 發其情, 竭力從事, 以報其親, 不敢弗盡也.

33 『예기』 「郊特牲」: 萬物本乎天, 人本乎祖, 此所以配上帝也. 郊之祭也, 大報本反始也.

34 금장태, 『유교사상과 종교문화』(서울: 서울대학교출판부, 1997), 231.

35 『논어』 「學而」: 有子曰: "其爲人也孝弟, 而好犯上者, 鮮矣, 不好犯上, 而好作亂者, 未之有也. 君子務本, 本立而道生. 孝弟也者, 其爲仁之本與!"

36 『맹자』, 「滕文公(上)」: 子夏, 子張, 子遊以有若似聖人, 欲以所事孔子事之.

다"37라는 말과 일맥상통한다.

먼저 "효도가 덕의 근본이다"는 『효경』의 말은, 바로 이 효제의 실천이 유덕군자가 되는 학문의 기본임을 밝히고 있다. 『논어』에서 공자가 표방하는 교육의 목표는 유덕군자(有德君子)를 배양하는 것으로 궁극적으로는 인자(仁者)가 되는 데에 있는데, 공자는 "배우는 사람은 집에 들어와서는 부모에게 효도하고[孝], 밖에 나가서는 웃어른을 공경하고[悌], 매사를 조심하면서도 믿음직스럽게 처리하고, 사람들과 두루 잘 지내면서도 어진 사람을 가까이 해야 한다. 이를 실천하고 여력이 있으면 학문을 한다"38라고 하여 효제 실천을 공부의 기본으로 삼고 있다.

또한 "효도가 교화를 시작하는 곳이다"는 말은, 백성을 교화하는 데 효제를 기본으로 한다는 말이다. 이는 맹자가 왕도의 정치를 논하면서, 백성들의 먹고사는 문제를 해결한 후에는 반드시 교육을 통해 백성들을 올바른 길로 인도해야 하는데, 그 교화의 핵심이 바로 효제를 교육하는 것이라는 말과 일맥상통한다. "다섯 이랑 정도 되는 집터 주변에 뽕나무를 심어서 누에를 치면 50세 노인이 따뜻한 옷을 입을 수 있고, 때를 놓치지 않고 가축을 잘 치면 70세 노인이 고기를 먹을 수 있고, 백이랑 되는 전답에서 농사를 잘 지으면 여덟 식구가 허기를 면할 수 있다. 그 이후에 교육을 시키는데, 효도[孝]와 공손[弟]의 도리를 가르치면 노인들이 길거리에서 짐을 머리에 지지 않게 된다. 노인들이 비단옷에 고기를 먹고 백성들이 굶주리거나 추위에 떨지 않는데도 천하를 다스리는 왕이 되지 못한 사람이 없었다."39

---

37 『효경』「開宗明義章」: 夫孝, 德之本也, 教之所由生也.

38 『논어』「學而」: 弟子入則孝, 出則悌, 謹而信, 汎愛衆, 而親仁. 行有餘力, 則以學文.

39 『맹자』「梁惠王(上)」: 五畝之宅, 樹之以桑, 五十者可以衣帛矣; 雞豚狗彘之畜, 無失其時, 七十者可以食肉矣; 百畝之田, 勿奪其時, 八口之家可以無飢矣. 謹庠序之教, 申之以孝悌

효도는 이처럼 개인의 인격 완성과 사회적 교화의 기본이 되는 윤리 관념이라는 점을 알 수 있다. 윤성범은 효도의 이러한 특징을 충분히 전제하면서, 여기서 한발 더 나아가 효(孝)와 인(仁)에 대한 비교를 시도한다. 즉 "인은 그러므로 효의 인식 근거가 된다면 효는 인의 존재 근거가 된다"[40]라고 한다. 인식 근거라는 말은 인을 통해서 효를 알 수 있다는 말이고, 존재 근거라는 말은 효가 인의 바탕이 된다는 말이다. 그리하여 윤성범은 "부자지도는 천성이라고 했는데(『효경』), 인은 이러한 의미에서는 인성(人性)이라고 할 수 있다(휴머니즘). 인성은 천성에 의해서 규정을 입게 마련이다. … 효는 바로 믿음에 해당하는 것으로 보아야 한다. 사도 바울이 말했듯이, 사랑이 믿음에서 유래하지 않는다면 이것은 '거짓 사랑'이 아닐 수 없다. … 인이 단순한 휴머니즘으로 전락하지 않기 위해서는 효를 전제하고 인을 생각해야 한다"[41]라고 한다.

효는 믿음이라면 인은 사랑이다. 믿음은 하느님과의 수직적 관계를 나타내며 인은 지상의 수평적 관계를 반영한다. 그렇기 때문에 "이것을 신학적으로 표현하자면 '믿음 곧 사랑'이라는 말이다. 그러나 그 반대는 아닌 것이다. '사랑 곧 믿음'이라고 할 수는 없다"[42]라고 한다.

윤성범은 이처럼 효와 인을 믿음과 사랑(행위)로 대응시키면서, 행위가 아니라 믿음이 근본임을 논한다. 믿음을 앞세우는 입장은 기독교 칭의론에서 보자면 당연하지만, 문제는 유교의 맥락에서 과연 효가 인의 존재 근거가 되는지는 검토가 필요하다.

윤성범은 『논어』「학이」편의 "효도[孝]와 공손[弟]은 인을 실천하는 근

之義, 頒白者不負戴於道路矣. 老者衣帛食肉, 黎民不飢不寒, 然而不王者, 未之有也.
40 윤성범, 「효」, 『효와 종교(윤성범 전집 3)』, 66-67.
41 윤성범, 「효」, 『효와 종교(윤성범 전집 3)』, 68.
42 윤성범, 「효」, 『효와 종교(윤성범 전집 3)』, 68-69.

본이다"[43]와 『맹자』「이루 (상)」의 "인의 실질은 어버이를 섬기는 것이다"[44]는 글을 효가 인의 존재근거라는 입장에 입각하여 해석한다. 먼저 「학이」편의 "孝弟也者, 其爲仁之本與!"에 대해서 "효도[孝]와 공손[弟]은 인을 실천하는 근본이다"라고 해석하지 않고, "효가 인의 존재근거가 된다는 사실은 앞서도 누차 말한 바 있다"[45]라고 하여 "효도는 인의 근본이다"는 식으로 해석한다. 또한 「이루 (상)」의 "仁之實, 事親是也"에 대해서 "맹자는 "仁之實, 事親是也"라고 했는데 여기서 실(實)은 인의 구체적 표현이라고 주석하는 경우도 있지만은, 여기 인의 실(實)은 현재, 존재로 봄이 더 타당하지 않을까 생각한다"[46]라고 하여 "인의 근본은 부모를 섬기는 효도다"는 식으로 해석한다.

사실 효가 인의 근본이라는 윤성범의 해석은 충분히 제기될 법한 견해이다. 이는 "孝弟也者, 其爲仁之本與!"에 대해 주자가 주석을 달면서 인용한 정이천의 글에서, 윤성범과 비슷한 입장을 정이천이 비판적으로 논하는 데에서도 알 수 있다.

혹자가 "효도와 공손함이 인의 근본이라고 하였으니 효순하고 공경하면 인의 경지에 도달할 수 있지 않을까요?"라고 물었다. 정이천이 대답하기를, "그렇지 않다. 인을 실천하기는 효도와 공손함에서 시작은 하지만 이는 인의 일부분일 뿐이다. 효도와 공손함을 인을 실천하는 근본이라고 할 수는 있지만 인의 근본이라고는 할 수 없다. 왜냐하면 인은 성(性)이고

---

43 『논어』「學而」: 有子曰: "其爲人也孝弟, 而好犯上者, 鮮矣, 不好犯上, 而好作亂者, 未之有也. 君子務本, 本立而道生. 孝弟也者, 其爲仁之本與!"

44 『맹자』, 「離婁(상)」: 孟子曰: "仁之實, 事親是也; 義之實, 從兄是也."

45 윤성범, 「효」, 『효와 종교(윤성범 전집 3)』, 66.

46 윤성범, 「효」, 『효와 종교(윤성범 전집 3)』, 67.

효도와 공손함은 그 성의 작용[用]인 정(情)이기 때문이다."[47]

윤성범 식의 해석에 대해, 정이천과 주자는 효를 인의 근본이라고 할수 없다는 입장이다. 그리고 이 입장은 주자학이 동아시아 문명의 전통을 이끌어 오던 시기, 특히 조선 유학계에서는 당연한 이해로 받아들여졌다.

그렇다면 정이천이나 주자는 왜 효가 인의 근본이 아니라고 했을까? 주자가 "仁之實, 事親是也; 義之實, 從兄是也"에 대한 주석에서 "인과 의의 도리는 그 작용이 매우 광대하지만 그 실질은 어버이를 섬기고 형에게 순종하는 바를 넘지 않는다. 이것이 양심이 발동할 적에 가장 핍절하면서도 분명하다. 유자(有子)가 효제가 인을 행하는 근본이라고 한 말도 대개 이와 비슷하다"[48]라고 하여, 효도를 양심이 발동할 적에 가장 핍절하면서도 분명한 사랑의 정감이라고 인정하면서도 말이다.

그 이유는 바로 효도는 작용이지 본체가 아니기 때문이다. 성리학에서 인과 효를 체용(體用)에 대응하면, 인(仁)은 성(性)으로 본체이고 孝(효)는 사랑[愛]의 정(情)으로 작용이다. 바로 "인은 성(性)이고 효도와 공손함은 그 성의 작용[用]인 정(情)이기 때문이다"라는 말이다. 작용은 결코 본체의 존재 근거가 될 수 없다.

결국 윤성범이 "효는 인의 존재 근거가 된다"[49]라는 주장을 전개하면서 제시한 『논어』「학이」편의 "효도[孝]와 공손[弟은 인을 실천하는 근본

---

47 『논어』「學而」"有子曰"에 대한 주: 或問: "孝弟爲仁之本, 此是由孝弟可以至仁否?" 曰: "非也. 謂行仁自孝弟始, 孝弟是仁之一事. 謂之行仁之本則可, 謂是仁之本則不可. 蓋仁是性也, 孝弟是用也."

48 『맹자』「이루(상)」"仁之實, 事親是也; 義之實, 從兄是也."에 대한 주자 주: 仁義之道, 其用至廣, 而其實不越於事親從兄之間, 蓋良心之發, 最爲切近而精實者. 有子以孝弟爲爲仁之本, 其意亦猶此也.

49 윤성범, 「효」, 『효와 종교(윤성범 전집 3)』, 66-67.

이다"50와 『맹자』「이루 (상)」의 "인의 실질은 어버이를 섬기는 것이다"51
라는 글은 성리학의 기본 문법에 기반하면, 그의 주장을 뒷받침하는 논거
가 되지 못한다.

그렇다면 윤성범의 "효는 인의 존재 근거가 된다"라는 주장은 유학에
서 그 근거를 찾을 수 없다는 말인가? 그렇지 않다. 성선설을 주장하는
맹자의 다음 논증을 주목할 필요가 있다.

> 사람이 배우지 않고도 능한 것을 본래부터 능한 양능(良能)이라고 하고,
> 배우지 않고도 아는 것을 본래부터 아는 양지(良知)라고 한다. 갓난아이
> 라도 그 어버이를 사랑할 줄 알고, 조금 자라서는 형을 공경할 줄 안다.
> 어버이를 사랑하는 것은 인이고, 형을 공경하는 것은 의이다. 이것은 모든
> 사람에게 공통이다.52

유학사에서 인간 본성의 선함을 본격적으로 논증한 최초의 학자는 맹
자로, 성선설(性善說)이 바로 그것이다. 맹자가 성선설을 논증한 내용들
은 『맹자』 곳곳에 나오는데, 기본 구도는 잘 알려진 것처럼 사덕(四德,
인의예지)과 사단(四端, 측은·수오·사양·시비)이다. 위에 인용한 양지양능
또한 그의 성선설 논증의 하나다.

맹자는 양지양능을 통하여, 모든 사람이 선천적으로 어버이를 사랑하
는 마음과 형을 공경하는 마음을 가지고 있는데, 그것이 인과 의라고 한

---

50 『논어』「學而」: 有子曰: "其爲人也孝弟, 而好犯上者, 鮮矣, 不好犯上, 而好作亂者, 未之有
也. 君子務本, 本立而道生. 孝弟也者, 其爲仁之本與!"
51 『맹자』, 「離婁(상)」: 孟子曰: "仁之實, 事親是也; 義之實, 從兄是也."
52 『맹자』, 「盡心(상)」: 孟子曰: "人之所不學而能者, 其良能也; 所不慮而知者, 其良知也.
孩提之童無不知愛其親者, 及其長也, 無不知敬其兄也. 親親, 仁也, 敬長, 義也, 無他, 達
之天下也."

다. 여기서 어버이를 사랑하는 마음은 효(孝)이고 형을 공경하는 마음은 제(悌)이기 때문에, 윤성범이 말한 것처럼 "효는 인의 존재 근거가 된다." 결국 윤성범의 주장은 그가 근거로 내세운 「학이」 편의 "孝弟也者, 其爲仁之本與!"와 「이루 (상)」의 "仁之實, 事親是也"을 가지고는 정당화되기 어렵지만 위에 인용한 양지양능이라면 가능하다고 할 수 있다.[53]

IV. 효자예수론의 쟁점과 의의

해천 윤싱범 효 사상에 정동한 이은선은, 윤성범 토착화신학의 양대 축인 종교와 윤리의 의의를 선명하게 밝힌다. "그가 '성의 신학'을 가지고 한국의 유교를 '종교화' 시키려고 했다면, 그의 '효' 이해를 가지고 그리스도교를 '윤리화' 시키려는 것이다."[54] "해천은 한국의 그리스도교가 세계의 신학계에 이바지할 수 있는 길이 다음에 있음을 밝혀낸다. 그것은 다름 아닌 위에서 지적한 대로 한국 민족이 가지고 있는 고유한 효 사상으로, 그리스도 진리를 재해석하고, 그것을 윤리화시키는 것이다."[55] "'한국 윤리의 종교화', '그리스도교 신관의 윤리화', 이것이 해천의 '한국적 신학'의 모토이다. 이것을 위해서 그는 동양 사상의 중심 개념인 '성'(誠)의 초월적 근거를 밝혔고, 거기에 근거해 있는 효의 의미를 드러내었다."[56]

---

53 윤성범이 말한 "효는 인의 존재 근거가 된다"는 주장이 유학과 충돌하는 진짜 지점은 효를 수직적인 믿음으로 인을 수평적 사랑(행위)으로 구분하는 방식이다. 유학에서 인은 사랑의 이치[愛之理]이고 효는 부모에 대한 사랑이다. 인과 효는 체용의 관계를 형성하지 결코 수직적인 믿음과 수평적 사랑으로 구분되지 않는다. 굳이 윤성범의 도식을 동원하자면, 효 안에 수직적인 믿음과 수평적인 사랑(행위)이 있듯이, 인 안에도 수직적인 믿음과 수평적인 사랑이 있다.

54 이은선, 『포스트모던 시대의 한국 여성신학』 (경북: 분도출판사, 1997), 279.

55 이은선, 『포스트모던 시대의 한국 여성신학』 (경북: 분도출판사, 1997), 284.

또한 "해천이 밝혀준 한국의 효 윤리는 결국 인류의 마지막 존재 근거는 하늘에 계신 아버지라는 것과, 육신으로는 군(君)과 모(母)를 겸한, 정의와 사랑[愛]을 겸한 아버지라는 것을 가르쳐주고 있다고 정리할 수 있겠다."[57] "효와 인의 관계를 그리스도교에서의 믿음과 행위의 관계로 보는 해천에 의하면 존재론과 윤리학이 화폐의 표리와 같다는 것을 생각할 때, 믿음과 행위, '효'와 '인'은 다같이 인간의 사고와 행위로서 '하느님의 말씀'과 '천지도'(天之道)를 근거로 해서만 가능하다."[58]

이은선이 명확하게 잘 설명하고 있는 것처럼, 윤성범은 한국의 효를 통하여 종교와 윤리가 통일된 그리스도교 신학을 정초하려고 한 것으로 보인다. 바로 "한국 윤리의 종교화, 그리스도교 신관의 윤리화, 이것이 해천의 한국적 신학의 모토이다"라는 표현 그대로다.

그렇다면 윤성범의 효의 신학은 완벽하여 더 이상 어떤 보완도 필요 없는가? 이은선은 해천 효 사상의 한계로 두 가지를 거론한다. 하나는 효 이해가 남성 가치 위주이고, 더욱 근본적인 다른 한 가지 문제점은 배타적인 그리스도교 중심주의이다.[59]

남성 가치 위주라는 말에는 가부장주의, 권위주의, 수직적 위계, 독단주의 등 전통 시대의 봉건적 잔재로 치부되는 온갖 인습들이 엉켜있는 느낌이다. 그리고 이 느낌은 배타적인 그리스도교 중심주의라는 말과 묘하게도 겹친다. 그런데 인류를 죄에서 구원한 독생자 예수 그리스도가 하늘에 계신 아버지에 대해 절대 순종하였듯이, '오직 믿음'(sola fide)으로만 칭의를 받을 수 있다는 프로테스탄트의 핵심 교리에 근거해 본다면,

---

56 이은선, 『포스트모던 시대의 한국 여성신학』(경북: 분도출판사, 1997), 285.
57 이은선, 『포스트모던 시대의 한국 여성신학』(경북: 분도출판사, 1997), 285.
58 이은선, 『포스트모던 시대의 한국 여성신학』(경북: 분도출판사, 1997), 279.
59 이은선, 『포스트모던 시대의 한국 여성신학』(경북: 분도출판사, 1997), 285-287.

그리스도교 중심주의와 효 사상의 수직적 위계는 폐기되어야 할 것이 아니라 도리어 요청된다는 느낌을 주기도 한다.

배타적인 그리스도교 중심주의의 문제는 논자가 신학 전공이 아닌 관계로 논외로 하고, 유학과 관련지어 생각해 볼 수 있는 문제인 남성 가치 위주 문제를 검토해보겠다.

이은선은 윤성범 효 이해가 노정한 남성 가치 위주의 한계점을 다음과 같이 서술한다. "그는 언젠가 효 윤리의 한 특징으로 '힘차고 남성적인 것'을 꼽았고, 또 그리스도교의 삼위일체론이나 우리나라의 단군신화에 나타나는 세 위격이 모두 남성으로 이해되는 특징을 가졌다고 지적했다. … 물론 우리는 효 윤리, '부사유친'의 도가 원래 가부장주의적 가치체계의 상황에서 생겨난 것인 줄 안다. 그러나 그것을 오늘날도 여전히 발생 당시와 마찬가지로 눈에 드러나는 생물학적 성(性)의 구분에 적용해서 해석할 때, 그것은 인구의 절반을 차지하는 오늘날의 여성들에게 외면당할 수밖에 없는 것이다. 이것은 해천의 개인적인 한계에서 오는 것이라고 할 수 있지만, 오늘날의 여성신학·철학적 관점에서 볼 때 그것은 너무나 초보적인 단계에 머물러 있는 것이라고 할 수 있겠다."[60]

윤성범의 유학의 부자유친에 기반을 둔 이른바 남성 가치 위주의 입장은 전집 3권인 『효와 종교』의 제8장으로 편집된 「기독교 윤리가 유교 윤리를 어떻게 규정할 수 있는가?」라는 논문에 소상하게 나온다. 먼저 이 논문에 드러난 윤성범의 입장을 살펴보고, 이어서 유학의 입장에서 논의를 전개해 보겠다.

윤성범은 윤리를 크게 서양 윤리, 기독교 윤리, 유교 윤리로 구분하는데, 서구 윤리는 개인주의적인 성격으로 하여 공동체 윤리의 형성을 기대

---

60 이은선, 『포스트모던 시대의 한국 여성신학』 (경북: 분도출판사, 1997), 286.

하기 어렵다고 본다. 반면에 기독교 윤리와 유교 윤리는 공히 동양적인 가족공동체를 출발점으로 하여 이루어진 윤리라고 한다. 이때 가족공동체의 규준이 부부관계(남과 여)에 있지 않고 부자관계에 두었다는 점이 중요하다. 남녀관계는 언제가 변하기 마련인 애정에 바탕을 둔 상대적이고 시간적인 관계라면, 부자관계는 오륜 가운데서 영원불변한 관계로 인륜 관계를 규정하는 불변의 규범을 제공하기 때문이다. 그리고 이 부자관계의 원형을 하느님 아버지와 독생자 예수 그리스도의 부자관계에서 볼 수 있다고 한다.

오늘날 서구 기독교 윤리가 애초의 공동체 윤리를 저버리고 개인주의로 흐르게 되었다고 비판하면서, 이는 가정 윤리의 추축이 되어 있는 부자유친의 원리를 파기해 버렸기 때문이라고 한다. 바로 "동양 윤리는 평면적인 인간관계이기 전에 수직적인 인격관계를 전제하고 있는데 반하여, 서양의 그리스도교 윤리마저도 이것을 잊어버리고, 단지 부부 관계에서 발족한다"[61]는 평가가 그것이다.

그리하여 프로테스탄드 신앙의 소망은 아직도 보수적인 가족제도 위에서만 찾을 수 있는데, 이를 위해서는 성서적인 옛 전통에 알맞은 패턴을 찾아, 이를 통하여 프로테스탄트 윤리를 회복해야 한다. 그리고 그 알맞은 패턴이 바로 유교적인 가족제도이고 부계가족제도라고 못 박아도 좋다고 한다.[62]

이상의 정리를 통해서, 이른바 남성 가치 위주의 입장을 띠는 윤성범 효 사상의 맥락을 살펴보았다. 정리하면, 윤성범은 세상을 주관하고 구원한 성부와 성자의 부자관계처럼, 인간 세상의 질서인 인륜 또한 부자유친에

---

61 윤성범, 「효」, 『효와 종교(윤성범 전집 3)』, 24.
62 윤성범, 「기독교 윤리가 유교 윤리를 어떻게 규정할 수 있는가?」, 『효와 종교(윤성범 전집 3)』, 295-317.

기반 한 가족공동체 윤리에 토대를 두어야 한다는 입장이다.

이제 이은선의 지적을 검토할 차례인데, 이은선이 제기한 '생물학적 남성 위주'라는 비판을 문자적으로만 검토한다면, 일반적 이해 지평에서 하느님, 예수, 아버지, 아들은 모두 생물학적으로는 남성으로 받아들여지고 있기 때문에 문제의 핵심 지점이 되지 못한다. 실제적인 문제는 남성 가치 위주라고 할 때 연동되는 가부장주의, 권위주의, 수직적 위계, 독단주의라고 할 수 있다. 왜냐하면 만약 하느님, 예수, 아버지, 아들이 모두 생물학적으로 여성이라고 가정했을 때에도, 윤성범의 도식은 가부장주의, 권위주의, 수직적 위계, 독단주의라는 부정적 평가를 받을 수 있기 때문이다.[63]

그렇다면 결국 절대 순종, 절대 믿음을 어떻게 받아들일 것인가의 문제와 직면하게 된다. 만약 예수가 예수됨을 그의 절대 순종과 절대 믿음이라고 한다면, 성부 하느님과 성자 예수님의 관계를 두고 가부장주의, 권위주의, 수직적 위계, 독단주의라는 부정적 평가를 내리기는 어려울 것이다. 그렇다면 효자가 부모에게 절대 순종하고 절대 믿음을 다하는 부자유친의 수직적 관계에 대하여 반드시 가부장주의, 권위주의, 수직적 위계, 독단주의라는 부정적 평가를 내리는 것이 당연하다고 할 수 있을까?

만약 하느님과 예수의 그 수직적 부자관계를 긍정한다고 한다면, 부자유친의 이름으로 인간세상의 아버지와 아들 간에 지속되어 온 부정적 관계 맺음은, 어찌 보면 아버지와 아들이 모두 인간이기 때문에 피할 수 없는 그 불완전성에 기인한다고 할 수 있다. 가령 일방적이고 권위주의적

---

63 논의를 전개하기 전에, 논자가 상정한 두 가지 선제를 밝히고자 한다. 첫째는 이은선이 지적한 '남성 가치 위주'라는 비판이, 남성의 자리를 여성으로 대체해야 한다는 생각에서 나온 것은 아니라고 본다. 둘째는 윤성범이 부계가족제도를 제시하고 있는데, 논자는 이 부계의 의미를 생물학적 남성이 아니라 부계로 표현된, 윤성범의 표현을 따르자면 사랑[愛]과 공경[敬]이 통합된 관계라는 측면에서 접근한다.

명령과 위축되고 무조건적인 복종 말이다.

원래 유학에서 상정한 부자유친은 아버지의 자애와 아들의 효도를 기반으로 한 혈육적(인륜적) 친함을 말한다. 그 효도는 결코 일방적 복종만을 강요하지 않았다. 이는 효 사상을 가장 종합적으로 서술한『효경』을 통해서도 알 수 있다. 바로 "증자가, 제가 선생님이 가르쳐 주신 자애, 공경, 안친(安親), 양명(揚名) 등에 대해서는 잘 알겠습니다. 그런데 아버지의 명을 무조건 따르는 것이 효입니까? 하고 물었다. 이에 공자가 이렇게 말했다. 그게 무슨 말이냐? 옛날 천자가 7명의 간쟁하는 신하가 있어서 그가 무도했음에도 불구하고 천하를 잃지 않았고, 제후가 5명의 간쟁하는 신하가 있어서 그가 무도했음에도 불구하고 나라를 잃지 않았고, 대부가 3명의 간쟁해주는 사람이 있어서 그가 무도했음에도 불구하고 친족들에게 버림을 받지 않았고, 사가 간쟁하는 벗이 있어 이름을 더럽히지 않았고, 아버지가 간쟁하는 자식이 있어서 올바르지 않은 일을 하지 않았다. 따라서 자식이 부모에게 간쟁하지 않을 수 없고, 신하가 임금에게 간쟁하지 않을 수 없는 것이다. 의롭지 않은 일은 반드시 간쟁해야 하는 법이니, 무조건 아버지의 명을 받든다면 어찌 진정한 효자라고 할 수 있겠는가?"[64]라고 한다.

물론 봉건시대의 가부장주의, 권위주의, 수직적 위계, 독단주의 등이 부자유친의 인륜에 투영되어 왔음은 엄연한 사실이다. 이것이 근대로의 전환 국면에서 부자유친이 봉건윤리라는 죄목으로 심판대에서 재판관의 판결을 기다렸던 이유이기도 하다. 그리고 이러한 봉건적 잔재는 극복

---

64 『효경』「諫諍章」: 曾子曰: "若夫慈愛, 恭敬, 安親, 揚名, 則聞命矣. 敢問子從父之令, 可謂孝乎?" 子曰: "是何言與, 是何言與! 昔者天子有爭臣七人, 雖無道, 不失其天下; 諸侯有爭臣五人, 雖無道, 不失其國; 大夫有爭臣三人, 雖無道, 不失其家; 士有爭友, 則身不離於令名; 父有爭子, 則身不陷於不義. 則子不可以不爭於父, 臣不可以不爭於君, 故當不義, 則爭之. 從父之令, 又焉得爲孝乎!"

되고 폐기되어야 마땅하다.

이제 윤성범이 제시한 절대 순종과 절대 믿음에 기반을 둔 부자유친을 논한다면, 봉건적 유폐를 극복하고자 했던 근대적 시각이 아닌 새로운 접근이 필요하다. 즉, 조선시대의 봉건적 망령을 되살리기 위한 음험한 술책이 아니라고 했을 때, 윤성범이 제시한 절대 순종과 절대 믿음에 바탕을 둔 효 사상은 어떤 중대한 의의를 가지고 있을 것이기 때문이다.

논자는 윤성범이 자신의 효 사상을 통하여 대서특필한 겸비(謙卑)에 주목하고자 한다. "바울은 그의 『로마서』에서 인간이 하느님의 피조물인 것을 강조하고 창조주 되시는 하느님을 경배할 것을 강조하고 있다. 하느님을 하느님으로 섬기지 않는 것이 불신앙이라고 보고 이것을 원죄(peccatum originalis)라고 보았다. 우리 동양 윤리의 용어를 빌린다면 위의 불신앙은 불효로 그리고 원죄는 교만으로 각기 대비시켜도 좋을 것이다. 아닌 게 아니라, 칼 바르트는 원죄를 교만으로 보고 있는 예가 있으니 말이다."[65]

윤성범의 이 말은 기독교 겸비론이 무엇인지 잘 알려주고 있으며, 유학의 효 사상을 겸비론으로 재해석해 놓고 있다. 이는 놀라운 탁견이요, 윤성범 효 사상의 정화라고 감히 말할 수 있다.

유학에서 겸허와 겸손을 말하지 않은 것은 당연히 아니다. 예를 들어 『주역』 64괘 중에 「겸」(謙) 괘를 두어서 겸비가 천지와 인간계를 관통하는 운행 원리이기 때문에 이를 따르면 복을 받는다고 하였으며[66], 공자가 자장에게 인의 실천을 설명하면서, 다섯 가지 덕목 중에 공손(겸비)을 들고 있다.[67]

---

65 윤성범, 「효」, 『효와 종교(윤성범 전집 3)』, 39.
66 『주역』 「謙卦」: 彖曰: "謙, 亨. 天道下濟而光明, 地道卑而上行. 天道虧盈而益謙, 地道變盈而流謙, 鬼神害盈而福謙, 人道惡盈而好謙. 謙尊而光, 卑而不可踰, 君子之終也."

그렇지만 기독교의 겸비론과 비교하면, 유학 내에서 겸허의 위상은 전면적이지 않다.[68] 윤성범이 바울의『로마서』를 거론하며, 하느님을 하느님으로 섬기지 않는 것이 불신앙이고 원죄라고 하면서 논한 겸비와는 위격이 다르다. 기독교 신앙의 핵심으로서의 겸비는 예수가 인간의 몸으로 세상에 온 데에서 시작하여, 아버지의 뜻을 따라 십자가에 매달려 죽은 데에서 완성되는데, 바로 절대 믿음과 절대 순종이다.

그런데 윤성범의 이와 같은 겸비론에 입각하면, 유학 효 사상의 보편적 성격이 더욱 분명해진다. 앞서 논의한 유자의 다음 말을 검토해 보자. "효도[孝]와 공손[弟]은 인을 실천하는 근본이다."[69] 여기서 이 효제를 두고, 혹자들은 종종 왜 아들과 동생의 효제만을 이야기 하고 아버지와 형의 자애와 우애는 빠져있는가 묻곤 한다. 효제를 논하기 전에 자애와 우애를 먼저 이야기해야 하는데 그렇지 않은 이 글은, 아랫사람의 수고와 헌신을 과중하게 요구하는 봉건적 유학의 전형적인 사고를 보여준다고 비판한다.

그러면 혹자들의 비판처럼 "효도[孝]와 공손[弟]은 인을 실천하는 근본이다"라는 유자의 말이 그야말로 아랫사람의 수고와 헌신을 과중하게 요구하는 봉건적 유학에 지나지 않을까? 만약 아버지의 뜻에 따라 십자가에 매달려 죽은 예수가 보여준 그 절대 믿음과 절대 순종의 겸비를 긍정하고 이해하지 못한다면, 아마 그렇다고 할 것이다.

---

67 『논어』「陽貨」: 子張問仁於孔子. 孔子曰: "能行五者於天下爲仁矣." 請問之. 曰: "恭寬信敏惠. 恭則不侮, 寬則得衆, 信則人任焉, 敏則有功, 惠則足以使人."

68 기독교는 절대자와 피조물의 차이를 전제한다. 그리하여 피조물은 영원히 창조주를 앙모하는 겸비의 심정을 안고 살아간다. 그에 비하여 유학은 절대 진리가 내 안에 있음을 전제한다. 그리고 겸비는 그 절대 진리의 한 가지 속성으로 이해한다. 겸비론이 유학과 기독교에서 차지하는 위상이 다른 데에는 궁극적으로 이와 같은 사유틀의 다름이 전제되어 있다.

69 『논어』「學而」: 有子曰: "其爲人也孝弟, 而好犯上者, 鮮矣, 不好犯上, 而好作亂者, 未之有也. 君子務本, 本立而道生. 孝弟也者, 其爲仁之本與!"

그러나 『논어』를 통해서 공자 인 철학을 관통하는 내면 정신을 충분히 이해한다면, 그렇지 않다고 할 것이다. 유자가 인을 실천하는 덕목으로 제시한 이 효제는 섬김의 정신을 표현한 것이기 때문이다. 바로 겸비, 곧 낮아짐의 정신을 부모에 대한 사랑과 형에 대한 공경이라는 보편 덕목을 통해서 표현한 것이다.

결국 윤성범 효 사상의 겸비론은 유학에 선고된 가부장주의, 권위주의, 수직적 위계, 독단주의 등의 죄명을 새롭게 재 사고할 수 있는 여지를 준다는 점에서, 윤성범이 동양의 효 사상을 통하여 기독교에 새 생명을 불어넣고자 염원한 것처럼, 유학에도 새로운 기운을 불어넣어 주고 있다고 할 것이다.

V. 맺음말

이은선은 윤성범 토착화신학의 의의를 다음과 같이 평한다. "'한국 윤리의 종교화', '그리스도교 신관의 윤리화', 이것이 해천의 '한국적 신학'의 모토이다. 이것을 위해서 그는 동양 사상의 중심 개념인 '성'(誠)의 초월적 근거를 밝혔고, 거기에 근거해 있는 효의 의미를 드러내었다."[70] 짧은 글이지만, 윤성범 토착화신학의 핵심을 관통한 정리라고 할 수 있다.

종교와 윤리, 이 두 축이 윤성범 토착화신학의 골격을 형성하는 양대 축이다. 윤성범은 종교와 윤리가 조화를 이룬 한국적 토착화신학을 정초하면서 성과 효라는 유학의 핵심 개념에 주목했다. 이 글은 그의 성과 효 사상 중에서 효에 집중하여 논의를 전개하였다.

---

70 이은선, 『포스트모던 시대의 한국 여성신학』 (경북: 분도출판사, 1997), 285.

윤성범의 효 사상은 효자예수론으로 압축될 수 있다. 그는 부자유친의 효 사상을 원용하여 기독교 신학을 풀어 가는데, 효자인 독생자 예수와 하늘에 계신 아버지의 관계를 효자예수론으로 전개한다.

종교적인 측면에서 보자면, 독생자 예수의 효도는 아버지 하느님에 대한 절대적인 믿음과 순종으로 드러난다. 본래 믿음과 순종은 프로테스 탄트의 핵심 교리인 '오직 믿음'(*sola fide*) 그 자체이지만, 보편적 사랑을 베풀고 공의로운 하느님 아버지와 오직 믿음으로 순종한 독생자 예수의 관계를 부자유친을 통하여 설명함으로써, 기독교의 사랑, 공의, 믿음, 순종 등을 이념적 목표가 아닌 세계 내의 사실로 이해하고 받아들일 수 있도록 한다.

윤리적인 측면에서 보자면, 효 사상은 기독교의 공동체주의를 회복하 는 토대가 된다. 윤리 유형을 크게 개인주의적 서양 윤리와 공동체(가정) 주의적 동양 윤리로 나눌 수 있는데, 기독교 윤리의 본질은 서양 윤리가 아닌 동양 윤리다. 그런데 오늘날 서구 기독교의 모습은 그 본질을 점차 상실하고 개인주의로 흐르고 있다. 따라서 동양 가정(공동) 윤리의 주축 인 부자유친(효)을 통하여, 공동체주의적인 기독교 윤리의 본질을 회복 해야 한다. 다시 말하면, 한국의 유교적 가족제도에 기반을 둔 공동(가정) 윤리를, 기독교 윤리의 본질을 회복하는데 적극적으로 참고하자고 한다.

윤성범의 효의 신학은 이처럼 종교적 · 윤리적 의의를 가지고 있지만, 또한 그 한계를 지적한 평가들도 동시에 존재한다. 바로 '논리적 정합성 의 부족'과 '지나친 남성중심성'적이라는 비판이다.

논리적 정합성이 부족하다는 평가는 윤성범이 유학을 원용하는 과정 에서 유학 자체에 대한 정확한 이해가 결여되었다는 비판이 상당 부분을 차지한다. 가령 그는 효가 인의 존재 근거라고 규정하는데, 이는 효와 인을 믿음과 사랑(행위)으로 대응시키면서, 행위가 아니라 믿음이 근본임을 논하는 기독교 칭의론에 기반을 둔 설명이다. 그런데 이 주장을 전개하면서 인용한 『논어』의 그 구절을, 유학자들은 윤성범처럼 독해하지 않았다는데 문제의 소지가 있다. 비록 창의적 오독이라고 할 수도 있지만, 여전히 논리적 정합성이 부족하다는 면박을 피하기는 어렵다.

이 문제를 다룸에 있어, 이 글에서는 윤성범이 인용하지 않았던 『맹자』의 양지양능 조목을 활용하였다. 맹자는 양지양능을 통하여, 모든 사람이 선천적으로 어버이를 사랑하는 마음과 형을 공경하는 마음을 가지고 있는데, 그것을 인과 의라고 한다. 여기서 어버이를 사랑하는 마음은 효(孝)이고 형을 공경하는 마음은 제(悌)이기 때문에, 윤성범이 말한 것처럼 "효는 인의 존재 근거가 된다." 윤성범의 주장은 그가 근거로 내세운 「학이」편의 "孝弟也者, 其爲仁之本與!"와 「이루 (상)」의 "仁之實, 事親是也"을 가지고는 정당화되기 어렵지만 위에 인용한 양지양능이라면 가능하다고 할 수 있다.

지나친 남성중심적이라는 평가는 부자유친에 기반을 둔 수직적 효를 강조하면서 발생할 수 있는 가부장주의, 권위주의, 수직적 위계, 독단주의에 대한 문제 제기라고 할 수 있다. 사실 봉건시대에 가부장주의, 권위주의, 수직적 위계, 독단주의 등이 부자유친의 인륜에 투영되어 왔음은 엄연한 사실이다. 이것이 근대로의 전환 국면에서 부자유친이 봉건윤리라는 죄목으로 심판대에서 재판관의 판결을 기다렸던 이유이기도 하다.

이 문제를 다룸에 있어, 논자는 윤성범이 자신의 효 사상을 통하여 대서특필한 겸비(謙卑)에 주목하였다. 바로 "바울은 그의 『로마서』에서 인간이 하느님의 피조물인 것을 강조하고 창조주 되시는 하느님을 경배할 것을 강조하고 있다. 하느님을 하느님으로 섬기지 않는 것이 불신앙이라고 보고 이것을 원죄(*peccatum originalis*)라고 보았다. 우리 동양 윤리의 용어를 빌린다면 위의 불신앙은 불효로 그리고 원죄는 교만으로 각기 대비시켜도 좋을 것이다"[71]라는 입장이다.

윤성범은 유학의 효 사상을 겸비론으로 재해석해 놓고 있다. 이는 놀라운 탁견이요, 윤성범 효 사상의 정화라고 감히 말할 수 있다. 그의 겸비론에 입각하면, 효제는 약자에 대한 복종을 강요하는 봉건적 가부장주의의 민낯이 아니라, 낮아지고 섬기는 마음을 애경이라는 보편 덕목을 통해서 표현한 것으로 이해할 수 있다.

끝으로, 해천 윤성범의 토착화신학은 아시아 신학, 한국신학의 가능성을 선도적으로 개척한 신학적 성과로 신학계에서는 받아들여진다. 다만 그가 자신의 연구 성과들을 최종 정리하지 못하고 이른 나이에 떠남으로 하여 미완의 작업들이 많았을 터인데, 유학관련 내용만 따지자면, 후학들에 의해서 논리적으로 다듬어지고 종합적으로 설명되어야 할 부분이 있다는 인상을 받았다. 이 문제를 해결하는 데에는 앞으로 유학 연구자들의 관심과 연구가 상당한 도움을 줄 것으로 기대한다.

---

71 윤성범, 「효」, 『효와 종교(윤성범 전집 3)』, 39.

참고문헌

『孝經』, 『論語』, 『孟子』, 『中庸』, 『詩經』, 『禮記』, 『周易』

윤성범/편집위원회편. 『(윤성범 전집 3) 효와 종교』. 서울: 감신대학교, 1998.

금장태. 『유교사상과 종교문화』. 서울: 서울대학교출판부, 1997.

이은선. 『포스트모던 시대의 한국 여성신학』. 경북: 분도출판사, 1997.

최순양. "해천 윤성범의 생애와 사상." 『한국 신학의 선구자들』. 서울: 너의오월, 2014.

최기섭. "유교(儒敎)의 효 사상(孝思想)과 그리스도교 신앙." 「카톨릭신학과사상」 34집, 2000.

한국적 멋의 관점에서 본 기독교 신학의 멋론

이난수

(조선대학교)

I. 머리말

한국인의 삶과 경험에서 나온 미적 표현 가운데 '멋'이라는 단어가 있다. 이를 테면 "멋진 모자", "한옥의 고풍스러운 멋", "제 멋에 겨워" 등은 일상생활에서의 미감으로 작용한 '멋'의 예이다. 사전적 의미의 '멋'을 보면 "멋진 모자"의 경우, 옷이나 얼굴 따위의 겉모습에서 드러나는 세련되고 아름다운 맵시를 나타내고, "한옥의 고풍스러운 멋"에서의 '멋'은 사람이나 사물에서 엿보이는 고상한 품격이나 운치를 의미한다. 또한 "제 멋에 겨워"의 '멋'은 인간의 기분이나 취향을 말한다.[1] '멋'에 함의된 아름다운 맵시의 표현과 고상한 품격이나 운치 그리고 기분이나 취향에서 우리

---

[1] 고려대학교민족문화연구원 국어사전편찬실 편, 『한국어 대사전』, 서울: 고려대학교민족문화연구원, 2009, 2082.

는 '멋'의 광범위한 미적 범주를 알 수 있다.

이러한 '멋'이 한국적 미의식을 나타내는 미적 개념으로 논의가 된 것은 1940년대에 고유섭(高裕燮, 1905-1944)과 신석초(申石艸, 1909-1976)가 미적 개념으로 '멋'을 거론하면서부터였다. 1950년대 '멋'에 대한 논의가 본격적으로 시작되었고, 1960년대 조지훈(趙芝薰, 1920-1968)의 연구를 통해 '멋'은 미학적 체계를 갖추게 되었다.

나아가 '멋'은 기독교 신학의 관점에서 새롭게 조명된다. 해천 윤성범(海天 尹聖範, 1916-1980)의 경우 1960년대 '감·솜씨·멋'이라는 개념을 중심으로 토착화 신학의 방법론을 펼쳤으며, 이 가운데 한국의 미를 '멋'으로 규정하였나. 소금 유동식(素琴 柳東植, 1922-)은 1980년내 풍류신학을 주장하면서 한국인의 영성인 풍류도를 '멋·한·삶'으로 분류하고 이 가운데 '멋'을 풍류도의 미적 표현으로 보았다. 윤성범과 유동식은 한국적 기독교 신학의 선구자들로, 한국문화사를 중심으로 한국인의 정신세계를 규명하려 했다. 다시 말해 그들은 문화사 속에 나타난 한국인의 정체성을 통해 '멋'을 논의하였고, 이를 통해 한국인의 영성을 밝히고자 한 것이다.

본고는 한국인의 미의식으로서의 '멋'의 논의를 미학적 측면뿐만 아니라 기독교적 신학의 관점에서 '멋'을 살펴보고자 한다. 이를 위해 한국적 멋의 토대가 되었던 조지훈의 '멋'과 윤성범, 유동식을 중심으로 한 신학의 '멋'론을 알아보도록 하자.

II. 한국적 멋이란

'멋'이라는 용어는 예술뿐만 아니라 생활, 유희의 차원에서 경험되기 때문에 우리 민족의 삶과 예술의 기저에 있는 미의식이라고 할 수 있다. '멋'에 관한 연구사를 보면, 초기 연구에서는 '멋'의 유형을 중심으로 의미와 범주를 진단하는 경향을 보였다. 즉 '멋'에 대한 논의는 미학과의 연관성 보다는 개념의 양상을 살펴보면서, 이에 따른 대립된 의견의 등장이 논쟁을 불러 일으켰다. 이와 같은 '멋'의 논쟁에 마침표를 찍은 것이 조지훈이다.[2] 그는 '멋'을 미학 개념으로 고찰하고자, 본질적 의미의 맥락에서 미적 요소를 파악하여 그 연관성에 주목했다. 그는 이를 위해 우선 한국인의 삶과 경험을 출발점으로 '멋'의 미학적 근거를 마련한다.

미의식이란 미(美)를 느끼고 판단하는 의식 상태를 말한다. 조지훈은 미에 대한 의식 혹은 미적 체험은 인간에게 본능적인 것이며, 인류의 보편적 원리가 된다고 하였다. 이러한 보편적 원리로서의 미의식은 다음과 같다. 미는 우선 불변하고 상통하는 보편성을 지닌 가치라는 점에서 "변하는 것은 미의 실(實)이요 현상이며, 변하지 않는 것은 미의 이(理)요 바탕인 것이다"[3]라고 하였으며, 미의식은 개인의 경험을 통해 구현되며,

---

2 "당시에 고유섭(1940)과 신석초(1941)가 멋을 우리 민족의 예술과 문화의 특징을 형용하는 개념으로서 거론했다. 해방 후 이희승(1956)은 '멋'을 한국문화의 고유한 특질이라 주장했는데, 이에 대해 조윤제(1958)가 반론을 제기한 것을 계기로 1858-9년에 이른바 "멋의 논쟁"이 벌어졌다.… 멋의 논쟁의 추이를 지켜보던 조지훈은 1960년대 중반에 「멋의 연구」(1964)를 발표했다. 조지훈의 연구에는 "한국적 미의식구조를 위하여"라는 부제가 붙어있는 것처럼, 그는 23-4년 전부터 논의되어 왔던 단편적 논의들을 모두 수렴하여 추상도 높은 미학적 체계를 완성하려 했다." (김수현, 「한국미의 범주로서의 '멋'」, 『민족미학』 제6집, 2007, 7-9.)

3 조지훈, 『한국학 연구』, 「멋의 연구」, 서울: 나남출판, 1996, 359-360. 조지훈의 「멋의 연구」는 1964년 『한국인과 문학사상』에 발표했던 논문으로, 필자는 그의 전집에 실린 논문을 참고하였다.

미에 대한 기준 또는 규범으로서 미의식이 존재한다고 하였다. 마지막으로 미의식의 형성은 문화와 역사 그리고 사회의 영향을 받기 때문에 미의식은 동일 취향성을 생성시킨다고 하였다.[4] 이렇듯 미의식은 개인의 경험을 통해 생성되는 개별성을 갖는 동시에 보편성을 바탕으로 하며, 불변하는 이치로서 존재한다. 이러한 토대 위에 그는 한국적 특징으로서의 미의식 즉 한국적 미의식의 형성을 말한다.

한국적 미의식을 대표하는 것으로서 그는 '아름다움'과 '고움' 그리고 '멋'을 꼽았다. 일반적으로 '아름다움'은 서양의 '미' 즉 'Beauty'를 한국어로 번역한 용례로 쓰인다. 이러한 이유로 '아름다움'은 한국 고유의 미의식과 앞서 언급한 인류의 보편적 원리로서의 미의식을 표현하고 있다. 다시 말해 한국어의 '아름다움'은 서양의 미를 상징하는 동시에 한국적 미 개념의 표상이다. 이와 달리 '고움'과 '멋'은 서양의 언어로 대체할 수 없는 한국적인 특수한 미의식에 속한다. 한국적 미의식의 특성으로서 '고움'과 '멋'은 번역 불가능성을 밑받침으로 하는 것이다. 또한 '고움'과 '멋'은 '아름다움'의 일부분을 강조한 측면을 가지고 있다.[5] 그는 "'곱다'라는 말은 사물의 질이 윤택, 유순, 온아, 치밀, 세련된 것을 지칭하는 것으로서… '곱다'라는 말의 이러한 개념내용은 곧 '아름다움'이란 말이 지니는 개념내용인 깨끗하고 밝고, 예쁘며, 매끈하고, 사랑스럽고, 날씬한 인상을 주는 어감이다."[6]라고 하였다. '고움'은 '아름다움'의 일부분에 해당하는 의미를 가지고 있으며, 서양의 '우아미'와 상통할 수 있다. 이처럼 '아름다움'과 '고움'이 서양의 미 개념과 통용할 수 있는 반면, '멋'은 외국어로 대체하거나 번역할 수 없는 한국 고유의 미 개념이다. 이에 따라

---

4 앞의 책, 360-362 참조.
5 앞의 책, 380-381 참조.
6 앞의 책, 383.

'멋'은 한국적 미의식을 규명할 수 있는 대표적인 개념으로 제시된다.[7]

그의 「멋의 연구」는 한국미의 특징을 살펴보면서 그 동안 있었던 '멋'의 논의들을 종합하고 체계화한 연구이다. 특히 1940-50년대에 있었던 대표적인 '멋'의 논쟁에 대해 다음과 같이 평가한다.

> 신석초 씨는 멋이 중국의 풍류나 낙취와 근사하지만 스스로 의미가 다르다 하여 멋의 독자성의 발현에 더 적극적인데 비해서, 조윤제씨는 멋은 모든 민족에게 다 있지만 한국인의 멋은 그것들과 좀 다르다 해서 멋의 보편성에 치중한 논조임을 엿볼 수 있다. 또 이희승씨는 멋을 "중국의 '풍류'보다는 해학미가 더하고, 서양의 '유머'에 비하면 풍류적인 격이 높다"라고 하여, 은연중 멋이란 말과 유비되는 근사개념이 다른 민족에게도 있음을 승인한 데 비해서, 조용만씨는 멋은 "우리나라 사람만이 느끼고 이해할 수 있지. 외국사람은 도저히 이해할 수도 느낄 수도 없다."해서 멋의 한국적 독특성 일방에 기울어졌음을 알 수 있다. 네 명의 견해는 일반적 의미와 특수적 의미를 혼동하거나 어느 한쪽에만 국집되어 있다.[8]

인용문에서 신석초와 조영만의 연구는 '멋'의 특수성 즉 다른 민족과 다른 한국인만의 미의식이라는 점에 치중하였고, 조윤제와 이희승은 '멋'이 보편성을 지닌 미의식이므로 다른 나라의 미 개념으로 표현할 수 있다고 하였다. 네 명의 연구자들의 의견은 '멋'이 한국만의 미학적 개념인지 아닌지에 관한 문제가 쟁점사항이 되고 있다. 조지훈은 그들의 의견을 조목조목 비판하면서, '멋'은 한국적인 미의식으로서 특수성을 지니고

---

7 앞의 책, 384 참조.
8 앞의 책, 390-391.

있지만 부분적으로는 보편성을 지닌 미 개념으로 결론을 짓는다.

나아가 그는 또 하나의 쟁점인 '멋'의 어원에 관한 논의도 정리한다. '맛'이 '멋'의 어원이라는 점은 이미 통설로 되어 있지만, '멋'과 '맛'의 관계에 대해서는 의견이 분분했다. 먼저 두 어휘가 동의의 개념으로 어감만 다를 뿐이라는 견해와 두 어휘가 별개의 개념으로 전성되었다는 의견이 있다. 조지훈은 '멋'과 '맛'의 관계를 두 가지로 정리한다. '멋'이란 말은 '맛'에서 파생되었으나 '맛'으로 표현할 수 없는 다른 개념으로 전성되어, '멋'과 '맛'은 서로 다른 개념이 되었다. 그리고 '멋'이 '맛'에서 발생된 계기는 '맛'의 미각적 표현을 넘어 미감의 표현으로 쓰였기 때문에 '맛'에서 '멋'으로 변형할 수 있었던 것이다.[9] 이처럼 그는 '멋'의 발생에 대해 '맛'을 바탕으로 '맛'을 초월한 특수한 '멋'이 됨을 강조하였다.

지금까지 조지훈의 관점에서 본 '멋'의 선행연구들은 '멋' 개념의 미학적 연관성 보다는 개념의 양상에 치중한 점을 알 수 있다. 이는 '멋'의 발생적 측면에 치우쳐 미적 요소를 파악하지 못한 점으로 드러난다. 조지훈은 이러한 점을 간파하여 '멋'과 미학과의 연관성을 엄밀하게 밝히려 한다. 다시 말해 '멋'의 미적 범주와 그 내용을 세 가지로 나누어 설명한다. 즉 형태미와 표현미 그리고 정신미로 '멋'을 나누어 고찰한 것이다.

첫째로 형태미는 멋이 나타난 상태 곧 '멋'의 형태적 특성에 관한 것이다. 형태미는 우선 '비정제성'(非整齊性)에 의거한다. '비정제성'은 일찍이 고유섭이 말한 '상상력과 구성력의 풍부'를 참조한 것으로, 한국미의 특징 가운데 일정한 균제가 적용되지 않는 자율성을 말한다. 예를 들어 한국음악의 5음계의 구성이나 시가의 비정형성 등이 비정제성에 연유하는 것으로, 이를 통해 그는 가변, 가동의 다양성을 지니는 것을 멋의 본질로

---

9 앞의 책, 398-399 참조.

보고 있다. 또한 이 '비정제성'은 멋의 '다양성'을 가져온다. 그리고 '멋'의 형태미는 정지된 미가 아닌 운동 상태의 미로서, '율동성'을 가지고 있다. 마지막으로 형태미는 '곡선성'으로 나타나는데, '곡선성'은 '비정제성'과 '다양성' 그리고 '율동성'의 표현이다. 한국무용의 동작으로 본 '곡선성'은 어깨와 손끝 그리고 어깨와 발끝의 미묘한 움직임에서 나타나며, 한국음악 가운데 음악가가 소리를 엮고, 휘이고, 흥청거리는 것도 '멋'의 '곡선성'의 발현이다.[10]

둘째 표현미는 '멋'의 발현 곧 '멋'이 발현되는 표현에 대한 미이다. 그는 표현미를 '초규격성', '원숙성', '왜형성', '완롱성'으로 구분하였다. '초규격성'은 규격을 뛰어넘는 것으로, 그는 "격에 들어가 다시 격을 나오는 것, 격을 나와서 새로운 격을 낳아야 하는 것이다."[11]라고 하였다. 이러한 '초규격성'은 '원숙성'을 바탕으로 표현된다. '왜형성'은 예술적 기법의 '원숙성'으로 인해 정상적인 기법 이상의 '멋' 즉, 기법에서 약간의 왜곡이 형성될 때 나오는 '멋'이다. 이러한 '왜형성'은 변환, 해학, 기발 등으로 나타난다. 마지막으로 '완롱성'은 작품에서 표현된 여유와 유희의 미감을 일컫는다. 이를 테면 한국음악에서 농(弄)의 표현과 무용에 있어서 어깨와 손끝의 선의 미묘한 율동 그리고 우리 민족의 해학·풍자·재담·익살 등이 '완롱성'을 말해주는 것이다.[12]

셋째 멋의 정신미로는 '비실용성'과 '화동성'(和同性)과 '중절성'(中節性) 그리고 '낙천성'을 들었다. 인간의 미적 본능은 본래 실용적인 것이 아니다. 한복의 긴 옷고름은 실용성과는 무관한 유장(悠長)한 멋을 나타낸 것으로, 이는 미적 충동과 관련이 있지 실용성을 고려한 것이 아니다.

---

10 앞의 책, 418-427 참조.
11 앞의 책, 429.
12 앞의 책, 430-433 참조.

이러한 '비실용성'을 그는 "미의 미를 위한 미적 실용성"13이라고 보았다. 두 번째로 '화동성'은 앞에서 언급한 '원숙성', '다양성'과 표리가 된다. 그리고 멋의 '화동성'은 조화와 흥취의 세계로 갈등이나 모난 것이 없다. 이러한 점을 근거로 진정한 멋에는 높은 교양과 사상이 뒷받침되며, 수련과 절제가 따른다. 즉 '중절성'을 지니게 되는데, 이에 대해 신석초는 다음과 같이 말하였다. "절제 없이는 인간은 모든 질서를 상실한다. 따라서 멋도 수중(守中)하지 않으면 비천한 것으로 밖에는 되지 않는다."14 멋의 절제에 대한 방법으로 중용(中庸)의 도를 설명한 것이 바로 '중절성'이다. 신석초의 의견에 더 나아가 조지훈은 다음과 같이 말한다.

> 멋은 아(雅)도 아니고 속(俗)도 아니다. 고아하다고 하기에는 통속적인 일면이 있고, 범속하다고 하기에는 법열(法悅)이 있어서, 실로 아속에 넘나들며 그 어느 쪽에도 떨어지지 않는 미묘한 줄타기와 같은 경지, 그 가느다란 선 위에 멋의 대도(大道)가 있다. 뿐만 아니라 멋은 모든 면에서 고정불변의 것이 아니요, 이것이 멋이라든지 이런 것만이 멋이라고 고착시킬 수가 없고, 그 반대의 경우에서도 홀연히 멋이 성립할 수 있다.15

여기서 '멋'은 중절성을 바탕으로 대도의 경지에 이른다. 그는 아와 속을 넘나들며, 정지되거나 규정된 틀이 없는 자유로운 가운데 '멋'이 성립된다고 하였다. 이러한 점에서 '멋'은 일상생활뿐만 아니라 작품의 경지를 뛰어넘는 고차원의 미적 개념으로 상승하게 된다. 다시 말해 그의 "멋은 특수미로서 진(眞)의 가치, 미(美)의 가치를 종합하고 넘어서 성

---

13 앞의 책, 436.
14 앞의 책, 438 간접인용.
15 앞의 책, 439.

(聖)의 가치에 도달한다"[16]라는 말은 위의 인용문과 일치한다.

정신미의 마지막은 유유자적하는 자연의 생활과 고고불기(孤高不羈)하는 자재의 경지인 '낙천성'이다. 이 '낙천성'은 멋의 기쁨을 외부가 아닌 내부에서 즐기는 것으로, 한적한 상태에서 멋을 느끼는 것이라 할 수 있다.

이상으로 살펴본 '멋'의 미적 범주와 내용에서 기존의 이론들을 수렴하면서 한국미의 특징을 전개시켰다. 그는 한국적 미의식을 대표할 수 있는 미적 개념으로 '멋'을 체계화시키기 위해 형태미와 표현미 그리고 정신미로 세분화하여 분석하였다. 이러한 분석과 함께 그는 '멋'이 개념으로서 성립된 것은 고대 풍류도(風流道)로부터 역사적인 과정을 통해 전개되었다고 말한다.

'멋'은 민족미의식의 집단적, 역사적 동일취향성에 말미암은 것으로, 원시 이래 지금에 관류하는 하나의 전통이다. 그것의 이념으로서의 성립은 통일신라 전후이니 화랑도가 그것이다. 화랑제도는 말하자면 국시(國是)를 예술정신에 두었던 것이다. 국중(國中)에서 선발된 미모의 소년들은 가무와 검술을 익히고 사교와 풍류와 규격을 알아 국정에 관여하고 장성하여 국가 경영의 중재(重材)가 된다. 산수에 유오하고 민정을 시찰하여 인재를 천거하는 그들은 경세가인 동시에 심미가요 예술가인 동시에 무사였던 것이다. 이 화랑도가 하나의 국민도(國民道)였던 것은 주지의 사실이거니와, 이 국민도인 화랑도는 풍류도 또는 풍월도(風月道), 현묘지도(玄妙之道)라 불렀던 것이다. … 이 '풍류'라는 것이 곧 '멋'이다. 멋이란 말은 조선 이후에 생겼지만, 멋의 내용은 이 풍류도의 내용에서부터 연원한다는 말이다. 멋을 모른다는 것과 풍류를 모른다는 것은 같은 말이다. 지금도

---

16 앞의 책, 442.

음악을 풍류라 하고, 시 짓는 것을 풍월 짓는다고 하거니와, 이 풍류·풍월
은 곧 자연과의 조화의 미를 누리는 생활이라 할 수 있다. 이와 같이 우리의
멋은 신라 이래의 오랜 전통이지만, 그러나 멋이 예술에서 가장 발현되고
꽃핀 것은 조선시대이다.[17]

인용문은 「멋의 연구」의 결론부분이다. 그는 '멋'을 우리 민족 고유의
정신 혹은 전통으로 설명하면서, '멋'의 미적 요소가 풍류도로부터 연원
하였다고 말한다. 신라시대는 우리나라의 고대문화가 자리를 잡고, 민족
의 문화정체성을 형성하던 시기였다. 그 당시 신라에서 정치적, 교육적
목적으로 창설한 화랑단체의 교육이념을 '풍류도'라 불렀다. 그들의 수련
방법은 산수를 다니며 가무와 검술을 익히는 등의 과정을 통해 심미와
교육 그리고 종교적인 측면까지 완비한 이상적인 인간의 형성을 목표로
하였다. 여기서의 '풍류'를 그는 '멋'이라고 한다. 그는 '풍류'가 인간이
자연과의 조화 속에서 빚어낸 미라는 점에서 '멋'과 상통한다고 보았다.
다시 말해 '풍류'의 내용과 정신이 바로 '멋'의 미적 내용과 일치하며, 그렇
기 때문에 '멋'이라는 단어의 운용이 아닌 민족 고유의 정신인 '풍류'의
동의어로 '멋'을 꼽았던 것이다. 그는 '멋'의 어원이 '맛'과 관련이 있으면
서, 내용상은 '풍류'에서 연원한다는 점을 주장하고 있다. 이러한 점은
우리 민족의 문화 정체성을 '멋'에서 구현하고자 한 것으로 볼 수 있다.
　이러한 '멋'과 '풍류'와의 연관성은 이미 신석초에 의해 제기되었던 것
이다.

　우리는 멋지다 혹은 멋이 있다고 말한다. 이 어휘는 특이한 것이다. 지나

---

17 앞의 책, 442-443.

(支那)에서 말하는 풍류라든가 낙취라는 것에 근사는 하지만 스스로 의미가 다르다. 또 멋은 맛이라고 하면 안 된다. 멋이라야만 한다. … 풍류와 낙취는 필경 특이한 한 정감의 상태를 내재시키는 것이며 그 정감이 다시 외부에 멋으로 표현된다. 그리고 이 외현한 멋은 감수성 기타의 과정에 의하여 다시 내적인 멋을 낳는다.[18]

위의 내용은 신석초의 「멋說」 일부분이다. 그는 '풍류'가 '멋'과 비슷하지만, 일치하는 것은 아니라고 말한다. 그러면서도 '풍류'의 정감이 외부에 드러나는 것을 '멋'이라고 말한다. 또한 이렇게 발현된 '멋'이 다른 감정들과 조합되며 생성된 미감이 다시 내적인 '멋'을 낳는다고 하였다. 즉 '풍류' 그 자체는 '멋'과 동일하지 않지만, '풍류'가 드러난 형태를 '멋'이라 한다. 그는 '풍류'와 '멋'의 연관성을 '풍류'가 일련의 과정을 통해 '멋'으로 생성된다고 하였다.

그리고 역사적으로 '멋'이 드러난 양상으로 살펴보면서, 신라시대의 화랑제도를 말한다. 그는 화랑들을 국정에 관여하는 경세가인 동시에 심미가로 설명하면서, 화랑제도는 국가가 예술 정신을 인간의 본성에 의거하여 운용한 사례로 든다. 이어서 그는 신라 예술의 '멋'을 아래와 같이 말한다.

신라의 예술은 불교와 상응하여 교치(巧致)함에 이르렀었다. 현재 우리가 전멸된 파편 속에 발견하는 그 유물은 모다 멋이 흐른다. … 석굴암의 조상(彫像)은 황홀한 육감으로 우리를 아연케 한다. 잠깐 보면 신적인 제작물이 인간의 기술로 되었다고는 도저히 생각되지 않는다.[19]

---

18 신석초, 「멋說」, 『文章』, 제3권, 서울: 文章社, 1941, 147, 150.

신석초는 신라 예술을 종교적인 관점에서 바라보면서 '멋'의 논의하였다. 특히 석굴암에 대한 평가는 초월적인 경지에 대한 예찬이다. 그는 '멋'에 대하여 유사한 개념으로 '풍류'를 제시하였고, 역사적으로 '멋'에 대한 논의를 전개해나갔다. 신석초의 연구에서 나타난 '멋'과 '풍류'의 연관성을 조지훈은 부분적으로 수용하면서 '멋'과 '풍류'를 일치된 개념으로 보았다. 다시 말해 '멋'의 어원적 연원과는 다른 '멋'이라는 개념이 생성되기 전의 역사상 비슷한 개념으로 '풍류'를 말한 것이다. 그리고 이후 연구자들에게도 '멋'을 설명하기 위한 개념으로 '풍류'가 등장한다.

지금까지 살펴본 조지훈의 '멋'론은 기존 이론의 타당성을 검토하고, 다른 미적 개념들과 구분되는 '멋'의 의미를 규명하였다. 그는 기존의 논의들에 대한 비판과 수렴의 과정을 거쳐 하나의 미적 개념으로서 '멋'을 구성하였다. 그리고 민족 고유의 정신으로서 '멋'의 내용을 '풍류'와 연관지어 논의하였다. 이러한 그의 논의는 앞에서 본 신석초의 의견에서 나아가 '멋'을 한국인 특유의 미의식으로 이해하기 위한 작업으로 보인다. 그의 '멋'론은 한국인 특유의 미의식을 이해하기 위한 작업으로, '멋'의 본질과 내용을 통해 '멋'의 미적 범주 체계를 구성한 데에 의의가 있다.

III. 신학적 멋의 양상

본 장에서는 신학의 관점에서 바라본 '멋'의 의미를 고찰하고자 한다. 이를 위해 한국적 기독교 신학의 선구자이자, 토착화 신학의 새로운 길을 열었던 윤성범과 유동식을 중심으로 한다. 그들은 기독교 복음을 토착적

---

19 앞의 책, 148.

종교와 문화의 바탕에서 어떻게 수용할 것인가를 고민하였다. 다시 말해 한국적 신학을 수립하기 위해 한국의 종교와 문화에서 한국인의 정체성을 탐구하여 한국 고유의 종교와 문화도 신학적 대상과 내용이 된다는 이론을 세운다. 이러한 그들의 토착화 신학은 기존의 종교뿐만 아니라 철학, 예술의 방면까지 확장되어 한국적 신학으로 거듭난다. 일례로 윤성범의 '성(誠)의 신학'과 유동식의 '풍류(風流)신학'을 들 수 있다. 그들은 '성의 신학'과 '풍류신학'에 나타난 한국 미론을 중심으로 한국의 문화사를 신학적 방법으로 해석하였다. 본고는 그들의 논의 가운데 기독교적 '멋'론을 중심으로 기존의 '멋'론과 어떻게 다르게 조명되는지 살펴보고자 한다.

1. 해천 윤성범의 멋

윤성범의 토착화 신학은 복음을 신학의 중심과제로 본다. 그는 복음이라는 씨앗이 한국 문화에 뿌리내리는 것을 한국적 신학이라고 하였다. 단지 복음만으로 신학을 성립하려 함은 마치 씨앗만으로 열매를 맺으려는 것으로, 반드시 비옥한 땅에 씨를 심는 것이 중요하다. 여기서 씨앗이 뿌리내릴 토양은 한국인의 정체성 즉 한국의 종교와 문화, 역사로 규정된다.

한국의 그리스도인은 한국의 얼(精神)을 도로 찾아야만 믿음도 바로 찾게 될 것이다. 아니 자기 자신을 바로 안다는 것은 벌써 믿음의 출발점인 것이다. … 한국 문화 전반을 잘 알아서 우리의 빛난 정신을 다시금 터득해 볼 필요가 있는 것이다. 우리는 서양의 그림이나 미술품과 음악을 즐기기는 하지마는 한국의 것은 다 무시해 버리고 보지도 않고 듣지도 않으려는 경향이 있지 않는가? 이러한 인간에게 하나님의 은혜와 축복이 있겠는가?[20]

인용문 첫 단락은 한국 기독교의 과제에 대한 언급이다. 그는 한국인이라는 자각 혹은 주체의식에 대한 발견이 필요하다고 말한다. 다시 말해 한국인이라는 정체성의 자각이 신학의 출발점이 된다. 구체적으로 한국인의 서양 문화에 대한 맹목적인 선호를 비판하며, 주체의식의 결여를 지적하고 있다. 주체 의식을 발견하기 위해서는 한국 문화에 대한 이해가 선행되어야 하며, 여기서 한국 문화는 시대에 따라 변화되는 것이 아닌 시간과 공간을 초월한 문화 형태를 의미한다. 이렇듯 그의 토착화 신학은 무엇보다도 종교인들에게 한국인이라는 정체성 즉 문화에 대한 이해를 요구하고 있다. 이를 위해 그는 '감 · 솜씨 · 멋'이라는 방법론을 제시하여 자신만의 토착적 신학론을 전개한다.

그는 '감'론에 대해 복음의 형식과 내용에 근거하며, 다른 말로는 복음과 자리(場)의 문제라고 말한다. 그는 "만일 복음이 내용적이라고 말한다면 자리 곧 문화적 선험성(a priori)은 형식적인 것이 아닐 수 없고, 문화적 선험성이 내용이라면 복음은 형식이 될 수밖에 없다. … 이것은 마치 시간과 공간의 관계가 그러하듯이 하나의 필연적인 연관 가운데 있다 할 것이다."[21] 라고 하였다. '감'론은 한마디로 형식과 내용의 관계로 볼 수 있다. 형식과 내용 즉 복음과 자리가 유기적으로 결합될 때 신학이 수립된다. 이렇듯 그의 '감'론은 복음이라는 신학이 한국이라는 자리 즉 문화에 뿌리 내리는 것을 중심으로 한다. 즉 '감'의 내용으로서 복음이 형식인

---

20 편집위원회편, 『(윤성범 전집1) 한국종교문화와 한국적 기독교』, 서울: 감신, 1998, 20.
21 앞의 책, 28.

한국 문화와 유기적으로 결합 될 때, 한국적 신학이 수립될 수 있다.

이러한 '감'의 두 요소를 손질하여 유기적으로 결합하게 해주는 것을 '솜씨'라 한다. 그는 "솜씨란 그러므로 형식과 소재의 원초적인 폭을 무한히 가늘게 좁히는 기교에 다름없는 것이다"[22]라고 하였다. '솜씨'에 의해 형식과 내용이 세련된 형태로 발전하여 유기적으로 결합될 수 있는 것이다. 한국 문화는 굉장한 소재나 웅장한 관념의 구성이라기보다는 이것을 다스린 '솜씨'에 의해 그 특성이 부여된다. 그는 한국적 문화는 '솜씨'에 있으며 건축양식을 비롯하여 그림, 조각, 언어, 음식 등의 예술에서부터 생활 전반에 걸쳐서 나타난다고 하였다.[23] 또한 '솜씨'는 신학적인 중보자 (仲保者)의 역할을 한다. 여기서 '솜씨'는 초월적이며, 신적인 것이다. 그러므로 진정한 의미의 솜씨장이는 예수그리스도가 된다.[24] 다시 말해 하나님의 말씀으로 자리를 포괄하고 손질함으로써 생명적인 '솜씨'가 발휘 될 수 있다. 그러므로 한국적 '솜씨'가 생명적인 '솜씨'가 되려면, 말씀이 담겨져 있어야 한다. 결국 한국 문화에 복음이 내재될 때 비로소 하나님의 말씀이 빛을 발하게 될 수 있는 것이다.

마지막으로 '멋'은 솜씨로 인하여 일어나는 미적 표현이다. 그의 '감·솜씨·멋'론 가운데 '멋'은 한국 미론에서의 '멋'을 신학적 방법으로 해석한 것으로, 본고의 중심 소재이다. '멋'에 관한 논의를 시작하기에 앞서, 우선 한국의 미에 대한 그의 견해를 살펴보면서 '멋'론을 알아보겠다.

한국의 미를 그는 조화의 미라고 규정한다. 그리고 조화의 미는 바로 종교미라는 점을 강조한다. 그는 예술에 생명을 불어 넣어주는 것을 종교라 하였고, 이점을 근거로 한국 문화사를 고찰한다. 특히 신라의 화랑도,

---

22 앞의 책, 33.
23 앞의 책, 31-32 참조.
24 앞의 책, 35.

풍류도, 향가 등에 관심을 보인다. 예를 들어 신라의 향가 가운데 '처용가'에는 불교나 그리스도교를 찾아볼 수 있는 종교적 진리가 깃들여 있다고 한다.

> 신라인들의 머릿속에는 우리가 지금 상정하는 대로라면, 그들은 '미'를 종교의 현상화로 보았음직하다. 따라서 그들의 미학은 종교현상학이 되어버리고 만 셈이다. 그러므로 그들은 '미'라는 종교적 상징을 통해서 '관용', '조화', '담합', '겸양', '희생의 정신' 등등의 기백을 살린 것이 아닌가 생각된다. 그리고 이러한 '아름다움'이 단순한 인조적-인위적인 것이 아닌 점에 그들의 미의 생명성과 유동성, 약동성이 있다고 생각한다. 이러한 생동성은 미 자체의 촉발로 인함이라기보다는 도리어 종교적인 뒷받침이 있어 가능하다고 말하는 것이 좋을지 모른다. … 예술을 예술답게 하고 생명 있게 하고 약동하게 하는 것은 종교이다. 이렇게 하여 한국의 미는 종교적인 '멋'으로서 그 극치에 달하게 된다.25

한국의 문화사 가운데 신라의 예술은 종교적 성격이 강하다. 물론 대부분 불교에 한정되었지만, 화랑도에서의 유·불·선의 포함삼교에서 볼 수 있듯이 당시의 종교는 분쟁을 지양하고 조화를 이루었다. 그는 이러한 종교적 토대로 형성된 신라의 예술을 이상적인 예술로 보았고, 이를 한국의 미라고 하였다. 인용문에서 '미'의 속성은 관용, 조화, 겸양 등의 도덕적인 의미를 내재한다. 이러한 요소들이 신라의 예술을 종교적인 '멋'에 이르게 한 것이다. 이렇듯 윤성범은 한국의 미를 예술과 도덕 그리고 종교가 일체가 된 종합미로 보았다.

---

25 앞의 책, 145.

그가 말한 종교미를 자세히 살펴보면, '성(誠)의 미'라는 개념이 종교미로 논의된다. 여기에서 '성(誠)'은 '성(誠)의 신학'에서의 '성'으로, 윤성범 신학의 주요개념 가운데 유교 사상을 기독교적 사유로 재현하는 대표적인 예이다. 그에 의하면 '성'은 철학이나 종교 또는 학문 뿐만 아니라 음악, 시, 미술 등의 예술전반에까지 영향을 끼치고 있으며, 사회문제 해결에 핵심적인 계기가 된다고 하였다. 일반적으로 유교적 개념으로 알고 있는 '성'의 개념이 어떻게 기독교 신학과 연결되는 것일까? 그는 우선 칼 바르트의 하나님에 대한 신학적 표현으로 "말"(sprache)을 3중적으로 이해하여 삼위일체 신론을 전개시킨 점을 토대로 자신의 성 개념과 연계시켰다. 그는 성이란 글자를 풀이하면 "말이 이루어짐"이며, 이 말의 뜻을 번역하면 "참말"이 된다고 하였다. 예수께서 운명하실 때 "다 이루었다(it is finished)"의 표현은 "말씀이 이루어짐(誠)" 뜻하는 것으로 본 것이다.26 따라서 성은 "참말"이며, 하느님께로 오는 "참 말씀"인 것이다. 그러므로 성은 하느님과 사람을 진리의 말씀으로 연결하는 매개이다.27

이러한 '성'의 개념이 한국 문화에 적용될 때, 아래와 같이 논의된다.

"성(誠)"이라는 말은 우리에게 가장 친근한 개념이요. 한국의 대표적인 사상가인 율곡의 중심사상의 하나이기도 하며, 원시종교의 전통에서 유래되는 화랑도 정신의 핵심을 이루고 있다. 뿐만 아니라 이 성(誠)은 한국문화의 기본적인 바탕도 된다. 한국예술의 핵심이 조화미라면, 성(誠)은 바로 이 조화미의 원리인 것이다. 성(誠)은 하느님의 말씀이 초월적인 것과 같이 초월적이요. 동시에 그 말씀이 우리를 부르러 오시는 말씀인 점에서

---

26 편집위원회편, 『(윤성범 전집2) 한국유교와 한국적 신학』, 서울: 감신, 1998, 22-23.
27 앞의 책, 27.

내재적인 것과 같이, 내재적이다. 이 성(誠)은 전동양 천지에서 다 통할 수 있는 가장 빠른 전달계기가 되며, 그대로 동양인의 피부에 스며들 수 있는 개념이다.[28]

'성'은 바로 하나님의 말씀으로 하느님과 인간을 연결하는 계시와도 같다. 그는 유교 사상을 기독교적 신학으로 해석하면서, 예술에까지 적용시킨다. 그는 한국미의 특징을 조화미라고 하였고, 이에 대한 근거로 중용(中庸) 혹은 중화(中和)에 있다고 하였다.[29] 이는 동양의 중용정신을 토대로 조화를 주장하였고, 나아가 한국의 미에 적용한 것이다. 물론 앞장에서 살펴본 조지훈의 조화미도 중용에 근기하였지만, 윤성범의 조화미는 종교라는 다른 지점에서 설명되어 진다. 다시 말해 그의 조화미는 '성'을 토대로 한 초월적인 경지를 의미한다.

'성'의 미가 표현된 예술작품에 대해 그는 다음과 같이 말한다.

한국미를 조화미라고 말한 적이 있는데, 이것은 바로 한국미가 성(誠)의 미라는 것을 단적으로 말하려는 것이다.… 여기의 성은 종교적 본질에서 근거한 예술 작품이라는 점을 꼬집어 말한 것이라고 보면 좋을 것이다. 한국미의 표현 양식이 성에 근거했다는 것은 바로 형식과 내용의 아름다운 배합 조화를 들 수 있으며, 외면상으로는 소박한 것 같으면서도 표리가 없기 때문에 진실을 토로하는 것 같으며, 그 소박성은 바로 겸비와 겸양의 덕의 외화라 볼 수밖에 없는 것이다. 그러므로 한국미는 어느 나라의 미보다도 종교적-해석학적인 특질을 가지고 있다고 하겠다. 그것이 소박, 겸

---

28 앞의 책, 36-37.
29 앞의 책, 76.

비의 덕의 표현이기 때문에 귀족 계급이나 양반 계급보다는 서민들이 친근할 수 있는 작품으로 나타나게 된다. 아무리 보아도 싫지 않고, 마음의 불안감이나 소외감을 느끼지 않는 이유가 바로 이 작품들이 성의 표현이기 때문인 것이다. 우리는 민화로서 종교성을 띤 그림으로 경기도 화성군 내에 있는 용주사 벽화를 잊을 수 없다.[30]

인용문에서 보듯, '성'의 미는 작품에 나타난 종교적 본질에 있다. 그에 따르면 '성'의 표현양식은 형식과 내용의 조화와 외적으로는 겸비와 겸양의 덕이 표현된 소박성을 들고 있다. 또한 작품의 향유층은 귀족이나 양반보다 서민들을 중심으로 하고 있다. 그가 작품의 소박성과 서민계층을 말한 것은 야나기 무네요시(柳宗悅, 1889-1961)가 한국미의 특징으로 본 '민예'의 관점을 수용하는 데에서 비롯된 것이다.[31] 윤성범은 민예의 관점을 적극 수용하면서, 종교성을 내재한 작품을 중심으로 '성'의 미를 설명한다. 그는 "예컨대 경주 남산에 그 수를 헤아리기 어렵게 많이 산재해 있는 천연석에 아로새긴 석불들은 한국 민예의 극치를 이루었다고 할 수 있다. 당시의 수많은 수도자들은 마음의 지닌 기쁨과 만족을 돌에다가 표현한 것으로 보아야 된다. 그들은 돌에다가 하나님 상을 아로새겼던 것이다."[32]라고 하면서 돌에의 신앙에 대해 "그리스도는 '산돌'이시다"(벧전 2:4)[33]라는 구절을 제시하면서 종교와 철학이 합일된 성의 미를 제시한다.

이상으로 살펴본 한국의 미는 조화의 미이자 성의 미로 거듭남을 알

---

30 앞의 책, 233, 235.
31 앞의 책, 234.
32 앞의 책, 237.
33 앞의 책, 238.

수 있었다. 그는 신라의 예술작품을 중심으로 성의 미를 논의하였고, 궁극적으로 예술 작품에 함의된 종교미를 주장하였다. 종교미는 기독교의 진리가 함의된 아름다움이다. 그리고 이제 성의 미는 성의 문화로 구체화되어, '멋'으로 나아간다.

한국문화는 성의 문화요. 한국미술이나 예술도 성의 미술이요. 성의 예술이라는 말이다. 물론 우리 말로는 멋을 위주로 한 문화라는 말이다. 흔히 '멋'이라는 것을 풍류적인 표현이라고 보겠으나, 이 말은 아주 다양적인 뉘앙스를 가진 말로 생각한다. 멋은 단순히 감성적인 또는 심미적인 것만이 아니고 형상과 질료의 혼연일체, 신비적 합일의 경지라고 보아 좋을 것이다. 성의 문화는 바로 멋의 문화인 것이다. 멋쟁이란 양복 같은 것을 잘 입는 사람에게 쓰는 표현이지만 참 멋쟁이란 그런 것이 아니다. 멋이란 알맞은 상태를 말하고 있다. … 이것은 글자 풀이를 가지고 생각해도 '알맞음'이 바로 성이라고 말할 수 있다. 즉 중용 중화가 하나의 형이상학적인 종교적인 표현으로서는 성이라고 생각한다면 중과 용, 중과 화의 혼연일치는 바로 알맞은 상태임에는 틀림없다 하겠다. 화랑도를 우리는 멋쟁이로 바꾸어 놓을 수 있다면, 이것은 바로 그들이 한국인으로서의 알맞은 생활을 했다는 점에서 멋쟁이라 할 수 있는 것이다.[34]

이제 성의 문화는 '멋'의 문화가 되어, 한국 고유의 미의식으로 탄생한다. 그는 '멋'의 개념이 예술에서부터 생활전반에 걸쳐 범주가 확장되어 있음을 여러 가지로 설명한다. 위의 인용문에서는 미 개념으로서의 '멋'보다는 일상생활에서의 '멋'을 제시하고 있다. 그리고 '멋쟁이'의 예를 들

---

34 앞의 책, 211-213.

어 '멋'을 알맞은 상태 즉 중용적 의미에서 설명하면서 성의 의미를 부여함을 알 수 있다. 그는 화랑도를 '멋쟁이'라고 표현하면서 '멋'의 의미가 한국인의 특성으로 확장된다. 그렇다면 '멋'이 '성'과 같을 수 있는 근거는 무엇일까? 그는 이를 위해 '멋'의 어원이 '맛'에서 유래한다는 기존의(앞장에서 본) 논의를 비판한다.[35] 그 근거로 '멋쩍다'라고 할 때 그 뜻이 "맞지 아니하다"이므로, 멋은 알맞다의 뜻이 된다는 것이다. 그래서 '성'과 '멋'이 동일하며, '성'의 의미와 비슷한 "알맞다", 즉 "맞는 것"이 한국적 멋의 의미가 된다.[36]

그의 '멋'론은 '성'을 바탕으로 한 초월로서의 '멋'이라 할 수 있다. '멋'의 미론을 구성하는 요소로 그는 '솜씨'라는 개념을 소개한다. 일반적으로 '솜씨'라고 하면 인간의 기술이나 기량을 의미하거나 숙련된 역량을 가리킨다. 그가 말한 예술적 '솜씨'는 기술이나 역량이 아닌 초월적인 성격을 지니고 있다. 다시 말해 그가 말한 '솜씨'는 자신의 '감 · 솜씨 · 멋'론에서의 '솜씨'를 지시하고 있다. 이를 테면 그는 "한국의 예술은 솜씨 곧 형식과 내용의 공간성을 무한히 좁혀서 이 공간성이 시간화된 데 있다."[37]라고 하였다. 이렇듯 '솜씨'는 작품이 존재하는 공간에서 있는 것이 아니라 그 작품에 응축된 시간이 드러날 때 존재한다. 그는 작품에서의 시간성은 하나의 생명적이고 자연적(미적)인 약동을 일으킨다고 생각하였다. 이와 같은 '솜씨'가 드러난 작품을 살펴보도록 하자.

---

35 윤성범의 '멋'의 어원에 대한 의견은 다음의 예에서도 드러난다. "'멋'이란 '맛'이란 어원에서 유래된 것이다. '고간(苦干): 어긋남이요, 삐뚤어짐이요, 정확성을 깨뜨리는 것'으로 보고 있다(조윤제: 한국인의 멋, 『현대인 강좌 별권』 참조). 이러한 멋의 해석은 하나의 언어학적인 시도임에는 틀림없으나 이러한 견해는 결코 한국미의 특징인 멋의 올바른 개념 파악은 되지 못한다고 생각한다"(편집위원회편, 『(윤성범 전집 2) 한국유교와 한국적 신학』, 276).

36 앞의 책, 213.

37 편집위원회편, 『(윤성범 전집1) 한국종교문화와 한국적 기독교』, 225.

한국의 피리소리를 듣게 되면, 우리는 인간의 모든 문제와 생의 오의(奧義)를 차근차근히 일러주는 해석학적인 정감을 느끼게 된다. 단순한 생이란 폭의 하모니가 아니라 말하자면 원인과 결과라는 인과적인 전후의 연결을 무한히 부드럽고 눈물겹게 일러주곤 하는 것이다. 여기에서 우리는 초월을 느끼게 되며 영원과 신간, 무한과 유한의 한계 정황에 서게 되는 것이다. 한국의 멋은 이러한 약동하는 생의 시간적인 표현에서 발견되는 것이다. 이러한 선적인 표현은 자연히 종교적인 상징에 도달될 것은 필연적인 귀결인 것이다.[38]

위에서 예술적 '솜씨'는 작품에 대한 감상자의 미감이다. (피리)연주에서 느낀 감흥은 감상자에게 인간의 근원적인 문제와 대면하게 만든다. 선율이 감상자로 하여금 현재의 공간을 초월하여 영원과 무한의 상황에 다다르게 한 것이다. 그는 공간속에서 약동하는 생의 시간을 한국적인 '멋'이라 하였다. 즉 초월자에게 다다르는 종교적인 상태가 '멋'인 것이다.

그는 영화를 보면서도 초월적인 '멋'을 느낄 수 있다고 한다. 울지 않고도 눈시울이 뜨거워지는 순간은 단순한 슬픔에 머무르지 않고 슬픔을 초월하는 것이다. 그는 이러한 영화가 훌륭한 예술적 '솜씨'가 들어갔다고 설명한다.[39]

지금까지 살펴본 윤성범의 '멋'론은 한국의 미에서부터 시작된다. 그는 한국의 미를 조화미라 하였고, 이는 종교미로 규정된다. 그리고 종교미는 구체적으로 '성의 미'를 가리킨다. 그는 '성'을 '멋'의 관점으로 해석하면서, '멋'에 종교적인 색채가 더해졌다. 즉 그의 '멋'은 심미적인 특성을

---

38 앞의 책, 226.
39 앞의 책, 227.

초월한 '멋'이다. '멋'에서 느끼는 미감은 영원과 시간, 무한과 유한의 한계 상황에서 느끼게 되는 초월이다. 그리고 '멋'은 심미적인 영역을 뛰어넘어 민족의 문화적 정체성으로 거듭난다. 우리는 그가 "멋은 우리 한국 민족의 생사의 문제를 해결해줄 수 있는 위대한 정신적인 유산"[40]이라고 말한 점에서 알 수 있다. 특히 그는 신라시대의 작품이나 화랑도를 중심으로 이러한 '멋'의 논의를 진행하였고, 이를 통해 한국의 문화에 나타난 민족의 정체성으로 한국의 '멋'론을 전개하였다. 다시 말해 '멋'에서 그는 한국의 종교미에 나타난 한국인의 영성을 규명하고자 한 것이다.

2. 소금 유동식의 멋

유동식은 한국 종교문화의 핵심을 풍류로 보면서, 민족의 영성을 풍류도에서 찾았다. 그는 한국적 신학으로 '풍류신학'을 주장하였고, '풍류신학'의 토대는 '멋·한·삶'의 구조로 이루어져 있다. 본고에서는 그의 '풍류신학' 가운데 '멋'론을 중심으로 살펴본다. 그의 '멋'론은 미적 이념으로 그의 '풍류신학'이 예술신학으로 자리매김하는 데에 중요한 역할을 한다. 우선 그가 생각하는 예술에 대해 알아보자.

그에게 예술은 종교와 문화의 사이 즉 하나님과 인간 사이에 다리를 놓는 것이다. 이러한 예술을 그는 미적 이념의 형상화를 통해 새로운 세계를 열어가는 창조적 작업이라고 하였다. 그는 미적 이념에 대하여 세 가지 의견을 제시한다. 우선 미적 이념은 형이상학적 정신세계에 속하며, 예술은 미적 이념을 감각적인 것으로 형상화하는 창조적 작업이다. 이러한 이유로 예술은 종교와 함께 새로운 세계를 창조한다.[41] 그는 예술가의

---

40 앞의 책, 287.

창조적 활동은 (예술가의) 미적 이념을 형상화 한 것이며, 일련의 과정을 거쳐 완성된 작품은 종교적 시각에서 새로운 세계를 창조한 것과 같다고 한다. 그는 "예술은 존재를 새롭게 발견하게 된다. 일상생활에서 무심코 지나가던 풍경도 예술가의 눈을 통해 작품화될 때 그것은 아름다운 풍경으로 새롭게 태어난다. '로고스 예수'안에 있는 그리스도인에게는 인생의 모든 것이 새롭고 아름다운 것으로 변해간다"[42]라며 예술에서의 창조활동과 종교에서의 창조적 세계를 동일한 관점에서 보고 있다.

유동식의 이러한 관점은 예술신학이라는 개념으로 구체화된다. 그에 따르면 예술신학은 예술의 신학인 동시에 신학의 예술이며, 예술현상에 대한 신학적 해석인 동시에 신학에 대한 예술론적 해석이라고 하였다. 그러므로 복음은 예술적 구조를 가지고 있으며, 이에 따라 성서에서 예술의 본질이 나타나고 동시에 복음을 예술적으로 볼 수 있다고 말한다.[43] 한마디로 그의 예술신학은 예술이 곧 신학이고, 신학이 바로 예술이라는 점을 강조하고 있다. 이러한 예술과 신학의 공통점은 성서에 나타난 하나님의 세계 창조 이야기에도 적용된다.

하나님이 자기 형상대로 사람을 창조하시되 남자와 여자를 창조하시고, 그들에게 복을 주셨다(창세 1:28).
여호와 하나님이 흙으로 사람을 지으시고, 생기를 그 코에 불어넣으시고 사람이 생명체가 되었다(창세 2:7).
하나님이 창조하신 모든 것을 보시니 매우 좋았더라(창세 2:31).[44]

---

41 유동식,『풍류도와 예술신학』, 서울: 한들출판사, 2006, 112-113.
42 앞의 책, 115.
43 한국문화신학회 엮음,『한국문화와 풍류신학』, 서울: 한들출판사, 2002, 225.
44 앞의 책, 225 간접인용.

그는 위의 창세기 구절을 들어, 여기에 예술의 기본 구성 요소가 들어 있음을 언급한다. 우선 첫 번째 인용문의 내용은 하나님은 최초의 예술가로서, 인간은 자신의 미적 이념을 형상화한 산물이다. 다시 말해 그는 하나님이 자신의 구상과 이념에 따라 천지와 인간을 창조한 것으로 해석하였다. 두 번째 인용문인 창세 2장 7절은 하나님은 질료인 흙으로 사람을 창조하는 작업을 통해 생명을 가진 작품을 만들었는데, 이에 대해 그는 예술가에 의해 재료가 새로운 존재로 재창조되는 것과 동일하다고 하였다. 그리고 마지막 인용문의 "매우 좋았더라"라는 표현을 작품에 대한 미적 평가로 해석하면서, 이는 작품을 보고 '아름답다'라고 느끼는 것과 같은 뜻이라고 말한다.[45] 이렇듯 그는 예술과 신학의 공통점을 성서의 내용을 근거로 해석하면서 예술을 신학의 범주에서 논하였다.

그가 예술을 신학적 관점에서 보는 근거는 미적 가치의 근저에 인간의 종교적 이념 혹은 민족적 영성이 자리 잡고 있다는 점이다. 다시 말해 예술신학의 지향점은 한국 문화사에 함의된 민족적 영성을 발견하는 것이다. 한국인의 민족적 영성을 그는 풍류도에서 발견한다. 그는 "풍류도는 한국인의 종교적 심성의 원형이기도 하다. 따라서 한국의 종교문화사는 풍류도의 구조를 따라 전개되어 왔다. 그러므로 한국인의 미적 가치 또는 미의식에도 풍류도적 구조가 들어있다"[46]라며, 풍류도를 중심으로 우리 민족의 종교적 심성의 원형과 미의식을 고찰하게 된다. 그가 주장한 풍류도에 함의된 민족적 영성은 최치원의 화랑도에 관한 내용 가운데 유·불·선 3교를 포함하는 영성을 가리킨다. 풍류도는 동양종교를 모두 포함하고 있으며 화랑의 정신을 대표한다. 화랑이 연마한 도의는 인생이

---

45 앞의 책, 226.
46 앞의 책, 230.

며, 그들이 찾아다닌 산수는 자연이다. 그리고 그들이 즐긴 노래와 춤은 예술이다. 따라서 풍류란 자연과 예술과 인생이 혼연 일체가 된 것이다. 이러한 뜻에서 유동식은 최치원이 말한 풍류도는 미의식과 함께 종교적 영성을 의미한다고 하였다. 그리고 풍류도는 한국 고대의 영성일 뿐만 아니라 한국 문화사의 토대가 되는 민족적 영성이며, 지금의 한국인에게도 작용하고 있는 정신으로 보았다.[47] 이를 근거로 그는 풍류도에 입각한 한국적 신학의 길을 펼친다. 바로 '풍류신학'이 그의 신학적 세계관의 정점이 된 것이다.

그의 '풍류신학'은 세 가지 구조로 구성된다. 포함삼교를 할 수 있는 포월성이 '한'이 되고, 그 접화군생의 쓰임이 '삶'이다. 그리고 창조적인 생동감과 조화의 미의식이 '멋'이다. '한'과 '삶' 그리고 '멋'은 서로 유기적인 관계를 가진 개념으로, 한국인의 영성을 한마디로 '한 멋진 삶'으로 표현할 수 있다. 그는 이러한 점을 복음에 의거하여 영이신 하나님의 창조성에 힘입은 '멋'과 빛이신 하나님의 포월성에 입각한 '한'을 통해 사랑이신 하나님의 인격성에 입각한 인간의 '삶'[48]으로 승화시켜야 한다고 말한다. 그가 말한 풍류도는 어느 특정한 종교적 원형이 아닌 한국인의 종교적 원형이자 문화적 정체성의 근거가 되므로, 이러한 민족의 종교적 원형을 그는 한국적 신학으로 해석하여 풍류신학으로 정립한 것이다.

자세히 살펴보면, '한'의 경우 풍류도가 3교를 포함한다는 것에서 의미가 도출된다. 이에 근거하여 그는 '한'은 하나인 동시에 전체를 지칭하며, 모든 것의 위에 있으면서 모든 것의 존재 근거가 된다고 보았다. 그러므로 모든 종교는 '한'에 속하며 또한 '한'을 가지고 있게 된다. '한'을 인격화

---

47 최정호편, 『멋과 한국인의 삶』, 서울: 나남출판, 1997, 72-73.
48 유동식, 『풍류도와 한국의 종교사상』, 서울: 연세대출판부, 1997, 173.

한 것이 '하나님'(the One)이며, '하느님'이다. 기독교의 신을 '하느님' 또는 '하나님'으로 믿고 받아들이는 것과 같다. 따라서 '한'은 종교적 포월성을 함의한다. 두 번째인 '삶'은 풍류도에 나타난 '뭇 사람들에게 접하여 그들을 교화한다'(接化群生)에 의거한다. 그는 '접화군생'은 인간과 창조적 초월자와의 유기적 관계에 의해 인간이 인간다운 삶으로 거듭난 것을 의미한다고 하였다. 이러한 점은 기독교의 창조신앙과 연결된 것으로 하느님과 인간을 하나로 통합하는 데에 기초가 된다.[49]

마지막으로 '멋'은 풍류도의 미적 표현으로, 그는 '풍류'를 가장 잘 나타내는 우리말을 '멋'이라고 하였다. 그는 '멋'의 미적 개념보다는 인간의 일상생활에서 나타난 '멋'의 양상에 주목한다. '멋' 개념을 일상용어의 문맥으로 탐색하고 그 특징을 서술하였다. 그는 '멋'에는 생동감과 율동감인 '흥'의 뜻이 있으며, 그 예로 '멋지게'를 들었다. 그리고 '멋'에는 주체적 자유개념이 있는데, 이는 '멋대로'에 나타난다고 하였다. 마지막으로 '멋'에는 조화와 어울림의 의미가 있으며, 이에 해당하는 용어로 '멋적어'를 제시하였다. 이 세가지를 정리하면, '멋'이란 세속을 초월한 자유와 삶에 뿌리를 내린 생동감과의 조화에서 나오는 미에 대한 의식이다.[50] 그는 일상생활에서의 '멋'에서 나아가 풍류도에 나타난 멋의 미의식을 다음과 같이 말하였다.

한국의 종교문화사는 일종의 '멋'의 전개사이기도 하다. 그러므로 우리는 한국의 종교문화사를 통해 표출된 우리의 미의식을 보아야 한다. … 포함삼교하는 풍류도의 '멋'은 무교적인 생동감과 불교적인 포월성과 유교적

---

49 최정호편, 『멋과 한국인의 삶』, 79-81 참조.
50 앞의 책, 73 참조.

인 조화 속에서 정형화되었다. 이 세 요소가 융합된 데에 '멋'의 진수가 있다. 그러므로 이 셋은 항상 서로 작용하게 마련이다. 첫째, 무교적 생동 감은 굿이나 농악의 가무에서 보듯이 음악적 율동이 곡선으로 나타난다. … 둘째, 불교적 무아와 포월성은 규격을 넘나드는 자유분방한 표현을 낳는다. … 셋째, 유교적 조화의 멋이다. … 조화는 있는 그대로 서로 어울 리는 아름다움을 자아내는 것을 뜻한다. 부분적인 세부보다는 전체적인 조화를 본다.[51]

인용문은 앞에서 살펴본 '멋'의 용례와는 다른 종교문화의 관점으로 '멋'을 논의한다. 이것은 풍류도의 포함삼교에 의거한 무교와 불교 그리 고 유교의 관점에서 나타난 '멋'의 미적 양상이다. 무교적인 생동감의 '멋' 은 굿이나 농악을 중심으로 한다. 그는 무교의 격렬한 역동성은 고구려의 고분벽화에도 나타난다고 부연 설명하였다. 또한 불교적 관점에서의 '멋' 은 예술의 자유분방한 표현으로 설명한다. 특히 조지훈의 '멋'론 가운데 '초격미'인 즉 "격에 들어가서 다시 격에 나오는 격"을 인용하여, 자신의 주장을 뒷받침하였다. 마지막으로 유교적인 '멋'은 조화의 측면에서 조명 하였다. 여기서 조화란 예술의 표현이 있는 그대로의 아름다움을 중심으 로 하여 전체적인 조화를 이룬 것을 말한다. 그는 한국의 전통적인 건축 물과 그 배치의 예를 들어 설명한다. 이는 인간이 자연과의 조화 속에서 아름다움을 추구하는 것을 '멋'으로 서술한 것이다. 또한 유교적 조화의 '멋'은 선비들의 일상에서도 나타난다. 그는 조선시대 선비들이 익히고 배웠던 시와 서예 그리고 서예를 하나의 예술행위로 본다. 자연을 소재로 한 예술 활동은 자연을 통해 인생을 묘사하며 노래하였기에, 자연과 인생

---

51 한국문화신학회 엮음, 『한국문화와 풍류신학』, 232, 245-247.

과 예술이 조화를 이룬 '멋'의 세계라고 평가하였다.[52] 이상으로 포함삼교를 통해 본 '멋'은 무교의 생동감과 불교의 포월성에 함의된 초월적 자유 그리고 유교적인 조화로 정리된다. 이는 앞에서 살펴본 일상용어를 통해 본 '멋'의 세 가지 양상과 일치된다. 다시 말해 유동식의 '멋'론은 자유와 생동감 그리고 조화에서 나오는 미감인 것이다.

그의 '멋'론은 한국의 기독교인에 관한 글에도 나타난다. 이는 풍류신학의 관점에서 실제 한국의 기독교인들을 조명하였고, 본고는 함석헌(咸錫憲, 1901-1989)과 관련된 글을 중심으로 '멋'론을 살펴보겠다. 함석헌의 작품에 나타난 '멋'의 미론은 세 가지로 전개된다. 우선 유동식은 '멋'의 조화에 대해 함석헌의 『전집』 가운데 다음의 글을 인용한다. "조화란 다른 것이 아니고 하나 됨이다. 전체의 각 부분 부분이 서로 어긋나지 않고 잘 어울려 하나를 이루는 것이 곧 조화다"[53]라는 함석헌의 글을 통해 '멋'의 조화를 말한다. 그는 위의 글을 토대로 꽃병이 들판 위에 있기보다 책상 위에 놓이면 어울리는 것처럼, 아름다움은 부분에 있지 않고 전체와의 어울림에서 생성된다고 하였다. 다음은 '멋'을 인격의 아름다움으로 본다. 그는 함석헌의 "예수를 짝하여서 아름다워지지 않은 인격이 없다"[54]를 '멋'의 인격미로 해석하였다. 그는 인격의 아름다움은 하나님과의 조화 속에 창조된다고 강조하였다. 마지막으로 '멋'의 아름다움을 창조하고 영원히 간직하는 길은 오직 예수와 하나가되는 것뿐이라고 하였다. 이를 테면 함석헌의 "길은 단 하나밖에 없다. 갈 곳은 오직 한 곳밖에 없다. … 영원한 님의 가슴으로 뛰어드는 일이다"[55]를 '멋'의 영원성으로

---

52 앞의 책, 245-247.
53 유동식, 『풍류도와 한국의 종교사상』, 343 간접 인용.
54 앞의 책, 345 간접인용.
55 앞의 책, 345 간접인용.

설명한다. 그는 함석헌을 풍류도인 이라고 말하면서 함석헌의 글에 나타난 '멋'의 미론을 조화미와 인격미 그리고 영원성을 중심으로 논의하였다. 이러한 점은 자신의 풍류신학을 이론적 논의에 그치지 않고, 실제 인물을 중심으로 신앙 속에 나타난 예술을 살펴본 것이다. 다시 말해 그의 '멋'론은 미적 개념보다는 종교적 토대 속에 인간의 일상생활에서 나타난 미감과 용어를 중심으로 하고 있음을 알 수 있다.

이상으로 살펴본 유동식의 '멋'론은 풍류도를 중심으로 전개되었음을 알 수 있다. 그에게 예술은 곧 신학이었다. 그런 까닭에 그의 한국적 미의식에 대한 탐구는 한국 종교문화의 범주에서 논의되었던 것이다. 그는 한국 종교문화의 핵심을 풍류로 보면서, 민족의 영성을 풍류도에서 찾았다. 따라서 그의 '멋'론은 우리 민족 특유의 미의식이자, 문화적 정체성의 근거가 된다.

IV. 초월로서의 멋

종교예술은 종교적 주제를 중심적으로 다루는 예술이다. 이는 예술을 통해 궁극적 실재인 초월자를 예찬하고 경험하려는 인간의 욕망이 투영된 것이라 볼 수 있다. 서양에서는 고딕시대가 종교예술의 정점을 이루었던 시기였으며, 우리나라의 경우는 신라와 고려시대를 손꼽을 수 있다. 이 시기의 예술을 보면, 종교적 관점에서 예술을 통해 인간 실존의 문제를 제기하고 이에 대한 답변을 하는 방식이다. 본고에서 살펴본 윤성범과 유동식의 '멋'론은 신라시대의 종교예술과 풍류도가 중심이 된다. 이를 테면 윤성범의 '멋'론 가운데 석굴암에 관한 언급은 불교적 소재를 중심으로 한 불교예술의 관점에서 벗어나 있다. 다시 말해 신학의 범위를 문화의 모든 영역으로 확대하여 신학의 관점에서 예술을 바라본 것이다. 그들은 한국의 문화 속에 잠재된 종교적 실체를 밝힘으로써, 한국인의 정체성을 신학적 지평으로 삼았다. 윤성범은 '성'이라는 유교적 이념을 '감·솜씨·멋'의 세 가지 체계로 설명하였고, '멋'론은 주로 신라시대의 예술작품이 중심이 되었다. 그리고 유동식은 민족문화의 기초이념으로 '풍류도'를 언급하면서 '멋·한·삶'의 구조로 한국 신학의 과제를 풀어나간다. 그의 '멋'론은 최치원의 풍류도에 관한 언급을 중심으로 포함삼교를 통해 본다. 즉 '멋'은 무교의 생동감과 불교의 포월성에 함의된 초월적 자유 그리고 유교적인 조화로 정리된다. 이렇듯 그들의 '멋'론은 한국 문화 속에 나타난 종교적 측면을 중심으로 한다.

그리고 그들의 '멋'론은 미학적 논의의 '멋'론을 수용하여, 신학적 '멋'론으로 체계화한 양상을 띤다. 윤성범은 '멋'의 어원이 '맛'이라는 고유섭의 '멋'론을 비판하였다. 또한 그의 '멋'론에는 신석초와 조지훈의 '멋'론에서 볼 수 있는 '초격미'(초규격성), 중화를 의미하는 '중절성', 조화를 말하는 '화동성' 등이 나타났다. 즉 기존의 미학적 논의의 '멋'론이 윤성범의 '멋'론에서도 등장함을 알 수 있다. 그리고 조지훈의 '초격미', '율동성', '화동성'과 비슷한 것으로 유동식의 '자유', '생동감', '조화'를 볼 수 있다. 이처럼 그들의 '멋'론 구성은 미학적 논의에서도 언급된 내용과 유사한 경향을 띠지만, 그들의 궁극적인 '멋'론은 학문적 '멋'론의 범주에서 벗어나 있다.

한마디로 그들의 '멋'은 초월적인 개념으로 승화된다. 즉 초월로서의 '멋'론은 종교예술의 범주에서 탄생된 것이다. 그들의 토착화 신학의 방법으로 복음을 한국 문화에 배양하려는 시도는 '멋'론에서도 예외가 아니었다. 우선 그들은 예술의 본질에 관하여 종교적 측면에서 조명하면서, 한국 문화의 정체성을 규명하였다. 그리고 '멋'에 관한 논의를 용어와 일상생활에서의 미적 경험을 중심으로 전개하였다. 즉 미적 개념으로서의 '멋'론 보다는 문화적인 개념으로서의 '멋'론을 살펴본 것이다. 따라서 한국 문화 속에서 '멋'에 대한 미적 경험은 한국인의 미의식 혹은 한국인의 문화 정체성의 근거로 거듭난다.

윤성범의 '멋'은 한국의 미를 의미한다. 그는 한국의 '멋'은 '솜씨'에 기인된 것으로, 여기서 '솜씨'는 형식과 내용의 공간성을 시간화한 것이다. 즉 한국의 '멋'은 '솜씨'에 의해 공간성과 시간성을 구성으로 한 미감인 것이다. 그리고 '멋'에서 느끼는 미감은 영원과 시간, 무한과 유한의 한계 상황에서 느끼게 되는 초월이다.[56] 즉 종교적 요소와 일치하는 미감이다. 나아가 '멋'은 사회적인 현상으로 나타나기도 한다. 그는 '솜씨'와 '멋'의 양상을 "화목, 조화, 평화, 유머, 상호이해, 절도, 중용, 우의, 양보, 체념, 사랑, 동정 등의 사회적인 현상으로 나타난다"고 하였다.[57] 이는 민족의 미덕으로서 고유한 멋을 함의한 것이다. 이렇듯 윤성범이 말한 '멋'은 심미적인 미를 초월한 종교적인 아름다움이라 할 수 있다. 유동식은 '멋'을 풍류도의 미적 표현으로 보면서 '멋'의 논의를 전개한다. 그리고 대상의 아름다움에서 벗어난 '멋'의 인격미를 주장하면서, '멋'을 초월자와의 조화 속에 생성된 미로 상정한다. 이 때문에 '멋'의 미는 궁극적으로 초월자와 하나가 되는 것이다.

---

56 편집위원회편, 『(윤성범 전집1) 한국종교문화와 한국적 기독교』, 225-226 참조.
57 앞의 책, 228.

V. 맺음말

본 연구는 한국인의 세계관에서 발생된 미의식과 예술론적 사유를 '멋'을 중심으로 살펴보았다. 연구 범위는 한국미학에서의 '멋'과 한국 신학에서의 '멋'론에 한정하여 논의를 진행하였다. 한국미학에서는 조지훈의 '멋'론을 중심으로 하였고, 신학에서는 윤성범과 유동식의 '멋'론을 고찰하였다.

조지훈의 '멋'론은 기존의 '멋'의 논의를 검토하여, 미적 개념으로서 '멋'의 의미를 규명한 점에 의의가 있다. 그의 '멋'론은 이후 연구자들에게 많은 영향을 끼쳤는데, 윤성범과 유동식의 '멋'론도 이에 해당한다. 특히 조지훈이 풍류를 '멋'을 우리 민족 고유의 정신 혹은 전통으로 설명하면서, '멋'의 미적 요소가 풍류도로부터 연원하였다고 말한다. 이후부터 '멋'의 연원으로 풍류가 논의되기 시작하였고, 윤성범과 유동식도 화랑도 혹은 풍류도에서 '멋'의 미론을 논의하였다.

그들은 미학적 '멋'론과 다른 양상으로 '멋'을 조명하였다. 신학의 관점에서 본 '멋'에 대한 논의는 결국 한국의 문화사를 중심으로 한국인의 정신세계를 밝히려고 한 것이다. 그들은 문화사 속에 나타난 민족의 정체성을 통해 한국의 미론을 전개하면서, 한국인의 영성을 규명하였다. 우리는 그들의 '멋'에서 한국적 신학의 토착화 과정을 볼 수 있다. 다시 말해 '멋'이라는 한국인의 미감을 통해 궁극적으로 현실을 초월하여 하나님과의 만남으로의 길을 열어놓은 것이다.

참고문헌

고려대학교민족문화연구원 국어사전편찬실 편.『한국어 대사전』. 서울: 고려대학교민족문화연
    구원, 2009.

김수현. "한국미의 범주로서의 '멋'."「민족미학」제6집, 2007.

신석초. "멋說."「文章」제3권. 서울: 文章社, 1941.

유동식.『풍류도와 예술신학』. 서울: 한들출판사, 2006.

_____.『풍류도와 한국의 종교사상』. 서울: 연세대출판부, 1997.

조지훈. "멋의 연구."『한국학 연구』. 서울: 나남출판, 1996.

최정호편.『멋과 한국인의 삶』. 서울: 나남출판, 1997.

윤성범/편집위원회편.『(윤성범 전집1) 한국종교문화와 한국적 기독교』. 서울: 감신, 1998.

_____.『(윤성범 전집2) 한국유교와 한국적 신학』. 서울: 감신, 1998.

한국문화신학회 엮음.『한국문화와 풍류신학』. 서울: 한들출판사, 2002.

해천의 효 그리스도론에 대한 일고
— 눅 15장 아들 되찾은 비유와 맹자 등문공 상편 부자유친(父子有親)을 중심으로

이종찬

(새소망교회)

I. 머리말

1945년 그 해 여름, 일본 제국주의 불장난으로 전쟁은 피비린내를 더하고 나라 잃은 민초들은 그저 하루하루 힘겨운 노예살이와 총알받이의 삶을 이어갈 뿐이었다. 그 무더위 끝자락 무렵, 갑자기 아닌 밤중에 홍두깨처럼 일본천황의 항복소식이 불쑥 날아들었다. 그러자 새벽마다 일깨우던 교회 종까지 팔아다가 비행기 헌납하느라 날뛰던 교회지도자들도 머쓱하니 저만치 물러섰다. 이윽고 이름조차 빼앗겨 썰렁하기 그지 없었던 기독교조선감리회가 꿈틀 몸을 추스르며 일어섰고, 굳게 닫혔던 냉천동 신학교 문도 활짝 열려 선지동산 뜨락에 따사로운 햇살이 찾아들었다.

학창시절 내내 고질병으로 콜록거리면서도, 그 엄한 제국주의 전쟁의 불난리를 무릅쓰고 끝까지 선지자의 길을 포기하지 않았던 젊은 해천 또한 천천히 나래를 폈다. 그리고 황무지와 같이 휑하던 냉천동산을 돌보는 스승으로서의 책무가 해천에게 지워졌다. 이후로 토착화신학이라는 과제와 씨름하며 눈코 뜰 새 없이 달려오던 해천은 갑자기 신학교 살림을 책임지는 학장이 되었다. 그런데 덜컥 주어진 감신대 살림살이를 맡아 애쓰다가 안타깝게도 그만 기운이 진하고 말았는지, 해천은 숱한 숙제만 후학들에게 남긴 채 냉천동 선지동산을 훌훌 털어버리고 하늘이 마련한 긴 안식에 들어갔다.

지난 세기를 돌이켜 감리교나 여타 개신교뿐 아니라 천주교를 망라한 한국신학계를 통틀어 볼 때, 척박했던 토착화신학의 미개척지를 꿋꿋하게 일구어온 해천의 노력은 실로 그 깊이를 헤아리기 쉽지 않다. 무엇보다 허허벌판 같은 한국 인문학에 있어서 커다란 충격을 던져주었던 단군신화, 토착화 논쟁은 뚜렷하다. 이는 동아시아와 한국학이란 말조차 꺼내기 부끄러웠던 한반도에서, 이른바 오리엔탈리즘이라는 틀에 사로잡혀 헤매이고 있던 이 땅의 많은 지성인들에게 사상적 독립선언서처럼 다가왔기 때문이다. 그 참신한 발상은 마치 죽비로 내리치는 선사(禪師)의 일깨움처럼 우리를 새로운 세상에 눈뜨게 해 주었다.

그런데 해천이 미처 마무리하지 못한 토착화신학의 여러 과제 중 하나가 바로 효 그리스도론이다. 잘 알려진 바대로 숨지기 전 해천의 마지막 설교는 '예수는 모름지기 효자이다'라는 주제였다. 이는 성(誠)의 신학을 풀어내는 동아시아 기독론의 중심을 이루고 있는 바, 해천은 전통적으로 동아시아에서 주요한 사상적 기반으로 다루어지고 있는 부자유친(父子

有親)을 효 그리스도론의 틀 안에서 이해하고자 하였다.

　그는 일찍부터 부자유친의 문제가 효 그리스도론과 성의 신학이라는 주제를 꿰뚫는 중요한 개념이라는 것을 간파하고 이를 드문드문 언급하곤 했다. 그러나 이를 구체적으로 풀어내는 작업은 많은 시간과 노력 그리고 학문적 동반자들이 필요한 일이기에 한 술에 배부를 수는 없다. 그러기에 미력이나마 보태는 마음으로 조심스레 한 발자국 내딛고자 한다.

II. 문화다양성 시대에 만나는 해천의 효 그리스도론

　만일 어떤 과부에게 자녀나 손자들이 있거든 그들로 먼저 자기 집에서
　효를 행하여 부모에게 보답하기를 배우게 하라 이것이 하나님 앞에 받으
　실 만한 것이니라(딤전 5:4).

　신약성서에 나타난 예수의 활동은 크게 보아 엣세네파 전통에서 비롯된다. 그가 요단강에서 세례 받은 것은 바로 광야에서 활동하던 세례요한을 통해서였기 때문이다. 그러기에 예수의 첫 번째 선포 "회개하라 하나님 나라가 가까웠다"는 내용 또한 세례요한의 종말론을 그대로 이어받았다(마 3:1). 그런데 제자들과 공동체 생활을 통해 하나님 나라 사역을 꾸려나갈 때에, 예수는 전반적으로 하나님 나라의 가족공동체라는 틀 안에서 자신의 사역을 이해하였다. 당시 예수의 행태에 대해 친족들은 미쳤다고 보았고, 이에 그를 붙들러온 사건이 복음서에 나타난다(막 3:21). 이때 예수가 자신의 혈육들을 마주하면서 천명한 내용은 바로 하나님 나라 가족으로서의 공동체라는 보다 깊은 이해에 근거하고 있다.[1]

마가뿐만 아니라 누가 또한 이러한 관점에서 예수의 복음운동을 증언하고 있다. 어린 시절 예수의 예루살렘 순례사건은, 가족이라는 범주에서 출발하여 이를 확장시키며 하나님 나라 공동체를 이해하는 틀을 지니고 있기 때문이다.[2] 이 장면에서 누가 신학은 매우 의미심장하다. 유대 공동체의 친밀한 가족관계를 바탕으로 하여, 희랍세계에서 사해동포주의 지평으로 가족 개념을 확장시키는 새로운 차원을 열어나가기 때문이다.

눈에 띄는 사실은, 하나님 나라의 가족공동체 사역과 아울러 혈육에 대한 의무를 다하는 일에도 예수가 결코 소홀하지 않았다는 점이다. 요한에 따르면 예수는 죽기 전 십자가 위에서도 요한에게 남겨진 어머니를 부탁하고 있다(요 19:27). 그리고 첫 번째 이적이라고 일컫는 가나 혼인잔치 사건에서도 보듯이, 예수는 "때가 아직 이르지 아니함"에도 불구하고 부모의 뜻을 거스르지 않고 받들었던 지극한 효자였다(요 2:4).

게다가 마가의 이른바 '고르반'과 관련된 해석에 따르면, 예수의 선포는 철저하게 땅의 일 그리고 친족과의 관계로부터 출발한다. 하늘의 뜻을 헤아리는 해석의 기초는 언제나 인간학에 근거하고 있었다. 복음서에 나타나는 이러한 예수의 행태는 훗날 기독교 공동체의 신앙 이해에 있어 매우 중요한 지침으로 이어진다.

> 너희는 이르되 사람이 아버지에게나 어머니에게나 말하기를 내가 드려
> 유익하게 할 것이 고르반 곧 하나님께 드림이 되었다고 하기만하면 그만
> 이라 하고 자기 아버지나 어머니에게 다시 아무 것도 하여 드리기를 허락

---

1 "대답하시되 누가 내 어머니이며 동생들이냐 하시고 둘러앉은 자들을 보시며 이르시되 내 어머니와 내 동생들을 보라. 누구든지 하나님의 뜻대로 행하는 자가 내 형제요 자매요 어머니이니라"(막 3:33-35, 이하 특정하지 않을 때에는 개역성서 인용).

2 "네 아버지와 내가 근심하여 너를 찾았노라. 예수께서 이르시되 어찌하여 나를 찾으셨나이까 내가 내 아버지 집에 있어야 될 줄을 알지 못하셨나이까"(눅 2:48-49).

하지 아니하여 너희가 전한 전통으로 하나님의 말씀을 폐하며 또 이같은 일을 많이 행하느니라(막 7:11-13).

글머리에서 인용한 목회서신에서도 보듯이, 이처럼 친족에의 의무에 대한 강조점은 복음서에서도 분명하고 뚜렷하다. 예수의 뒤를 잇는 초기 신앙 공동체에서 한결같이 이 같은 가르침이 주요 지침이 되었다는 사실은 이를 반증한다. 사실 보이지 않는 하나님을 섬긴다는 것은 막 발걸음을 떼기 시작한 새로운 믿음 공동체에게 있어서는 마치 뜬구름 잡는 일과 다름이 없었다. 이런 점에서 보이는 형제자매를 사랑하지 못한다면 참된 하나님 신앙을 말하는 것이 불가하다는 요한공동체의 현실적인 지적은 매우 중요한 의미를 가진다.[3]

뿐만 아니라 가족에 대한 유대 감각을 잃었다면 이는 매우 심각한 사태로 받아들여진다. 그러기에 이런 사람은 공동체 신앙의 유지와 확장에 매우 부적합하고 불리한 조건이라는 생각이 자리 잡게 되었다. 목회서신에 나타난 바울의 지침을 살펴보면, 초기 신앙공동체에서는 이 문제에 대하여 무척이나 단호하다.[4]

이처럼 기독교에서 강조하는바 하나님에 대한 신앙은 전적으로 가족주의라는 끈끈한 유대관계의 빛 아래서 살펴보아야 한다. 그리고 당시 널리 편만해있던 희랍 문화 속에서 이러한 가족주의를 보다 보편적인 형태로 확장시키고 사해동포주의라는 널따란 신학적 틀로 자리잡아가는 일련의 신학화 과정을 이해할 필요가 있다. 즉 기독교 복음이라는 것

---

3 "보는 바 그 형제를 사랑하지 아니하는 자는 보지 못하는 바 하나님을 사랑할 수 없느니라"(요일 4:20).
4 "누구든지 자기 친족 특히 자기 가족을 돌보지 아니하면 믿음을 배반한 자요 불신자보다 더 악한 자니라"(딤전 5:8).

은 히브리 문화에서 잉태된 성서 사유가 희랍 문화의 사유를 빌어 다원화된 사회 속에서 보편적 진리를 성공적으로 구현해나간 것이었다.[5]

이렇게 볼 때, 동아시아에서 오래 전부터 뿌리내려온 효(孝)라는 주제는 오늘 21세기 그리스도교 신앙인으로 살아가는 우리들에게 매우 의미심장하다. 그리고 효라는 것이 그리스도론을 포함해 복음의 보편적이고 핵심적인 성격을 가장 잘 드러내는 수단이라고 천명한 해천의 신학적 유산은 그가 꿈꾸었던 바 동양신학(yellow theology)의 든든한 디딤돌이 아닐 수 없다. 이러한 작업을 일찌감치 이루어낸 해천의 선구적인 노력에 주목하면서, 그 남겨진 신학적 작업을 잇는 발걸음을 찬찬이 내딛어보고자 한다.

이 작업을 위해 누가 15장에 나타난 예수의 비유 가운데 잃었던 아들을 되찾은 아버지에 관한 본문을 주목할 필요가 있다. 왜냐하면 이 비유는 맹자 등문공 상편에서 언급하고 있는 부자유친의 주제와 나란히 짝을 이루기 때문이다. 일찍이 맹자는 등문공 상편에서 이른바 오륜(五輪)의 문제를 언급하면서 부자유친의 문제를 다루었다.

여기에 덧붙여 맹자 본문 전체에 걸쳐 끊임없이 울려퍼지고 있는 효라는 주제는 의미심장하다. 이는 춘추시대 공자의 세계를 이어받아 좀 더 구체적인 원리를 구축해내었던 맹자의 지평을 잘 보여준다. 동아시아에서 인간의 정신세계에 대한 철학의 입론을 이루고 심성론의 문제로까지 확대되어 독자적인 경지를 구축해나가기 때문이다. 그리고 이는 동아시아를 규정하는 사회론으로 발전해나가는 특징을 보여준다.

---

5 T. 보만, 『히브리적 사유와 그리스적 사유의 비교』, 분도출판사, 1975 참조; G. 폰라트 역시 구약성서의 출애굽 공동체 또한 가나안을 비롯한 토착문화와의 다문화 상황을 창조적으로 수용하여 히브리 문화와 지혜신학을 발전시켜나갔다고 말한다. 특히 『구약성서신학 1권』, 허혁 옮김, 분도출판사, 30-42면을 참조하라

까닭에 잃었던 아들을 되찾은 아버지의 비유를 통해 고대 근동지방에서의 사유방식과 맹자를 비롯한 동아시아의 원시유교의 전통을 서로 비교하는 작업은, 일찍이 한국 기독교의 토착화와 씨름해온 해천 윤성범의 효 그리스도론과 성의 해석학에 나타난 유산의 진가를 보다 진지하게 확인시켜줄 것이다.

III. 누가복음 15장 '잃은 아들 되찾은 비유'에 나타난 부자유친의 세계

20세기 후반 토착화신학에 매진했던 해천과 더불어 신학교를 섬기시던 여러 스승들이 있었다. 이들 모두는 누구랄 것도 없이 한결같이 감리교의 토착화 전통을 진지하게 이어받은 까닭에 해천이 씨름했던 과제를 너나 할 것 없이 가슴에 품고 있었다. 그러기에 조직신학뿐만 아니라 성서신학, 실천신학 등 신학 각 분야에서 토착화라는 과제와 늘 씨름했다. 박봉배 교수 또한 기독교 윤리를 가르치고 있었지만, 이 토착화신학이라는 주제에 대해 진지하게 파고들면서 나름대로 결과를 맺었던 스승 중 하나였다.6

어느 날 강의실에서 박 교수는 잃어버린 아들을 되찾은 아버지 비유를 꺼내놓으며 미주 유학시절 겪었던 일련의 사건으로 토착화의 주제를 일깨워주었다. 내용인 즉, 일반적으로 미국 사회에서는 아들과 아버지 소유를 하나로 보는 본문의 사유방식 '내 것이 다 네 것'(31절)에 대해서 대개 의문을 품는다는 것이다. 개인주의에 투철한 그들은 이 부분을 이해하지

---

6 박봉배, 『기독교와 한국문화』, 성광문화사, 1983

못하며 낯설어하는 것이 보통이었는데 반면 동양적인 배경을 가지고 있는 이들은 이 구절을 아무런 저항감 없이 끄덕끄덕 받아들였다는 것이다.

그리고 미주지역에 이주하여 살아가는 한국 사람이나 아시아인들은 자식들이 자칫 범죄행위에 연루되었을 때도 공통적으로 비슷한 자세를 보여준다는 것이다. 예를 들어 자식들이 법정에 서게 되는 경우, 한결같이 당사자의 잘못을 탓하기보다는 자식을 잘못 가르친 부모로서 자책감을 보이는 것이 대부분이었다는 것이다. 이 때문에 종종 서양인들은 동양인들의 이러한 사고방식에 당혹하는 경우가 다반사라고 덧붙였다.

그런데 흥미롭게 박 교수는 물론이거니와 해천조차도 초기 토착화신학 작업에서는 이러한 동아시아 사유방식에 대해 그다지 긍정적인 관점을 보여주지 않는다. 즉 이러한 배경을 지닌 한국 기독교가 결과적으로는 복음의 변혁적 역할을 감당해내지 못했다고 보았던 것이다. 복음이 전통종교의 의식세계와 시대적 환경을 변혁하거나 변화시키지 못했고, 오히려 상황에 매몰되어 오염되거나 변형을 겪게 되었다는 것이 주요한 이유이다.7

그러나 동아시아 세계의 삶과 사유방식을 이렇게 평가하는 해천의 초기 견해와는 달리, 이른바 성(誠)의 신학과 효 그리스도론으로 한국신학의 틀을 잡아가는 중반기 이후에 이르면 완전히 다른 모습이 나타난다. 즉 시간이 흐르면서 해천은 동아시아의 부자유친이라든지 한국의 효 사상을 기반으로 하는 이른바 황색신학(yellow theology)의 기치를 내세웠고, 나아가 마치 서구의 마틴 루터처럼 일련의 종교개혁이라는 관점에서 자신의 해석학을 펼쳐나가기 때문이다.8

---

7 윤성범, 『윤성범전집 1권』, 편집위원회, 도서출판감신, 1998, 327면
8 졸고, 『목사님 신학공부 어떻게 할까요』, 도서출판KMC, 2004. 108면

이는 당시 커다란 이슈가 되었던 흑인신학(black theology) 등이 미주에서 일련의 신학사조로 자리잡았던 시대적 상황과 무관하지 않다. 까닭에 해천 또한 비슷하게 일종의 동아시아 기독교 토착화론의 완성을 모색하고 있었던 것으로 보인다. 무엇보다도 성서의 사유와 나란히 동아시아 및 한국의 전통을 신학의 주요 재료로 삼았다는 점은 주목할 만하다. 이른바 선교사 신학이라든지 식민주의와 제국주의로 물들은 오리엔탈리즘을 넘어서서 새로운 신학방법론을 일구어낸 것이기 때문이다. 이러한 해석학을 펼쳐내는 해천의 한국신학과 동아시아 신학 방법론의 기본구조는, 효 그리스도론을 통하여 성서의 세계를 동아시아의 전통과 잘 어우러지도록 연결시키는 형태를 지닌다.

무엇보다도 해천은 부자유친이라는 용어에 대해 특별한 관심을 가지고 있었다. 물론 해천은 맹자가 언급한 부자유친의 문제를 깊이 있게 다루지는 않았다. 그런데 앞서 지적한 바대로 동아시아 고대 전통에 나타난 맹자의 부자유친이라는 명제는 매우 의미심장하다. 맹자의 등문공 상편에 등장하는 이 말은, 오늘날 동아시아 사회를 규정하는 이른바 오륜의 세계를 언급하면서 함께 다루어진다. 그런데 이를 누가복음 15장 본문에 비추어 들여다보면 매우 흥미로운 양상이 나타난다. 즉 성서의 사유 그 자체가 동아시아 사유방식의 세계와 같은 뿌리에 놓여있다는 점이 적나라하게 드러나기 때문이다. 이제 성서에 나타난 고대 근동의 사유세계를 고찰해보기 위해, 누가 15장 관련 구절들을 각각 나누어 그 독특한 성격을 확인해보자.

인용문 1)
둘째 아들: 내게 돌아올 분깃을 내게 주소서(12절).

아버지: 그 살림을 각각 나눠주었더니(12절)

둘째 아들: … 허랑방탕하여 그 재산을 낭비하더니(13절)

인용문 1)에서도 잘 드러나고 있는 것처럼, 고대 근동의 성서 세계에서도 소유의 개별성은 비교적 확실한 것으로 나타난다. 자신에게 해당되는 분깃을 당당히 요구하는 아들과 순순히 이를 받아들인 아버지가 소유물을 각각 나눠주었기 때문이다. 물론 이것이 얼마나 당시 시대관념에 비추어보아 일상적이었는가는 의문의 여지가 있다. 왜냐하면 둘째 아들의 개인주의적 처신과는 다르게 인식하고 대처했던 첫째 아들의 태도가 눈길을 끌기 때문이다. 인용문 2)를 보면, 인용문 1)에 나타난 둘째 아들의 생각과 삶의 방식이 당시 고대 근동사회에서 흔하게 통용되는 것이 아니었음을 시사해준다.

인용문2)

첫째 아들: 아비를 섬겨 명을 어김이 없거늘(29절)

　　　아버지의 살림을 창녀들과 함께 삼켜버린 이 아들이 돌아오매(30절)

인용문 1)에서 드러났듯이 아버지의 소유가 각각에게 분명히 구분되어 나누어졌음은 이론의 여지가 없다. 그런데 인용문 2)에 의하면 조금 분위기가 다르다. 아버지에 의해 각각 나누어진 소유물이라 할지라도 외견상 나누어진 것과는 별개로 그 소유물은 여전히 아버지의 영향력 아래 놓여있기 때문이다. 고로 사실상 이는 아버지 살림에 포함되어 있으며, 까닭에 이를 제멋대로 처분할 수 없다. 결국 맏아들의 진술에 따르면, 각각에게 재산이 나누어진 상태라 하더라도 이는 실질적으로 여전히 '아버지의 살림'에 속하는 것이다. 따라서 이는 함부로 처분할 수 없다는 당대의 관습과 통념을 보여준다(30절).

더구나 29절에서 큰아들은 대조적으로 자신이 아비를 섬겨 명을 어김이 없었다고 힘주어 말한다. 이러한 입장에 비추어볼 때, 둘째 아들은 이를 제멋대로 처분하였으며 이러한 처신은 일종의 괘씸죄(?)처럼 사회에서 쉽사리 받아들이기 힘든 일이었음이 드러난다. 결론적으로, 재산의 소유권이 아버지에 의해 두 아들에게 각각 나눠진 것이라고 하더라도 여전히 소유를 실질적으로 처분할 수 있는 권한은 아버지가 생존하는 한 아비에게 최종적으로 존재한다는 고대 근동 사회의 불문율을 확인할 수 있다.[9]

그런데 사실 본문에서 관심하고 있는 중요한 문제는 이렇듯 소유권이나 처분권에 관한 것이 아니다. 그보다는 아버지와 아들 사이에 존재하는 분별과 무분별의 의식 세계가 더 중요하게 다루어지기 때문이다. 그리고 이 관계를 어떻게 설정하는가에 따라 사실상의 처분권과 소유권에 관련된 문제 또한 모두 자연스레 해결되는 것을 볼 수가 있다. 이를 좀 더 들여다보기 위해 다음 본문을 살펴보자.

인용문 3)

아버지: 거리가 먼데 측은히 여겨 달려가 목을 안고 입을 맞추니(20절)

　　　　제일 좋은 옷… 손에 가락지를 끼우고 발에 신을 신기라(22절)

---

9 공동번역성서, 집회서 33:20-24(너는 아들이건 아내건 형제건 친구건, 네가 살아 있는 동안에는 아무에게도 권력을 양도하지 말아라. 너의 재산을 아무에게도 주지 말아라. 나중에 그것이 아쉬워 후회할 것이다 너의 목숨이 붙어 있는 한, 아무에게도 너의 자리를 양보하지 말아라. 네가 자식들에게 의지하는 것보다, 자식들이 너에게 의지하는 것이 낫다. 너는 무슨 일을 하든지 남보다 뛰어나게 하고 네 명예에 오점을 남기지 말아라. 네 수명이 다하여, 죽을 때가 오거든 네 재산을 나누어 주어라) 참조.

살진 송아지를 잡으라, 우리가 먹고 즐기자(23절)

죽었다 살아났고, 잃었다가 다시 얻음(24, 32절)

둘째 아들: 하늘과 아버지께 죄를 지었사오니(18, 21절)

아버지의 아들이라 일컬음을 감당하지 못하겠나이다(19, 21절)

품군의 하나로 보소서(19절)

인용문 3)에서 드러나는 성서의 묘사와 진술을 살펴보면 매우 재미있는 모습이 그려진다. 먼저 아버지는 소유를 각각에게 나눠주었지만 여전히 소유권에 관한 한 어떠한 분별의식이 드러나 보이지 않는다. 즉 두 아들에게서 심각하게 다루어졌던 소유권과 처분권 따위는 문제 삼을 소지가 전혀 없다는 말이다. 아울러 본문은 '거리가 먼데'도 불구하고 '버선발로 내달아' '목을 안고 입을 맞추는'(20절) 아버지의 무분별지(無分別智) 세계를 보여준다.

게다가 22절에는 소유권과 처분권 따위는 온데 간데 없고, 그저 돌아온 아들의 몸과 손과 발에 아낌없이 자신의 소유물을 내어줄 뿐이다. 이러한 무분별의 세계는 범상치 않은 것으로, 여기에서는 과거 아들의 존재와 현재 아들의 모습에 아무런 차이를 두지 않는 아버지의 의식세계가 잘 드러난다. 무엇보다도 우리라고 표현되는 공동체는 더욱 의미심장하다(23절). 살진 송아지를 잡아먹고 즐기는 행위를 통해 새롭게 회복된 무차별의 이상세계 즉 하늘나라 잔치라는 장면을 보여주기 때문이다. 그리고 '죽었다 살아났고, 잃었다가 다시 얻게' 되었다는 아버지의 선언은, 이러한 친밀한 교제를 부활과 회복이라는 신앙의 차원으로 이끌어준다(24, 32절).

이는 죽음과 삶, 잃음과 얻음이 극복되는 신비한 합일의 세계를 표현하는 일련의 종교적 경지를 잘 드러낸다. 이어지는 둘째 아들의 고백을 들여다보면 이런 믿음의 세계가 좀 더 명징하고 분명하게 나타난다. 즉 '하늘과 아버지께 죄를 지었사오니'(18, 21절)라는 진술에서 보는 것처럼 본격적으로 신앙의 세계가 적나라하게 드러난다. 그러므로 이 공동체 안에 들어간다는 것은, 흔히 세상에서 말하는 아들과 품꾼이라는 구분조차 별 의미가 없다. 둘째 아들의 진술에서 드러나듯이, 이는 '품꾼의 하나'(19절)일지라도 상관없는 것이고 굳이 '아버지의 아들'이라는 이름조차 내세울 까닭이 없다(21절).

이러한 맥락에서 성서 본문은 부자유친의 세계가 지극히 종교적인 차원에서 펼쳐지는 과정을 잘 보여주고 있다. 이는 단순히 너와 나 혹은 내 것과 네 것이라는 소유권이나 처분권의 차원을 넘어선다. 그리고 가족과 혈연뿐만 아니라 우리라는 공동체로서의 한 몸이나 한 인격체와 같이 어우러지는 신앙의 너른 세계로 이끌어준다. 맏아들과 관련된 다음 인용문을 들여다보면 이러한 관점이 좀 더 대비되어 분명하게 드러난다.

인용문 4)
맏아들: 풍악과 춤추는 소리를 듣고, … 이 무슨 일인가 물은대(25, 26절)
　　　　노하여 들어가고자 하지 아니하거늘(28절)
　　　　아버지 살림을 창녀들과 함께 삼켜버린 이 아들이 돌아오매(30절)
아버지: 아버지가 나와서 권한대(28절)
　　　　너는 항상 나와 함께 있으니 내 것이 다 네 것이로되(31절)
　　　　우리가 즐거워하고 기뻐하는 것이 마땅하다(32절)

인용문 4)에서 맏아들이 지니고 있는 사유방식은 여전히 소유권과 처분권으로 구분되고 나누어지는 세계를 보여준다. 이 세계관에서는 아버지와 아들의 세계 또한 여전히 각각 주소가 다를 수밖에 없다. 다시 말해 부자유친은 물론이거니와 아버지 공동체에서의 기쁨과 즐거움이라는 가치조차 가까이할 수 없을 정도로 무척이나 낯설다. 따라서 맏아들에게 있어 아비라는 존재는 내밀한 소통이나 친함의 관계는 찾아볼 수 없고, 그저 섬기며 명령을 거스름이 없는 무미건조한 타자로 설정되어있을 뿐이다.

게다가 뜬금없이 울리는 풍악과 춤추는 소리에 큰 아들은 문득 다른 세상을 마주한다(26절. "이 무슨 일인가"). 이는 분별지를 벗어나지 못한 큰 아들이 선뜻 들어가기에는 다소 거리가 있는 세계임을 암시한다. 까닭에, 밖에서 멈칫하던 맏아들은 종을 불러내어 꼬치꼬치 따지면서 화를 내고는 이내 이 공동체와 확실하게 벽을 쌓아버린다. 부자유친은 물론이거니와 종이나 하인들까지도 아무런 차별 없이 더불어 즐기고 어우러지는 하나님 나라의 친교라는 것은 그에게 좀처럼 가까이 할 수 없는 낯선 세계다. 그러므로 큰 아들은 이러한 거리감 때문에 아버지와 지내면서도 부자유친은 커녕 공동체 밖에 머물러있는 사실상의 탕자다.[10]

이처럼 문 밖을 맴도는 탕자는 '내 것이 다 네 것'(31절)이라는 아버지의 세계에 선뜻 들어가지 못한다. 오히려 부자불친(父子不親)과 율법주의의 삶에 갇혀 멀찌감치 아버지와 떨어져있다. 풍악과 춤추는 소리가 떠들썩한 하늘나라 잔치에 어울리지 못하고 바깥에서 멀찌감치 배회하는 그의 모습은 안타깝기 그지없다. 이는 누가 15장 전반부 잃은 양의 비유나 잃은 동전의 비유와 같은 주제를 되풀이한다. 즉 복음을 시샘하고

---

10 마태 21장 28절 참조. 마태는 여기서 포도원의 두 아들 비유를 통해 누가보다 더욱 분명하게 이 관계를 설명한다.

수군거리며 거리를 두던 바리새인과 율법주의자들의 불친(不親)과 불신 앙을 은근하게 일깨우기 때문이다(2절).

따라서 이 비유의 핵심은 큰아들이 보여주는 복음 거부의 자세이다. 부자유친은 고사하고 '노하여'(28절) 아버지 공동체를 한사코 거절하는 그는 오히려 부자상극(父子相剋)의 삶을 적나라하게 드러낸다. 때문에 밖으로 나와 다독거리며 살갑게 달래는 아버지의 손길을 따라가다 보면, 멀찌감치 서서 예수를 지켜만 보던 바리새인과 율법주의자들이 투덜대 는 큰아들과 나란하게 겹쳐진다. 복음으로 어우러지는 기쁨과 환희보다 오히려 적대감으로 가득한 맏아들의 모습은, 복음에 가장 가까울 법한 종교인들이 정작 믿음의 공동체와 담을 쌓아버린 불친(不親), 무친(無 親), 상극(相剋)의 냉랭한 존재임을 보여준다.

여기에서 누가가 선포하는 비유의 결론은 분명하다. 아버지의 말대로 늘 '나와 함께' 있다면 '내 것이 다 네 것'(31절)이라는 것이다. 이 공동체에 서는 소유권과 처분권을 각각 가르고 나누어 구별하면서 잃어버렸던 하 늘나라가 회복된다. 이 아버지 공동체는 '죽었다가 살아나며, 잃었다가 얻었기에' 언제나 기쁘고 즐거운 하늘나라의 잔치가 벌어지고 풍악과 춤 추는 소리가 울려 퍼지며, 우리 모두 '즐기고 기뻐함이' 가득한 세계이다 (32절).

이것은 종의 눈으로 보아도 마찬가지이다. 종들 또한 '건강한 몸을 다 시 맞아들이는 기쁨'(27절)을 증언하고 있기 때문이다. 그러므로 여전히 소유권과 처분권에 연연하는 것은 어리석기 그지없는 일이다. 즐거움과 기쁨의 공동체에 선뜻 들어서지 못하고 여전히 분별지에 사로잡혀 문 밖에 머물러 있기를 고집한다면, 그는 끝내 이 공동체에 참여하지 못하는 문 밖의 탕자일 뿐이다. 그래서인지 처분권과 소유권은 물론이거니와 종과 아들의 구분조차도 무너지는 아버지 공동체의 시각에서는, '건강한 몸'(27절)을 회복하여 돌아온 둘째 아들의 부자유친이 더욱 도드라진다.

그런데 이 부자유친의 비밀은 비단 누가복음이나 신약성서로 그치지 않는다. 구약성서에 나오는 룻의 이야기는 대표적이다. 이는 고대 근동 사회의 다양한 민족적 뿌리에도 불구하고 사람과 사람이 모인 공동체가 어떻게 한 몸처럼 일체감을 이루는가의 전형적인 실례를 보여준다. 여기 등장하는 주인공 룻은 히브리 민족이 아니라 모압 출신의 보잘것없는 과부에 불과하다. 그런데도 그녀가 보여주는 고부유친(姑婦有親)의 세계는 좀처럼 그 깊이를 헤아릴 수 없다.[11]

> 어머니께서 가시는 곳에 나도 가고 어머니께서 유숙하시는 곳에서 나도 유숙하겠나이다 어머니의 백성이 나의 백성이 되고 어머니의 하나님이 나의 하나님이 되시리니 어머니께서 죽으시는 곳에서 나도 죽어 거기 장사될 것이라(룻기 1:16-17).

국적도, 나이도 다르고 아무런 혈육관계가 없던 두 여성은 잠깐 스쳐 지나가는 인연에 불과 하지만 위 인용문에서처럼 고부유친으로 엮어지면서 좀처럼 헤아릴 수 없는 놀라운 지평이 끝없이 펼쳐진다. 게다가 그녀의 고부유친은 그 끝을 알 수가 없다. 경제적인 상황이나 사회적 지위, 국적, 나이 무엇 하나 어울리지 않는 상황에서도 가장 내밀하고 역동적인 관계로 이어지기 때문이다. 이윽고 머나먼 이방 출신으로 낱알이나 줍던 품팔이 과부 가녀린 룻에게 이스라엘의 유력한 자요 거부였던 보아스는

---

11 윤성범,『효와 종교』, 윤성범전집 3권, 도서출판감신, 1998년, 25면 참조. 해천에 따르면 부자유친의 상호관계에 대한 이해는 남녀라는 성차별의 구분이 없다. 단지 부모와 자녀의 대대(待對)라는 관계성을 함축하는 것일 뿐이다.

크게 감동되어 다음과 같이 말한다.

내 딸아 두려워 말라 내가 네 말대로 네게 다 행하리라(룻 3:11).

그야말로 모든 것을 바꾸어버리는 무궁무진한 비밀의 세계이다. 이러한 놀라운 반전의 역사는 이스라엘 공동체에 극적인 에피소드를 남긴다. 보아스가 룻의 말대로 다 행하고, 룻이 보아스와 함께 거하며 어우러지는 이 놀라운 사건을 통하여 이스라엘의 위대한 다윗왕조 씨앗이 잉태되었기 때문이다. 룻기에서는 모든 백성과 장로들이 입을 모아 이처럼 이스라엘 공동체의 정체성을 확연하게 증언한다.[12]

누가복음 15장에 이어지는 16장 불의한 청지기의 비유 또한 부자유친의 관계가 주종유친(主從有親)이라는 관계로 끊임없이 확장되어 나가는 복음의 내밀한 속성을 보여준다. 이 비유는 부자유친과 아울러 하늘나라 복음의 세계를 아주 잘 풀어주는 누가의 청지기 신학이 담겨있다. 불의한 재물이 가득한 세상에서 자신에게 맡겨진 청지기 사명을 지혜롭게 감당하며 주인의 칭찬받는 이 본문은, 함께 거하며 어우러지는 종말론과 하늘나라 공동체 복음의 비밀을 아주 잘 풀어준다.[13]

요한복음에 나타난 포도나무 가지의 비유에서도 이같은 부자유친의 세계가 선포된다.[14] 이어지는 16장과 17장에서는 누가 15장 31절에 나

---

12 성문에 있는 모든 백성과 장로들이 가로되 우리가 증인이 되노니 여호와께서 네 집에 들어가는 여인으로 이스라엘 집을 세운 라헬, 레아 두 사람과 같게 하시고 너로 에브랏에서 유력하고 베들레헴에서 유명케 하시기를 원하며 여호와께서 이 소년 여자로 네게 후사를 주사 네 집으로 다말이 유다에게 낳아준 베레스의 집과 같게 하시기를 원하노라(룻 4:11-12)

13 눅 16:8 "주인이 이 옳지않은 청지기가 일을 지혜있게 하였으므로 칭찬하였으니".

14 요 14:5 "나는 포도나무요 너희는 가지니 저가 내 안에, 내가 저 안에 있으면 이 사람은 과실을 많이 맺나니 나를 떠나서는 너희가 아무 것도 할 수 없음이라".

타난 부자유친의 명제(내 것이 다 네 것)가 한 글자도 다름없이 앵무새처럼 되풀이되고 있다.15 이렇듯 성서 전반에서 반복되는 부자유친의 비밀은 단지 아버지와 아들에게만 국한되는 것이 아니다. 개인과 가족뿐만 아니라 나아가 어느 민족 누구에게나 열린 신앙공동체의 보편적 진리 세계를 분명하게 일깨워주기 때문이다.

성서에 나타난 고대 근동의 사유방식은 기본적으로 아버지와 아들, 시어미와 며느리 그리고 종과 주인이 하나의 몸으로 인식되는 부자유친으로서의 의식구조를 밑바탕으로 한다. 그러나 오늘날 개별화되고 조각조각 나누어진 개체 중심의 21세기 현대 문명을 돌이켜볼 때, 서구 기독교 중심의 복음 이해는 심각한 위기에 봉착해있다. 근대 이후로 무분별하게 퍼져나간 서구 세계의 갈등과 다툼의 세계관은 20세기에 이르러 하나의 몸인 지구를 갈갈이 찢어 놓고 연이어 세계대전의 소용돌이로 몰아넣었다. 아울러 브레이크 없는 과학만능주의에 의해 점차 소외되어가는 자연과 인간은 그 존재조차 위협받으며 오늘 막다른 골목에 이르렀다.

21세기 다문화 다종교에 직면한 오늘 차축시대에 이제까지 줄곧 서구 문명에 기대어온 기독교 복음은 우리에게 무척이나 낯선 타자이다. 그렇다면 성서와 동아시아 사유방식의 만남은 과연 의미 있는 이정표가 될 수 있을까. 이제 시대와 공간을 뛰어넘어 어지럽기 그지없었던 춘추전국시대에 위대한 경세의 가르침을 남겨주었던 맹자의 가르침을 짚어보고 오늘 우리에게 주어진 효 그리스도론의 과제를 헤아려보기로 하겠다.

---

15 "무릇 아버지께 있는 것은 다 내 것이라"(요 16:15). "내 것은 다 아버지의 것이요 아버지의 것은 내 것이온데"(요 17:10).

IV. 맹자 등문공 상편의 '부자유친'과 동아시아 전통

일반적으로 동아시아 전통에서 부자유친의 문제가 본격적으로 다루어지는 것은 바로 맹자에게서 비롯된다. 물론 여기『맹자』등문공 상편에서 오륜(五倫)과 함께 언급된 부자유친이란 주제는, 일찍이 원시유교의 전통에서 대부분 폭넓게 거론되고 있다. 그렇지만 특히 맹자에게서는 부자유친이라는 주제 아래 인간본성의 문제와 연관되어 본격적으로 다루어진다. 그리고 부자유친 및 효에 관한 이해가 폭넓게 어우러지면서 사회와 공동체를 이해하는 결정적인 요소로 발전해 나간다. 때문에 맹자 전통은 원시유교의 가르침과 밀접하게 엮이면서 훗날 동아시아 사회에서 이른바 도통(道統)으로 확고하게 다져지는 일련의 과정을 보여준다. 그러면 본문을 하나씩 짚어보면서 부자유친과 효에 관한 이해가 맹자에 있어 어느 정도 비중을 지니고 있는지 살펴보기로 하자.

> 모름지기 사람이란, 배가 든든하고 따스하게 입으며 편안히 거하되 가르침이 없으면 짐승과 다름없다. 이러한 까닭에 성인이 설을 시켜 사람의 도리를 가르치니, 부모와 자식이 버성기지 않고, 군주와 신하가 마땅하게 되고, 남편과 아내가 서로 위하며, 어른과 젊은이가 차례가 있고, 벗들 사이에 믿음이 있다.[16]

여기 등문공 상편에 나타난 이른바 오륜에 관한 본문은 춘추전국시대 당시 주로 허행을 비롯한 일련의 농가(農家)들의 도전에 대한 응답 형태

---

[16]『맹자』등문공 상편, 人之有道也 飽食煖衣逸居而無敎 則近於禽獸 聖人有憂之 使契爲司徒教以人倫 父子有親 君臣有義 夫婦有別 長幼有序 朋友有信.

로 나타난다. 먼저 맹자는 농가를 추종하는 이들에게 1차원적인 단순한 사회 인식을 넘어서야 한다는 점을 비유로 설명한다. 아울러 당시 급변하는 사회에 대처하기 위해서는, 고리타분한 사회 인식이나 틀에서 벗어나 변화된 사회를 담아낼 수 있는 사려 깊은 세계관이 필요하다고 역설한다. 그런데 여기서 말하는 성인의 가르침이란 단순히 통치자를 위한 철학으로 그치지 않는다. 변화된 세계를 살아가는 모든 존재들이 각자 이에 걸맞은 보편적인 가치관이 제대로 자리 잡아야 하기 때문이다.

이러한 맹자의 주장은 기본적으로 '인간은 사회적 동물'이라는 명제를 바탕으로 한다. 그러기에 이 본문은 다원화된 사회를 외면하는 농가의 입장을 반박하는 동시에 인간뿐만 아니라 사회에 대한 이론을 함께 설파하는 유가(儒家)의 입장을 잘 드러내준다. 먼저 맹자는 동물의 세계처럼 배불리 먹고 따뜻하게 지내며 편안히 살아가는 차원에서는 인간의 진정한 존재 의미를 찾아볼 수 없다고 잘라 말한다. 여기서 등장하는 것이 바로 성인의 가르침이다. 이 성인의 가르침이라는 것은 변화무쌍한 사회에 직면하여 이른바 차축(車軸) 시대의 새로운 지평을 전개하는 밑바탕이다.

이를 위하여 대리자가 세워지게 되고 이 대리자는 사도(司徒)의 위치에서 백성들을 인도하는 역할을 수행한다. 그리고 이 틀에서 이른바 사람의 마땅한 도리로서의 인륜은 다음 다섯 가지 원칙으로 설명되는데, 주지하는 바대로 부자유친(父子有親), 군신유의(君臣有義), 부부유별(夫婦有別), 장유유서(長幼有序), 붕우유신(朋友有信) 등의 원리이다.

여기에는 춘추전국 시대에 이르러 급격한 사회변동을 겪었던 고대 동아시아의 변화와 충격에 적극 대처하려는 맹자의 철학이 오롯이 스며들어있다. 다시 말해 1차 산업을 중심으로 하는 농가(農家)의 단순한 세계관으로는 새로운 사회변화를 제대로 감당해낼 수 없게 되었고, 따라서 2, 3차 산업으로의 다양한 변화와 이에 걸맞은 역할을 감당하는 시대적 요청으로서 정치적인 변화 그리고 새로운 사회구조와 아울러 대중의 인식을 일깨우는 일련의 싱크탱크 역할 등을 강조하는 것이 바로 맹자 전통이다.

이처럼 춘추전국 시대의 급격한 사회변동 속에서 새롭게 차축(車軸) 시대를 열어나가는 맹자의 사상과 철학은, 인간과 인간의 상호관계를 중심으로 하여 새로운 시대에 걸맞은 명제를 제시하고 이를 통하여 천하를 바로 세우려고 한다. 아들과 아비가 그렇고, 통치자와 피지배자, 남편과 아내, 앞선 세대와 이어지는 세대 그리고 이웃과 동료들 사이에서의 건강한 관계 설정은 바람직한 공동체 사회를 세우고 이를 지속가능케 하는 밑바탕이다.

이중에서도 부자유친이라는 명제는 가장 버겁지만 제일 절실하게 다가오는 주제이다. 다원화된 사회의 급격한 변화 앞에서 인간과 인간의 상호관계는 더욱 복잡다단한 양태를 지니게 마련이다. 이러한 상황에서 부모와 자녀 세대는 각각 전혀 다른 방식으로 삶을 헤쳐 나갈 수밖에 없고, 사회 또한 나름대로 변증법적인 변화를 겪으며 틀을 잡아나가게 된다. 그럼에도 부자관계의 연속성은 언제나 제일 먼저 떠오르는 문제이다. 따라서 부자유친이라는 관계는 시공을 뛰어넘어 늘 숙제처럼 따라붙게 마련이다.

그런데 이렇듯 부자유친을 역설하는 맹자의 본문을 들여다보면 매우 특이한 사실을 확인할 수 있다. 왜냐하면 한결같이 효에 관한 이야기가 그림자처럼 뒤따르며 바람직한 사례로 제시되는 경우가 대부분이기 때문이다. 그리고 이러한 논의는 대부분 순 임금의 사례를 패러다임으로 풀어내는 것이 보통이다.

맹자가 말했다. "천하가 기뻐하며 절로 몰려든다. 천하가 기뻐하며 몰려와
도 이를 티끌처럼 여기니, 바로 순 임금이 그러하다. 효도하지 않으면 어찌
그런 인물이 되었을까. 부모에게 순종하지 않고서 어찌 아들 되었을까.
순 임금이 극진히 부모를 섬기니, 아비인 고수가 매우 즐거워했다. 고수가
매우 즐거워하니, 천하가 바뀐다. 고수가 매우 즐거워하니, 천하 모든 아비
와 자식도 한결같았다. 이를 가리켜 커다란 효라 하였다."17

인용문에서도 확인되듯이 맹사는 천하 세계와 나 자신이 언제나 상호
유기적으로 밀접하게 관련되어 있다는 점을 분명히 밝힌다. 이러한 전제
아래, 순 임금의 자그마한 효가 결국은 세상의 모든 아비와 자식에게 적
용되는 커다란 지침으로 확대되어 나간다는 뜻에서 대효(大孝)라고 이름
붙인다. 그러므로 천하를 다스리고 세계를 운용한다는 거대한 통치 담론
의 첫 발걸음은 바로 나의 덕성으로부터 비롯된다. 그런데 이는 가장 가
까운 부모 자식의 관계라는 구도와 긴밀한 연결고리를 가지는 세계관
이다.

나라 다스림은 어렵지 않다. 가문을 거스르지 않으면 된다… 까닭에 덕과
가르침이 그득하면 넘쳐흘러 천하에 퍼지게 된다.18

---

17 『맹자』, 이루 상편, 孟子曰 天下大悅而將歸己 視天下悅而歸己 猶草芥也 惟舜爲然 不得乎
親 不可以爲人 不順乎親 不可以爲子 舜盡事親之道而瞽瞍底豫 瞽瞍底豫而天下化 瞽瞍
底豫而天下之爲父子者定 此之謂大孝.
18 『맹자』「이루」상편, 孟子曰 爲政不難 不得罪於巨室 … 故 沛然德敎 溢乎四海.

천하의 바탕은 바로 나라이고, 나라의 바탕은 언제나 가정이며, 가정의
바탕은 바로 나의 몸이다.[19]

위 인용문은 어디서 많이 들어본 듯 익숙하다. 주지하다시피 이는 대
학에서 말하는 수신제가치국평천하(修身齊家治國平天下)의 대명제이기
도 하다. 원래 예기(禮記)에 있는 가르침을 훗날 주희가 끄집어내어 간추
린 이후 널리 퍼지게 되었고, 이후 동아시아 사회의 기본양식으로 확고하
게 자리 잡는다. 그런데 맹자 본문에서 드러나다시피 이는 사실상 춘추전
국시대부터 뿌리 깊게 내려온 전통이기도 하다. 그러므로 부자유친이라
는 맹자의 세계관은 효라는 주제를 통하여 인간과 사회를 이해하는 동아
시아의 터줏대감처럼 일찌감치 자리 잡고 있었던 셈이다.

부모를 기쁘게 하는 법이 있다. 스스로 돌이켜보아 성실함이 없으면 부모
를 기쁘게 할 수 없다. 성실한 사람이 되는 법이 있다. 선한 것을 깨닫지
못하면 성실한 사람이 될 수 없다. 그래서 성이란 것은 하늘의 이치이고,
성실하려는 바는 사람의 이치이다. 지극한 정성이면 이루지 못할 바가
없다. 성실치 못하면 아무것도 이룰 수 없다[20]

인용문에서 확인되듯이 맹자가 말하는 부자유친의 세계는 또한 성실
이라는 덕목을 통해 하늘의 이치에 연결된다. 이것은 널리 알려진 바 중
용(中庸)의 가르침과도 일맥상통하는 주제이기도 하다. 맹자가 천명하
고 있듯이 '성이란 것은 하늘의 이치이고, 성실하려는 바는 사람의 이치'

---

19 『맹자』「이루」상편, 天下之本在國 國之本在家 家之本在身.
20 『맹자』「이루」상편, 悅親有道 反身不誠 不悅於親矣 誠身有道 不明乎善 不誠其身矣 是故
誠者天之道也 思誠者人之道也 至誠而不動者 未之有也 不誠 未有能動者也.

(誠者天之道也 思誠者人之道)라는 것은 중용에서도 늘 강조되는 바, 실제로 본문을 들여다보아도 양자는 사실상 거의 아무런 차이가 없다(誠者天之道也 誠之者人之道, 중용 20장).

이와 같은 맥락에서 맹자는 순 임금의 삶을 통하여 일평생 지속되었던 한 가지 흔들림 없는 마음 바탕을 끄집어내어 강조한다. 이것은 바로 부모를 섬기는 진실된 마음이고, 이러한 도리가 바로 순 임금을 위대하게 만들었다는 것이다. 앞서 순 임금의 대효(大孝)를 언급할 때에도 다루었던 바대로, 아비와 아들 사이에서 말하는 부자유친에는 그 어떤 소유권이나 처분권 따위를 따질 필요가 없다. 이는 농사짓는 일로부터 시작해서 친하를 손에 쥐는 일 같은 것에 이르기까지 지위의 고하나 신분 따위는 아무런 차이가 없을 정도로 부차적이다.

> 그저 힘써 농사짓고 자식의 도리를 다할 뿐이다. 부모가 나를 사랑치 않는 것을 어쩌겠는가. 요 임금에게 아들 아홉과 딸 둘 그리고 많은 신하와 재물이 있었다. 이 모두를 열심히 농사짓던 순에게 맡겼고, 천하 선비들은 모두 이를 따랐다. 임금이 장차 천하를 넘기려 하매, 부모께 복종하지 않았다면 거들떠보았겠는가… 가장 큰 효는 평생 부모를 섬기는 것이다. 오십이 되도록 섬기는 것을 나는 위대한 순에게서 발견하였다.[21]

이와 아울러 「만장」 상편에 나타난 순 임금의 일화에서는 부자유친의 관계에서 말하는 효라는 것의 의미 그리고 형제와의 친밀한 관계가 어떠한가를 구체적으로 나열하고 있다. 주목해야할 점은 앞서 성서에서 살펴

---

21 『맹자』「만장」 상편, 我竭力耕田 共爲子職而已矣 父母之不我愛 於我何哉 帝使其子九男二女 百官牛羊倉廩備 以事舜於畎畝之中 天下之士 多就之者 帝 將胥天下而遷之焉 爲不順於父母 如窮人無所歸 … 大孝 終身慕父母 五十而慕者 予於大舜 見之矣.

본 누가복음 15장 비유와 비슷한 구조가 여기에서도 그대로 드러난다는 사실이다. 아버지 재산을 흥청망청 탕진하며 제멋대로 살던 아들이 돌아오자 이를 측은히 여겨 달려가 목을 안고 입을 맞추며 기쁘게 맞아들이는 아버지의 모습이 판박이처럼 되풀이되기 때문이다. 그런데 이번에는 부자유친의 입장이 서로 바뀐다. 효라는 이름 아래 아버지와의 관계를 자녀의 눈으로 바라보는 점이 차이일 뿐이다.

> 만장이 말했다. "부모가 순을 창고에 가둬 불사르거나 우물에 묻으려 했다지요. 동생인 상은 말하지요. '형의 지위와 재산은 내 것이다. 소와 양 그리고 창고는 부모님께 드리고, 창과 칼과 활과 가야금 그리고 두 공주는 내 차지이다.' 그런데 상이 궁궐에 이르러 가야금 타는 순을 보자 부끄러워합니다. '형님, 별일 없으십니까' 순 임금은 말합니다. '신하가 많으니 함께 다스리자.' 그런데 과연 동생이 죽이려는 뜻을 알지 못했나요." 맹자가 말했다. "어찌 몰랐겠나. 상이 근심하니 함께 근심하고, 상이 기뻐하니 함께 기뻐할 뿐이다."22

본문에서 벌어지는 상황은 난감하기 이를 데 없다. 때로 아버지와 동생은 막무가내로 순을 몰아붙이기도 하고, 심지어는 목숨까지도 다그치는 어처구니없는 상황이 벌어지기도 한다. 때문에 언뜻 보기에도 무척이나 거북하다. 그런데 이렇듯 혈육으로서 견디기 힘든 곤경 속에서도 순 임금은 여전히 부모와 자식 그리고 형제라는 관계의 친밀성을 포기하지

---

22 『맹자』 「만장」 상편, 萬章曰父母使舜 完廩捐階 瞽瞍焚廩 使浚井 出 從而揜之 象曰謨蓋都君은 咸我績 牛羊父母 倉廩父母 干戈朕 琴朕 弤朕 二嫂 使治朕棲 象 往入舜宮 舜在牀琴 象曰鬱陶思君爾 忸怩 舜曰惟玆臣庶 汝其于予治 不識 舜 不知象之將殺己與 曰奚而不知也 象憂亦憂 象喜亦喜.

않는다. 마치 성서에서 무조건적이고 무분별적인 사랑을 보여주며 돌아온 아들을 맞이하는 누가 15장 아버지 모습과 그대로 닮은꼴이다.

순 임금의 세계는 인간들이 어우러져 살아가는 세상에서 찾아보기 힘든 무분별, 무차별 그리고 지고지순한 부자유친의 세계이고, 지극한 효의 가치관을 대변한다. 그리고 이 지극한 부자유친과 효의 세계가 바라보는 것은 이러한 가치관으로 열어나가는 새로운 공동체이다. 무지렁이 같은 인간 존재들이 서로서로 기쁨을 함께 나누어 배가 되고, 천근만근 근심이 몰려와도 기대어 견디며 서로를 든든히 세워나가는 사해동포주의로 이어진다. 아울러 '신하들이 많으니 함께 다스리자'는 순 임금의 말에서 보여시듯이 이는, 대립과 갈등의 구조를 넘어서 상생과 흥겨운 잔치자리로 시끌벅적대는 이상세계를 그리고 있다.

그런데 한 걸음 더 나아가, 이렇듯 부자유친의 바람직한 관계를 구축하는 인물에게는 또 하나의 역할이 이어진다. 사회와 공동체의 구성에 있어 매우 바람직한 정체성을 지닌 군자(君子)와 성인의 위상이 부여되기 때문이다. 이처럼 맹자 전통에서 볼 때, 혈연관계의 친밀한 세계를 가꾸어나가는 사람은 더 나아가 공동체와 사회라는 이익관계에 있어서도 바람직한 인간상으로 인정받고 지도자로 추대된다. 이는 점차 동아시아의 독특한 세계관으로 자리 잡는 모습을 발견할 수 있다.

이처럼 맹자의 철학은 혈연관계에 있어 부자유친이라는 이상적인 관계를 가꾸어나가는 인간상을 그 출발점으로 삼는다. 그리고 이를 바탕으로 하여 복잡다단한 사회에서 이익집단이 서로 충돌하는 상황을 처리하고 다스리는 이상적인 지도자 상을 긴밀하게 연결시키고 있다. 그래서인지 맹자는 정자산의 이야기를 사례로 들어 이러한 개인적 덕목의 완성과 사회적 리더십의 상관관계를 구체적으로 제자들에게 설명한다.

"그러면 순 임금은 짐짓 기뻐한 겁니까" 맹자가 말했다. "아니다. 예전에 정자산에게 어떤 이가 물고기를 바쳤다. 자산이 연못에 놓으라하니, 신하가 몰래 잡아먹고 말했다. '잘 놀다가 그만 사라졌습니다.' 자산이 말했다. '좋은 데로 가버렸구나.' 신하가 물러나 말했다. '어찌 자산을 지혜롭다하는가. 잡아먹었는데도 꼬박 속아넘어가네.' 이렇듯 군자가 속는 것도 한 방편이다. 하지만 도에 어긋나면 용서하지 않는다. 형을 사랑하는 마음으로 찾아왔다면, 그저 믿고 기뻐할 뿐이다. 어찌 거짓이겠는가."[23]

이처럼 자신을 죽이려했던 동생을 오히려 너그럽게 받아주는 순의 모습은 무척이나 인상적이다. 이는 마치 성서에서 잃었던 아들이 돌아오자 맨발로 달려 나가듯 기쁘게 얼싸안으며 받아주는 아버지의 넉넉한 사랑과 훈훈한 마음씨를 떠올리게 한다. 여기서 맹자는 군자로서의 순의 삶에 대해 두 가지 사실을 강조한다. 부모에 대한 커다란 효 즉 대효(大孝)라는 것과 형제 사이에서 잘잘못을 따지는 차원을 넘어서는 넉넉하고 따뜻한 마음씨가 바로 그것이다. 그리고 여기서 말하는 친밀함은 형제라는 혈연관계를 넘어서서 군자라는 이상적인 세계관으로 이어지는 바, 이는 도에 어긋나지만 않는다면 어떠한 경우라도 인간에 대한 신뢰와 사랑을 포기하지 않기에 지극한 하늘의 마음을 닮아 있다.

그런데 때때로 혈연관계에서의 친밀성은 이익사회에서의 충돌관계와 어느 정도 거리를 두는 것이라는 점에서 조금은 다른 측면을 보여주기도 한다. 그래서 맹자는 이러한 모순을 지적하는 만장의 날카로운 질문에

---

23 『맹자』「만장」 상편, 然則舜 僞喜者與 曰否 昔者 有饋生魚於鄭子産 子産使校人畜之池 校人 烹之反命曰 始舍之圉圉焉 少則洋洋焉 攸然而逝 子産曰 得其所哉 得其所哉 校人出 曰 孰謂子産智 予旣烹而食之 曰得其所哉 得其所哉 故君子 可欺以其方 難罔以非其道 彼以愛兄之道來 故誠信而喜之 奚僞焉.

대해 순 임금의 예를 들어 이를 넌지시 설명하였다. 즉 동생인 상이 호시탐탐 순을 죽이려했는데 이처럼 어질지 못한 상을 벌하지 않고 도리어 유비 땅을 다스리는 제후로 삼았다면 과연 순 임금의 이러한 처사가 정당한 것인가를 제자들이 따졌을 때, 맹자는 다음과 같이 말한다.

어진 이의 동생이니, 벌하지 않고 원망하지 않았다. 사랑하는 마음일 뿐이다. 친하여 귀히 여기고, 사랑하여 넉넉케 함이다. 유비 땅에 보내어 제후로 높이니, 천자가 되어 동생을 모른 체하면 어찌 덕스러울까.[24]

형제와의 관계에서 이처럼 열린 마음으로 대하는 군자의 태도는 매우 의미심장한 인간 이해 지평을 열어준다. 물론 이는 부자유친의 경우를 다룰 때와 비교해보아도 크게 다를 바가 없다. 다만 앞서 동생인 순과의 일화가 역사적 사건인데 반하여, 맹자는 이 부자유친의 문제를 조금은 극적인 경우를 상정한 픽션의 형태로 풀어나간다. 진심 상편에서 제자들과 진지하게 씨름하는 중에 드러나는 다음 이야기가 바로 그것이다.

도응이 물었다. "순 임금이 천자가 되고, 고요가 재판관이 되었는데 고수가 사람을 죽이면 어떻게 할까요." 맹자가 말했다. "붙잡아 가둬야지." 도응이 물었다. "그러면 순 임금은 그저 보고만 있나요." 맹자가 말했다. "순 임금이라 한들 뭐 어쩌겠는가." 도응이 물었다. "다른 방법이 없을까요." 맹자가 말했다. "순 임금은 천하권세를 헌신짝 버리듯 할 것이다. 아버지를 몰래 빼내어 바닷가 근처로 달아나, 거기서 죽을 때까지 살며 천하를 잊을 것이다."[25]

---

24 『맹자』「만장」 상편, 仁人之於弟也 不藏怒焉 不宿怨焉 親愛之而已矣 親之欲其貴也 愛之欲其富也 封之有庳富貴之也 身爲天子 弟爲匹夫 可謂親愛之乎.

그런데 위와 같은 맹자의 본문을 빗대어 성서적으로 풀어보자면, 일종의 종말론적 구조를 지니게 된다. 앞서 누가복음 15장의 경우에서도 살펴보았듯이, 잃어버린 아들이 돌아오자 아버지가 대처하는 방식은 위 인용문의 순임금 모습과 같이 매우 비현실적이다. 실제로 큰 아들이 투덜거릴 정도로 갈등과 모순을 불러오기 때문이다. 하지만 종말론이라는 세계관으로 볼 때, 다시 집으로 돌아온 둘째 아들을 기쁘게 맞이하는 것은 쉽게 말해서 하나님 나라 잔치를 가리킨다. 일반적으로 소유권이나 처분권을 따지며 덧셈이나 뺄셈으로 헤아리는 세계는 종말론이라는 시각에서 볼 때에는 그저 잠정적이고, 제한적일 뿐이다. 때문에 여기서 맹자가 얘기하는 부자유친과 효의 세계는, 여느 사람들이 몸담고 살아가는 세상에서의 통념이나 가치관과는 많이 다르게 나타난다.

보통 사람들이 함께 어우러져 살아가는 사회는 그 나름대로의 원칙과 기준에 의하여 움직이게 마련이다. 만일 이를 부정하게 되면, 그 사회가 더 이상 유지될 수 없기 까닭이다. 그럼에도 아비와 자식이 서로 어긋나게 되면, 세상 이치를 따지기 이전에 이미 인간이란 존재는 더 이상 의미 있는 삶을 꾸려나갈 수가 없다. 그러므로 여기 진심 편에서는 맹자의 입을 빌려 효라는 주제가 사회 제반 요소를 뛰어넘어 인간의 존재와 의미를 종말론적으로 다루는 것임을 은근히 드러낸 셈이다.

그런데 이러한 종말론적 사유방식이 가족을 넘어서 이웃의 웃어른이나 일련의 공동체에까지 널리 적용될 수 있다면 이는 여느 사회와는 상당히 다른 모습으로 펼쳐지게 될 것이다. 물론 처음에는 일반적으로 소규모 결사나 종교 공동체 양태를 지니고 출발할 수도 있다. 그러다가 또한 완

---

25 『맹자』 진심 상편, 桃應問曰 舜爲天子 皐陶爲士 瞽瞍 殺人則如之何 孟子曰 執之而已矣 然則 舜不禁與 曰 夫舜 惡得而禁之 夫有所受之也 然則 舜如之何 曰舜視棄天下 猶棄敝蹝也 竊負而逃 遵海濱而處 終身訢然樂而忘天下.

전한 이상사회의 비전으로 발전되어 나갈 수 있기도 하다. 다만 맹자는 첨예한 논쟁이 펼쳐지고 있는 고자 편에서, 이렇듯 삼가고 두려워하는 공동체에서의 삶의 자세를 다음과 같이 또렷하게 묘사한다.

> 어른을 천천히 뒤따르니 공경한다고 말합니다. 어른을 앞질러가니 못돼먹었다고 합니다. 천천히 걷는 것은, 힘이 없어서가 아니라 삼가는 것입니다. 요, 순의 가르침은 효제일 따름입니다.[26]

이같은 맹자의 명제를 흔들림 없이 밀고 나간다면, 이제 효의 세계는 비단 개인적 차원에서 그치는 것이 아니라 보다 넓은 지평으로 확장되어 나아간다. 때때로 마을이나 지역 공동체에서 이루어질 수도 있고, 특정한 이념 공동체의 모습이 될 수도 있다. 때를 만나게 되면 천하 만민에게 널리 퍼져나가며 맹자의 사상과 철학으로 기틀을 세워나간다. 이른바 왕도(王道)라든지 대동(大同)이라는 세계가 활짝 열리는 것이다. 물론 여기에서도 맹자의 철학은 매우 원론적인 것 같기도 하지만 아울러 유교의 가르침에서 언제든지 드러나는 것처럼 일련의 상황윤리라는 차원을 품게 마련이다. 까닭에 변화무쌍한 삶에서는 딱 부러지는 정답보다는 이중적인 측면으로 드러나는 해석의 가능성을 늘 잊어서는 안 된다.

> 부모의 허물이 클 때, 원망이 없으면 서먹서먹해진다. 부모의 허물이 작을 때, 원망을 늘어놓으면 괜시리 시끄럽기만하다. 서먹서먹한 것도 불효이고, 시끄러운 것도 불효이다. 공자는 말했다. "순은 효도가 지극하여 오십이 되어도 여전히 공경하였다."[27]

---

26 『맹자』 고자 하편, 徐行後長者謂之弟 疾行先長者謂之不弟 夫徐行者 豈人所不能哉 所不爲也 堯舜之道 孝弟而已矣.

이처럼 맹자에게서 드러난 부자유친의 표현으로서 효라는 주제는 언제나 단순하지가 않다. 이른바 오륜이라는 인간관계 중에서도 가장 근원적인 차원을 다루는 것임을 늘 염두에 두어야한다는 뜻이다. 이는 주관과 객관, 대상과 자아 그리고 더 깊이 있게 다룬다면 초월과 내재 내지는 외면과 내면이라는 경계에서 늘 역동적으로 긴장(緊張)하는 관계를 다루는 신비로운 합일의 세계이기 때문이다. 그래서인지 때로는 서먹서먹하고 때로는 시끌벅적한 무지렁이 인생들의 세상살이에서, 부자유친의 삶이란 수수께끼와도 같아 언제나 드라마틱한 종말론의 계기로 가득하다.

때문에 성서의 창세기 22장에서 아브라함이 아들 이삭을 제물로 바치는 에피소드는 맹자가 말하는 부자유친이라는 수수께끼를 잘 풀어주는 아주 좋은 사례이다. 여기에 나타나는 부자유친의 긴장관계는 바로 앞서 고자 편에서 언급되는 효제와 공경이라는 주제와 맥을 같이하기 때문이다. 실제로 이미 백세를 훌쩍 넘겨 이빠진 쭈그렁탱이 할아버지가 젊고 건장한 아들을 어찌어찌해서 꽁꽁 묶어 제단에 바친다는 것은 정상적인 역학관계에서는 불가능하다. 마치 맹자가 순임금의 효를 들먹일 때마다 느끼는바 낯설기 그지없는 본문들처럼, 곧이곧대로 글자만 읽어나가다 간 고개를 갸웃하며 껄끄럽기 그지없는 종말론의 세계이다.

그러므로 복음이라는 세계를 제대로 헤아리려면, 땔감을 걸머지고 스스로 제물이 되어 묵묵히 모리아 산으로 향하는 장면에서 모름지기 진정한 효자였던 이삭의 모습을 잘 끄집어내야 한다. 아버지의 뜻을 이루기 위해 말없이 모리아산 죽음의 제단에서 늙수그레한 아비의 맥 빠진 손끝에 결박당하는 젊고 씩씩한 이삭의 속내는 부자유친의 수수께끼를 풀어

---

27 『맹자』고자 하편, 親之過大而不怨 是愈疏也 親之過小而怨 是不可磯也 愈疏不孝也 不可磯亦不孝也 孔子曰 舜其至孝矣 五十而慕.

낼 결정적인 열쇠이다. 이는 또한 골고다 십자가를 향하는 예수의 겟세마네 기도와 그리 다르지 않다. 그래서 현대 신학에서 제시하는 삼위일체론 또한 바로 이러한 긴장관계를 '부자유친' 그리스도론으로 발전시켜나간다.[28]

이런 점에서 해천 역시도 같은 틀에서 21세기 동아시아 신학을 엮어나간다. 부자유친과 그리스도교의 삼위일체론을 나란히 놓고 효 그리스도론을 펼쳐나갔기 때문이다. 이는 동아시아에서 그리스도교 신학을 가꾸어나가야 하는 우리들에게 너무나도 귀중한 유산이 아닐 수 없다. 이제 우리에게는 믿음의 선조들이 남겨놓은 소명을 잘 갈무리하여 21세기 기독교 신학의 미래를 어떻게 열어나갈 것인가의 숙제가 남아있다.

V. 해천의 효 그리스도론과 21세기 동아시아 신학

고대 근동 팔레스틴 지역에서 일어난 초기 기독교는 당시 널리 퍼져있던 희랍 문화에 적응하는 과정에서 일련의 로고스 기독론을 잉태하였다. 주지하는 바대로 당대 희랍철학의 주요한 로고스 개념을 빌려와 하나님과 인간 그리고 그리스도론을 풀이해냄으로 초기 기독교 교리의 형성에 결정적인 영향을 끼쳤다. 그리고 이 로고스 기독론은 지중해 변방의 산골에서 비롯된 촌뜨기 복음을 희랍문화권에 널리 퍼져나가게 한 원동력이다.

마찬가지로 오늘 21세기 문화 다양성 시대에 직면한 현대 기독교에

---

28 J. 몰트만/김균진 옮김, 『십자가에 달리신 하나님』, 한국신학연구소 2000, 참조. 몰트만은 '오직 고난을 당하는 하나님만 도울 수 있다'는 본회퍼의 신학을 받아들인다. 그래서 '사랑하는 아들의 죽음은 아버지의 영원한 고통이다'라는 말로 서구 헬레니즘을 넘어선 삼위일체론의 새로운 해석학을 열어놓는다.

있어 해천이 말하는 효 그리스도론은 바야흐로 의미심장하다. 2천 년 전 기독교가 잉태될 무렵 로고스 기독론의 형성과 발전에 비추어 볼 때, 문화 다양성에 직면한 오늘 지구 마을의 미래를 열어나갈 무궁무진한 지평을 열어놓았기 때문이다. 무엇보다 먼저 해천은 기독교를 동양종교의 범주에서 바라보았다.

> 그리스도교는 원래 동양종교였다. 모든 사고 양식이 동양적인 것이다. 우리는 이 본연의 그리스도교의 모습으로 돌아가야만 된다.[29]

그런데 앞서 고대 근동의 삶의 방식에 대한 성서본문과 주석을 통해 확인되었던 바와 같이, 해천의 효 그리스도론은 이러한 해천의 주장을 뒷받침해주는 훌륭한 길잡이였다는 사실을 잘 보여준다. 이처럼 동아시아의 효 세계관을 통하여 그 독특한 지평을 새롭게 일깨우고 서구의 일방적 해석에 묻혀버린 기독교의 진리를 동아시아 시각으로 다시금 회복시키고자 하는 해천의 부자유친 해석학은 오늘 21세기 기독교의 지평을 너른 세계에 활짝 열어놓은 주요한 비전이 아닐 수 없다.

군이 해천의 주장이 아닐찌라도, 일찍이 고대 근동에서 비롯된 신앙공동체 운동이 점차로 퍼져나가며 아시아에서 유럽으로 그 중심축이 이동되는 과정은 성서가 증언하는 바울의 발자취에서도 확인된다.[30] 이처럼 초기 기독교가 유럽 지역에 대한 선교 비전을 일깨웠던 사건은 훗날 기독교에 있어서 서구 유럽을 배경으로 하는 해석학에 얼마나 커다란 영향을 미쳤는가를 잘 보여준다.

---

29 윤성범, 앞의 책, 290.

30 '마게도냐 사람 하나가 서서 그에게 청하여 이르되 마게도냐로 건너와서 우리를 도우라 하거늘'(행 16:9).

물론 제국의 기독교를 공인한 콘스탄틴 황제가 이른바 콘스탄티노플을 중심한 동방교회 전통을 구축하면서 아시아라는 색채를 아주 잃지는 않았다. 하지만 이후 로마를 중심으로 하는 서방 가톨릭교회의 해석은 개신교의 형성에 이를 때까지도 그 영향력이 쉽사리 수그러들지 않았음은 기독교 역사에서 주지하는 바이다. 그럼에도 동로마 교회나 그리스, 러시아, 동방교회의 영성 또한 면면히 그 뿌리를 간직하였고, 이는 지속적으로 감리회를 비롯한 개신교의 다양한 전통 형성에 이바지하였다. 또한 경교(景敎)의 역사에서도 보듯이, 인접한 동아시아 세계와도 자연스러운 교통이 이루어졌던 저간의 발자취를 보여준다.

이러한 맥락에서 볼 때, 때로는 도전적이고 전위적으로 들리는 해천의 효 그리스도론과 기독교의 정체성에 관한 선포는 매우 의미심장하다. 2천 년 전 로고스 기독론을 통해 팔레스틴을 벗어나 지중해 문화권에 널리 퍼졌던 복음이 이제 21세기 문화다양성 시대를 맞아 전 지구적인 삶의 공동체를 위한 메시지로서 새롭게 태어나야할 기로에 놓여있기 때문이다. 이제 해천의 효 그리스도론은 21세기 동서 문명을 아우르기에 부족함 없는 넉넉한 틀이라는 것이 드러났다. 앞서 살펴본 누가복음 15장 돌아온 아들 비유도 그렇거니와 맹자의 등문공 편에 나타난 부자유친의 가르침에 일관되게 나타나는 효에 관한 이해는 기본적으로 인간의 삶을 이해하는 틀이 서로 다르지 않음을 보여준다.

해천의 신학은 이른바 성의 해석학으로 불린다. 이는 동아시아 전통의 하늘 숭배에 기초한 신론에 바탕을 두고 있으며, 효 그리스도론 그리고 단군신화와 삼위일체론의 틀 안에서 다루어지는 성령론이라는 세 가지 단층으로 이루어져 있다. 그리고 그 중에서도 가장 주목해야할 것은 물론 '예수는 모름지기 효자다'라는 명제에서 드러나고 있는 것처럼 바로 효 그리스도론이다.[31] 이를 풀어내기 위해서 해천이 붙들고 있는 바는 '부자유친'이라는 동아시아 전통의 공통 유산이며, 이는 동아시아에서 태어나는 갓난아이가 무덤에 이를 때까지 귀에 못이 박히도록 듣게 되는 오륜의 첫 번째 항목이다.

맹자에게서 분명하게 드러난 이 오륜의 가르침은 원시유교의 다양한 전통과 어우러지면서 동아시아 해석학의 기초를 이루었다. 동아시아 인간과 사회를 이해하기 위해서는, 누구든지 필수적으로 들여다보아야하는 십계명으로 자리 잡은 셈이다. 그 중에서도 맹자가 말하는바 오륜의 첫 번째로 나타나는 부자유친이라는 주제는 주목할 만하다. 이는 맹자 전체를 통해 빈번하게 그리고 또한 지나칠 정도로 강조되어 되풀이된다.

토착화신학을 놓고 씨름하던 해천 역시 이러한 흐름을 간파해내고 다부지게 파고들었던 것은 매우 당연하다. 무엇보다도 이를 효 그리스도론으로 연결시킨 것은 심원한 신학적 소양을 가진 해천이었기에 비로소 가능했다. 물론 해천이 주변 여러 몽학(蒙學) 선생들로부터 도움을 받아 동양 고전을 만나고 일깨움을 받은 사실 또한 빠뜨릴 수 없다. 하지만 탁월한 신학적 소양이 없었다면, 그 숱한 동양 고전의 망망대해로부터 맹자의 사상과 부자유친(父子有親)이라는 모퉁이 돌을 다듬어 효 그리스도론으로 쉽사리 연결시킬 수 없는 것이다. 이는 토착화신학에 있어 오늘날 모든 후학들에게 참으로 커다란 신학적 유산이 되었다.

무엇보다 해천이 주장하는 효 그리스도론이라는 틀은 맹자를 중심으로 하는 동아시아 정서를 이해하는 데 있어서 누구나 손쉽게 다가갈 수 있도록 활짝 열린 지평을 제공해준다. 다시 말해서 오늘날 문화 다양성 세계를 이어주는 21세기판 로고스 신학으로 든든히 자리 잡는다. 효 그

---

31 윤성범, 앞의 책, 342-356.

리스도론에서는, 순임금이 보여주는 '커다란 효'(大孝)의 틀을 강조하는 것에 비추어 성서에서 말하는 크나큰 하늘 아버지에 대한 지극한 '효 중의 효'라는 것이 서로 다르지 않은 세계라 말하기 때문이다.

> 예수 그리스도의 하늘 아버지에 대한 신앙은 효의 극치요 완성이라 할 수 있는 것이다… 말하자면 하느님께 대한 사랑과 공경의 "효의 효"라는 말이다. 육신의 부모를 공경하고 사랑할 줄 모르는 사람이 하느님을 공경하고 사랑한다는 말은 정말로 거짓말이 아닐 수 없다.[32]

논문의 첫머리에도 언급한 바와 같이, 이러한 해천의 관점은 요한공동체 신학에서도 종말론적 신앙공동체 성격을 올바로 이해하는 중요한 지침이다.[33]

이렇듯 부자유친을 기반으로 한 하나님과의 친밀성에 관한 이해는 곧 이어 효 그리스도론으로 연결되는데, 이는 하늘 아버지의 뜻을 가장 잘 받들었던 예수의 모습에서 확인된다. 이러한 까닭에 기독교의 진정한 모습은 바로 효 사상에 근거한 부자유친의 가르침에 자리하고 있다고 해천은 힘주어 말한다. 이러한 점에서 해천이 말하는 효 그리스도론은 서구 신학에서 그토록 어렵사리 설명하며 끙끙대곤 하는 삼위일체론을 가장 평이하고도 친절하게 풀어주는 지름길이기도 하다.

신약성서의 중심사상은 부자유친 사상으로 즉 효로 일이관지(一以貫之)

---

32 위의 책, 287.
33 즉 누구든지 "하나님을 사랑하노라 하고 그 형제를 미워하면 이는 거짓말하는 자니 보는 바 그 형제를 사랑치 아니하는 자가 보지 못하는바 하나님을 사랑할 수가 없느니라"(요일 4:20)는 가르침을 기본적으로 강조하고 있기 때문이다.

된다고 하겠다. 예수 자신의 신앙이란 바로 하늘 아버지에 대한 신뢰와 복종과 사랑이었음을 알 수 있다. [34]

성령의 신학적인 존재근거도 물을 것 없이 성부와 성자와의 인격적 관계를 확인하는 관계 개념이라고 볼 수 있는 것이다. 그리스도교 신학의 삼위일체신론은 바로 본론에서는 '효'라는 관념과 직통한다고 볼 수 있는 것이다.[35]

여기에서 드러난 해천의 효 그리스도론은, 이른바 서구 기독교를 상수로 전제하고 동아시아의 변수를 매개체로 대입하는 식의 '유교적 기독교'(confucian Christianity)라는 시각과는 커다란 차이가 있다. 오히려 '효 그리스도론'의 틀 위에서 서구 중심의 기독교 해석학 흐름을 바꾸어놓는다. 그러기에 이는 거꾸로 '기독교적 유교'(christian Confucianism)라는 새로운 마당을 열어나가는 계기를 이룬다. 이를 위해서 해천은 기독교와 유교라는 기존의 이해와 범주를 뛰어넘어 '성서적 진리의 재발견'이라는 새로운 해석학의 마당을 펼쳐놓았다.

이렇게 본다면 효는 동양 선교의 절대적 조건이 된다고 해도 무방하다. 이것은 동양 선교의 단순한 매개 계기가 된다기보다는, 이것이야말로 성서적 진리의 재발견이 아닐 수 없는 것이다.[36]

이러한 해천의 논리는 서구 일변도의 기독교 신앙과 그 해석학에서

---

34 윤성범, 앞의 책, 288.
35 위의 책, 289.
36 위의 책, 292.

벗어나는 중대한 변화를 시사한다. 일례로 해천은 개인주의와 근대 자본주의로 인한 물질만능주의 중심의 서구 세계의 윤리관이 막다른 골목에 다다랐다고 보았다. 그리고 이에 대한 대척점에서 동아시아의 공동체 윤리 그리고 조화와 상생이라는 동양의 가르침이 해석학의 기본 지침으로 자리 잡게 된다. 이를 바탕으로 그는 〈기독교 윤리가 유교 윤리를 어떻게 규정할 수 있는가?〉라는 논문에서 다음과 같이 천명한다.

> 서구 기독교 윤리가 개인주의로 흐르게 된 것은 바로 가정윤리의 추축이 되어있는 부자유친의 원리를 파기해버렸기 때문이라고 본다.[37]

그러므로 부자유친을 기반으로 하는 효 그리스도론을 통해 동아시아에서 이루어나가는 해천의 해석학은 마치 마틴 루터의 '이신득의'(以信得義, justification by faith)라는 종교개혁의 명제와 그 무게를 견주어도 결코 부족함이 없다. 그래서인지 해천 역시도 난점에 처한 서구 신학이 또 한 번 개혁의 형태로 변화할 것을 요청하였다. 일례로 해천은 서구 개신교가 처한 난점을 타개해나가기 위해 두 가지 처방을 말한다. 하나는 가톨릭으로 회귀하는 것이고, 다른 하나는 유교에서 말하는 가르침의 취지를 살려 나가는 방법이다.

그런데 이 갈림길에서 해천의 선택은 놀랍기 그지없다. 개신교 윤리의 형태가 가톨릭이라는 틀을 추구하기보다는 오히려 유교의 형태를 닮아 가는 것이 더 바람직하다고 주장한다.[38] 바울의 경우도 그렇거니와 루터 가 주장하는 칭의라는 종교개혁의 명제를 고려해보더라도 공로사상

---

37 위의 책, 304.
38 위의 책, 308.

(Werkgerechtigkeit)을 주장하는 천주교의 이해는 오히려 동아시아에서 말하는 부자유친의 관계에서 이탈되었다고 보았던 것이다. 이런 의미에서 해천의 효 그리스도론은 로고스 기독론이라는 서구 중심의 해석학을 넘어서 전환기 시대를 여는 새로운 기독교를 지향한다. 이러한 동아시아의 기독론의 지평이 기독교에 있어 어떠한 계기를 이루게 될지 자못 그 미래가 기대된다.

VI. 맺음말

미주에서 이른바 보스톤 유교(Boston Confucianism)[39]의 뿌리를 내리며 활발하게 동아시아 유교 전통을 전 지구적인 틀 안에서 풀어내고 있는 뚜 웨이밍은 『문명들의 대화』를 통해 서구 일방의 시각을 뛰어넘어 새로운 지구촌의 미래를 제시하였다.[40] 이는 일찍이 문명충돌론을 통하여 오늘 세계에 대해 정치공학적인 진단을 하였던 S. 헌팅턴의 이른바 문명충돌론(clash of civilizations)을 훌훌 벗어버린다.[41] 그리고 21세기 문화 이해를 지향함에 있어 동아시아의 지평을 새로운 잣대로 내세우고 있다.

이러한 점에서 제국주의가 서세동점하는 시기에, 동아시아에서 드물게 기독교 복음이 주체적으로 수용되어 자리 잡은 한반도의 경우는 주목하지 않을 수 없다. 동아시아의 오랜 전통과 서구 기독교 문명이 나름대로 잘 어우러져 이른바 문명들 간의 대화가 현실적으로 드러난 경우라고 평가할 수 있기 때문이다. 그리고 이 시기에 펼쳐진 효 그리스도론 등

---

39 Robert C. Neville, *Boston Confucianism*, SUNY Press, 2000.
40 뚜웨이밍(杜維明)/김태성 옮김, 『문명들의 대화』, 휴머니스트, 2006 참조
41 S. 헌팅턴/이희재 옮김, 『문명의 충돌』, 김영사, 1997 참조

해천의 신학적 작업은 이러한 동아시아의 해석학 지형을 정확히 진단하고 지향할 바를 제시한 매우 탁월한 토착화신학의 결과물이라고 말할 수 있다.

돌이켜보면 인류의 위대한 문명들은 어떠한 형태로든 이처럼 "문명들의 대화"를 통해 잉태되었다. 지중해를 안방삼아 히브리적 사유와 그리스적 사유가 만났을 때 오늘 서구 문명의 씨앗이 뿌려졌던 것은 주지의 사실이며, 또한 팔리어(Pali)에서 비롯된 고다마 싯달타의 정신적 유산이 산스크리트어로 이루어진 문명의 흐름과 합류하면서 위대한 아소카 문명으로 널리 자리 잡았던 것도 빼놓을 수 없다. 그리고 인도불교의 정신세계가 동아시아 문명과 만났을 때, 비로소 오늘날 전세계로 널리 퍼져나간 선불교로 거듭났던 사실도 문명들의 만남과 대화가 이루어낸 시너지 효과라는 점에서 주목할 만하다.

오늘 21세기 지구촌은 더 이상 동과 서의 구분이 무색할 정도로 가까운 이웃집처럼 서로 나란히 어깨를 맞대며 살아가고 있다. 아침에 눈을 뜨고 대문 열기 무섭게 마주치는 이런 낯선 현실은 이제 선택이 아니라 필수이다. 이 낯선 세계가 좀 더 가까운 현실로 생생하게 다가올 수 있도록 만남과 대화가 절실한 세상이다. 이러한 점에서 일찍이 문명의 대화라는 현실적인 정황을 인식하고 이를 토대로 동아시아 신학을 위해 고군분투했던 해천의 유산은, 동아시아와 21세기 신학의 미래를 열어가는 귀중한 자양분이라 믿으며 글을 마친다.

참고문헌

『개역성서』. 서울: 대한성서공회, 1961.

『공동번역성서』. 서울: 대한성서공회, 1977.

율곡 이이. 『四書栗谷先生諺解』. 성균관대학교 양현재, 서울: 영인본.

박봉배. 『기독교와 한국문화』. 서울: 성광문화사, 1983.

윤성범/편집위원회편. 『(윤성범 전집 1) 한국종교문화와 한국적 기독교』. 서울: 도서출판감신, 1998.

_____. 『(윤성범 전집 3) 효와 종교』. 서울: 도서출판감신, 1998.

이종찬. 『목사님 신학공부 어떻게 할까요』. 서울: 도서출판 KMC, 2004.

Boman, T. 『히브리적 사유와 그리스적 사유의 비교』. 왜관: 분도출판사, 1975.

Du, Wei-ming/김태성 옮김. 『문명들의 대화』. 서울: 휴매니스트, 2006.

Huntington, S./이희재 옮김. 『문명의 충돌』. 서울: 김영사, 1997.

Moltman, J./김균진 옮김, 『십자가에 달리신 하나님』. 천안: 한국신학연구소, 2000.

Neville, Robert C., *Boston Confucianism*, NY: SUNY Press, 2000.

Von Rad, G./허혁 옮김, 『구약성서신학 1권』. 왜관: 분도출판사, 1976.

성리학의 관점에서 본 유물론적 진화론 비판
— 이기(理氣)론으로 '우주'의 신비를 말하기
: 초월적 자연주의와의 비판적 대화

이정배

(顯藏아카데미 소장)

Ⅰ. 나는 왜 이 글을 쓰는가 — 성리학의 재 지평을 위하여

海天 윤성범 선생님이 탄생한 지 100년이란 세월이 흘렀다. 70년대 학부 재학 시 그분 강의를 수차례 들었고 학장이 되신 그분으로부터 졸업 장을 받은 첫 학번이었으며 그분의 조교였고 석사논문의 부심이셨을 뿐 아니라 바젤대학교의 선배였으니 그분과의 인연이 스승 一雅 변선환 만 큼이나 깊다고 할 것이다. 더구나 필자의 장인이신 고(故) 李信 박사와 함께 종교사학회를 조직하여 활동하셨으니 그와의 관계가 두 대에 걸친 셈이다. 무엇보다 바젤 유학 시절, 海天의 평생과제였던 유교와 기독교의 대화를 주제로 박사논문을 쓰면서 그 뒤를 잇고자 했기에 필자에게 그분

은 영원한 스승일 수밖에 없다. 석사논문을 마친 늦은 나이로 입대했던 필자는 채 4개월도 지나지 않아 그의 부음(訃音)을 듣고 아연 실색한 적이 있었다. 1980년 정월 어느 추운 날, 회갑을 막 지난 지금 내 나이 때 테니스 운동 후 목욕하시고 찬 바닥에서 주무신 탓이다.

필자가 모교 감신의 교수로 부임한 1986년 이래로 해마다 그가 임종한 정월 하순이 되면 변선환 선생은 당시 巨儒로 일컬어지던 道原 유승국 선생님과 이동준 선생님을 비롯한 성균관의 유학자들을 초청하여 海天을 추모하는 신학 심포지엄을 열곤 하셨다. 유학을 관심하는 신학자들이 발표하고 유교학자들이 논평하는 형식의 조촐한 饗宴은 一雅 선생의 생존 시까지 지속되었다. 당시 道原 유승국 선생은 海天께서 『誠의 신학』을 쓰기 위해 거의 한달 이상을 하루 두 세 시간 씩 자신에게 『大學』과 『中庸』의 세부 내용을 물었고 함께 토론했음을 회상하였다. 교수 초년생이었던 당시 필자의 기억에 道原 역시도 신학자들이 유교경전을 텍스트 삼아 연구하고 토론하는 것을 기쁘게 여기신 듯했다. 그가 다석 유영모를 좋아하고 흠모했던 것도 조상숭배(有)에 그친 유교를 하늘(天, 無)의 시각에서 옳게 비판했던 탓이다. 유교 역시도 조상을 넘어 하늘(天)에 이르게 하는 학문이자 종교란 것이 그의 지론이었던 것이다. 이후 필자가 多夕 유영모를 연구하게 된 것도 이런 영향史 탓이라 생각해 본다.

필자는 한국 정신사에 있어 신학자 海天 윤성범의 의미가 작지 않다고 생각한다. 동서 문명의 첫 교류가 유교와 기독교의 만남에서 비롯한 것인 바[1], 그를 개신교의 M. 릿치와 비견할 수 있다고 믿는 탓이다. 그의 대표 저서 『誠의 신학』과 『孝』는 『天主實義』의 개신교적 버전이라 일컬어질

---

1 히라카와 스케히로, 노영희 옮김, 『마테오 리치-동서 문명 교류의 인문학 서사시』 (동아시아 2002).

만큼 값어치가 있다. 두세대 앞서 활동한『萬鍾一臠』[2]의 저자 최병헌 역시 유교-기독교 대화에 있어 중요하나 기독교 변증에 초점을 두었기에 릿치와 견주기에 어색함이 있다. 동서 문명 간의 교섭(交涉)이란 말에 충분히 적합지 못한 것이다. 하지만 海天의 저서들과『天主實義』는 저마다 유교적 가치를 인정하고 그와 기독교를 접목시키려는 적응주의의 결과물들이었다. 단지 릿치가 양자 간의 차이보다 공통점을 앞세웠다면[3] 海天의 경우에는 오히려 '誠'과 '孝'를 신학적으로 재해석하여[4] 서구 윤리를 보완내지 수정하려는 진일보된 입장을 견지했던 것이다. 따라서 포괄주의란 면에서 차이가 없겠으나 서구문명의 한계를 직시한 海天에게 있어 부자(父子) 관계에 토대한 유교적 가족(공동체) 윤리가 더없이 중요했던 것이다. 이점에서 海天은 유교적 토양에서 다른 맛과 향의 기독교가 생성 될 것을 기대했던 바, 그로써 토착화신학의 선구자로 칭송되었다. 동시에 교회주의자들로부터 종교혼합주의라는 비판에 직면한 적도 있었다.

하지만 이런 공헌에도 불구하고 海天의 신학적(해석학적) 작업 역시 한계가 많았다. 대화의 담론이 주로 윤리, 도덕 영역에 제한된 탓이다. 이는 儒學, 특히 性理學 자체가 우주론을 결핍치는 않았으되 서구처럼 도구적 이성에 근거한 과학발전에 무심했던 결과라 하겠다. 하지만 노장사상의 우주론과 불교적 존재론을 갖고 유교의 천(天) 개념을 재해석했던 성리학의 理氣형이상학이 무신론적 우주론으로 치닫는 서구과학에

---

2 최병헌,『만종일연』(조선예수교서회 1921) 이 책에서 저자는 종교변증법을 사용했으나 모든 종교는 결국 한(같은) 맛을 지니고 있다는 파격적 주장을 했다.

3 마테오 리치, 송영배 옮김,『天主實義』(서울대학교 출판부 1999), 99-100. 본 책『天主實義』 는 1603년 저술되었다.

4 이정배,『한국 개신교 前衛토착신학연구』(기독교서회 2003), 3부 내용 중 海天 윤성범 논문 참조.

할 말이 없지 않을 듯싶다. 理氣 우주존재론으로 이제는 인간사를 넘어 무신론적 진화론에 근거한 자연과학적(생태적) 세계관과 맞닥트릴 이유가 생긴 것이다.5 아울러 海天이 좋아했던 성리학은 무신론적 진화론에 대해 '지적설계'를 통해 유신론을 고수하려는 보수 기독교적 입장과도 의당 변별되어야 옳다. 이런 이유로 目下 기독교 신학은 무신론적 진화론과 변형된 창조론, 이 모두를 넘어 유신론적 작인으로서 새로운 神觀과 우주론 정립을 최상의 목표로 삼고 있다. 그럴수록 성리학은 이런 신학적 과제와 마주해야 할 책임이 있다. 비록 서구처럼 과학을 발전시키지 못했으나 그 폐해가 사실적 종말의 위기를 초래 했고 무신론과 창조론 중 하나를 택할 수밖에 없는 현실에서 새로운 신학적 작업과 공명해야만 할 것이다. 이런 이유로 誠과 孝의 인간(윤리)적 면에 무게중심을 둔 海天의 토착화론은 과학적 신학의 차원으로 진일보 될 필요가 있겠다. 유교적으로 말하자면 四端七情論 논쟁으로부터 人物性同異論에로의 관심의 확장이라 할 것이다.6 단지 海天이 율곡을 중시했다면 필자에겐 퇴계의 입장이 더 선호되었다 하겠다.

사실 필자가 처음 계획7과 달리 본고의 향방을 이리 정하게 된 배경이 있다. 과학적 무신론을 낳은 세속적 이성을 비판하며 보편적이며 합리적인 우주적 神을 정교하게 서술한 종교학자 길희성 교수의 저서8때문이었

---

5 M.E Tucker & J. Berthrong, *Confuciaism and Ecology*(Havard Univ. press 1998), LEE Hyo-Dong, *Spirit, Qi and Multitude: A comparative Theology for the Democracy of Creation* (Newyork: Fordam Univ. press 2014).

6 사실 이 논쟁은 조선조 유학 내부의 논쟁에서 비롯되었다 말할 것이나 천주학의 직간접적 영향 탓이라 해도 크게 틀리지는 않을 듯하다. 대개 천주학의 영향을 받은 남인 계급들이 異論을 주장한 탓이다. 이정배, "불교적 유교에서 기독교적 유교에로- 다산 정약용의 유교해석에 있어서 기독교적 영향탐구", 「신학과 세계」 52호 (감신대출판부 2005), 229-239.

7 본래 필자는 海天과 多夕 유영모사상간의 관계를 논할 생각이었으나 논지를 바꿔 본고를 작성하였다.

다. 그는 자신의 책에서 무신론, 창조론, 理氣론, 緣起론 등 동서양의 우주론 일체를 부정하고 보편적 일자(一者)로서 유신론적 신관을 회복시켜 세속주의를 극복하고자 하였다. 그의 치열한 논리에 경의를 표하면서도 보편자로서의 인격신과 '인간원리'에 대한 그의 집착에 선뜻 동의할 수 없는 부분이 있었다. 무엇보다 성리학의 理氣論에 대한 그의 가벼운 터치가 불만이었다. 동양적 자연관에 터해 생태 신학적 사유를 시도했던 필자로선 하버드의 유학자 두유명(Tuweiming)의 말대로 '인간원리'란 것에 선뜻 동의할 수 없었던 탓이다.9 이런 이유로 필자는 본고에서 길희성 교수의 스콜라적이며 본질주의적인 우주적 신관을 소개하고 理氣 우주존재론에 입각하여 그와 비판적 대화를 시도할 생각이다. 이를 위해 성리학의 창시자 주희(朱熹)는 물론 退溪와 栗谷 간 理氣논쟁을 나름 창조적으로 활용할 것이다. 하지만 본 논문의 결정적 한계 역시 명백하다. 이들 생각을 原典이 아니라 필자의 이전 연구물10로부터 자유롭게, 함축적으로 인용했던 까닭이다. 이 점에 대한 깊은 이해를 구하며 본론을 시작한다.

II. 탈(脫)유물론적 세계관으로서 길희성의 초월적 자연주의

종교학자이자 신학적 소양을 지닌 길희성은 현대 인문학의 위기를

---

8 길희성, 『신앙과 이성사이에서』(세창 출판사 2015).
9 지금은 작고했으나 과학과 기독교간 대화를 주도한 신학자 W. 판넨베르크가 대우학술재단 초청으로 한국에서 몇 차례 강연한 적이 있었다. 감신대에서 한 강좌가 열렸었는데 그 자리에 하버드의 유학자 두유명도 우연히 자리하게 되었다. 강연 후 질문을 통해 그는 판넨베르크가 당연시했던 인간원리를 조목조목 비판했던 바, 필자는 당시 그 토론에 깊이 유념했었다. 이정배, 『종교와 과학의 대화에 근거한 기독교 자연신학』(대한 기독교서회 2005), 78-104.
10 이정배, 『토착화와 생명문화』(종로서적 1991), 본 책 118쪽까지의 1부 내용이 성리학에 대한 연구물들이다.

세속화된 근대 이성, 곧 존재론적 기반을 상실한 도구적 이성에서 찾았고 그 결과가 도킨스, 데닛 등의 유물론적 우주론 혹은 무신론적 진화론이라 하였다.[11] 그에게 무신론은 반(反)본질주의와 동의어로 이해되었고 자신을 유연한 본질주의자로 규정하였다. 여기서 본질주의란 인간 존재가 본래 신적 로고스를 지녔다는 사실을 적시하는 것으로 무신론을 낳는 도구적 이성과 대립되는 개념이다. 이를 유교적으로 말한다면 천명지위성(天命之謂性)의 성(性)에 해당될 수 있겠고 성리학적으로는 이(理)를 품은 本然之性이라 할 것이다. 물론 길희성에게 理의 초월성 내지 一者로서의 궁극성은 긍정되지 않을 것이다. 자연적이라 해서 성스러운 종교적 진리가 될 수 없다고 판단한 듯이다.[12] 이에 내한 논의는 앞서 말했듯 퇴계, 율곡간의 理發/氣發 논쟁 결과를 통해서 후술, 재론하겠다. 여하튼 유신론적 一者와 인간원리와 더불어 길희성은 정교하게 조율되어 안정된 우주신비를 맘껏 찬양했다. 인간만큼이나 자연계 역시 우연이 아닌 창조주의 합리성으로 설명코자 한 것이다.[13] 그러나 우주가 인간 출현을 위해 존재했다고 믿듯이 우주 자체의 합목적성을 전제하는 한, 정도 차는 있겠으나 지적 설계론에로 회귀할 여지가 충분하다.[14] 그가 문제 삼았던 무신론적 진화론이 본래 성서적 창조론의 변형인 창조과학이나 지적설계를 거부할 목적에서 비롯했기에 조심할 일이다.

평생 힌두교와 불교를 연구했고 그리고 M. 엑카르트 신비주의 사상에 심취했던 길희성은 은퇴와 함께 강화도에 묻혀 옛적 아퀴나스(토미즘)가

---

11 길희성, 앞의 책, 167

12 D. 벤들리 하트, 한성수 옮김, 『무신론자들의 망상』(한국기독교연구소 2015), 26

13 길희성, 위의 책, 171

14 지난 2월 19일 강화도 심도학사에서 몇몇 신학자들과 함께한 토론 자리에서 길희성은 지적 설계론을 부정하는 듯 보이지 않았다. 신적 창조에 의한 목적론적 우주를 합리성에 근거하여 수용하는 듯 느껴졌다.

그랬듯 세속적(무신론적) 과학 시대에 기독교를 변증코자 했다. 이를 위해 치열한 합리주의 바탕에서 신앙을 다시 물었고 스스로를 비판적 실재론자로 稱하면서 포스트모던 사조의 주관성, 무근저성에 저항하며 오히려 스콜라적 본질주의를 선호했다. 신플라톤주의의 一者 유출설을 진화론과 연계시켜 '초월적 자연주의'란 이름의 신(新) 논리로서 기독교를 변증했던 것이다. 이 과정에서 길희성은 성리학 뿐 아니라 동양종교들의 우주(神)론 일체를 자연주의로 범주화 했고 초월적이며 보편적 一者와의 대비를 허락지 않았다. 동양 종교들의 내재적 초월(성)의 길에 만족치 못한 탓이었다. 이하 내용에서 이런 과정을 추적해 볼 생각이다. 무신론(유물론)적 과학(진화론)을 넘어서 유신론적 일자에 이르는 12단계의 과정을 본장에서 비판적으로 요약 정리하였다.15 이에 근거하여 창조론 및 기독론 등 기독교의 주요 교리들을 재해석(구성)하는 것이 길희성의 최종 목표였던 바, 필자는 유교 성리학의 시각에서 이와 논쟁할 것이다.

우선 저자는 자연 내 각 사물이 저마다 고유한 내적 본질(정체성)을 지니면서도 위계관계가 있음을 명시했다. 삼라만상이 상호의존적이면서도 하이라키적 구조를 갖고 있다는 것이다. 이는 緣起적 사유의 한계를 적시하는 것으로서 一面 인간을 우위에 놓는 전통적(계층적) 사유를 닮았다. 천주학의 영향을 받은 실학자들이 人物性 '同論'대신 '異論'을 앞세운 것도 동일 맥락에서 이해할 수 있겠다. 이런 입장은 하이라키와 헤테라키를 비판한 홀아키(Horachy)와도 유사하나 무게중심이 본질(개체)에 있다는 점에서 변별된다.16 비록 계층적 사유를 인정하나 홀아키론은 상호

---

15 길희성, 앞의 책, 166-216
16 홀아키론을 주장한 대표적 학자로서 우리는 켄 윌버를 들 수 있겠다. 그의 책 상당수가 번역되어 읽혀지고 있으나 필자 역시 그의 책들을 읽고 연구서를 출판해 냈기에 그 책 내용을 소개할 것이다. 이정배, 『켄 윌버와 신학-홀아키론적 우주론과 기독교의 만남』(시와

의존성을 강조했다. 이점에서 성리학적 사유 역시 동일하다. 인간과 사물 모두가 理氣之妙의 결과로서 양자 간 차이란 氣의 혼탁에 의한 것으로서 본질에 있어 결코 다르지 않다고 본 까닭이다. 하지만 길희성은 인간을 하느님 모상으로 본 기독교와 진화론에서의 인간원리를 같게 보며 인간 우위의 본질주의 나아가 전 자연을 관통하며 이끄는 유신론을 앞세웠다. 이어서 길희성은 물리학자 폴킹혼의 생각을 빌려 자연 질서의 안정(법칙) 성이 창조주의 합리성에서 비롯한 것이라 여겼다.[17] 자연 질서 속의 차별 성, 곧 인간 출현을 목적하여 진화된 우주가 창조주의 합리성 탓이란 것 이다. 자연법칙의 출처에 대해 침묵하거나 우연성을 강조하는 무신론적 과학사들에 대한 일침이기도 했다. 자기 소식화하는 우주의 복잡성, 그 속에 반드시 신적 지성(로고스)의 내주를 확언한 것이다. 나아가 저자는 자연 속의 정신(합리)성을 '神의 마음'이란 말로도 풀었다.[18] 그렇기에 氣 적 세계를 조직화하는 理, 곧 성리학적 理氣론은 초월적 인격성의 결핍 탓에 논외가 된다. 여기서 중요한 것은 바로 플로티누스의 一者사상이다. 자연에 질서(법칙)가 있고, 통일(안정)성이 존재할 수 있는 것은 질서를 부여한 원초적 존재 때문이란 것이다. 그러나 역시 후술할 주제겠으나 여기서 생겨나는 물음이 없지 않다. 一者와 理의 차이에 관한 것이다. 즉 존재론적 속성으로서의 一者와 所以然과 所當然의 양면성을 지닌 理, 혹은 太極간의 변별성에 대한 물음이다. 성리학적 우주론 또한 무신성과 유물론을 극복할 수 있는 다른 類의 세계관인 것을 인정해야 옳지 않을까?

이어 길희성은 세계가 있다는 것 자체를 신비라 하였다. 엑카르트를 통해 배운 바, 우주에는 이해(이성)를 넘어선 신비(실재)가 있다는 것이

진실 2008).

17 길희성, 앞의 책, 171

18 앞의 책, 174

다. 이는 '왜 무(無)가 아니고 어떤 것인가?'라는 오래된 서구 형이상학의 물음과 다르지 않다. 여기서도 길희성은 '어떤 것'을 창조적 근원이라 여겼다.[19] 따라서 서구 역사를 존재망각의 역사로 보는 것에 대해 동의할 수 없었다. 토미즘 전통이 세간의 오해와 달리 존재신비, 곧 실존하게 하는 힘을 극한질문으로 제기했다 보았던 탓이다. 사물의 본질을 넘어 그것을 존재토록 하는 힘에 대한 관심이 아퀴나스 사유의 핵심이라 여긴 것이다. 이점에서 저자는 개신교 학자임에도 가톨릭의 신학체계를 선호했고 자연과 초자연을 아우르는 보편적 神觀을 확립코자 하였다. 오히려 一者의 시각에서 가톨릭의 존재유비(Analogia entis)의 한계를 지적할 정도로 두 영역간의 연속성을 강조했다. 하지만 본질을 넘어 존재케 하는 힘을 존재토록 하는 이치로서 성리학의 理(太極)와 어떻게 다른 것인지가 불분명하다. 어떤 이유로 성리학의 우주론이 배제되었는지 토론되어야 할 것이다. 여하튼 저자는 개신교적 주관주의 보다는 가톨릭의 객관주의 입장에서 존재자(객관)를 초월하는 신비한 실재를 찾고자 했다. 신앙적 주관주의 대신 일원론적 형이상학의 틀에서 일체를 조화와 통일로 이끄는 원리, 一名 '통일성의 원리'를 추구한 것이다.[20] 여기서 통일성이란 각각의 개체성, 그들 간의 관계성 그리고 이들 전체성을 아우르는 어떤 것으로서 물질로서는 설명할 수 없는 절대적 원리, 곧 一者를 적시한다. 물질을 초월하는 정신(神) 없이는 자연의 다양성 자체를 설명할 수 없음을 말하려는 것이다. 하지만 성리학의 理一分殊說 역시 다양성과 통일성의 관계를 설명할 수 있는 사실 적합한 논거(論據)라 생각할 수 있다. 인간사뿐 아니라 사물에서 所以然/所當然의 양면으로 작동하는 理(太極)의

---

19 앞의 책, 181
20 앞의 책, 184-185

초월성은 부정될 이유가 없을 듯싶다.

　이상에서 우주를 통일하는 정신적 원리로서 一者를 강조한 길희성은 다섯, 여섯 번째 명제로서 우주사 속에서의 인간 출현의 신비를 논증했다. 앞서 말했듯 우주가 의식을 지닌 인간을 출현시킨 것은 처음부터 존재했던 우주적 정신(一者)의 작용 탓이란 것이다.[21] 본래 정신이 있었기에 자기 초월적 의식을 지닌 인간이 생겨났다는 말이다. 물질에 대한 의식의 초월성을 강조할 목적이기도 했다. 물질은 결코 의식의 출현을 설명할 수 없다는 것이다. 이점에서 자신을 의식하는 유일한 존재인 인간은 우주적 정신의 반영일 수밖에 없다.[22] 역으로 말하면 인간이 바로 神(우주적 정신)을 말할 수 있는 인식근거란 것이다. 저자는 이를 인간학적 논증이라 했으며 이는 인간원리(anthropic principle)라고도 호칭되었다. 태초부터 우주 속에 인간출현원리가 내재, 작동되었다는 말이다.[23] 이를 일컬어 저자는 '자연적(내재적) 목적론'이라 하였고.[24] 나아가 이것이 지적 설계론(design)과도 흡사할 수 있다고 했다.[25]하지만 이는 무신론적 진화론에 대한 논리적 반박을 위한 것으로 보편화 될 수 없다. 동양적 사유 속에서 인간원리는 오히려 비판의 초점이 되었고 신생대로부터 생태대로의 전환을 말하는 서구 신학자도 있는 탓이다.[26]뭣보다 성리학은 理氣간의 不相雜과 不相離를 통해 물질 환원주의와 거리를 두었으며 인간 역시 여타 물질(자연)과 淸濁에 있어 차이가 있겠으나 理氣之妙의 산물로 보기에 우주적 지성을 상정할 이유가 없다. 오히려 太極과 理氣의 관계에 대한

---

21 앞의 책, 187
22 앞의 책, 188
23 앞의 책, 189
24 앞의 책, 191
25 앞의 책, 190
26 토마스 베리, 김준우 옮김, 『신생대에서 생태대로』(에코조익 2006).

정교한 설명이 후술될 필요가 있겠다.

상술된 인간원리를 토대로 저자는 도덕질서와 가치를 논한다. 차축시대가 말하듯 황금률이 인류의 종교와 역사 속에 보편적으로 존재하는 것을 무신론적 진화의 시각에서 설명될 수 없다는 것이다. 도킨스가 그랬듯 인간의 利他心조차 이기적 유전자로 해명하는 것을 용납하려 들지 않았다. 그렇기에 저자는 자기 인생 전체를 떠받치는 궁극적 의미(신, 신성)를 수용코자 했다.27 우주자연이 물질로만 설명될 경우 삶 자체가 무의미해 질 것이란 두려움 탓이다. 하지만 저자가 자연주의라 비판하는 불교, 유교(성리학) 전통에서 하느님의 영적실재, 곧 신(신성)이 없다하여 삶이 무의미한 것이 아님을 그 스스로 잘 알 것이다. 신앙의 주관주의를 거부, 초극하려했던 그가 이점에서 다시 원점으로 회귀한 것은 아닐지 염려된다. 주지하듯 공자의 天사상을 理氣論으로 재구성한 성리학이 불교와 노장사상과 다른 점은 '下學而上達'의 방식으로 윤리성을 담보한다는 점에 있다. 『天主實義』에 대한 성리학자들의 논변—〈西學辯〉28—에서 드러나듯 神이나 내세 없이도 삶의 의미나 윤리적 철저성에 있어 성리학은 천주학에 못지않았다.

마지막까지 이어진 명제들에서 길희성은 거듭 인간 존엄의 근거에 대해 물었다. 물론 인간 존엄과 평등의 가치가 종교에 있다고 하였다. 인간 도덕이 우주 세계관에서 비롯한다는 것을 거듭 천명한 것이다. 하지만 자연법은 허물어진지 오래이며 서구 세속적 휴머니즘으로 도덕 실재

---

27 길희성, 위의 책, 195
28 김시준 옮김, 『闢衛論-한국 천주교 박해사』(명문당 1967). 이 책 속에 실린 신후담의 〈西學辯〉을 보라. 여기서 신후담은 성리학적 세계관을 갖고서 마테오 리치의 논지를 비판하고 있는데, 필자는 아직도 서구 신학이 한국 성리학자의 비판에 대해 충족한 답을 못했다고 생각한다. 비록 여기서는 우주론에 대한 언급이 본격화되지 못했음에도 말이다.

론이 붕괴된 것이 현실이다.[29] 따라서 저자는 도덕을 위해 우주, 신적 기반이 반드시 필요하다고 강변한다. 이는 결국 이성에게 존재론적 뿌리(기반)를 되돌려 주자는 생각으로 이어졌다.[30] 과학적 무신론에 이르는 목하 도구적 이성으로는 불가하다는 것이다. 여기서 중요한 것은 이성에게 존재론적 기반을 돌려주자는 중세 스콜라철학의 시각이다. 주관적 믿음 대신에 합리적(존재론적) 이성의 극한 질문을 통해 도덕의 기반인 우주(세계)를 회복시키고자 했던 까닭이다.[31] 결국 이성의 세속화를 극복하여 자신 책 제목이 암시하듯 신앙과 이성을 넘는 영성(神性)의 세계를 찾고자 했다. 저자는 이를 신학 함에 있어 '극한적 관념'이라 불렀다.[32]이것 없이는 유물론에 입각한 무신론을 극복할 수 없다는 맥락에서다. 결국 이성에게 극한적 물음을 가능토록 하는 극한적 관념이란 태초부터 자연 속에 내주된 로고스(一者)에 대한 인정이라 할 것이다.[33] 이러한 로고스가 없다면 인간 이성은 한마디로 무력할 수밖에 없다. 인간 도덕과 자연 법칙을 위해 반드시 로고스가 존재해야만 되었던 것이다. 물론 이런 로고스가 성서가 말하는 인격신인가 하는 것은 저자에게 별개의 문제였다. 다음 장에서 이런 로고스와 전통적인 성서의 신관간의 변별력이 명시될 것이다. 필자보기에 성리학의 '理—分殊說'만큼 인간과 자연을 관통하며 그 법칙의 토대를 설명하는 이론도 없는 듯싶다. 一者가 지닌 초월성의 결핍이 여전히 지적되겠으나 이치에 더해 당위를 부과하는 理(太極)의 속성 탓에 聖俗—如의 세계를 논할 수 있는 최적의 논리인 까닭이다. 따라

---

29 길희성, 위의 책, 201
30 앞의 책, 205
31 앞의 책, 208
32 앞의 책, 209.
33 앞의 책, 211

서 一者의 논리에 근거한 목적론에 터한 유물론적 무신론 타파 시도는 一理 있되 全理가 될 수는 없을 듯싶다. 저자가 말하듯 유신론적인 목적론만이 무신론(진화론)적 유물론을 극복할 수 있다는 논리는 전적으로 수용되기 어렵다 할 것이다.

III. 초월적 자연주의에 입각한 기독교의 하느님
— 성리학적으로 살펴 읽다

이렇듯 길희성은 서구적 유물론은 물론 동양적 자연주의와도 거리를 두며 의도적으로 초자연적 자연주의란 새 길을 열고자 했다. 이는 중세 가톨릭신학의 골자였던 '존재유비'(*Analogia entis*) 사유의 변형으로서 고대철학의 一者論을 현대과학의 진화론에 적용시킨 결과물이라 할 것이다. 따라서 초월적 초자연주의에 근거한 그의 신론은 의당 성서전통의 신론과 변별될 수밖에 없다. 인격신과 무(無)로부터의 창조 등 많은 부분에서 이견(異見)이 속출되었고 계시신학을 자연신학 전통과 합류시키는 노력이 경주된 것이다. 이로써 근대 이후 자연의 탈(脫)마술화 대신 그의 재(再)신성화가 모색되었다. 이제 구체적으로 초자연적 자연주의의 틀 속에서 길희성이 시도한 기독교신관을 정리하고 이를 성리학적 理氣우주존재론의 빛에서 평가해 볼 생각이다.

누차 언급했듯이 저자는 전통적인 '無로부터의 창조'론 대신에 세계를 神(一者)의 유출로 보는 출산의 모델을 지지한다. 이는 신적 초월성 보다 그의 내재성에 무게중심을 둔 성서 속 성례전적 전통34과 일정부분 조우

---

34 R. 류터, 전현식 옮김, 『가이아의 하느님』(이화여대 출판부 2006).

할 수 있다. 하느님이 만물을 통해서 일하며 만물 안에 있다는 바울의 증언도 이와 유관하다. 역사적으로 이것은 가톨릭 전통하에서 자연신학의 이름으로 전개되어 왔었다. 여기서 神은 존재의 원천(being itself)이자 세계를 존재토록 하는 必然有(necessary being)이며 창조는 그의 현시이자 전개로서 생성과 소멸을 반복하는 偶然有(contingent being)가 된다.35 따라서 세계(panta) 자체를 신의 보편적 육화(성육신)라 말해도 좋다. 그럼에도 만물 간에 차별이 있다는 것이 유출설의 핵심이다. 무엇보다 一者의 유출과정에서 신적 로고스가 인간 속에 더 높고 순수한 형태로 내주하기 때문이다. 만물 일체가 神의 현현임에도 불구하고 一者 영향력의 정도에 따라 사람을 비롯한 뭇 개체성이 생겨날 수 있는 것이다. 이를 길희성은 불교 연기설의 상호의존성(理事, 事事无涯)에 견줘 상대적 독자성(relative independence)이라 일컬었다.36 인간과 자연간의 무차별적 동일성을 피하고 싶었던 이유에서다. 이것이 바로 성서적 세계상의 일면이라고도 말했다.37 여기서 '스스로 존재하는 하느님'은 一者이며 그의 창조성으로 인해 세상이 형성되었다 믿은 것이다. 과정사상에서 말하는 신적 불변(궁극)성과 창조성 양자를 함께 말할 수 있는 근거를 一者에게서 보았던 탓이다.38 여기서 저자는 오히려 성리학의 理一分殊를 말했어야 옳았다. 다양성 속의 일치를 말하되 氣로 인한 개체적 차이를 강조한 것이 바로 성리학

---

35 길희성, 위의 책, 223-224.

36 앞의 책, 224.

37 여기서 일면(一面)이란 말은 주류 사상은 아니었다는 사실을 뜻한다. 앞의 책, 228.

38 앞의 책, 229. 이것은 과정철학자 화이트헤드 신론의 골자이다. 하지만 길희성은 신적 궁극성과 창조성, 이중 창조성을 원초적 본성과 귀결적 본성으로 나누는 것에는 동의하지 않았다. 과정사상의 최대 장점인 귀결적 본성을 불필요하다 여긴 것이다. 자체 속에 '원초적 목적(initial aim)'을 품은 신적 창조성만으로 충분하다 여겼다. 이점에서 그에게 삼위일체론은 없어도 좋을 신학적 교리였다. 앞의 책, 229-230. 235.

이었던 까닭이다. 하지만 길희성은 성리학을 비롯한 동양종교들에게서 목하 무신(유물)론적 진화론과 견줄 수 있는 '창조' 개념의 부재를 보았다. 여전히 '자연주의'란 이름으로 동양종교들 일체를 범주화했던 것이다.

여하튼 저자는 一者의 유출론을 과정사상과 결합시켜 성서의 하느님을 이해할 수 있는 이론적 근거를 제시했다.[39] 즉 一者와 그의 유출과정을 로고스(logos)와 원초적인 물질창조력이라 보았고 여기서 로고스는 성서의 하느님을, 물질 창조력은 창조의 영(靈)과 등치되었다.[40]여기서 중요한 것은 창조성이 신의 본성이란 것과 창조성의 산물인 피조물이 神的 현시(계시)이긴 하지만 그의 본성일 수는 없다는 사실이다. 이는 유물론적 진화론을 비롯한 동양적 자연주의와의 변별을 목적한 것으로 과정철학이 말하는 바, 神人 간 협업으로 이뤄질 결과적 본성 역시 거부하는 이유라 할 것이다. 또한 성서가 말한 창조의 영(靈)을 물질(적) 창조력이라 함으로써 일체 개물(個物)을 존재토록 하는 힘—이는 실상 성리학의 氣에 해당되는 역할이다—인 것을 강조했다. 여기서 '물질적'이란 말은 우주의 원초적 혼돈 상태로서 물질을 창조하는 신적 본성에 속하는 것으로서 통상적 물질과는 차원을 달리한다.[41] 창세기가 말하는 태초의 혼돈이 바로 이를 일컫는다 했다.[42] 인간을 비롯하여 물질[43]을 출현시키는 힘은 결코 물질이 아니라 신(로고스)으로부터 넘쳐 나온 창조력이란 것이다. 저자가 '無로부터의 창조'란 정통신학의 입장을 거부하는 근거도 바로 여기에 있다.[44] 물질(적) 창조력으로 인해 신과 세계간의 존재론적

---

39 이하 내용은 앞의 책, 230-237에서 요약정리 한 것이다.
40 앞의 책, 231.
41 앞의 책, 232.
42 앞의 책, 243.
43 앞의 책, 234. 저자는 여기서 창조의 영이 지닌 탈(脫)인간중심주의적 능력을 강조하였다.
44 앞의 책, 269 이하 내용 참조.

연속성이 생겨난 탓이다. 동시에 저자는 이들 간에 '토대'와 '의존'이라는 질적 차이 역시 긍정했다.[45] 토대이자 근거(一者)로서의 신적 창조력에 의존하는 방식으로 세계가 존재한다고 본 것이다. 앞서 언급된 '상대적 독자성'이란 것이 그 뜻이겠다. 과정신학자들이 말하는 범(汎)영혼주의에 전적으로 동의하지 않은 결과이다. 한마디로 피조된 세계가 그 자체로 신적 본성일 수 없다는 말이다. 이런 길희성의 입장은 분명 성서적 세계상과 일치되는 부분이 있다. 하지만 이것으로 무신론적 진화론에 대한 답을 제시했다고 말하기 어렵다. 더구나 그가 지적 설계론 까지 긍정하고 있기에 그의 논리는 기독교 서구중심성의 또 다른 변형이자 오히려 보수성에로의 회귀로 여겨질 뿐 목하 활동하는 과학 신학자들의 다층적 견해와도 충돌될 여지가 크다.[46] 一者의 유출론적 시각을 지지하는 학자들이 대개 한 세대 앞서 활동한 틸리히, 맥쿼리 등인 것을 보면 그럴 개연성이 더욱 농후해 보인다.

하지만 여기서 필자가 관심하는 바는 길희성이 로고스(一者)와 물질적 창조력의 관계를 성리학의 理氣 不相離/不相雜의 차원에서 언급한 대목이다.[47] 물론 이런 유사성을 정교하게 발전시키지 못했으나 저자 역시도 성리학 역시 우주적 신비를 밝힐 수 있는 구조(틀)를 갖고 있다고 본 것이다. 이들 개념들 모두가 일종의 '형이상학적 가설' 내지 신학적 상상력(유비)들이기에 가능한 이야기였다.[48] 그럼에도 저자는 성리학에 있어 太極이 주로 理로 간주되었고 氣的 차원(혼돈)을 잃었기에 물질적 창조력

---

45 앞의 책, 233.
46 예컨대 A. 맥그래스, 『정교하게 조율된 우주』, 박규태 옮김, IVP 2014, 참고하라. 이 책에서 저자는 엄밀하게 조율된 우주를 삼위일체 하느님의 활동과 일치시키고 있다.
47 길희성, 위의 책, 247-248.
48 앞의 책, 249. 257.

368 21세기 보편 영성으로서의 誠과 孝

을 말할 수 없다고 하였다. 다음 장의 주제가 되겠으나 이점에서 필자는 길희성과 생각을 달리한다. 太極과 理氣의 관계를 설명할 수 있는 다른 방식 역시 존재했던 탓이다. 여하튼 로고스와 창조력은 유기체 속에 내장된 유전자 정보처럼 나눌 수 없는 신적 본성(신비)의 두 측면으로 이해되었다.[49] 그럴수록 저자가 고백하는 하느님 신비는 지적 설계라는 차원과 더욱 깊이 연루된다. 유전자 정보라는 말을 사용할 정도로 신학자들에게 낯선 지적 설계론에로 한걸음 다가섰던 것이다. 그렇지만 세계(창조)와의 관계를 떠나서는 하느님을 말할 수 없다는 길희성의 논지는 신앙(학)의 주관성에 빠진 개신교에게 합리성을 일깨웠고 창조망각의 반(反)생태적인 개신교에게 자연신학 전통을 회복시킨 지대한 역할을 했다. 엑카르트 연구자로서 길희성, 그가 역설했던 신적 신비를 지금 우주 활동 차원에서 새롭게 이해시킨 결과라 할 것이다.

이렇듯 초자연적 자연주의란 이름하에 창조를 진화의 빛에서 독해했던 길희성의 고유한 기독교 이해는 다음 세 측면—성육신, 무로부터의 창조 그리고 악(惡)의 문제—에서 더욱 명백해 진다. 앞서 간헐적으로 언급했었으나 전(全)우주 자연이 一者의 현현이자 물질적 창조력의 사물인 한에서 신적 육화의 지평이 한없이 넓어졌다. 예수만을 성육신이라 고백하는 구속사 신학 전통과 비교할 때 一面 그 급진성에 놀라울 뿐이다. 길희성은 이와 변별되는 자신의 자연신학을 보편적 성육신(universal incarnation)이라 일컬었다.[50] 성육신 사건은 유일회적인 것이 아니라 진화적 창조의 전 과정이라 여긴 것이다. 신과 세계 간의 차이—원인/결과, 무한/유한, 영원/상대 그리고 전체/부분—는 상쇄될 수 없겠으나 존재론

---

49 앞의 책, 248.
50 앞의 책, 259.

적 연속성을 부정할 수 없는 까닭이다.[51]신적 영원성은 피조물들의 시간성을 포함할 만큼 풍요롭다. 神없이 창조된 것은 아무것도 없다는 요한서의 증언을 따른다면 말이다. 따라서 만물 속에 내재하며 그들과 내적 관계를 맺는 神은 의당 악과 고통―특별히 저자에게는 자연재해로서 지진―속에도 현존해야만 했다. 그러나 저자는 신적 고통과 인간 및 자연 고통(악)을 동일시하지 않았다.[52] 신은 피조물의 고통을 품되 그들(인간)처럼 고통에 압도당하지 않는다는 것이다. 고통을 기쁨으로 바꾸는 구원의 힘이 그 자신 속에 있는 탓이다. 하지만 神/人간의 고통의 분리는 하느님(신비)을 이전과 다름없이 혹은 그와 별반 차이 없는 것으로 만들었다. 神죽음의 신학을 출현시킨 악의 철저성이 적실하게 사유되지 못한 결과라 하겠다. 아마도 자연재해(자연 악)로부터 저자의 신적 관심이 비롯했기에 아우슈비츠나 세월호 사건 등, 역사적 고통에서 연유된 하느님 물음이 상대적으로 소홀하게 다뤄졌기 때문이다. 주지하듯 아우슈비츠 이후로 神 죽음의 신학이 나왔고 유대(메시아)적 사유가 다시 중요했던 것에 비해 길희성은 철저하게 희랍적 사유로 되돌아갔고 합리성을 앞세워 神을 다시 살려내고자 했을 뿐이다. 결국 저자는 보편적 성육신 범주에 인간 역사를 제외시킴으로서 보편(합리)적 자연신학을 끝까지 유지시켰다.[53] 자연과 달리 역사는 결코 신이 육화된 공간이 아니라 하면서 말이다. 하지만 인간 출현을 신적 목적이라 說한 이전 주장을 기억하는 바, 자연史로부터 인간史의 분리는 논리적으로 어폐가 있다. 인간의 자유로 惡이 생겨나듯 대지진 같은 惡(재난) 역시도 자연의 자유를 통해서만 설명 가능할 것이다. 이점에서 한국 성리학의 꽃인 理氣간의 일원론/이원

---

51 앞의 책, 260.
52 앞의 책, 262.
53 앞의 책, 268.

론 논쟁은 본 주제에 대한 적실한 답을 제시할 수 있을 것 같다.

　'無로부터 창조' 교리는 부활만큼이나 여타 종교로부터 변별된 기독교 고유한 자연관이다. 창조주하느님의 초월성과 세계의 우연(우발)성에 대한 절대적 신뢰 탓이다. 하지만 저자는 無로부터는 아무 것도 생겨날 수 없다는 유출설의 시각에서 이를 비판했다. 저자에게 '無'(nihil)란 결코 단순한 비존재가 아니었기 때문이다. 오히려 이것은 존재 가능성으로서의 無, 즉 형상(形相)이 결여된 원초적 질료로서 성서는 이를 창조 이전의 혼돈(chaos)이라 하였다.[54] 더욱이 저자는 이런 無를 神 자체의 본성 중 一面(창조성)이라 했던 바, 따라서 세계의 출처는 의당 無가 아닌 하느님이어야만 했다. 자연을 神의 보편적 성육신이라 한 것도 이런 연유에서일 것이다. 앞서 길희성은 성리학의 핵심개념인 理 혹은 太極에게서 이런 無, 즉 '원초적 혼돈'의 결핍을 지적한 바 있다. 신적 본성으로서의 無개념 없이는 우주의 신비를 밝힐 수 없고 유물론적 자연관(진화론)을 극복할 수 없다는 것이다. 이에 대한 평가는 다음 장의 몫이겠으나 있음(有) 이전의 없음(無)이 신유학 전통에 부재하다는 편견에 동의할 수 없음을 일단 밝혀 놓겠다. 주지하듯 길희성은 '無'를 신의 다른 一面인 물질적 창조력으로 풀었다. 그렇기에 대지진 같은 자연계의 무질서 역시 신적 본성에서 비롯한 불가피한 현상이라 했다.[55]그리고 이를 '無的 자유'(memonic freedom)라 불렀다.[56] 존재/무, 선/악, 필연/우연. 질서/무질서 양면을 아우르는 궁극적 실재를 하느님이라 여긴 탓이다. 하지만 저자는 神(一者)과 물질적 창조력을 재차 분리시켰다.[57] 一者로서의 하느님에게 자연 惡

---

54 앞의 책, 270.

55 앞의 책, 274.

56 앞의 책, 279. 이 말은 본래 러시아 사상가 N. 베르자이에프의 개념이다.

57 앞의 책, 278.

에 대한 면책을 허락할 목적에서였다. 일체 자연 惡을 하느님 의도와 무관한 물질적 창조력의 산물이란 본 것이다. 하지만 신적 본성자체와 그 一面간의 차이를 설정하는 방식으로 유물론의 유신론(기독교)적 극복이 가능할지 모를 일이다. 이는 하느님의 물질적 창조력보다 一者로서의 로고스에 근원적 가치를 둔 결과로서 인간과 자연의 자유를 오히려 억압할 수도 있을 것 같다.58 물론 저자가 無(혼돈, 무상성)를 통해 자연의 우발성 내지 인간 자유를 긍정코자 했으나 의외로 지적설계 이론에 호의를 표하고 있는 탓에 이런 의심을 내칠 수 없는 것이다. 그럴수록 양자 간 구별을 '신적 신비'로 부른다면 이는 자신이 강조했던 합리성의 배반일 수밖에 없다. 오히려 자연 惡을 설명하는 더욱 철저한 합리적 토대로서 理氣 우주존재론에 있어 氣의 역할이 좋아 뵈는 이유도 바로 여기에 있다.

이제 끝으로 인간惡에 대한 주제를 다룰 차례이다. 저자는 이를 자연惡에 비해 도덕 惡이라 부르기도 했다.59 여기서도 저자는 일체 惡을 神의 창조가 아닌 善의 결핍으로 본 어거스틴의 견해를 따랐다. 유출설(一者)에 근거할 때 만물은 본래 善하다는 것이다. 따라서 惡이란 것은 어떤 것이든 창조의 구조와 질서에 있어 본질적 문제가 아니라 했다.60단지 인간에게 주어진 자유로 인해 하느님(一者)을 사랑할 수도 혹은 惡(도덕惡)을 발생시킬 수 있을 뿐이다. 이는 자유의 양면성으로서 물질적 창조력에서 연유한 유한성의 표현인바, 저자는 이를 형이상학적 惡이라 일컬었다.61 여기서 저자는 다시금 로고스인 一者와 물질적 창조력을 구분하였다. 로고스의 영원성과 물질적 창조력의 우연성을 대별한 것이다. 하여

---

58 앞의 책, 280.

59 앞의 책, 291.

60 앞의 책, 292.

61 앞의 책, 295.

형이상학적 惡이란 불교의 무상성(*anitya*)처럼 로고스의 완벽한 지배를 결(缺)한 상태라 하였다.[62] 달리 표현하면 물질적 창조력에서 연유한 우연성, 이것이 바로 자유의 양면성을 적시하는 토대란 사실이다. 한마디로 물질계의 불확정(우연)성과 인간의 자유는 내용상 결코 다르지 않다는 것이다. 이로 인해 자연 惡이 그렇듯이 도덕 惡에 대해서도 神적 책임을 물을 수 없게 되었다. 오히려 一者인 로고스로 인해 궁극적으로 도덕적 惡 역시 '진화적 창조'라는 새 과정에 편입될 수 있다고 낙관하였다.[63] 이것이 바로 기독교적 섭리사상이라 할 것이다.[64] 여기서 우주 전체의 목적을 실현하는 하느님, 곧 진화적 창조를 이끄는 신적 행위의 중요성이 부각된다. 하지만 앞서도 언급했듯이 로고스, 一者의 섭리는 여전히 인간 자유와 상충할 소지가 크다. 신적인 목적이 궁극적으로 세상 속 특수 개별적 현상들을 주도할 경우 결국 인간의 자유 역시 한시적 작동이거나 무책임해질 소지가 있는 탓이다. 물론 인간이 상상할 수 없는 긴 세월 이후의 상태이겠으나 논리적 차원에서 그리 될 개연성을 부정할 수는 없을 것 같다. 저자가 강조하는 목적론적 사유 역시 '지적설계' 이론이나 만유 구원의 낙관론으로 귀결되는 한에서 그것은 스스로가 비판했던 결정론의 다른 한 유형일 수밖에 없을 것이다. 무신(유물)론적 진화론과 구별되기 위하여 세상(우주) 자체의 구원을 神의 목적이라 여기는 것이 얼마나 현실(정치)적이며 설득력이 있을지 모를 일이다.[65] 그렇다면 이에

---

62 앞의 책, 295.

63 앞의 책, 297-299.

64 앞의 책, 299-306. 여기서 저자는 일반섭리와 특별섭리를 구별하여 전통적으로 기독교가 강조해온 특별섭리의 문제점을 지적하고 자신의 경우 일반적 섭리, 곧 진화적 창조의 중요성을 강조했다. 합리성을 강조하는 그였으나 그럼에도 특별섭리를 포기하지는 않았다. 여전히 그 영역을 신적 신비의 차원이라 여긴 것이다.

65 앞의 책, 309-311.

대한 성리학적 판단은 어떠할까? 理氣 우주 존재론의 시각에서 유물(무신)론적 진화론은 어떤 방식으로 극복될 것이며 인간의 책임과 자유는 어찌 보장될 수 있을 것인가? 유출설로 대변되는 형이상학적 일원론(一者)을 理氣사상의 틀에서 재론하는 것이 마지막 장의 과제가 될 것이다.

IV. 초월적 자연주의에 대한 성리학적 비판
: 理氣 우주 존재론으로 본 우주 신비(진화론)

이상에서 우리는 유물론(무신론)적 신화론을 一者 형이상학의 시각에서, 나아가 그에 근거한 기독교적 시각에서 비판하며 대안을 제시하는 길희성의 생각을 추적했고 굵은 글씨로 표시했듯이 성리학적 理氣論의 입장에서 간혹 이견(異見)을 제시했었다. 따라서 본장에서는 종교(기독교)와 과학 간의 새로운 종합을 시도하는 저자의 목적론적 세계관을 理氣 우주형이상학의 입장에서 비판적으로 살필 것이다. 지금껏 인간과 사회에 관한 윤리, 이념적 덕목으로만 기능했던 성리학의 우주적 지평을 적시코자 함이다. 海天 윤성범이 誠(하느님)을 孝(신앙)의 존재 근거로, 역으로 孝를 誠의 인식 근거로 보았고 그에 근거하여 서구기독교 문명권의 개인 윤리적 경향성을 문제시했듯이 필자 역시 지적 설계마저 승인하는 길희성의 목적론적 우주론의 실상을 성리학의 시각에서 지적하고 싶었던 것이다. 앞서 적시했듯 性理學의 생태학적 함의에 대한 논의는 오래전부터 존재했고 필자 역시 이를 주제로 수편의 논문을 작성한 바 있다. 하지만 성리학적 세계관을 현대 과학적 우주론의 시각에서 조망한 연구물들은 상대적으로 적었다. 더구나 무신(유물)론적 진화론에 대한 응답으로서 성리학적 理氣論을 고려했던 경우는 거의 부재했다 하겠다. 본래 성리학이 선진유학의 윤리적 천(天)을 불교적 존재론(理)과 도교적 우주론(氣)으로 틀에서 재해석한 것을 생각할 때 이는 결코 논외가 될 수 없을 것이며 나아가 기독교 서구의 과학적 우주론과의 대화 역시 더욱 활발해 져야 마땅할 일이다.

앞서 간헐적으로 언급했으나 성리학적 우주론을 조망하는 길희성의 제한적 시각을 재차 체계적으로 요약 정리할 필요가 있을 것이다. 우선 유물론적 진화론의 한계를 극복할 수 있는 내적 장치, 곧 신적 목적, 혹은 초월적 인격성이 성리학 내에 부재하다는 것이 그의 첫 번째 지적이었다. 이는 성리학을 자연주의의적 산물로만 여긴 탓으로 그의 초월적 의미에 대한 폄하라 볼 소지가 많다. 신적 로고스를 지닌 서구 기독교적 인간이 해만이 도구(유물론)적 이성과 결별할 수 있다는 것도 그 자신의 신념 중 일부였다. 저자의 이런 관점은 불교 연기설의 경우처럼 성리학에도 만물에 질서를 부여하는 원초적 존재(一者)가 없다는 논리로 이어졌다. 여기서 一者는 의당 초월적 인격과 등치될 수 있겠다. 한마디로 존재케 할 뿐 아니라 다양성을 지닌 만물을 통일로 이끄는 절대적 원리를 성리학이 결핍했다는 것이다. 신적 통일성(목적)의 구체적인 사례로서 저자는 샤르뎅 以後 유신론적 진화론의 중추라 여겨진 인간원리(anthrophic principle)를 언급했다. 말을 바꾸면 인간 출현이 우주 속에 내재된 초월적 인격성을 지닌 神의 목적 때문이란 것이다. 물론 물질(유전자) 이상의 존재로서 인간(의식)을 말해야겠으나 인간을 神의 형상으로 본 탓에 이는 인간중심주의로 귀결된 종래의 기독교 신학과 큰 차이가 없는 듯싶다. 물론 저자는 인간뿐 아니라 우주 자연 역시도 물질로만 구성된 것이 아닌 것을 누차 강조했다. 그럼에도 인간만이 神(로고스)을 알 수 있는 인식

근거라는 주장에는 선뜻 동의하기 어렵다. 이점에서 성리학은 자연주의라 역비판 받겠으나 '자연원리'를 외려 역설하는 편이다. 반면 저자는 인간과 자연간의 무차별적 동일성을 피할 목적으로 신적 궁극성과 함께 만물을 생성케 하는 창조성을 강조했다. 성리학에게는 인격성(통일성)만큼이나 창조성 역시 부족하다는 말을 수차례 남겼다. 성서의 영(靈)을 창조성이라 부른 것도 변별되기 위함이었다. 그럴수록 理氣 철학은 과학적 우주론과 공명할 수 없는 虛言이 되고 말았다. 정말 그러한 것인지 본고에서 따져 물어야 할 주제가 아닐 수 없다. 결국 저자는 우주론 해명에 있어 성리학의 부적합성을 太極과 理 그리고 氣의 관계에 있어 모든 것이 理로 수렴된 탓에서 찾았다. 太極에게서 어둠, 혼동으로 표상되는 氣的 측면의 창조성이 실종되었다는 것이다. 물론 그런 경향성이 없지 않겠으나 성리학자들마다 차이가 있기에 이렇게 확언할 수는 없는 노릇이다. 비록 저자가 시종일관 희랍적, 토미즘적 합리성을 갖고 자연 惡으로부터 신을 면책코자 했으나 그가 여타 우주론을 비판했듯이 이 역시 이론일 뿐 몸으로 납득되기에는 역부족이다. 오히려 理氣二元論을 표방하는 성리학의 경우 인간과 자연을 아우르는 惡의 실재를 설명함에 있어 더욱 논리적일 수 있겠다. 여하튼 본장의 과제는 理氣우주론의 시각에서 무신론적 진화론을 보충하는 것이자 유출설로 대변되는 형이상학적 일원론, 즉 지적 설계論에로 치닫는 신적 목적 사상에 대해서도 이견을 표출하는 일이 될 것이다. 제한된 짧은 지면에 답하기 위해 필자는 이렇듯 정리된 내용에 터해 다음 세 주제를 생각해 볼 작정이다. 첫째는 성리학은 초월성 없는 자연주의의 산물인가? 둘째는 성리학은 정말 창조성을 결핍했는가? 그리고 셋째로 一者論 아닌 홀아키論으로 본 理氣우주존재론은? 등. 본 논의를 위해 주희와 퇴계, 율곡의 理氣철학을 상호 비판적으

로 인용(응용)할 것이다.[66]

기독교 서구인들에게는 초월성과 인격성은 동전의 양면처럼 함께 생각되는 경향이 짙다. 하지만 동양의 경우는 양자가 반드시 일치되지 않는다. 성서의 하느님 역시 인격과 비(非)인격을 아우르는 범재신론(汎在神論)으로 표상해야 한다는 말도 최근에 생겨났다. 多夕선생은 동서양을 총칭하여 하느님을 '없이 계신 분'이라 하였다. 그에게는 유교 또한 본래 '없이 있는' 無의 종교였던 것이다. 말했듯이 성리학의 理氣論은 공자의 인격적, 윤리적 天(上帝) 혹은 天命 개념을 우주 존재론적 차원에서 확대 해석한 결과물이었다. 이 과정에서 인격신개념을 탈각시켰다는 것이 통설이나 敬사상을 통해 인격신 개념을 복원시킨 퇴계의 경우도 있다.[67] 여하튼 성리학의 경우도 길희성이 말하듯 최소한 '내재적 초월'을 말하는 사상체계인 것은 분명하다. 주지하듯 퇴계는 인간의 갈등상황에서 우주를 보았기에 理氣二元論을 주창했었다.[68] 인간론에서 四端과 七情을 각기 理發과 氣發의 결과로 보았듯이 우주론에 있어서도 본래 動靜이 없는 理에게 운동성을 부여했던 탓에 주희와 달랐고 율곡과도 논쟁했던 것이었다. 퇴계가 변용시킨 理氣二元論 사상은 지금껏은 인간 윤리적 관점에서만 토론되었으나 우주론 차원에서도 대단히 중요한 바, 그 이유를 다음 두 가지 관점에서 설명해 보겠다. 우선 人間事에 절대적 善이 있듯이 우주 발생도 太極 자체의 發 혹은 動으로부터 비롯한 것이란 확신이다. 본래 太極이란 주돈이의 핵심사상으로서 우주론의 골자였다. 이것을 理, 즉

---

66 1장에서 밝힌 대로 이에 대한 논의는 필자가 앞서 연구했던 결과물에 의지해 작성했다. 이정배,『토착화와 생명문화』, 1부 내용 참조.

67 앞의 책, 37-42, 동저자,『한국 개신교 前衛 토착신학 연구』, 본 책 4부 내용 중 퇴계 경(敬)을 창조영성의 빛에서 조명한 글을 보라.

68 앞의 책, 30-34 참조.

존재론적 이치로 풀어 낸 것이 주희였고 여기다가 다시 '發'(動)의 개념을 부여한 것이 퇴계였던 것이다. 그만큼 퇴계에게 太極(理)은 인간과 자연을 온전케 통일시키는 초월적 근거라 하겠다. 퇴계에겐 항시 理의 所以然보다 所當然의 측면이 더욱 중요했던 것 역시 같은 맥락에서 이해 할 내용이다. 하지만 太極의 '發'은 그의 '用'적 측면일 뿐 그의 '體' 자체는 아니었다. 즉 성리학적 일탈을 위해 그가 강조했고 의지 처로 삼은 것이 바로 體用論이었다는 사실이다. 여기서 體는 무작위성을 用은 그의 신비한 작용을 뜻하는 바, 이 둘의 不二性이 중요했다. 體와 用은 둘일 수 없지만 하나도 아니란 것이다. 물론 體用론을 퇴계가 발견한 것은 아니지만 太極을 말함에 있어 이를 직극 활용했던 것으로서 실희성은 이점을 보지 못한 듯하다.[69] 體와 用의 관점에서 성리학의 太極은 이처럼 자체 속에 궁극성과 창조성을 구비해 놓았던 것이다. 더구나 敬의 수행 속에서 이런 太極이 上帝로서 인격적 차원으로 경험되었기에 향후 퇴계의 우주론은 더욱 주목받을 수 있을 것이다. 하지만 太極의 用적 측면은 반드시 본래 운동성을 지닌 氣의 작용과 함께할 수밖에 없다는 것이 이기철학의 골자이다. 理氣不相雜과 더불어 그의 不相離를 말해야 하는 까닭이다. 이로부터 우리는 성리학에서 말하는 창조성 개념에 한발 더 다가설 수 있게 된다.

본래 氣란 노장사상 및 도가계열 전통에서 비롯한 우주론적 개념이다. 과학사가 J. 니담은 동양의 氣와 서구 기독교의 靈이 동일 근원에서 비롯한 개념이라 하였다. 길희성이 성서가 말하는 靈을 궁극적 神(一者)과 변별된 물질적 창조력이라 했다면 氣역시 그리 이해되어야 옳다. 理氣간의 不相雜, 不相離의 관계가 一者와 창조력, 상호간의 관계와 너무도 흡사한 까닭이다. 전자가 사물이 존재하는 이치로서 근원, 궁극의 의미를 지

---

69 앞의 책, 36.

녔다면 후자는 그 이치를 구체화시키는 실질적 힘이라 할 것이다. 더욱이 이치만이 아니라 用으로서의 太極(理)이 창조력으로서의 氣와 불가분의 관계를 맺기에 우주는 나름 정합성을 지니며 길희성의 말을 빌려 말하자면 나름 목적성을 띄게 되는 바, 『中庸』에서는 이를 '誠'이라 했으며, '誠者 天地道也'란 말로 표현했다. 소위 불성무물(不誠無物), 곧 理氣之妙로서의 誠이 없으면 세상 만물 자체가 존재할 수 없다는 것이다. 海天 윤성범은 이를 기독교의 '계시'와 등가로 여겼으나 우주론적 개념으로 확장시켜 사용하는 것이 성리학적 취지와 더욱 부합될 수 있다. 여기서 만물 내 다양성은 氣의 淸濁—이를 혼동(chaos)이라 일컬을 수 있을지 모르겠으나— 등을 이유로 설명될 수 있는 바, 이들 속에도 의당 理가 품수되어 있기에 居敬窮理 혹은 格物의 방식으로 통일성(豁然觀通)을 획득할 수 있다. 마치 一者가 만물 속에 내주하고 있듯이 理역시 만물 속에 내재함으로써(理一分殊) 氣의 창조력을 옳게 이끌어 가는 탓이다.[70] 결국 성리학에 있어 氣는 우주 내 존재하는 일체의 다양성, 곧 차이를 설명하는 토대이고 반면 理는 차별성에도 불구하고 통일성의 근거라 할 것이다. 켈톤(M. Kalton)이란 학자는 氣의 청탁을 우주가 단순 수준에서 높은 단계로 복잡화되는 진화 과정이고 理는 이런 복잡화 과정에 질서를 부여하는 원리라 여겼다.[71] 마땅히 그래야 하는 이치, 所以然과 所當然으로서의 理이지만 氣, 곧 물질적 창조력의 복잡화 과정에서 인간 및 자연계에 해악이 될 여지가 발생할 수 있다는 것이다. 그렇기에 길희성이 과정사상을 비판하듯 여기서도 범(汎)영혼주의는 자리할 여지가 없다. 인간의 행악과 자연 惡을 결코 간과 될 수 없기 때문이다. 그럼에도 불구하고 神(一者)

---

70 Lee Hyo-Dong, 위의 책, 106 이하 내용.
71 M.E. Tucker & J. Berthrong, 앞의 책, 80-85.

의 경우가 그렇듯이 理(太極)의 궁극성 역시 상처받지 않는다는 점에서 양자는 크게 닮았다. 이런 점에서 無가 아니고 有인 것이 분명하다. 하지만 마지막 주제이겠으나 一者로서의 형이상학적 일원론 보다는 理氣철학이 홀아키적 세계관과 더욱 잘 만날 수 있다는 것이 필자의 판단이다. 길희성이 一者에 의거하여 기독교적 유신론을 지켜내려 했듯이 필자 역시도 홀아키론을 통해 기독교적 의미를 유지할 것인 바, 그로써 유물론적 진화론을 더욱 옳게 비판할 수 있다고 믿는 탓이 다. 이들 무신론적 입장이 지적 설계와 같은 과도한 신적 목적론에 대한 저항에서 비롯한 것을 알기 때문이다.

그렇다면 理氣철학이 홀아키론과 어찌 조우할 것이며 그로써 지켜지는 기독교적 가치는 무엇인지 그리고 본고의 제목이 적시하듯 유물론적 진화론에 대한 성리학은 어떤 입장으로 대처할 것인지를 묻고자 한다. 주지하듯 가톨릭적 합리주의에 익숙한 길희성은 토미즘의 가치를 중시했다. 『天主實義』에 적나라하게 드러나듯이 마테오 리치는 형상과 질료(실체)라는 토미즘 철학의 범주를 갖고서 성리학의 太極과 理의 개념을 비판하였다. 動靜과 意志를 갖지 못한 太極이 上帝일 수 없다고 본 것이다.[72] 하지만 앞서 보았듯이 성리학은 體用논리와 主一無適의 새 표현인 敬 사상을 근거로 이 문제를 해결했다. 당시 릿치가 실체(질료) 없이는 형상도 없다는 아리스토텔레스 견해에 따라 所以然과 所當然으로서의 理를 비판한 것은 太極의 궁극성과 창조성 그리고 理氣간의 不相離를 몰랐던 소치였다.[73] 더구나 생생지리(生生之理)로서의 유기체적 우주이해

---

72 마테오 리치, 앞의 책, 82-87.

73 이점에서 『西學辯』의 저자 신후담은 太極과 理가 릿치가 말한 인격(상제) 이상의 존재인 것을 역설하였다. 김승혜, 『동아시아 종교전통과 그리스도교의 만남』, 영성생활 1999, 146.

를 지닌 性理學에게 있어 초월적 실체로서의 최초 목적인은 불필요했다. 그렇기에 지적설계와 같은 목적론적 세계상 역시 성리학에게 적합지 않다. 하지만 성리학을 비판하며 릿치의 편에 섰던 茶山 정약용의 경우도 人格神을 열망했던 탓에 성리학의 우주적, 관계적 사유에 마음을 열지 못했다[74]. 그 역시 태극(理)을 만물의 속성으로만 여겼고 근원자란 생각을 버린 탓이다. 천주교의 직간접적 영향으로 茶山처럼 공자로의 회귀가 중요하겠으나 동아시아 사상들, 즉 유불선의 창조적 통합의 산물인 성리학,[75] 그 속에서 先秦儒學이 담지 못한 우주론의 맹아를 찾는 일도 그만큼 의미 깊은 일이다. 기독교 신학의 경우도 전통에 묻혀 왜곡된 '역사적 예수'를 되찾는 일 만큼이나 고백된 우주적 그리스도에 대한 재평가 또한 소중한 까닭이다. 이점에서 필자는 理氣 우주존재론이 一者論 이상으로 홀아키론의 세계관적 틀과 정합성을 갖는다고 판단한다. 이런 조우 속에서 성리학과 신학간의 우주론적 대화가 새롭게 시작될 것이며 유물론적 진화론에 대한 적실한 비판역시 가능할 것을 믿는다. 이는 신적 목적을 과도히 전제하는 지적 설계론 같은 변형된 창조과학을 거부한다는 뜻이기도 하다.

주지하듯 홀아키론은 하이라키와 헤테라키의 종합으로서 부분과 전체의 관계를 뜻한다. 물리학자 장회익이 個體생명과 補생명을 종합하여 '온(全一)생명'이라 말하는 것이 이와 유사하나 그보다는 정교하다. 홀아키론은 물질로부터 시작하여 생명, 마음, 영혼 그리고 정신(靈)으로 진화

---

74 이정배, "불교적 유교에서 기독교적 유교에로-다산 정약용의 유교해석에 있어 천주교적 영향탐구", 「신학과 세계」 52호, 2005 봄호, 221-254. 이정배, "유교와 기독교의 대화, 그 한국적 전개와 의미", 『대화를 넘어 서로 배움으로』, 성공회대학교 신학연구소 엮음 2004, 278-289.

75 이는 도올 김용옥의 언술이다. 나아가 그는 동학(東學)을 성리학과 西學(기독교)의 또 다른 종합으로서 이해한다.

하지만 '겹 둥지' 형태로 존재한다.[76] 진화의 매 순간, 단계들이 이전 것을 포함하며 넘어선다는 말이다. 예컨대 생명은 물질을 포함하며 넘어섰고, 마음은 생명을 품어 초극한 것이며 최상위의 정신(靈) 역시 이전 것을 내포한 영혼을 품으면서 넘어선 단계인 것이 분명하다. 이는 우리들 인간 역시 물질로부터 시작된 모든 단계들 포함한 '겹 둥지'인 것을 확인시킨다. 이런 '겹 둥지'에 있어 중요한 것 두 가지가 있다[77] 첫째는 이렇듯 전체와 부분으로서 구성된 홀아키의 전 과정 속에 정신(靈)이 관통하고 있다는 사실로서, 정신(靈)은 진화의 마지막 단계이자 만물 속 진화의 원리이며 그리고 동시에 인간이 알 수 없는 초월적 실재라는 것이다. 둘째는 '겹 둥지'에 있어 그것 없이는 아무 것도 존재할 수 없다는 '기저가치'의 차원에서 물질이 가장 소중하나 그러나 각기 상위 단계들이 진화의 하위수준으로 환원될 수 없기에 상위 수준의 내재가치가 이전 단계보다 크다는 사실이다. 이점에서 홀아키론은 一者 형이상학 이상으로 유전자 환원주의를 표방하는 무신론적 진화론자들과 같은 편이 될 수 없다. 물질 속에도 정신(靈)이 활동하고 있음을 천명하는 까닭이다. 하지만 동시에 진화 방향의 퇴행을 인정하기에 과도한 목적론으로부터도 자유 할 여지가 많다. '겹 둥지'의 실재를 살아가는 인간의식이 외려 靈의 방향과는 역으로 움직이는 현실을 숱하게 목도하는 탓이다. 반면 홀아키론에서는 자연 惡에 대한 언급이 상대적으로 적다. 아마도 인간의식의 퇴행이 결국 '겹 둥지' 자체의 부조화를 야기 시켜 급기야 물질 속의 靈을 퇴화시킨 결과라 볼 수 있을 것이다. 이것을 일컬어 자연의 자유라 말할 수 있겠다. 그렇다면 理氣철학은 홀아키론과 어느 지점에서 조우하며 신학에게는

---

76 이정배, 『켄 윌버와 신학』 69-112. 이 책 속에 실린 논문 제목은 "홀아키 구조 속에서 본 포스트모던 신학"이다.

77 앞의 책, 49-56.

어떤 뜻을 부여할 수 있겠는가? 우선 필자에겐 理의 用적인 측면과 氣의 창조력의 不相離를 통해 만물이 비롯하나 氣의 청탁에 따라 인간과 자연의 차별상이 생겨나며 인간 중에서도 의식 差가 생겨난다는 점에서 그러나 각 단계에서 여전히 體로서의 理(太極)가 내주하기에 기저가치와 내재가치들 동시에 인정하는 홀아키적 세계관과 닮았다고 이해되었다. 또한 理(太極)의 體와 用 그리고 淸濁의 속성을 지닌 氣의 창조력, 이 셋의 관계가 홀아키론에서 강조하는 정신(靈)의 3중적 역할과 잘 맞물렸다고 보았다. 神(一者)과 창조력을 구별함으로써 길희성이 자연 惡으로부터 神을 자유롭게 했으나 양자 간의 논리적 관계성을 규명함에 있어 소홀했다는 판단에서다. 홀아키론의 경우처럼 성리학 또한 體用論의 빛에서 理氣 관계를 재정립했기에 자연 惡을 해명함에 있어 논리성이 상대적으로 출중했다. 아울러 기독교 신학의 삼위(三位)적 구조와도 어울릴 수 있는 여지를 남길 수 있었다. 이렇듯 성리학과 조우한 홀아키론은 항차 신학의 우주론적 차원을 회복시킴에 있어 기여할 바가 많다. 하이라키와 헤테라키 양자를 비판하면서 우주 진화의 각 수준과 단계들의 불가역성을 말했기에 무차별적 동일성을 부정했으며 우주바탕(초월) 자체이면서 우주를 관통하는 靈의 활동을 말했기에 인간 중심주의 또한 탈피할 수 있었던 까닭이다. 향후 理氣 우주-존재론을 홀아키적 세계관의 빛에서 더욱 정교하게 조망할 수 있다면, 바로 그 토대 하에서 성서적 창조신앙과 진화론 간의 접목이 옳게 성사될 수 있겠다. 유물론적 진화론에 대한 비판은 물론 형이상학적 일원론(一者)의 잔재. 즉 지적 설계론의 유혹으로부터 벗어날 여지가 바로 여기에 있다.

V. 맺음말: 海天 윤성범, 그의 문제의식의 진화를 기대하며

앞서도 밝혔듯이 海天 선생과의 인연이 깊었던 필자로서 그의 탄생 100년의 의미가 남다르게 크다. 선생이 한때 머물렀던 일본 동지사 대학에서 교환교수까지 보냈으니 그분과 삶의 궤적을 상당부분 같이 했기 때문이다. 무엇보다 유교적 바탕에서 토착화를 수행한 선생의 학문적 과제를 잇는 역할이 필자의 몫이었던 것이 참으로 고맙다. 一雅 변선환 선생께서 海天의 학문적 과제를 갖고 바젤로 떠나는 우리 부부를 공황까지 환송하며 대견하게 지켜보던 모습이 학교를 떠난 이 순간까지 생생하다. 전직 가톨릭 수녀였던 J. 칭 교수의 『유교와 기독교』[78]를 읽으며 이들 두 지평 간 관계를 모색하던 유학 초기부터 性理學과 19세기 신학사조를 문제사적 방법론을 갖고 비교분석하여 토착화 시론을 제시하던 말기까지의 과정 역시 선명하게 기억한다.[79] 이후 귀국하여 모교에서 가르치면서 필자는 『海天 전집』을 전 5권을 펴냈고 유교, 기독교 대화를 주제로 한 여러 편의 논문[80]을 썼다. 사실 『海天 전집』은 一雅 선생께서 살아생전 이루시려 했던 과제였었다. 그의 갑작스런 죽음이후 연구실에서 발견된 海天의 원고뭉치를 변선환 아키브에서 수년에 걸쳐 풀어내어 一雅의 꿈을 이뤄드렸다.[81] 一雅 선생의 전집 역시 이후 몇 년에 걸쳐 완성시켜 선생님 영전에 바쳤던 기억 또한 선명하다.

---

78 J. 칭, 변선환 옮김, 『유교와 기독교』(분도출판사 1994).

79 1986년 스위스 바젤대학 신학부에 제출한 필자의 박사논문 제목은 다음과 같다. *Die gemeinsame Structuren and Problemen des Neukonfucianismus and des Neuprotestantimus im Blick auf die Indigenisation des Christentums in Korea*(Basel 1986)

80 아마도 본 주제를 갖고 그을 쓴 논문을 모으면 족히 2권의 책 분량은 나올 듯싶다.

81 그래서 변선환 아키브에서도 一雅 선생의 전집보다 海天의 전집을 앞서 발간했다. 당시 유족들이 출판비를 담당했고 지금은 구세군에 몸담고 있는 이덕균 사관이 크게 수고하였다.

60을 막 넘긴 지금의 필자 나이에 돌아가셨기에 사실 海天의 학문적 과제가 완결되었다고 말하기는 어렵다. 『中庸』과 栗谷의 핵심 개념인 '誠'을 서구 기독교의 계시개념과 등가로 보았으나 여전히 기독교적 포괄주의 시각에서 자신의 토착화론을 전개시켰던 것이다. 이런 '誠'을 이해하는 인식근거가 유교적 토양에서는 '孝'로 나타날 것이라 여겼다. '孝'가 서구 기독교가 말하는 신앙(faith)의 다른 이름이란 것이다. '제 뜻' 버려 '하늘 뜻' 구했던 예수의 하느님 신앙, 그것이 바로 유교토양에서는 '孝'였던 바, 서구가 이를 개인주의 차원에서 이해했다면 유교는 이를 공동체적으로 규정한 탓에 유교적 기독교가 서구에 줄 공(功)이 크다고 海天은 보았다. 하지만 이는 당시로서 一理있는 생각이었으나 형식과 내용에 있어 한계가 많았다. 우선 형식에 있어 해천은 칼 바르트의 계시개념에 의존했고 종교다원주의 현실에 눈을 돌리지 못했으며 내용에 있어서도 앞서 지적한대로 인간 및 인간 공동체(사회)에 관심한 나머지 성리학의 우주적 차원을 주목하지 못했던 것이다. 이런 이유로 새롭게 부각되는 과학신학 혹은 자연신학이 여전히 기독교 서구의 열매로만 간주되었다. 평소 종교학자로서 활동했으나 은퇴 후 고백적인 신학자로 되돌아가 유신론적 우주론에 관한 명저를 썼던 길희성의 경우도 예외가 아니었다. 그렇기에 필자는 본고에서 길희성의 논지를 세밀히 추적하면서 理氣 우주론재론으로서의 性理學 역시 유물론적(무신론적) 진화론을 극복할 수 있는 대안이 될 수 있음을 강조했다. 이 뿐 아니라 성리학적 자연신학이 오히려 기독교의 지나친 목적론적 사유를 치유내지 수정할 수 있음도 거칠게 주장했다. 여기서 '거칠다'는 표현은 성리학을 우주론적 차원에서 다루는 새로운 책들을 충분하게 살피지 못했던 게으름을 뜻한다. 앞서 고백했듯이 그간 여러 책들을 읽고 잔상(殘像)으로 남은 필자의 생각만으로 본 주제를 서술했고 토론에 임했기에 정확성에서 문제될 부분이 있을 것이다. 그럼에도 성리학적 우주론으로 서구 내의 유신론적, 목적론적 신학에 반(反)하여 출현한 유물론적 진화론을 극복(비판)하려는 본고의 주제는 결코 포기될 수 없을 듯하다. 향후 후학들에 의해 본 주제가 더욱 정교하게 논의될 것을 기대하며 졸고를 마감한다.

참고문헌

이정배.『토착화와 생명문화』. 서울: 종로서적, 1991.

_____.『한국 개신교 전위 토착신학연구』. 서울: 기독교서회, 2003.

_____.『켄 윌버와 신학-홀아키적 우주론과 기독교의 만남』. 서울: 시와 진실, 2008.

길희성.『신앙과 이성사이에서』. 서울: 세창출판사, 2015.

A. 맥그래스/박규태 옮김.『정교하게 조율된 우주』. 서울: IVF, 2014

D. 밴들리 하트/한성수 옮김.『무신론자들의 망상』. 서울: 한국기독교 연구소, 2015

M.E. Tucker & Berthrong, *Confucianism & Ecology,* (Harvard Univ. press 1998)

Lee hoy-dong, *Spirit, Qi & Multitude: A comparative Theology for the Democracy 0f Creation,*
    (Newyork: Fordam Univ. press 2014)

저자 소개

|이은선|

유교와 기독교의 대화를 통해서 聖·性·誠의 여성통합학문을 구성하기 위해서 노력하고 있다. 스위스 바젤대학교와 성균관대학교에서 신학과 한국유학을 공부했다. 세종대학교 교육학과 교수로 재직하면서 이러한 동서신학과 철학의 연결을 여성정치와 교육으로 풀어내고자 한다. 여성신학회 회장과 한나아렌트학회 회장을 역임했고, 한국유교학회와 양명학회에서 부회장을 맡고 있다. 최근의 저서로『묻는다, 이것이 공동체인가』(공저, 2015),『한국사회 정의 바로세우기』(공저, 2015),『다른 유교, 다른 기독교』(2016). Korean Religions in Relation(ed. Anselm Min, SUNY series in Korean Studies, 2016)이 있다.

|황상희|

산과 들에서 나고 자랐다. 초등학교를 입학해서 처음으로 사람이 세상에 많이 산다는 것을 알았다. 성균관대학교에서 철학박사학위를 취득했고 성균관대학교, 경남대 극동문제연구소에서 초빙교수로 재직 중이다. 박사논문 주제는 "퇴계의 천관"이며 우리민족의 종교성에 관심이 많다. 북한의 주체사상도 일종의 종교적 현상으로 해석하여 조선조 유교의 종교성과 연결되는 지점을 연구 중이다.

|이선경|

성균관대학교 유학대학 한국철학과를 졸업했다. 졸업논문으로「퇴계 성리학에서 '理發'의 의미」를 제출했다. 한국학중앙연구원(옛 정신문화연구원) 한국학대학원에서「완당 김정희의 실사구시연구」로 석사를 마치고, 대만 정치대학에서「易經之善思想硏究」로 두 번째 석사학위를 취득했다. 다시 성균관대학교에서 조선후기 실학자이자 역학자인 일수 이원구의 역학사상으로 철학박사학위를 취득했다. 한국역학과 한국철학사상사 탐구를 주전공으로 하며, 유교의 종교성에 대한 탐색 및 종교 간의 소통에도 관심을 지니고 있다.「한국문화의 원형적 상상력으로서의 역」,「공자사상의 종교성과 時中의 교육법」,「역의 坤卦와 유교적 삶의 완성」등 다수의 논문이 있다. 현재 성균관대 학부대학 초빙교수로 재직하고 있다.

|이한영|

건국대학교에서 철학을 전공하고 감리교신학대학교 본 대학원에서 조직신학을 전공한 후 박사원에서 신학박사학위를 취득했다. 일본 교토대학 문학연구과에서 초빙외국인학자로 재직한 후 귀국하여, 연세대학교 한국기독교문화연구소 전문연구원을 역임하였다. 2005년 첫 강의를 시작으로 지금까지 감리교신학대학교, 세종대, 연세대학교, 협성대학교 등에서 강의해왔다. 현재 감리교신학대학교 종교철학과 소속 외래교수이며, KCRP 종교간대화위원회 위원, 〈농촌과선교〉 편집장의 직을 수행하고 있다. 그동안 토착화신학과 한국적 신학, 동서양의 철학과 신학의 비교연구, 종교와 과학·종교와 심리학·종교와 문화 등의 통합학문적 연구, 전문성과 대중성을 결합하는 문학신학적 글쓰기를 지향해 왔다. 또한 지금까지 서평 7편, 인물평 1편, 수필 3편, 논문 25편, 저서 14권, 역서 3권, 편서 1권을 펴내며 활발한 연구 활동을 행해왔다.

|임종수|

서울 종로에서 출생하였다. 감리교 신학대학교 종교철학과 졸업 후 동대학 신학대학원에서 수학하였다. 민족문화추진회 국역연수원(현 한국고전번역원)을 졸업하고, 성균관대학교 대학원과 같은 대학 동아시아 학술원에서 동양철학 전공으로 석박사 학위를 받았다. 한국연구재단 고전번역과제 [사고전서총목제요四庫全書總目提要] 공역에 참여, 성균관대학교 동아시아 학술원 BK21 박사 후 연구원, 동대학 유교문화연구소 책임연구원을 지냈다. 현재 성균관대학교 학부대학 초빙교수로 있으며 감리교신학대학교에서 강의하고 있다. 사) 人文결 연구소 학술이사로 있으며 여러 문화센터, 대안연구공동체, 강동구 온지서원溫知書院에서 동양고전과 인문학을 나누고 있다. 저서로『종교속의 철학 철학속의 종교』(공저), 『문명이 낳은 철학 철학이 바꾼 역사 1』(공저), 『충연재 이정배의 한국적 생명신학을 논하다』(공저), 『논어쓰기論語筆寫』(편저), 『공자, 안 될 줄 알면서 하는 사람』(감수) 등이 있다.

|선병삼|

광주에서 출생하였다. 성균관대학교 유학과에서 학부와 대학원을 거치면서 송하경 교수를 지도교수로 양명학을 연구하였고, 이후 북경대학교 철학과로 유학하여 장학지 교수를 지도교수로 중국철학을 연구하였다. 성균관대학교에서는 〈왕용계 철학 연구〉로, 북경대학교에서는 〈구양덕 철학 연구〉로 각각 철학박사학위를 받았다. 2011년 귀국 후에는 충남대학교 유학연구소 연구원(국내포닥), 성균관대학교 유교문화연구소 연구원, 성균관대학교 유학대학 초빙교수, 성균관대학교 동양철학과 비케이사업단 연구교수 등을 역임하고 현재는 성균관대학교 학부대학 초빙교수로 있다. 저역서로는 중국 국가한반의 의뢰를 받아 번역한『삼자경 이야기』(역서, 2013), 『백가성 이야기』(역서, 2013)와 『대만유학』(공역, 2014), 『문명이 낳은 철학 철학이 바꾼 역사 1』(공저, 2014) 등이 있고, 30여 편의 동양철학 관련 논문을 썼다.

|이난수|

서울서 출생하여 성균관대학교 동양철학과에서 박사학위를 취득했다. 이후 경북대학교에서 박사후 연구원으로 있었으며 현재는 조선대학교 우리철학연구소 전임 연구원이다. 「심미정서로서의 '흥'연구」라는 박사논문을 시작으로, 유교와 현대문화 그리고 한국미학에 대한 연구를 진행하고 있다. 저서로는 『수행성과 매체성: 21세기 인문학의 쟁점』(공저, 2012)과 12편의 학술논문이 있다.

|이종찬|

현 기독교대한감리회 정회원이다. 감리교신학대학과 동 대학원을 졸업했고, 강원도 오대산 자락의 문암교회에서 목회를 시작했다. 종군목사를 거쳐 서울 성천교회 등에서 목회했으며, 한국신학대학협의회(KAATS)에서 공동으로 주관하는 신학박사(Th.D) 과정을 마쳤다. 이후 서울대, 한세대, 협성대 강사로 젊은이들에게 신학과 인문학을 가르쳤고, 감신대 겸임교수, 강남대우원사상연구소. 동서종교신학연구소장으로도 일했다. 주요 저서로는 『세계의 종교』(역서, 1993), 『목사님 신학공부 어떻게 할까요』(2004), 『성서로 만나는 중용의 세계』(2013), 『성서로 만나는 노자의 세계』(2014), 『성서로 만나는 맹자의 세계』(2016)가 있고, 이외에도 여러 저서와 역서가 있다.

|이정배|

서울서 출생했고 감리교 신학대학교와 동대학원에서 일아 변선환교수를 사사했다. 이후 스위스 바젤대학교 신학부에서 조직신학 전공으로 신학박사학위를 취득했고 1986년부터 2016년 2월까지 모교에서 종교철학과 교수로 재직했다. 재직 30년 동안 한국 문화신학회, 조직신학회, 기독자교수협의회 회장직을 수행했고 한국 종교인평화회의(KCRP) 대화위원장, YMCA 환경위원장, 나눔문화 이사장직을 수행했다. 현재는 생평마당 공동대표를 맡아 작은교회 운동을 함께하고 있으며 현장(顯藏)아카데미를 통하여 후학을 가르치고 있다. 〈한국개신교 전위 토착신학연구〉를 비롯하여 30여 권의 저서(공저)를 냈고 이 중 10권이 문광부와 학술원 우수도서로 선정되었다.